KB042238

국가안보정보

한반도미래연구원 기획번역도서

국가안보정보

NATIONAL SECURITY INTELLIGENCE

Lock K. Johnson 지음

이길규 김병남 허태회 김유은 옮김

박영사

NATIONAL SECURITY INTELLIGENCE (2nd Edition) by Loch K. Johnson
Copyright © Loch K. Johnson 2017
Korean translation rights © 2018 by Parkyoung Publishing Company
This Korean edition published by arrangement with Polity Press Ltd., Cambridge
through AMO Agency Korea.
All rights reserved.

이 책의 한국어판 저작권은 AMO 에이전시를 통해 저작권자와 독점 계약한 박영사에 있습니다.
저작권법에 의해 한국 내에서 보호를 받는 저작물이므로 무단 전재와 무단 복제를 금합니다.

목 차

저자 소개

로크 킹스포드 존슨(Loch Kingsford Johnson)은 조지아대학(University of Georgia) 국제관계학과(Public and International Affairs)의 우수교수(Meigs Distinguished Teaching Professor)인 동시에 공로교수(Regents Professor)이다. 그는 미국의 국가안보에 관한 200편 이상의 논문과 칼럼을 발표하고 30권 이상의 저서를 저술하거나 편집하였다. 최근에 출판된 서적에는 『미국의 외교정책과 세계 리더십의 도전』(*American Foreign Policy and the Challenges of World Leadership*, Oxford, 2015), 『전략 정보의 필수요소』(*Essentials of Strategic Intelligence*(ABC-Clio/Praeger), 2015, editor), 『청문회의 재고: 미국의 정보기관과 처치위원회』(*A Season of Inquiry of Revisited: The Church Committee Confronts America's Spy Agencies, Kansas*, 2015), 『임박한 위협: 냉전 이후 미국의 안보연구에 관한 내부 평가』(*The Threat on the Horizon: An Inside Account of America's Search for Security After the Cold War*, Oxford, 2011), 『옥스퍼드 국가안보정보 입문』(Oxford Handbook of National Security Intelligence, Oxford, 2010, editor) 등이 있다. 그는 뉴욕타임스(New York Times), 워싱턴 포스트(Washington Post), 시카고 트리뷴(Chicago Tribune), 필라델피아 인콰이어러(Philadelphia Inquirer), 컨스티튜션 애틀랜타 저널(Atlanta Journal-Constitution), 볼티모어 선(Baltimore Sun) 등에 사설을 싣고 있다.

존슨 교수는 상원정보위원장 특별보좌관(1975~76), 상원외교위원회 보좌관(1976~77), 하원정보위원회 정보통제소위원회 행정팀장(1977~79), 하원 국제관계위원회 국제통상 및 경제정책 소위원회 직원(1980), 정보의 임무와 역할에 관한 애스핀-브라운 위원회(Aspin-Brown Commission on the Roles and Missions of Intelligence) 레스 애스핀(Les Aspin) 의장의 특별보좌관(1995~96)을 역임하였다. 그는 지미 카터(Jimmy Carter) 대통령 선거운동 공약책임자(1976)로 일했고, 1980년 대통령 재선운동 기간에 진행된 외교정책 토론회에서 사용된 『외교정책에 관한 대통령 브리핑 북』(*Presidential Briefing Book on Foreign Policy*)을 공동 저술하는 등 외교정책에 대해 자문하였으며, 현재에도 정부 및 민간조직의 컨설턴트로 활동하고 있다.

존슨 교수는 워싱턴에 있는 국가정보연구센터(National Intelligence Study Center)로부터 '우수증서'(Certificate of Distinction)를 받았고, 워싱턴에 있는 정보연구센터(Center for the Study of Intelligence)로부터 '정보연구 표창장'(Studies in Intelligence Award)을 받았으며, 센튜리 재단(Century Foundation)의 정부이해 프로젝트(Understanding Government Project)로부터 '최고논문상'(Best Article Award)을 받았고, 남부정치학회(Southern Political Science Association)로부터 찰스 블록(Charles S. Bullock Ⅲ)과 공동으로 'V.O.Key 최우수 도서상'(Best Book Prize)을 받았다. 그는 미국정치학회(American Political Science Association) 총무(secretary)를 역임하였고, 정보학연구그룹(Intelligence Studies Organized Group)을 운영하고 있다. 그는 또한 남부국제관계학회(South International Studies Association)의 회장으로 재임하고 있다.

존슨 교수는 국제학술지 『정보와 국가안보』(Intelligence and National Security)의 편집위원장이고, 『정보역사 저널』(Journal of Intelligence History), 『정보 저널』(Intelligence Journal), 『프로퍼갠더』(Propaganda), 『안보연구』(Security Studies) 등의 편집위원으로 활동하고 있다. 그는 2008~09년 '파이 베타 카파'(Phi Beta Kapa‒미국의 고급 지식인 사교모임, 역자주)의 객원교수를 역임하였고, 현재는 '파이 베타 카파'의 객원교수 프로그램을 운영하기 위한 국가위원회(National Board) 구성원이다. 그는 예일대학교(Yale University)와 옥스퍼드대학교(Oxford University)에서 객원교수로 활동하였다. 그는 2012년 동남부학술협회(Southeast Conference: SEC) 소속 14개 대학교협의회가 처음으로 선발한 '올해의 교수'(Professor of the Year)로 선정되었다. 그는 2014년 국제관계학회(International Studies Association) 연례총회에서 정보학 연구부문에 기여한 공로로 '우수교수상'(Distinguished Professor)을 받았고, 2015년에는 정보학 교육에 기여한 공로로 국제관계학회로부터 '평생공로상'(Lifetime Achievement Award)을 받았다.

존슨 교수는 뉴질랜드 오클랜드(Auckland)에서 출생하였고, 캘리포니아 리버사이드(Riverside)대학교에서 정치학 박사학위를 받았다. 그는 박사 후 과정(post-doctoral) 활동으로 미국정치학회 소속 의회연구원(American Political Science Association Congressional Fellowship)으로 근무하였다. 그는 또한 하버드대학교와 MIT

에서 핵무기정책을 연구하였다. 존슨 교수는 전세계 140개 이상의 대학교와 연구소에서 강연을 하였다. 그는 조지아대학교에서 2001년 국제관계학 전공 단과대학인 '공공 및 국제관계 학교'(School of Public and International Affairs) 설립을 주도한 바 있다.

약 어

ATC	air traffic control
BENS	Business Executives for National Security
CA	covert action
CAS	Covert Action Staff
CASIS	Canadian Association of Security and Intelligence Studies
CE	counterespionage
CHAOS	cryptonym (codename) for CIA domestic spying operation
CI	counterintelligence
CIA	Central Intelligence Agency (the "Agency")
CIAB	Citizens' Intelligence Advisory Board(proposed)
CIG	Central Intelligence Group
COCOM	combatant commander (Pentagon)
COINTELPRO	FBI Counterintelligence Program
comint	communications intelligence
COS	Chief of Station (the top CIA officer in the field)
CTC	Counterterrorism Center (CIA)
D	Democrat
DA	Directorate of Administration
DBA	dominant battle field awareness
DC	District of Columbia (Washington)
DCI	Director of Central Intelligence
DCIA or D/CIA	Director of the Central Intelligence Agency
DDI	Deputy Director for Intelligence
DDNI	Deputy Director of National Intelligence
DDO	Deputy Director for Operations
DEA	Drug Enforcement Administration
DHS	Department of Homeland Security; also, Defense Humint Service (DoD)

DI	Directorate of Intelligence (CIA)
DIA	Defense Intelligence Agency
DIAC	Defense Intelligence Agency Center
DNC	Democratic National Committee
DNI	Director of National Intelligence
DO	Directorate of Operations (CIA), also known at times earlier in the DIA's history as the Clandestine Services and the National Clandestine Services
DoD	Department of Defense
DS	Directorate of Support
DS&T	Directorate for Science and Technology (CIA)
elint	electronic intelligence
FBI	Federal Bureau of Investigation
FISA	Foreign Intelligence Surveillance Act
FISA Court	Foreign Intelligence Surveillance Court
fisint	foreign instrumentation intelligence
GAO	Government Accountability Office (U.S. Congress)
geoint	geospatial intelligence
GID	General Intelligence Directorate (the Jordanian intelligence service, also known as the Mukhabarat)
GPS	Global Position Service
GRU	Soviet Military Intelligence
HPSCI	House Permanent Select Committee on Intelligence
humint	human intelligence (espionage assets)
IC	Intelligence Community
ICBM	intercontinental ballistic missile
IG	Inspector General
imint	imagery intelligence (photography)
INR	Bureau of Intelligence and Research (Department of State)
ints	intelligence collection methods (as in "sigint")
IOB	Intelligence Oversight Board
IRBM	intermediate－range ballistic missile
IRTPA	Intelligence Reform and Terrorism Prevention Act (2004)
ISA	Inter－Services Intelligence (the Pakistani intelligence ser-

	vice); also, International Studies Association
ITT	International Telephone and Telegraph (an American corporation)
I&W	indicators and warning
JENNIFER	Codename for CIA Soviet submarine retrieval operation in the 1970s (also known as Project AZORIAN)
KGB	Soviet Secret Police and Foreign Intelligence: Committee for State Security
KJ	Key Judgment (NIE executive summary)
KSM	Khalid Sheikh Mohammed, the Al Qaeda terrorist said to have masterminded the 9/11 attacks
MAGIC	Allied codebreaking operations against the Japanese in World War Ⅱ
masint	measurement and signatures intelligence
MI5	British Security Service
MINARET	cryptonym for NSA warrantless telephone taps against Americans (pre−1975)
MIP	Military Intelligence Program
MI6	Secret Intelligence Service (SIS − United Kingdom)
MRBM	medium−range ballistic missile
NCA	National Command Authority
NCS	National Clandestine Service
NCTC	National Counterterrorism Center
NGA	National Geospatial−Intelligence Agency
NIC	National Intelligence Council
NIE	National Intelligence Estimate
NIM	National Intelligence Manager (ODNI)
NIO	National Intelligence Officer
NIP	National Intelligence Program
NIPF	National Intelligence Priorities Framework
NOC	non−official cover
NPIC	National Photographic Interpretation Center
NRO	National Reconnaissance Office
NSA	National Security Agency

NSC	National Security Council
NSI	National Security Intelligence
NSL	national security letter
OBE	overtaken by events
OC	official cover
ODNI	Office of the Director of National Intelligence
OLC	Office of Legal Counsel (Justice Department)
OPEC	Organization of Petroleum Exporting Countries
osint	open−source intelligence
OSS	Office of Strategic Services
PDB	President's Daily Brief
PDD	Presidential Decision Directive
PFIAB	President's Foreign Intelligence Advisory Board (as of 2008, PIAB)
phoint	photographic intelligence
PIAB	President's Intelligence Advisory Board
PM ops	paramilitary operations
PRC	People's Republic of China
PRISM	Codename for controversial NSA sigint program targeting, without a court warrant, suspected terrorists − including some Americans (post−9/11)
RFE	Radio Free Europe
R	Republican
RL	Radio Liberty
SA	special activities
SAM	surface−to−air missile
SCIF	sensitive compartmented information facility
SDO	support to diplomatic operations
SecDef	Secretary of Defense
SHAMROCK	cryptonym for NSA program to read international cables from and to American citizens (pre−1975)
sigint	signals intelligence
SLBM	submarine−launched ballistic missile
SMO	support to military operations

SNIE	Special National Intelligence Estimate
SOG	Special Operations Group (CIA)
SOVA	Office of Soviet Analysis (CIA)
SR−21	U.S. spy plane (see U−2)
SSCI	Senate Select Committee on Intelligence
STELLARWIND	generic cryptonym for controversial NSA warrantless wiretaps and metadata collection programs (post− 9/11)
SVR	Foreign Intelligence Service of the Russian Federation (KGB successor)
techint	technical intelligence
telint	telemetry intelligence
TIARA	tactical intelligence and related activities
TIMBER SYCAMORE	CIA PM operation against Syria
TOR	Terms of Reference (for NIE drafting)
215	Code number for NSA communications metadata program targeting U.S. citizens (post−9/11)
UAE	United Arab Emirates
UAV	unmanned aerial vehicle (drone)
USIA	United States Information Agency (Department of State)
U−2	CIA spy plane (with later Air Force Variations known as the A−12 and the SR−71)
VC	Viet Cong
WMD	weapons of mass destruction
YAF	Young Americans for Freedom (student group)

제2판 서문

비밀세계로의 이정표

국가안보정보는 기술적 측면과 인권적 측면을 포함하고 있는 방대하고 복잡하며 중요한 주제이다. 또한 모든 국가의 정보기관이 철저하게 두꺼운 베일에 싸여 있기 때문에 연구와 이해를 더욱 어렵게 하고 있다. 다행스럽게도 학문의 진전과 함께 공개성이라는 민주주의 원칙에 따라 지난 40년 동안 얼마간의 베일이 제거되었다. 이와 같이 베일이 제거된 것은 특히 1975년에 있었던 불법적인 국내 정보활동에 대한 집중적인 조사와 같이 정보실패 및 잘못된 정보활동에 대한 정부의 공식적인 조사활동과 함께 정부의 잘못을 규명하려는 지속적인 학문적 노력의 성과라고 할 수 있다. 이 책의 각 장에 달려있는 각주들은 정보기관 및 정보기관의 활동에 대한 학문적 연구가 진행되어 왔고 또한 증가하고 있다는 것을 보여주는 증거이다.

아직 해결해야 할 과제가 많지만 또한 국가안보의 특성상 민감한 영역까지 완전히 투명하게 운영할 수는 없을 것이다. 그러나 민주주의 국가에 있어서는 비록 비밀스러운 정보의 세계에 관한 것이라고 하더라도 국민들이 정부기관의 활동에 대해 최소한의 기본적인 것은 이해할 필요가 있다. 적절한 비밀정보는 철저하게 보호되어야 하지만 학자, 언론인, 공직자들이 정부조직의 비밀스러운 영역을 이해할 수 있도록 국민을 돕는 것은 매우 중요하다.

냉전시기 민주주의 국가와 공산주의 국가는 서로 진영을 나누어 대립하면서 정보기관을 통해 투쟁을 전개하였으며, 국가정보기관은 중앙집중적으로 운영되었다.[1] CIA를 비롯한 미국의 정보기관들은 아이젠하워(Eisenhower)와 케네디(Kennedy)

---

1) Richard W. Aldrich, *The Hidden Hand: Britain, America and Cold War Secret Intelligence* (London: John Murray, 2001), p. 5; Michael Herman, *Intelligence Power in Peace and War*. Cambridge UK: Cambridge University Press, 1996.

행정부 시절부터 법적 근거가 불확실한 상황에서 피그만(Bay of Pigs) 사건(1961)을 일으키거나 외국 지도자 암살을 시도하는 등 종종 민주주의 원칙을 위배하는 활동을 하였다. 미국의 민주주의를 손상시킨 사건으로는 1970년대 중반의 국내정보 비밀수집 사건, 10년쯤 뒤에 발생한 이란콘트라 스캔들 그리고 최근에 국가안보국(NSA) 그리고 CIA와 군정보기관이 채용한 사람들이 글로벌 테러리즘에 대응하기 위해 미국 시민을 대상으로 광범위한 이메일 자료를 수집하고, 포로를 학대하거나 고문한 일 등을 들 수 있다. 영국과 미국이 이라크의 독재자 사담 후세인(Saddam Hussein)이 런던과 워싱턴을 공격할 수 있는 대량살상무기(WMD)를 개발하고 있다는 잘못된 판단에 기초하여 2003년 이라크를 공격한 것처럼 정보분석의 실패도 엄청난 결과를 초래할 수 있다. 또한 미국의 국가정보장(DNI)이 2010년에 언급한 바에 의하면 정보기관을 유지하고 운영하는 데 약 800억 달러가 소요된다고 하는 등 국민에게 많은 부담이 되고 있다. 이러한 이유로 인해 국가안보정보는 여론에 귀를 기울여야 하고, 학자들에 의해 좀 더 면밀하게 연구되어야 하며, 민주주의 원칙에 부합하도록 개선되어야 한다.

이러한 과제는 활발한 진전을 보이고 있다. 정부는 정보의 비밀성을 강조하는 데 비해 학자들은 정보가 공개되기를 바라는 것처럼 정보기관과 학자들의 입장은 서로 다르다. 그러나 최근에는 국가가 학자들의 정보에 관한 연구를 독려하면서 동시에 효율적인 비밀활동을 할 수 있다는 것을 경험적으로 보여주고 있다. 실제로 정보기관이 법률의 범위 내에서 윤리적 규범에 따라 활동할 경우에는 국민들이 정보에 대해 더 많이 알게 될수록 정보활동의 정당성을 이해하고 정보기관의 활동을 옹호하게 될 것이다.

2009년에 실시된 미국의 설문조사에서는 정보에 관한 학술적 연구에 대해 다음과 같은 결론을 제시하고 있다.

역사학, 국제관계학, 정치학 등 분야의 학자들이 냉전 기간 중 미국과 해외의 정보기관들이 국가정책에 미친 영향을 연구한 것이 정보에 관한 다양한 학제적(interdisciplinary) 연구를 촉진하여 붐을 이루고 있다. 이러한 정보연구의 예를 들면 베트남 전쟁, 워터게이트(Watergate)사건, 공산권 국가의 개혁을 촉진한 정보활동 사례, 2001년 9/11사건 관련 정보수집 시스템, 테러리즘 과잉대응 및 실패사례 등이 있다. 이와 같은 연구가 증가함에 따라 정보에 관심을 갖는 학생들이 급증하고 있다.[2]

최근에 발표된 어떤 정보연구 논문은 획기적으로 새로운 학제적 연구방법을 발견하였고, 여성 연구자들의 관심도 증가하고 있다.[3]

현재 수많은 영국, 캐나다, 미국의 종합대학교와 단과대학에서 국가안보정보에 관한 정규 교과목을 개설하고 있고 이러한 과목에 대한 인기가 높다. 정보에 대한 관심이 높아진 데에는 9/11 공격에 대한 정보실패와 2003년 제2차 페르시아 걸프전쟁을 앞두고 이루어진 이라크의 대량살상무기에 관한 오판에 대해 언론에서 대대적으로 보도한 것이 큰 영향을 미쳤다. 학생들은 왜 이러한 정보실패가 발생했고 앞으로 정보판단이 잘못되지 않으려면 무엇을 해야 할지에 대해 관심이 많다. 많은 학생들은 외교관, 입법자, 사무직원, 정보관, 군인 등 다양한 분야에서 정부의 구성원이 되어 국가의 민주주의를 보호하고 국제평화에 기여하고 싶어 한다. 학생들은 정부의 정책결정이 정보에 기초한다는 것을 알게 되면 학자나 연구원이 될 경우 정보와 정책의 관계에 대한 연구를 하게 될 것이다. 학생들은 제임스 본드(James Bond) 영화에 심취하여 매력적인 주제인 국가안보정보에 대한 공부를 시작하게 되겠지만, 그들은 머지않아 관료제도를 연구한 사회학자 막스 웨버(Max Weber)의 저술들이 소설가 이안 플레밍(Ian Fleming)의 드라마틱한 창작물보다 정보기관의 실제 운영에 더 큰 통찰력을 준다는 것을 알게 될 것이다.

최근 국가안보정보의 연구에 있어 가장 중요한 발전은 국내외에서 국익을 증진하고 위협에 대응할 수 있는 정보를 어떻게 수집하고 분석할 것인가, 그리고 왜 공작과 방첩활동을 해야 하고 어떻게 해야 할 것인가에 대한 학자들의 연구가 정

---

2) 2009년 설문조사에 대해서는 Peter Monaghan, "Intelligence Studies," *Chronicle of Higher Education* (March 20, 2009), pp. B4−B5 참조. 설문조사 이후의 급격한 관심증가에 대한 최근의 평가에 대해서는 Loch K. Johnson, "The Development of Intelligence Studies" in Robert Dover Michael S. Goodman, and Claudia Hillebrand, eds., *Routledge Companion to Intelligence Studies* (London and New York: Routledge, 2014), pp. 3−22 참조.

3) Peter Gill, Stephen Marrin and Mark Phythian, eds., *Intelligence Theory: Key Questions and Debates* (New York: Routledge, 2009); Peter Gill and Mark Phythian, "What Is Intelligence Studies?" *International Journal of Intelligence*, Security and Public Affairs 18/1 (2016), pp. 5−19; Lock K. Johnson and Allison M. Shelton, "Thoughts on the State of Intelligence Studies: A Survey Report," *Intelligence and National Security* 28 (February 2013,), pp. 109−20; Stephen Marrin, "Improving Intelligence Studies as an Academic Discipline," *Intelligence and National Security* 31/2 (March 2016), pp. 266−79; Damien Van Puyvelde and Sean Curtis, "'Standing on the Shoulders of Giants': Diversity and Scholarship in Intelligence Studies," *Intelligence and National Security* 32/1 (February 2017).

보관들의 회고록 수준을 넘어섰다는 것이다. 물론 민주주의 국가로서 정보기관의 권한남용을 방지하기 위해 어떠한 안전장치를 만들 것인가 하는 문제도 중요하다. 무엇보다도 정보연구가 진전됨에 따라 정보학이 학문적으로 더욱 발전되는 것을 뒷받침할 수 있는 실증적 자료, 검증 가능한 가설, 이론적 분석틀 등이 풍부해지고 있다.[4]

또한 정보학자들은 정보실무자들과 심도 있는 인터뷰를 진행해 왔고, 여기에 최근 수십 년간 정부가 공개한 방대한 양의 정보문서도 있어 연구환경이 좋아졌다. 정부가 공개한 정보문서의 예를 들면 미국에서는 1975-6년의 처치 위원회 보고서(Church Committee Report, 국내 정보활동, 공작, 암살계획 등), 1996년의 애스핀 브라운 위원회 보고서(Aspin-Brown Commission Report, 방첩 및 냉전 이후 광범위한 미국 정보의 실태), 2004년 킨 위원회 보고서(Kean Commission Report, 9/11 정보실패), 그리고 2005년 실버만 롭 위원회 보고서(Silberma-Robb Commission Report, 이라크 대량살상무기) 등이 있다. 영국에서 정부가 공개한 보고서로는 2003년에 공개된 외교관계에 관한 하원특별위원회 보고서(House of Commons Select Committee on Foreign Affairs Report)와 정보 및 안보 위원회 보고서(Intelligence and Security Committee Report), 2004년에 공개된 버틀러 보고서(Butler Report)와 허튼 보고서(Hutton Report), 2010년에 공개되고 2016년에 발간된 칠코트 위원회 보고서(Chilcot Committee Report) 등이 있는데, 이것들은 모두 2003년 이라크 전쟁이 발발하기 이전에 영국 정보기관이 제출한 대량살상무기에 관한 정보의 잘못된 부분을 검토한 것이다. 캐나다에서 1981년에 공개한 국내 정보의 남용에 관한 맥도날드 위원회 보고서(McDonald Commission Report)는 정보연구자들에게 소중한 연구자료가 되고 있다.

국가의 지도자가 정책결정을 할 때 그들에게 제공된 정보의 질은 성공 또는 실패를 좌우하는 중요한 결정요인이 될 수 있다. 정보학을 연구하는 사람들은 정보를 어디에서 찾고 그것이 얼마나 정확하며 어떻게 활용 또는 오용될 수 있는가를 파악하고, 정보를 적시에 적절하게 활용할 수 있는 방법을 찾기 위해 노력한

---

4) R. Gerald Hughes, Peter Jackson, and Len Scott, eds., *Exploring Intelligence Archives: Enquiries into the Secret State* (New York: Routledge, 2008); Loch K. Johnson, ed., *Strategic Intelligence, Vol.1: Understanding the Hidden Side of Government* (Westport, CT: Praeger, 2007).

다. 정보학은 국제사회에 커다란 논쟁을 불러일으킨 1961년의 피그만(Bay of Pigs) 실패와 같은 공작에 대해서도 연구한다. 최근 미국이 파키스탄 북서부와 아프가니스탄의 산악지대에서 탈레반(Taliban)과 알카에다 지하디스트(Al Qaeda jihadist)에게 사용하기 시작하여 종종 비전투 민간인 사상자를 발생시키기도 한, 헬파이어(Hellfire) 미사일 등으로 무장한 프레데터(Predator)나 리퍼(Reaper)와 같은 무인항공기(UAV 또는 drone) 사용도 치명적인 신형 공작활동의 하나이다. 드론 공격은 이전부터 국방부와 CIA에 의해 아프리카 북동부, 아프리카 북서부의 마그레브(Maghreb), 시리아, 이라크 등 민주주의를 거부하는 과격한 테러리스트 집단이 집결하거나 활동하는 지역에서 사용해 왔다. 또한 정보연구자들은 국가에 대한 반역이 왜 발생하고 반역을 예방하려면 어떤 방첩활동이 바람직한지에 대해 연구한다. 나아가서 정보연구자들은 민주주의 국가에 있어 정보기관의 비밀활동과 자유롭고 공개된 사회에서 누릴 수 있는 시민의 권리 사이의 적용 가능한 균형점에 대해서도 연구한다.

국가안보정보는 모든 민주주의 국가의 연구자, 정책결정자, 정부개혁자, 정보전문가, 학생, 그리고 관심 있는 모든 시민들에게 다양하고 흥미로운 연구 분야이다. 이 책에서는 정부 공직자들과 시민운동가들에 의해 새로운 정보개혁이 추진되고 다양한 사람들에 의한 학술연구가 활성화되기를 기대하면서 정보의 전체적인 모습을 살펴보고자 한다.

제2판은 이전의 책과 같이 제1장에서 다양한 해결과제와 논쟁소지를 가지고 있는 정보의 3대 임무인 수집과 분석, 공작, 방첩에 대해 개관한다. 제1장에서는 정보생산 및 활동의 기초가 되는 정보조직의 구성을 포함한 정보의 다양한 측면을 살펴본다. 또한 제1장에서는 미국의 정보공동체(Intelligence Community: IC)를 구성하는 17개 정보기관에 대해 설명하고, 이러한 정보기관들이 활동할 때 왜 민주주의 원칙을 반드시 준수해야 하는지 그 필요성에 대해 살펴보고, 대통령과 정책결정자들에게 적시에 정확한 정보를 제공하는 데 있어 왜 구조적 통합성이 미흡하고 서로 협조하는 문화가 부족한지에 대해 고찰할 것이다.

다음에 이어지는 3개의 장은 핵심 임무에 대해 좀 더 상세하게 살펴볼 것이다. 제2장은 수집과 분석을 다루는데, 정보순환과정(intelligence cycle)의 개념은 어떻게 전 세계로부터 첩보를 수집하여 백악관과 정부의 고위 정책결정자들에게 도움이 되는 분석보고서를 작성하는지 이해하는 데 도움이 된다. 현장으로부터 대통령 집무실까지 정보가 이동하는 각 단계에서 얼마나 많은 잠재적 오류와 왜곡에 노출될 수 있는지 검토할 것이다.

제3장은 파키스탄에서의 드론에 의한 비밀공격과 같이 정보의 세계에서 가장 논란이 많은 공작을 다룰 것이다. 미국은 공작의 본질적 임무라고 할 수 있는 해외에서의 은밀한 개입을 통해 역사의 흐름을 바람직한 방향으로 바꾸는 것이 가능할 것인가 그리고 그래야만 하는가?

제4장에서는 방첩 및 테러리즘 대응활동과 관련된 베일에 가려진 주제에 대해 검토한다. 이러한 정보활동 영역은 적대적인 스파이와 테러리스트로부터 미국을 보호하기 위해 설정된 것이다. 2001년 9월 뉴욕과 워싱턴에서 발생한 테러리스트의 공격과 그 이후 미국과 동맹국들에서 발생한 수많은 테러 공격은 민주주의 체제를 지키는 방패의 역할이 얼마나 중요하고 어려운 것인가를 잘 보여주고 있다.

마지막으로 제6장에서는 세계가 통합되어 있지 않고 불확실하고 위험한 상태가 계속되는 한 국가안보정보가 국제문제의 중심적 관심사항이 되어야 하는 이유에 대해 고찰한다. 이 장은 미국과 다른 민주국가에 있어 국가안보의 효율성을 높이면서 국민의 자유와 사생활을 철저히 보호할 수 있도록 정보활동을 개선하는 방안을 토론하는 것으로 마무리 할 것이다.

폴리티(Polity)출판사가 2012년 이 책의 초판을 발간한 이후 세계에서는 많은 일들이 발생하였다. 제2판에서는 해외의 독재국가, 테러조직 또는 범죄조직이 새로운 해킹도구를 이용하여 미국과 동맹국들에 대해 끊임없이 컴퓨터 해킹을 시도하여 지속적으로 위협을 증가시키고 있는 사이버안보 문제에 대해 깊이 있게 다룰 것이다. 미국정부는 민주당 국가위원회(Democratic National Committee: DNC)와 애리조나(Arizona)를 비롯한 많은 주의 선거관리위원회 컴퓨터를 해킹하여 2016년 미국 대통령선거를 방해하려 한 혐의로 러시아를 기소하였다.

제2판에서는 또한 NSA가 영장 없이 무고한 시민의 전화를 감청하고 소셜미디어 통신 로그 기록을 대량으로 수집한 문제도 다룰 것이다. 미국, 영국 그리고 일부의 민주국가 정보기관들이 9/11 공격 이후 이러한 저인망식 정보수집 방법을 채택하고 있는 것이 미국정부에 계약직으로 채용되었던 에드워드 스노든(Edward J. Snowden)에 의해 폭로되었다.

제1판이 출간된 이후 9/11 사건의 영향을 받아 CIA가 테러범 심문을 위해 해외에서 테러를 일으킨 범인을 다른 지역으로 이송하여 고문을 한다는 것이 알려졌다. 이 같은 행동을 비판하는 사람들은 미국이 스스로 비난하던 테러리스트와 같은 행동을 한 결과가 되었고, 공개된 사회를 유지하고 윤리적 행동을 한다는 평판을 얻었던 세계적 명성에 오점을 남기게 되었다고 하였다. 이와 같은 놀라운 사실이 공개되자 자유민주주의 국가에서도 국가적인 감시체제가 나타날 수 있을 것인가 하는 문제와 함께 도덕성에 관한 문제가 제기되었다. 이 책에서 강조하는 바와 같이 정보는 오직 안보를 지키는 것일 뿐만 아니라 동시에 민주주의의 전통적 가치인 공정성과 윤리성을 보호하기 위한 것이다.

제2판에서는 9/11 공격의 여파로 이라크와 아프가니스탄에서 미국이 장기간에 걸쳐 수행한 2개의 전쟁을 지원하는 정보의 역할에 대해 다루었다. 또한 시리아, 이라크, 리비아를 중심으로 활동하면서 중동지역에 칼리프(caliphate) 또는 이슬람 국가를 수립하겠다고 하는 테러단체인 소위 '이슬람국가'(ISIS) 문제도 다룰 것이다. 이들은 여성들이 교육을 받거나 직업을 가질 권리를 인정하지 않고 심지어 운전도 허용하지 않는 등 현대적인 것들을 수용하지 않으면서 편협하고 과격한 이슬람주의를 채택하고 있다. 이슬람국가의 지도자들은 서방국가에 대한 '외로운 늑대형'(lone wolf) 테러리스트 공격을 촉구하면서 최근에는 파리(Paris), 브뤼셀(Brussels), 캘리포니아의 샌비나디노(San Bernardino), 니스(Nice), 플로리다의 올랜도(Orlando) 등에서 대규모의 인명살상을 저지르고 있다. 제2판에서 자세하게 살펴 볼 다른 주제로는 정보관과 정책결정자 사이의 복잡한 관계, 일부는 민주국가의 시민인 테러 용의자들을 사살하기 위한 드론 사용을 둘러싼 법적 및 윤리적 문제 등이 있다.

제2판은 또한 특히 국방부와 CIA 사이에 존재하는 미국 정보공동체 내부의 조직갈등, CIA의 준군사공작 확대, 정보수집을 위한 기술적 수단, 정보가 정치적 게임으로 변질되어 자신의 정치적 목적을 위해 정보를 왜곡하는 정치화 등에 대해 추가로 기술할 것이다. 이러한 것들은 정보의 중대한 범법행위가 될 수 있다.

제2판은 제1판보다 페이지가 조금 늘었고, 백과사전식 논문과 같은 구성을 하지는 않았다. 이 책의 목표는 처음부터 국가안보정보라는 주제를 간결하게 소개하는 것이었고 지나치게 자세하게 다루려는 것은 아니었다. 독자들은 이 책에서 다루고 있는 정보의 기본을 이해하게 되면 부록으로 제시되어 있는 추천도서를 통해 보다 상세한 내용을 파악할 수 있을 것이다.

　정보를 연구하는 것은 흥미롭고 의미있는 활동이다. 정보는 연구주제가 다양하고 여러 학문영역에 걸쳐 있다. 여기에는 공작, 외국 첩보원과의 비밀면담, 우주공간에서 반짝이는 인공위성을 통한 첩보수집, 조직에 침투한 간첩 색출, 드론 전쟁과 같은 특징 있는 주제가 많다. 독자들은 제2판을 통해 신비하고 환상적인 현대 첩보활동의 세계를 경험할 수 있을 것이다.

감사의 말씀

이 책에서 인용된 국가안보정보와 관련된 저술의 저자들에게 진심으로 감사를 드린다. 여기에는 1975년부터 끊임없이 질문하고 인터뷰를 요청한 데 대해 답변을 해 준 많은 정보관들과 레스 애스핀(Les Aspin), 프랭크 처치(Frank Church), 위체 파울러(Wyche Fowler), 월터 몬데일(Walter F. Mondale, 카터 행정부 부통령) 같은 의회의 관점을 알려 준 사람들이 포함된다. 이 책을 집필하는 데에는 1970년대와 1980년대 상원, 하원, 백악관에서 직원으로 근무한 저자 자신의 경험도 많은 도움이 되었다. 이 책을 폴리티(Polity) 출판사에 기고하도록 처음으로 제안해주었던 루이스 나이트(Louise Knight) 박사에게 감사드린다. 그녀가 훌륭한 편집자로서 많은 지도를 해준 데 대해 고맙게 생각한다. 또한 제2판을 준비하는 동안 폴리티 출판사의 네카네 다나카 골도스(Nekane Tanaka Goldos)로부터 많은 도움을 받았고, 사라 댄시(Sarah Dancy)의 능숙한 교정이 많은 도움이 되었다. 그리고 조지아대학교(Georgia University)에서 국제관계학 박사학위를 받은 마리 밀워드(Marie Milward)와 제임스 보더스(James Borders)에게서 많은 도움을 받았고, 조지아대학교 국제관계학과장 마커스 크레파즈(Markus M. L. Crepaz)로부터도 많은 조언과 격려를 받았다. 나를 위해 안목 있는 집안 내부 편집자 역할을 해 주고 행복한 시간을 함께하는 아내 리나 존슨(Leena S. Johnson)과 넘치는 열정과 탁월한 판단력을 보여주는 딸 크리스틴 스와티(Kristin E. Swati)와 그녀의 남편 자밀 스와티(Jamil Swati)에게 항상 많은 신세를 지고 있다.

1장

국가안보정보: 국가안보의 최전선

　아메리칸 에어라인 11편은 2001년 9월 11일 몇 조각의 흰 뭉게구름이 떠 있는 파란 하늘을 향해 이륙하기 위해 보스턴(Boston) 로건(Logan) 국제공항에서 대기하고 있었다. 목적지는 로스앤젤레스(Los Angles)이었다. 작은 키에 음침한 얼굴의 승객 모하메드 아타(Mohamed Atta)는 비즈니스석 8D에 앉아 있었다. 중동에서 온 다른 4명의 남자들도 아타와 같은 무뚝뚝한 표정으로 근처의 비즈니스석과 일등석에 앉아 있었다.

　기장 존 오고노브스키(John Ogonowski)와 부기장 토마스 맥기니스(Thomas McGuinness)는 보잉 767기 조종실에서 비행을 위한 사전점검 사항을 체크하고 있었다. 모든 것이 정상이었다. 기장은 비행기를 출발시켜 활주로를 주행하였다. 그는 레버를 당겨서 고도를 26,000피트로 상승시켰다. 81명의 승객들은 5시간 동안의 비행을 위해 편안한 자세를 취했고 9명의 객실 승무원들은 기내 서비스를 위해 부엌에서 부지런히 움직이기 시작하였다. 비행을 시작한지 15분이 지난 8시 14분 평상시처럼 연방항공관제센터(Federal Aviation Administration's Center)로부터 기장 오고노브스키에게 항공기의 고도를 35,000피트로 올리라는 항공관제 메시지가 왔다. 보통 때와는 달리 기장은 이 지시를 인식하지 못하였다. 그는 조종실 출입문 바깥쪽의 소란 때문에 집중을 할 수 없었다.

　항공관제 메시지가 항공기 조종실에 도착하는 그 시점에 아타와 함께 탑승하고 있던 두 남자가 일등석 자리를 박차고 일어났다. 그들은 통로에서 음료 카트를 끌고 가던 승무원 두 사람을 칼로 찔렀다. 치명상을 입은 승무원 한 사람은 쓰러졌고, 다른 한 사람은 비명을 지르면서 상처를 입은 팔을 손으로 움켜쥐었다. 이들은 재빨리 조종실 출입문을 열고 안으로 들어갔다.

　이러한 소동이 일어나는 중에 아타는 재빨리 항공기 조종 통제권을 장악하였다. 또 다른 그의 동료는 객실 뒤쪽에서 한 남성 승객의 목을 칼로 찌르고 비즈니스석과 일등석 지역 일대에 메이스(Mace) 스프레이(자극성 물질이 포함된 호신용 스프레이 – 역자주)를 뿌려대었다. 공기 중에 자극성 물질이 퍼지자 일부의 승객은 통로를 통해 비행기 뒤쪽으로 피했고 다른 사람들은 의자에서 몸을 숙였다. 객실에서 칼을 휘두른 강한 인상의 근육질의 살인범은 강한 중동 액센트의 영어로 자기가 폭탄을 가지고 있다고 경고하였다. 완벽한 영어를 구사하는 그들 중의 한 명이 '움직이지 말라, 모든 것이 잘 될 것이다. 당신들이 움직이면 당신 자신과 비행기가 위험에 처할 것이다. 조용히 하라'고 추가로 덧붙였다. 이코노미 객실의 승객들은 일등석 객실에서 긴급 의료상황이 발생한 것으로 생각하였고 위험사태가 발생한 것을 모르고 있었다.

앞쪽의 객실은 메이스 스프레이로 가득차서 숨을 쉴 수 없을 정도가 되었다. 승무원 한 사람이 객실과 업무공간을 구분하는 커튼 뒤에 숨어서 기내 통화장치로 조종실의 기장과 통화를 시도하였다. 그녀는 통화가 되지 않자 텍사스 포트워스(Fort Worth)에 있는 미국항공 관제센터로 전화를 하여 침착하게 낮은 목소리로 항공기 납치가 진행되고 있다고 설명하였다. 포트워스의 직원들도 조종실과 수차례 통화를 시도했으나 이루어지지 않았다.

항공기는 이륙한지 25분이 경과하였고 비정상적으로 비행하고 있었다. 비행기는 커다란 원을 그리면서 남쪽으로 휘청거렸고 고도가 뚝 떨어졌다. 이들은 뉴욕의 존 에프 케네디 공항(John F. Kennedy Airport)에 착륙하여 활주로에서 비행기와 인질을 풀어주는 대가로 금품을 요구하기 위한 흥정을 할 계획이었는지도 모른다.

그러나 비행기의 고도가 너무 낮아져 있었다.

비행기는 오전 8시 46분 맨해튼(Manhattan)의 세계무역센터(World Trade Center) 북쪽 타워 96층에 충돌하였다.

곧바로 대형화재가 발생했다. 금속을 녹일 정도의 고열이 발생하여 철강재들도 뒤틀어지기 시작했다. 비행기 탑승자 전원과 여러 명의 사무실 근무자가 사망하였다. 일부는 화재로부터 피신하였으나 빌딩에 있던 많은 사람들이 피해를 입었다. 충돌 지점보다 위쪽에 있어서 아래로 내려오지 못한 일부의 사람들은 타오르는 불꽃을 피하여 창문을 통해 길거리로 뛰어내리기도 하였다.

또 다른 항공기 유나이티드 에어라인(United Airlines) 175편도 역시 로건공항

(Logan Airport)을 출발하여 로스앤젤레스로 향하고 있었다. 이것은 아메리칸 에어라인 11편이 납치되는 것에 보조를 맞추어 남쪽으로 방향을 돌렸고 다시 선회하여 동쪽을 향하여 아침햇살에 유리창이 빛나고 있는 뉴욕의 초고층빌딩에 충돌하였다. 이 비행기는 북쪽 타워 충돌이 일어나고 약 17분이 지난 9시 3분에 남쪽 타워에 부딪쳤다.

항공기 납치 계획에 의하면 아프가니스탄의 탈레반(Taliban) 정권의 비호를 받고 있는 테러조직인 알카에다(Al Qaeda)에 속한 두 개의 다른 팀도 참여하도록 되어 있었다. 그러나 그들은 납치한 항공기를 뉴욕이 아니라 수도 워싱턴으로 향하게 하였다. 워싱턴 덜레스(Dulles) 공항을 출발하여 LA에 도착할 예정이었던 아메리칸 에어라인 77편은 9시 27분 시속 530마일의 속도로 마치 거대한 미사일처럼 국방부 청사건물에 충돌하였다.

테러리스트들이 샌프란시스코를 향하고 있던 유나이티드 에어라인 93편을 네 번째로 탈취했을 때 승객들은 이미 가족이나 친지들로부터 휴대전화를 통해 아메리칸 에어라인 11편과 유나이티드 에어라인 175편의 침통한 사고 소식을 전해 들어 알고 있었다. 몇몇 승객들은 9시 57분 비행기가 의회 또는 백악관과 같은 공격 목표에 도달하지 못하도록 집단으로 테러리스트들을 공격하기로 결정하였다. 그들의 용감한 시도는 비행기를 조종하는 테러리스트가 몇 분 동안 비행기를 상하 좌우로 심하게 움직여서 이들이 서있지 못할 정도로 균형을 잃게 하는 동안에도 계속되었다. 이러한 방해에도 불구하고 승객들이 계속 전진하여 조종실의 문 앞까지 도달하게 되었다. 테러리스트들은 제압당할 지경이 되자 항복하지 않고 비행기를 폭파시키는 것을 선택하였다. 테러리스트 조종자는 조종간을 갑자기 오른쪽으로 돌려서 비행기가 뒤집어지도록 하였다. 비행기는 몇 초 후 추락하여 펜실베이니아 황야에서 한 점의 화염으로 폭발하였다. 이 항공기는 20분 정도만 더 비행하였으면 워싱턴에 도착할 수 있었다.

뉴욕에서는 아직 비극이 끝나지 않았다. 휘발성 항공유를 가득 실은 대형 항공기가 빠른 속도로 충돌하여 발생한 화재의 엄청난 열 때문에 쌍둥이 빌딩의 거대한 철제 구조물들이 휘어지고 곧이어 붕괴하게 되어 많은 사무실 근로자, 전망대의 관광객, 소방대원, 경찰 등이 추락하여 사망하였다. 철제, 유리, 가구, 사람 등이 하늘로부터 쏟아져 내려왔다. 125층 건물이 붕괴되면서 발생한 대규모의 회색과 검정색의 먼지 기둥과 잘게 부서진 금속조각들이 맨해튼 거리의 수많은 사람들을 덮쳤다. 마치 쌍둥이 빌딩에 있었던 죄 없는 사람들과 함께 태양도 죽은 것처럼 하늘은 온통 검은색으로 얼룩졌다.

이 사건으로 인해 뉴욕, 워싱턴, 펜실베이니아 샹크스빌(Shanksville) 인근의 불타는 농경지 등에서 거의 3,000명의 미국인이 사망하였다. 미국은 1812년 전쟁에서 영국군이 워싱턴을 불태운 이래 최악의 공격을 받았고, 1941년 일본이 진주만을 폭격했을 때보다 더 많은 희생자가 발생하였다.[1]

국가안보정보의 중요성

2001년 9월에 있었던 알카에다의 미국에 대한 테러공격은 국가안보정보(NSI)의 중요성을 잔인하게 일깨워주는 교훈이다. 이 경우에도 비밀정보기관들은 국내 또는 해외로부터 야기되는 위협으로부터 시민을 보호하기 위해 국가의 지도자들에게 정보를 제공하였다. 만약 미국의 가장 잘 알려진 정보기관인 CIA가 알카에다 조직에 정통한 첩보원 한 사람만 침투시킬 수 있었다면 그가 항공기 납치 계획을 미국 정부관계자들에게 알려 줄 수 있었을 것이다. 만약 미국의 저명한 국내 정보기관인 연방수사국(FBI)이 2001년 초부터 캘리포니아에서 납치범들을 추적하기만 하였으면 예방할 수 있었을 것이다. 만약 미국의 최대 정보기관인 국가안보국(NSA)이 알카에다 조직원들 사이에서 주고받은 미국을 하늘로부터 공격한다는 이란어 메시지를 감청하여 번역하는 것이 조금만 더 빨랐더라도 결과는 달라졌을 것이다. 만약 공항 보안관들과 미국인 조종사들이 테러 위험에 대해 좀 더 일찍 경고를 받고, CIA와 FBI가 가지고 있던 9/11 테러리스트에 대한 신상자료와 사진을 입수할 수 있었다면 사고는 일어나지 않았을 것이다. 정보관들과 정치 지도자들 모두에게 실수가 있어서 수많은 무고한 희생자가 발생한 항공테러를 저지하지 못하였다.

공격이 발생하고 몇 시간 며칠이 지나도 아무도 9/11 사건이 화학무기, 생물

---

1) 사건을 재구성한 것은 다음의 자료를 기초로 한 것이다. *The 9/11 Commission Report: Final Report of the National Commission on Terrorist Attacks Upon the United States* (New York: Norton, 2004) - the Kean Commission, led by Thomas H. Kean, Chair, and Lee H. Hamilton, Vice Chair.

무기, 핵무기와 같은 대규모 추가 공격의 시작인지에 대해 아는 사람이 없었다. 다행스럽게 미국에 대한 즉각적인 추가 공격은 일어나지 않았으나, 국내외에서 미국 시민을 대상으로 하는 새로운 폭력사태가 발생할 수 있다는 우려가 있었다. 9/11 이후에 알카에다와 이들과 느슨한 연계를 갖는 조직들이 런던, 마드리드, 발리 등과 같은 세계 도처에서 테러를 일으켰다. 오사마 빈 라덴(Osama bin Laden)과 같은 테러조직을 지휘하는 사람들은 파키스탄 북부 와지리스탄(Waziristan)과 같은 바위가 많은 산악지형에 숨어있을 것이라고 생각되었는데, 최근 테러조직들은 이라크나 아프가니스탄에 주둔한 미군, 영국군, 기타 연합군을 공격하는 데 은밀하게 참여하고 있는 것으로 알려졌다. 알카에다는 대부분의 주요 민주주의 국가에 침투 공작원을 운영하고 있고 소말리아, 예멘, 파키스탄 일부에 조직이 있다고 공개적으로 밝혔다. 알카에다 테러조직은 1998년에서 2001년 사이에 미국을 상대로 테러작전을 준비할 때, 빈 라덴(Bin Laden)과 그 추종자들에게 아프가니스탄에 은신처를 제공했던 탈레반(Taliban)과 연계된 지하디스트들(Jihadists)로부터 지원을 받은 적이 있다.

　서방국가들은 알카에다와 탈레반의 공격에 대비하기 위해, 이들의 공격에 대한 사전지식을 얻고 공격적인 준군사공작을 통해 테러리스트를 약화시킨다는 두 가지 목적으로 중동과 서남아시아 지역에서 정보활동을 강화하였다. 이것은 2011년 5월 미국 해군의 특수부대 네이비 실(Navy Seal)이 정보기관들이 수집한 정보의 도움을 받아 파키스탄의 수도 이슬라마바드(Islamabad)에 가까운 도시 아보타바드(Abbottabad)에서 오사마 빈 라덴(Osama bin Laden)을 사살하는 작전에 성공하는 등 결실을 맺었다.

　빈 라덴의 사망 후 곧바로 시리아, 이라크, 리비아 등을 기반으로 잔인한 반정부 군사조직을 운영하는 ISIS라는 또 다른 글로벌 테러조직이 중동, 북아프리카 지역에서 부상했는데, 이들은 젊은 남성과 여성들을 조직원으로 끌어들이는 데 소셜미디어를 교묘하게 이용하였다. ISIS는 '이라크와 시리아의 이슬람국가'(Islamic State of Iraq and Syria)의 약어인데 이슬람국가(Islamic State), ISIL(Islamic State of Iraq and the Levant), 아랍어로 '다에시'(Daesh)로도 알려져 있다. 이 조직은 중동과 리비아뿐만 아니라 파리(Paris), 브뤼셀(Brussels), 니스(Nice) 등도 공격해야 한다고 주장하였다. 나아가 ISIS의 반서방 구호를 지지하는 자들이 캘리포니아(San

Bernardino)와 플로리다(Orlando)에서 대중을 향하여 총격을 가하기도 하였다. 알카에다는 미국과 동맹국들의 주요 안보위협 리스트에 계속 포함되기는 하였으나, ISIS가 민주국가에서 '외로운 늑대'형 공격을 이끌어내는 능력을 보여주고 피해가 발생하게 되자 점차 우선순위에서 밀려났다.

미스터리와 비밀

정보실무자들은 미스터리(mysteries)와 비밀(secrets)을 구분한다. 미스터리는 국가 또는 국제평화기구와 같은 조직이 파악하고자 하는 사실로서, 역사의 흐름에서 미래에 나타날 모습과 같이 인간의 제한된 능력 때문에 예측하기 어려운 것들을 말한다. 예를 들면 누가 러시아 또는 중국의 차기 지도자가 될 것인가, 파키스탄은 국내에 탈레반 전사와 알카에다 테러리스트가 계속 상주하고 있어도 국가로서 존립할 수 있을 것인가와 같은 것이 여기에 속한다. 이에 비해서 비밀은 이것을 밝히는 것이 대단히 어렵지만 사람들이 발견하거나 이해하기 위해 노력하면 더욱 많은 것들을 밝힐 수 있는 것을 말한다. 예를 들면 중국 해군의 핵잠수함 숫자는 얼마인가, 북대서양조약기구(NATO)에 침투한 러시아 첩보원은 누구인가, 북한의 로켓 연료의 성능과 장거리 미사일의 사거리는 얼마인가와 같은 것이 여기에 속한다.

국가는 올바른 장소에 능력있는 첩보원을 파견하거나, 적절한 궤도에서 정찰위성을 운영하거나, 적국의 상공을 비행할 수 있는 정찰기를 가질 수 있다면 비밀을 밝힐 수 있을 것이다. 그러나 미스터리에 대해서는 정보분석관이 공개출처 또는 인간정보 출처로부터 수집하는 자료를 통해 발견한 경험적 증거와 직관적 판단에 근거하여 도출하는 사려 깊은 평가에 크게 의존하게 된다. 신중한 국가들은 비밀을 찾아내고 미스터리를 탐구하는 정보기관의 능력을 강화하기 위해 할 수 있는 최대한의 노력을 한다.

중심 주제

이 책은 국가지도자가 세계정세를 이해하고 적대적인 글로벌 환경에서 올바른 정책결정을 하려고 할 때 비밀과 미스터리를 풀기 위한 국가차원의 노력에 대해 다루고 있다. 이 경우에 정보실패와 스캔들이라는 두 개의 공통 주제를 가지고 있다. 정보실패라는 첫 번째 주제는 서방국가의 정보기관들이 국내 및 해외에서 호전적인 전체주의 체제와 테러조직으로부터 민주주의를 보호하는 데 많은 도움을 주었으나 위협에 대응하는 '방어의 제1선'(first line of defense) 역할을 하는 데 충분한 책임을 다 하지 못했다는 것이다. 9/11 사건이나 이라크의 대량살상무기에 대한 많은 잘못된 판단은 미국과 다른 서방국가의 정보기관들이 잘못 대응할 수 있는 가능성을 생생하고 비극적으로 보여준다.

국가나 각종 조직은 재난을 초래할 수 있는 심각한 정보판단의 실수를 되풀이하여 경험하여 왔다. 히틀러(Hitler)의 첩보기관은 영국이 소극적이기 때문에 나치의 폴란드 침공에 군사력으로 대응하지 않을 것이라고 판단하였다. 스탈린(Stalin)은 제2차 세계대전 초기 독일과 불가침조약을 체결한 것을 신뢰할 수 있다고 생각하였다. 프랭클린 루즈벨트(Franklin D. Roosevelt) 대통령과 정보참모들은 일본이 1941년 진주만(Pearl Harbor)을 공격할 정도로 대담하지 못할 것이라고 추정하였다. 인간적 오류와 조직적 문제로 인하여 발생하는 정보기관의 오판은 모든 종류의 정치체제에서 지도자들의 판단에 영향을 미쳤다. 정보실패는 특별히 예외적으로 발생하는 것이라고 할 수 없다. 자기망상, 거울 이미지(문화적 차이를 무시하고 다른 국가들도 자기 나라와 같은 방식으로 행동할 것이라고 생각하는 것), 정보공유를 방해하는 조직 경쟁, 첩보원이나 정찰위성을 적절하게 운영하지 못하는 것 등 정보실패의 원인은 대단히 많다. 전쟁학자 칼 폰 클라우제비츠(Karl von Clausewitz, 1730–1831)가 "전쟁을 할 때, 많은 정보보고가 모순된 것이고, 틀린 정보는 더 많으며, 대부분은 불확실한 것이다"라고 한 것은 상당히 통찰력이 있다.[2] 이것은 평화 시에도 동일하다. 정보의 한계라는 문제는 이 책의 여러 곳에서 다루게 되는 불편한 진실이다.

이곳에서 다루는 두 번째 주제는 정부조직 또는 사조직을 불문하고 모든 조직이 그런 것처럼 정보조직도 액튼 경(Lord Acton)이 말한 바와 같이 "권력은 부패하고 절대 권력은 절대로 부패한다"는 것이다.[3] 그는 아마도 "특히 자유를 수호하기

---

2) Carl von Clausewitz, *On War*, translated by Michael Howard and Peter Paret (Princeton, NJ: Princeton University Press, 1989), p.117.

위한 숨겨진 비밀권력은 반드시 부패한다"고 첨언하였을 것이다.[4] 국가의 정보기관들은 자신이 보호해야 할 바로 그 시민들을 상대로 반복적으로 감시활동과 정보조작을 한 역사가 있다. 민주정부에 있어 정보기관에 대한 책임성을 확보하기 위한 노력(미국 정치학에서는 통제(oversight)라는 어색한 표현을 사용)은 어려운 일이고 종종 실패하기도 한다.

정보기관이 미래를 정확하게 예측하지 못한다는 것과 민주국가의 위험요소가 될 수 있다는 것은 독자들에게 별로 놀라운 일이 아닐 것이다. 결국 정보기관은 사람으로 구성되어 있어 본질적인 결함이 있고 미래를 예측하는 수정구슬(crystal ball) 같은 것을 가지고 있지 않아서 실패와 남용이 일어날 수 있는 것이다. (예일(Yale) 대학교의 유명한 국가전략과정(Grand Strategy Course)은 인간 타락의 시작을 다룬 밀턴(John Milton)의 실낙원(Lost Paradise)을 읽는 것부터 시작한다.) 인간은 전지전능할 수 없고, 정부의 업무가 칸트철학과 같이 도덕적일 수는 없다. 사회는 정보실패와 스캔들의 발생으로 주기적으로 큰 충격을 받는다. 시민들과 정책결정자들은 모두 정보기관이 임박한 위험에 대해 통찰력 있는 경고를 발하지 못하거나, 해외의 적들을 대상으로 하지 않고 국내에서 비밀활동을 하면 당혹감과 실망을 표시한다. 이러한 순진한 생각과는 달리 미국의 설립자 제임스 매디슨(James Madison)과 그의 동료들은 국가란 천사들이 아니라 살아있는 인간에 의해 운영되기 때문에 실패와 스캔들이 발생하는 것이 불가피하다는 것을 알고 있었다.

중서부 출신의 박학다식한 해리 트루먼(Harry S. Truman) 대통령은 정부권력의 남용을 방지하기 위한 헌법적 안전장치의 중요성을 지적한 매디슨의 경고를 『연방주의자 논문집 제51호』(Federalist Paper 51)에서 발견하고 공감하게 되었다. 트루먼은 "정부를 운영할 때에는 가끔 집을 청소해주는 것과 같은 조치가 필요하다"고 하였다.[5] 민주국가의 시민들은 정보의 오류와 비리가 피할 수 없는 것이라고

---

3) Letter from John Emerich Edward Dalberg－Acton (Lord Acton) to Bishop Mandell Creigton, dated April 5, 1887, quoted in John Bartlett, *Familiar Quotations*, 14th edn (Boston: Little Brown, 1968), p.750a.

4) 프랭크 처치(Frank Church) 민주당 아이다호(Idaho) 상원의원(저자는 당시 그를 위한 연설문 작성자로 근무)은 1975년 7월 8일 한 연설에서 액튼 경의 유명한 경구를 "모든 정보기관은 부패하고 절대적인 정보기관은 절대적으로 부패한다"고 바꿀 것을 제안하였다.

5) Merle Miller, *Plain Speaking: An Oral Biography of Harry S. Truman* (New York: Berkley Publishing, 1973), p.420.

[그림 1.1] 인간의 기본적 동기와 국가안보정보의 요구: 자극－반응 모델

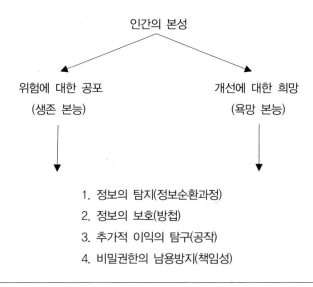

절망하고 포기할 수도 있으나, 인간으로서의 한계와 약점을 인정하고 문제점을 줄이기 위한 수단들을 강구할 수도 있을 것이다. 이 책에서는 문제를 개선하기 위한 방안을 찾아보고자 한다.

　정보판단이 계속해서 잘못되고 정부의 부패가 주기적으로 반복되는 데도 불구하고 많은 국가들이 귀중한 자원을 투입하여 정보기관을 설립하고 운영하는 이유는 무엇인가? 공개적인 정부조직에 비밀 정보기관을 두고 비밀활동을 하도록 하는 것은 민주주의 사회의 시민의 자유를 위협하는 요소이거나 잘못된 제도가 아닌가? 이에 대한 대답은 모든 살아있는 존재는 자신의 생존을 위협하는 것으로부터 스스로를 방어하고자 하는 원초적 욕망이 있기 때문에 그들이 할 수 있는 견고한 방어장치를 마련한다는 것이다. 예를 들면 사람들은 적의 폭격기의 존재를 탐지하기 위해 레이더 장비를 세우고, 거미는 침입자를 파악하기 위해 움직임에 민감한 거미집을 짓는다. 물리학에서 원자가 기본이 되는 것처럼, 사람들이 생존을 위해 비밀정보기관을 포함한 정부조직을 만드는 것은 본능적인 것이다. 또한 공개사회의 지도자들은 정보기관의 부패를 조기에 발견할 수 있고, 부적절한

정보활동이 민주주의 원칙과 절차를 훼손시키기 이전에 이를 차단할 수 있다고 생각한다.

인간은 생존도 중요하지만 욕망에 의해 크게 좌우된다.(그림 1.1 참조) 정보기관은 국가지도자들에게 앞으로 닥칠 위협에 대해 미리 알려주기 위해 노력할 뿐만 아니라 국가이익을 증진시킬 수 있는 기회를 파악하기 위해 노력한다. 이 책은 국가의 정보기관을 중심으로 논의를 진행할 것이지만 국가의 정보기관만이 비밀활동을 하는 것은 아니다. 생존과 욕망이라고 하는 기본적 요소는 전 세계의 모든 비정부조직이나 사적 조직에도 동일하게 해당되고 그들도 종종 정보조직을 운영한다.

대량살상무기(WMD) 공격, 항공기 테러(예: 9/11공격), 대형 트럭을 이용한 보행자 공격(예: 2016년 니스)과 같은 치명적인 사건이 일어날 위험이 있다면 국가는 정보기관이 완전하지는 않더라도 외국의 공격이나 국내의 불온세력에 대처할 수 있도록 경고하거나 대응방법을 제공해 주기를 원할 것이다. 국가는 9/11 공격과 같은 치명적인 기습공격을 예방하거나, 해외의 군사적, 통상적, 문화적, 정치적 경쟁자보다 유리한 입장을 확보하기 위해 막대한 예산을 사용하여 정보를 수집한다.

정보의 임무

수집과 분석

다양한 정보기관의 활동은 국제관계를 이해하는 데 사활적으로 중요하다.[6) 가장 중요한 정보의 임무는 세상에 관한 신뢰할 수 있는 정보를 적시에 수집하여 그 의미를 정확하게 평가하는 것이다. 모든 국가는 중요한 정책결정을 할 때 정책을 수립하는 공직자들이 보안이 철저한 정부의 회의실 테이블에 둘러 앉아 다른 국가 또는 국제조직과 어떠한 관계를 만들어 나갈지 그 방향을 결정한다. 이 때 많은 출처로부터 입수된 정보에 기초하여 논의가 이루어지는데 개인 보좌관, 내각 구성원, 로비스트, 언론인, 학자, 싱크탱크 전문가, 친구, 가족 등으로부터 아이디어와 의견이 수렴된다. 몇몇 미국 정보기관의 수장들이 비유한 이러한 '정보의

---

6) Loch K. Johnson, ed., *The Oxford Handbook of National Security Intelligence* (New York: Oxford University Press, 2010), pp.3-32.

강'(river of information)에서 가장 핵심적인 것은 국가의 비밀정보기관이 수집한 자료이다. 이러한 출처의 정보는 종종 정부의 논의 주제를 설정하게 되고 특히 위기 시에는 최종 결정을 좌우하게 된다. 정보기관이 어떻게 활동하는지 알지 못하거나 제공되는 정보의 범위와 질에 대해 알지 못하는 사람은 국가의 정책선택을 완전히 이해할 수 없다. 지도자는 다양한 출처의 자료와 조언을 이용할 수 있지만, 국가안보정보는 비밀 첩보원과 첩보장비가 은밀하게 활동하여 외국 정부로부터 수집한 것으로서 국가의 정책결정을 하는 핵심인물들에게만 제공된다.

정보기관이 실수를 하면 국가의 대외적 글로벌 전략을 수립하고 내부의 파괴적 활동을 제어하는 데 차질이 생기고, 정보기관이 비밀권한을 남용하면 시민들이 피해를 보고 외교정책에 혼란이 오게 된다. 정보가 정상적으로 운영될 경우에는, 이 책에서 예를 들어 증명하는 바와 같이, 신뢰할 수 있는 정보가 보다 훌륭한 정책결정을 이끌어낼 수 있고, 민주적인 통제장치가 정보의 남용을 방지할 수 있을 것이다.

공작

정보기관은 기본적으로 정보의 수집과 분석에 관심이 있으나, 두 번째 임무인 공작도 수행하고 있다. 공작은 은밀하게 역사의 변화를 추구하는 것으로서 선전활동, 정치 및 경제작전, 준군사 활동 등을 이용한다. 준군사 활동을 이용한 공작은 전쟁과 유사한 작전으로서 외국이나 테러조직의 지도자를 암살하는 계획이 포함되기도 한다. 비판자들이 '더러운 속임수'(dirty tricks)라고 하는 공작은 글로벌 경쟁자보다 우위에 서기 위해 신속하고 조용한 수단을 모색하는 국가 지도자로서는 매력적인 방법이 될 수도 있다. 그러나 공작은 가끔 적절한 규범이나 국제법을 위반했다고 하는 격렬한 비난을 받기도 한다.

방첩

모든 국가의 정보기관은 세 번째 임무로서 대테러 활동이 포함된 방첩을 수행한다. 방첩의 목적은 적대적인 외국의 정부나 조직이 국가비밀을 취득하거나 정부기관에 침투하려고 할 때 또는 테러리스트가 국가를 공격하려고 할 때 국가의 비밀과 조직을 보호하는 것이다. 해외의 적들은 경쟁국가 때로는 우방국가에 대해서도 비밀을 수집하거나 거짓정보를 유포하기 위해 두더지같이 침투하려고 한다. 소련은 냉전 기간 동안 CIA와 FBI의 고위층에 침투하는 데 성공했고 영국, 독일, 프랑스의 정보기관에 침투하여 서방국가들에게 손해를 끼쳤다.

FBI와 영국 정보기관의 보고에 의하면 최근에 들어서 러시아와 중국의 정보기관은 서방국가로부터 주로 기술, 군사, 통상 관련 정보를 입수하기 위한 정보활동을 더욱 공격적으로 진행하고 있다고 한다. 러시아는 미국의 전력망을 혼란시킬 수 있는 능력이 있는 것으로 추정되는 데 나아가 국가의 중요한 인프라를 공격하는 사이버 전쟁을 수행할 가능성도 있다. 모든 국가는 내부에 있는 외국 스파이나 잠복해 있는 테러리스트를 찾아내기 위해 노력하고 있다. 세계 여러 곳의 국가의 수도에서는 악의를 가지고 침투한 침입자와 스파이를 잡고자 하는 자 사이에서 쥐와 고양이 게임과 유사한 현상이 벌어지고 있다.

정보의 책임성 문제

민주주의 국가에 있어 정보의 책임성 문제는 특히 게슈타포(Gestapo)와 같은 조직이 출현하지 않을까 걱정하는 사람들에게 중요하다. 미국 언론이 1974년 조사한 바에 의하면 CIA는 베트남 전쟁에 반대하거나 수정헌법에 규정된 시민권을 확보하기 위한 운동에 참여했다는 이유로 미국 시민을 상대로 정보활동을 하였다. 정보의 남용이 밝혀지자 의회는 미국 정보기관을 개혁하고 잘못된 비밀활동을 감독하는 장치를 마련하였다. 이러한 미국의 정보개혁 움직임은 세계적으로 확산되었고 많은 민주주의 국가에서 학문적 논의와 실무적 개선으로 연결되었다.

이 책의 목적

이 책의 목적은 국가안보정보라는 주제를 미시적으로 고찰하고 특히 잘못된 부분을 검토하여 어떻게 하면 테러리스트를 비롯한 민주주의의 적들로부터 국가의 방패를 튼튼하게 만들 수 있을까 하는 방법을 찾기 위한 것이다. 이 주제는 간과되는 경우가 많았는데, 그 이유는 정부의 비밀영역에 대한 연구를 하는 것이 어려웠기 때문이다. 제1장에서는 비밀정보기관이 어떻게 작동하는지 이해하는 데 필요한 기본적인 개념과 조직을 설명함으로써 미국의 국가안보정보에 대해 소개하고자 한다.

국가안보정보를 다루는 책은 민주국가와 비민주국가에서 진행되는 다양한 활동을 검토하는 것이 바람직하다. 이러한 성격의 작업을 일부 수행한 것도 있다.[7] 그러나 이 책에서는 대부분 미국의 경우를 검토할 것이다. 앞으로 남미, 유럽, 아시아, 아프리카 등지의 정보활동에 대한 더 많은 자료를 이용할 수 있는 때가 되면, 전 세계 정보기관의 발전과 기능에 대한 신뢰할 수 있는 비교연구가 이루어질 것이다. 그 때까지는 프랑스의 정보학자 세바스티언 로렌(Sebastien Laurent)이 말한 것처럼 "앵글로 색슨(Anglo-Saxon) 정보학파가 경쟁자 없이 세계적으로 통용될 것"으로 보인다.[8]

요약하면 이 책은 독자들에게 비밀 정보기관이 존재하면 불가피하게 발생할 수밖에 없는 실패와 스캔들을 보여줄 것이다. 미국의 예를 보면 주기적인 정보실패와 비리발생으로 본연의 정보임무가 많은 지장을 받았다. 그리고 실패와 남용을 완화시키려면 무엇을 해야 하는지, 어떻게 하면 닥쳐오는 위험에 대해 정확한 지표와 경고를 줄 수 있는지 검토할 것이다. 실패와 스캔들을 피할 수는 없다고 하더라도 발생빈도를 줄일 수 있는 조치는 가능하다. 또한 미국의 정보기관들은 민주주의를 방어하는 데 특기할만한 성과를 많이 거두었기 때문에 성공사례에 대해서도 검토할 것이다.

국가안보정보는 인간의 불완전성에서 기인한 타고난 약점 때문에 불만족스럽기는 하지만, 그럼에도 불구하고 모든 국가는 불확실하고 공포와 위험으로 가득

---

7) 예를 들면 다음과 같다. Hans Born, Loch K. Johnson, and Ian Leigh, eds., *Who's Watching the Spies? Establishing Intelligence Service Accountability* (Washington, DC: Potomac Books, 2005).

8) From a book review of Loch K. Johnson, ed., *Strategic Intelligence*, Vols.1-5 (Westport, CT: Praeger, 2007), in *Intelligence and National Security* 25 (April 2010), pp.245-7, quote at p.247. For examples of credible attempts to appraise national security intelligence across national boundaries, see Born et al., eds., *Who's Watching the Spies?*; Ada Bozeman, "Statecraft and Intelligence in the Non-Western World," *Conflict* 6 (1985), pp.1-35; Thomas C. Bruneau and Florina Cristiana (Cris) Matei, "Intelligence in the Developing Democracies: The Quest for Transparency and Effectiveness," in Johnson, ed., *Oxford Handbook of National Security Intelligence*, pp.757-73; Peter Gill, *Intelligence Governance and Democratisation: A Comparative Analysis of the Limits of Reform* (Routledge: London, 2016); John Keegan, *Intelligence in War* (New York: Knopf, 2003); and Walter Laquer, *A World of Secrets* (New York: Basic Books, 1985).

찬 세상을 상대해야 하기 때문에 창과 방패의 역할을 하는 수집과 분석 그리고 공작과 방첩 활동을 하는 정보기관 없이는 견딜 수가 없다. 이 주제의 복잡한 성격을 이해하기 위해서는 우선 '국가안보정보'라는 말의 다양한 의미를 탐구하는 것이 필요하다.

국가안보정보의 다양한 측면

비밀스러운 지식으로서의 정보

일반인은 물론 정보 전문가와 실무자들도 국가안보정보의 정확한 의미에 대해 항상 의견이 일치하는 것은 아니다. 정보의 정의를 좁게 할 것인가 넓게 할 것인가를 둘러싸고 의견이 대립한다. 좁게 정의하면 국가안보정보는 국가 지도자의 정책결정을 지원하기 위해 정보를 수집하고 분석하는 정보기관의 기본적 임무를 강조한다. 다시 말하면 정보란 작성된 보고서 또는 구두 브리핑과 같이 수집과 분석의 절차를 거쳐서 정부 관리에게 제공되는 생산된 결과물을 말한다. CIA는 정보를 "우리를 둘러싼 세상에 관한 지식과 판단으로서 대통령의 정책결정과 집행을 위한 준비"라고 단순하게 정의하였다.[9] 이러한 의미에서 국가안보정보는 지식을 의미한다. 어떤 사람들은 첩보원, 인공위성, 정찰기, 감청 등에 의해 은밀하게 수집한 자료를 분석하고 판단하여 생산한 비밀정보만을 지칭하기도 한다.

임무를 수행하는 활동으로서의 정보

국가안보정보를 보다 광범위하게 정의하면 정보의 세 가지 기본 임무인 수집과 분석, 공작, 방첩을 포함한다. 이스라엘의 정책결정자가 정보기관장에게 "어떤 비밀활동을 전개하는 것이 이란의 핵개발 동향을 파악할 수 있고 핵개발을 중단시킬 수 있는가?"라고 질문했다고 가정해 보자. 이 경우의 국가안보정보에는 국가 지도자가 대외 정책목표를 달성하기 위해 선택할 수 있는 다양한 활동이나 비밀

---

9) *Fact Book on Intelligence*, Office of Public Affairs, Central Intelligence Agency (September 1991), p.13. An experienced foreign policy practitioner, Secretary of State Dean Rusk, liked to think of the purpose of intelligence simply as "informing policymakers about what is going on in the world": see his *As I Saw It*, as told to Richard Rusk and edited by Daniel S. Papp (New York: Norton, 1990), p.555.

작전이 포함되어 있다는 것을 알 수 있다. 이 경우 국가안보정보는 비밀정보기관이 수행하는 기본 임무를 의미한다.

절차로서의 정보

세 번째는 정보기관의 세 가지 임무 중에서 가장 중요한 수집과 분석만을 가리키는 말로 사용하는 경우이다. 이 경우 국가안보정보의 개념은 현장에서 정보를 수집하는 절차나 수단을 의미한다. 예를 들면 영국의 첩보원이 베이징의 금고에서 절취한 문서 또는 미국의 정찰위성이 남중국해를 항해하는 북한 선박을 카메라로 촬영한 사진을 정부의 정책결정자에게 전송하는 것 등을 말한다.

조직으로서의 정보

마지막으로 국가안보정보는 멀리 떨어진 전장의 야영지에서 정보관들이 모여 있는 건물이나 텐트를 의미하기도 한다. 이 경우에는 정보를 수집하고 분석할 책임을 지는 사람들이 속하는 관료조직을 말한다. "전선에 관한 정보를 수집하라"고 어떤 장군이 명령했다면 그가 알고 싶어 하는 정보는 대개 전장의 최전선 정찰부대와 같은 특별한 조직구조에 관한 것이다.

국가안보정보에 대한 통합적 시각

국가안보정보의 다양한 측면을 고려하면 정보를 단순히 비밀 또는 공개 수집 첩보를 결합하여 생산한 최종 보고서 또는 구두 브리핑이라고 하는 것은 너무 제한적이다. 다만, 이것이 국가안보정보의 핵심적 부분인 것은 사실이다. 정보기관이 하는 활동도 정보이다. 정보기관은 수집과 분석 외에 많은 시간을 공작과 방첩에 사용한다. 실제로 전쟁을 앞두고 있거나 전쟁을 할 때 공격적인 공작을 전개하는 것이 탁월한 성과를 거두는 경우도 있다.

예를 들면, 1980년대 레이건(Ronald Reagan) 대통령과 그의 국가안보보좌관들이 채택한 레이건 독트린은 가장 중요한 미국의 외교정책이었다. (행정부가 명명한 것이 아니라 언론이 붙인 명칭인) 레이건 독트린은 소련이 전 세계의 가난한 개발도상국 특히 니카라과와 아프가니스탄에서 진행하는 공작에 대응하기 위해 CIA를 이용하여 거액의 자금이 투입된 대규모 공작을 반복적으로 진행하는 것이었다. 만약 국가안보정보를 오직 세계정세에 관한 비밀보고 또는 비밀보고서만이라고 생각한다면 1980년대 미국의 국가안보정보를 파악하는 데 있어 레이건 행정부가 추진한 핵심 정보활동인 공작을 놓치게 될 것이다.

방첩의 경우에도 비슷하다. 모든 정보관은 정부의 비밀을 보호할 의무가 있고, 정보기관 내부에 침투한 두더지를 색출하는 데 노력해야 한다. 방첩을 소홀히 취급하면 외부의 침투 기회가 증가하고, 감언이설에 넘어가 국가를 배반하는 스파이가 증가하여 결국 정보기관이 무용지물이 되게 된다. 방첩이 실패하면 해외의 첩보망이 노출되어 체포되거나 처형당하게 되고, 해외의 공작활동은 발각될 것이며, 각종 보고는 이중간첩의 술책과 기만정보에 의해 오염될 것이다. 국가안보정보의 가장 중요한 최종 결론이라고 할 수 있는 비밀보고도 적대적 정보기관으로부터 비밀을 보호하고 테러리스트들의 침투를 방어하는 방첩이 없이는 제대로 역할을 할 수 없을 것이다.

어떤 사람들은 책임성에 대해 국가안보정보의 주제로서 별로 중요하지 않다고 무시한다. 그러나 민주주의 국가에서는 정보기관에 자문을 제공하는 변호사(CIA의 경우 1947년 2명, 1975년 6명, 현재 135명으로 증가)는 물론 정보관과 고위 관리자들도 감독기관, 감찰관, 집행통제위원회, 입법검토위원회, 특별청문위원회, 의회 특별위원회 등과 협의하는 시간이 길어지고 있다. 결국 정보란 정보관이 하는 일이고, 민주주의 정부에서 정보감독자와 소통하는 데 필요한 시간은 국가안보정보 생산에 필요한 시간이라고 생각해야 할 것이다.

국가안보정보는 공작이나 방첩 그 자체가 아니고, 청문위원회의 감독에 대처하기 위한 것은 더욱 아니다. 이것은 또한 위협 또는 기회에 관한 첩보를 수집하거나, 컴퓨터에 앉아 보고서를 작성하거나, 정책결정자들에게 보고서를 전달하는 것 이상의 의미를 가지고 있다. 정보관은 이러한 모든 활동을 종합적으로 수행한다. 보통은 수집과 분석이 중요하지만 때에 따라서는 공작이 가장 중요한 정보이슈가 될 수도 있다. 알드리치 에임즈(Aldrich Ames)나 킴 필비(Kim Philby)가 반역죄를 저지른 정보기관 내부의 러시아 첩보원이라는 것을 알게 되면 정보기관의 간부들은 방첩을 위해 충분한 주의를 기울이지 않은 것을 후회하게 된다. 또한 정보기관을 나타내는 CIA, FBI. MI6, MI5와 같은 약어가 신문을 도배하면서 분석의 실패나 스캔들을 보도할 때에는, 정보기관의 간부들은 감독책임을 더욱 철저히 수행하고 의회 관계자들과 더욱 긴밀하게 소통해야겠다고 생각한다.

상당히 많은 정보실무자들과 학자들은 국가안보정보를 오직 지식으로서의 비밀정보만을 의미하는 좁은 의미로 해석하고 있다. 그러나 저자를 포함한 다른 사람들은 영국 정보학자 피터 질(Peter Gill)과 마크 피씨안(Mark Phythian)이 다음과 같은 글에서 주장한 것처럼 보다 광범위한 개념으로 파악하고 있다.

정보는 계획과 첩보수집으로부터 분석과 배포에 이르는 여러 활동을 지칭하는 포괄적인 용어이다. 정보활동은 비밀리에 수행되어야 하고, 안보의 증진을 위해 잠재적 위협에 경고를 발하고 적절한 공작활동을 전개하여야 한다. 정보의 궁극적 목적은 정책결정자들이 당면한 문제를 해결할 수 있도록 의사결정에 도움을 주는 것이다.[10]

어떤 정의를 선택하더라도 정보기관은 국가의 이익을 증진시키기 위해 여러 가지 활동을 한다는 점이 중요하다. 다양한 임무 수행이라는 관점에서 보면 국가안보정보는 잠재적 위협과 기회요인에 대한 정확한 지식을 적시에 정책결정자들에게 제공하기 위해 공작, 방첩, 그리고 가장 중요한 수집과 분석을 수행하는 상호 관련성이 있는 여러 정보기관들로 구성된다고 할 수 있다.

정보활동은 비밀스러운 정부기관에 속한 사람들이 수행하는 것이므로 조직으로서의 정보를 자세히 살펴보는 것이 필요하다. 어떤 조직이 정책결정자에게 보고

---

10) The quote is from Peter Gill and Mark Phythian, *Intelligence in an Insecure World*, 2nd edn (Cambridge UK: Polity, 2012), p.19. On Intelligence and the idea of decision advantage, see Jennifer E. Sims, "Decision Advantage and the Nature of Intelligence Analysis," in Loch K. Johnson, ed., *The Oxford Handbook of National Security Intelligence* (New York: Oxford University Press, 2010), pp.389−403. A legendary British intelligence officer (and academician), R. V. Jones, explained intelligence simply by noting that "a sensible nation will seek to be as well informed as possible about its opponents, potential or otherwise, and − for that matter − about its friends. It will therefore set up an intelligence organization": "Intelligence in a Democracy," lecture, Department of State, Washington, DC (December 4, 1975), p.8. Even seemingly small matters can be important when it comes to intelligence. The great American general George Marshall recalls this memory from the Normandy invasion during the Second World War: "[Army intelligence] never told me what I needed to know. They didn't tell me about the hedgerows, and it was not until later, after much bloodshed, that we were able to deal with them": quoted in Andrew Roberts, *Masters and Commander: How Four Titans Won the War in the West, 1941−1945* (New York: Harper Collins, 2009), p.490.

서를 작성하여 전달하는 국가안보정보의 가장 핵심적인 업무를 하고, 어떤 기관과 사람들이 공작과 방첩 업무를 하는가? 누가 정보통제를 담당하는 정보관리 업무를 하는가? 미국의 17개 주요 정보기관의 구성을 보면 어떤 비밀 정보활동이 어떻게 이루어지는지를 알 수 있다.

조직으로서의 정보: 미국의 정보기구

모든 국가는 정보기관을 운영하기 위해 기본적으로 직업 정보관을 채용하고 담장, 경보장치, 무장경비원 등으로 요새화한 건물을 마련한다. 미국의 정보기구는 역사적으로 유례가 없을 정도로 팽창하여 거대 조직이 되었다. 또한 9/11 공격 이후 미국의 정보예산은 획기적으로 증가하였다. 예를 들면 NSA 예산은 2001년에서 2006년 사이에 두 배로 증가하였고, 연간 약 80억 달러에 달한다고 한다.11) 그림 1.2에서 보는 바와 같이 대통령과 국가안보회의(NSC)는 거대한 안보조직의 최상위에 위치하고 있다. 이러한 국가통제권 하에 16개 주요 정보기관이 운영되는데 1947년부터 2004년까지는 중앙정보장(DCI)이 지휘하였고 2005년 이후에는 새로운 관리자로서 전체 정보기구를 조율하는 책임을 가지고 있으면서 17번째 정보기관이라고도 일컬어지는 국가정보장실(ODNI)을 담당하는 국가정보장(DNI)이 지휘하고 있다. 정보조직의 전체적인 구조를 파악하는 것은 여름날 아침에 죽을 먹는 것처럼 쉬운 일이지만 어떤 기관이 정보공동체를 구성하고 어떤 일을 하는가를 파악하는 것은 정보의 세계를 이해하는 첫걸음이 되는 중요한 일이다.

군사정보기관

미국의 정보기관은 '정보공동체'(Intelligence Community: IC)를 구성하는 정부기관들이라고 할 수 있는데, 정보공동체는 정확한 명칭이라고 할 수는 없다. 정보공동체는 정보기관들이 상호 협조하는 공동체라기보다는 서로 경쟁하는 부족집단과 같은 모습을 보이고 있는 것이 현실이다. 8개 정보기관은 국방부(DoD)에 속해 있고, 7개는 민간 정책부처에 속해 있으며, CIA는 민간인 중심의 독립기관이다.

---

11) Siobhan Gorman, "NSA Has Higher Profile, New Problems," *Baltimore Sun* (September 8, 2006), p. A1.

[그림 1.2] 미국의 정보공동체(2016년 현재)

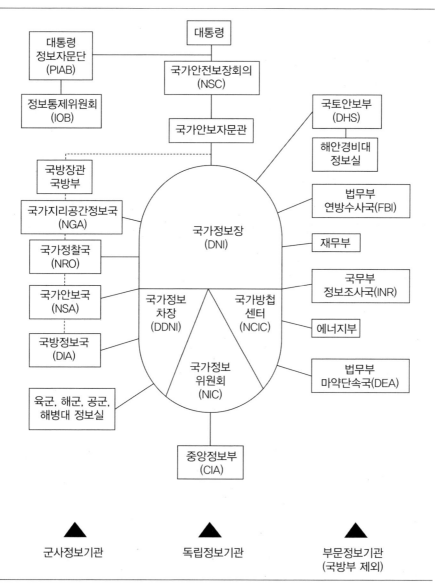

※ 국가방첩센터(NCIC)는 2014년 11월 설립된 국가방첩보안센터(National Counterintelligence and Security Center: NCSC)의 잘못된 표기로 보이며, 2018년 9월 현재 국가정보실 산하에는 국가정보위원회(NIC)와 국가방첩보안센터(NCSC) 외에 사이버위협정보통합센터(Cyber Threat Intelligence Integration Center: CTIIC), 국가반확산센터(National Counterproliferation Center: NCPC), 국가대테러센터(National Counterterrorism Center: NCTC)가 있음. https://www.dni.gov/index.php/who−we−are/organizations 참조 − 역자 주

군사정보기관에는 주로 전화와 이메일을 감청하면서 암호해독, 암호, 신호정보 업무를 담당하는 국가안보국(NSA), 우주의 인공위성이나 무인항공기(UAV 또는 드론) 또는 정찰기에 탑재한 카메라를 이용하여 적의 군대, 무기, 설비 등에 대한 사진을 촬영하여 영상정보 또는 지리공간정보를 생산하는 국가지리공간정보국(NGA), 국가의 정찰위성을 제작, 발사, 운영하는 국가정찰국(NRO), 군사 관련 주제에 관한 분석업무를 담당하는 국방정보국(DIA), 전쟁터와 같이 미군이 제복을 입고 근무하는 곳으로부터 수집하고 분석하여 전술적 정보를 생산하는 육군, 해군, 공군, 해병대의 각 정보실이 있다.

군사정보기관들은 2010년도의 경우 약 800억 달러에 달하는 미국 정보예산의 약 85%를 사용하고, 국가 전체 정보인력의 약 85%를 채용하고 있다.[12] 이와 같이 군사정보기관들은 연간 정보예산의 많은 부분을 사용하고 있는데 이것은 특히 비용이 많이 들어가는 정찰위성과 무인항공기를 비롯한 각종 첩보수집 기반시설에 많은 비용이 들기 때문이다.

미국에서 정보예산은 다음과 같은 두 개의 항목으로 구성된다. 첫째는 국가정보 프로그램(National Intelligence Program: NIP)으로서 NGA, NRO, NSA와 같은 대규모의 국가정보기관을 지원하는 것인데, 이것은 군사 및 민간 임무를 동시에 수행한다. 둘째는 군사정보 프로그램(Military Intelligence Program: MIP)으로서 주로 전술적 정보와 관련된 활동(TIARA)을 위한 것이다. 그러나 '국가 비밀활동 프로젝트에 관한 미국 과학자 연맹'(Federation of American Scientists Project on Government

---

12) Both 85 percent figures are from *Preparing for the 21st Century: An Appraisal of U.S. Intelligence*, Report of the Commission on the Roles and Capabilities of the United States Intelligence Community (the Aspin–Brown Commission)(Washington, DC: Government Printing Office, March 1, 1996), p. 49. The $80 billion figure is based on a first–time disclosure by the government, in October 2010, of both the National Intelligence Program (NIP, composed of the CIA and the large collection agencies) and the Military Intelligence Program (MIP, composed of the Defense Department's tactical collection operations), as summarized by Walter Pincus, "Intelligence Spending at Record $80.1 Billion in First Disclosure of Overall Figure," *Washington Post* (October 28, 2010), p. A1. This spending was a record high and represented a 7 percent increase over the year before, and a doubling of the aggregate intelligence budget from pre–9/11 levels. In 2009, a DNI said publicly that the Intelligence Community in the United States employs 200,000 people: Dennis C. Blair, Director of National Intelligence, media round table, Washington, DC (September 15, 2009). For purposes of contrast, the British intelligence budget is reported to be about $3.6 billion a year: Philip Johnston, "GCGH: Licensed to Eavesdrop," *Daily Telegraph*, London (August 27, 2010), p. A1.

Secrecy)에 의하면 NIP와 MIP의 경계는 유동적이고 명확하지 않으며 변화하기 쉽다고 한다.[13] 예를 들면 NGA는 2006년에 NIP에서 예산의 70%를 받고 MIP에서 30%를 받았는데, 2007년에는 그 비율이 90%와 10%가 되었고, 2010년에는 66%와 33%로 변화하였다.

2014년 NIP는 526억 달러, MIP는 192억 달러 합계 718억 달러가 책정되었다. 2016년 예산은 NIP가 약간 증가한 535억 달러, MIP는 약간 감소한 168억 달러로 합계 약 703억 달러로 추정된다. 이것은 2010년도에 사용한 예산에 비하면 줄어든 것이지만 9/11 공격 이전과 비교하면 2배 정도로 많은 것이다.

민간 정보기관

민간 정부부처에 소속되어 있는 7개 비밀 정보기관 중에서 4개는 수십 년간 정보공동체에 소속되어 있었지만 3개는 최근에 포함되었다. 오랜 된 정보기관에 속하는 FBI는 법무부에 소속되어 있는데 방첩과 대테러 업무를 담당하고 있고, 재무부의 정보분석실(Office of Intelligence and Analysis)은 오일 달러와 테러조직의 비밀자금을 추적하는 임무를 수행하며, 국무부의 정보조사국(Bureau of Intelligence and Research: INR)은 가장 작은 비밀 정보기관이지만 가장 보고서를 잘 쓰고 종종 정확한 보고를 하는 것으로 정평이 있고, 에너지부의 정보실(Office of Intelligence and Counterintelligence)은 전 세계의 우라늄, 플루토늄, 중수, 원자로 부품 등의 핵물질 동향을 추적하고, 국내 무기연구소와 핵무기 보관소의 보안을 담당한다.

3개의 새로운 민간 정보기관에는 해안경비대 정보실(Coast Guard Intelligence), 국토안보부(DHS)의 정보분석실(Office of Intelligence and Analysis), 그리고 법무부에 소속된 마약단속국(Drug Enforcement Administration: DEA)의 국가안보정보실(Office of National Security Intelligence)이 있는데, 이것은 모두 9/11 테러공격 이후에 정보공동체에 포함되었다. 해안경비대 정보실이 2001년 정보공동체의 일원이

---

13) Steven Aftergood, "DoD Releases Military Intel Program Budget Docs," *Secrecy New* 79 (October 5, 2009), p. 1. For a perspective on Intelligence Community spending over time in recent decades, see the Report of the Commission on the Roles and Capabilities of the United States Intelligence Community (the Aspin–Brown Commission), *Preparing for the 21st Century: An Appraisal of U.S. Intelligence* (U.S. Government Printing Office: Washington, DC, March 1, 1996).

되었을 때에는 미국의 정보기구 조직 체계에서 직접 국가정보 책임자에게 보고하도록 되어 있었으나, 제2기 부시 행정부에서 2003년 국토안보부가 창설되면서 해안경비대 정보실은 미국의 국토와 해안지역을 보호해야 하는 임무의 성격 상 국토안보부의 한 부서로 편입되었다. 마약단속국은 세계적으로 불법 마약거래를 단속하는 미국의 정보기관으로서 수십 년간 법무부의 부서로 활동해 왔으나 2006년 정보공동체의 일원이 되었다.

중앙정보부(CIA)

오래된 정보기관이면서 8번째 민간 정보기관인 CIA는 정부의 정책결정시스템 바깥에 위치하고 있다. 냉전기간 동안 CIA는 1947년 국가안보법(NSA)에 의해 설립된 유일한 공식 정보기관으로서 특권을 누렸다. 또한 CIA는 모든 정보기관의 명목상의 리더인 중앙정보장(DCI)의 역할도 하게 되면서 중요한 정치적 영향력을 행사하였다. 앞에서 언급한 바와 같이 2005년 이후 DCI는 국가정보장(DNI)으로 대체되었고, DNI는 국가정보차장(DDNIs), 국가대테러센터(National Counterterrorism Center: NCTC), 그리고 국가정보위원회(National Intelligence Council: NIC)와 이를 구성하는 최고 수준의 분석관들의 조력을 받고 있다.(그림 1.2 참조) CIA는 1950년대에 워싱턴에 있는 몰(Mall) 근처의 오래된 해군 건물로부터 맥린(McLean)에 인접한 버지니아 랭글리(Langley)에 있는 새로운 본부로 이전하였다. 오늘날 미국 정보기관의 새로운 리더인 국가정보장실은 버지니아 알링턴(Arlington)에 가까운 상업구역 타이슨스 코너(Tyson's Corner) 근처의 도심인 리버티 크로싱(Liberty Crossing)에 있는 최신식 빌딩에 위치하고 있으며, 랭글리의 CIA본부에서는 약 6마일 떨어져 있다.

명칭이 의미하는 것처럼 중앙정보부(CIA)와 중앙정보장(DCI)은 미국 정보기구의 핵심 포인트인 동시에 정보공동체의 활동을 조정하고 각 정보기관이 제출하는 보고서를 조율하는 기능을 하도록 설립되었다. 클린턴 행정부 초기에 DCI를 지낸 제임스 울시(James Woolsey)는 미국 정보공동체 수장의 직책에 대해 이렇게 표현하였다. "당신은 CIA의 대표이고 의장인 동시에 정보공동체라는 위원회의 의장이라는 역할을 동시에 하는 것입니다."14) 그는 DCI가 다른 정보기관의 장에게 활동

---

14) R. James Woolsey, author's interview, CIA Headquarters, Langley, VA (September 29, 1993).

[그림 1.3] 냉전기 CIA 조직

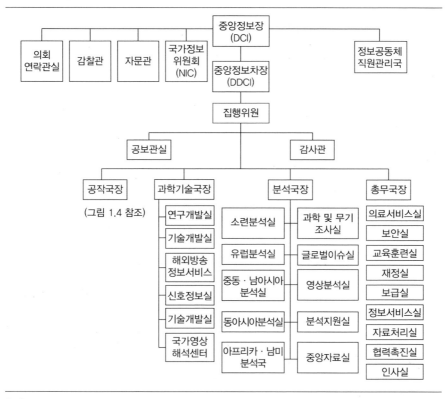

출처: *Fact Book on Intelligence*, Office of Public Affairs, Central Intelligence Agency (April 1983), p. 9.

방향을 명령할 수 있는 권한이 없다는 점을 강조하였다(울시는 해군 부장관을 역임한 바 있다). 또한 그는 인사문제를 관리하고 대화와 소통을 하며 부드럽게 설득하는 것은 대단히 어려운 일이라고 하였다. 신뢰와 친밀감을 높이는 방법은 교과서에 잘 나오지 않는 것이지만, 워싱턴이나 다른 대도시에서 거래를 성공적으로 마무리 하려고 하면 필수적인 것이다.

정보기관 내부구조의 예로서 냉전기간 동안 운영된 CIA의 조직을 그림 1.3으로 제시하였다. 카터 행정부(1977-81)에서 DCI를 역임한 스탠스필드 터너(Stansfield Turner) 제독은 당시의 공작, 분석, 과학기술, 총무의 4개국에 대해 서로 협조하기

보다는 벽으로 막혀있고 서로 다른 문화를 가지고 있는 '독립된 발코니'같은 것이었다고 하였다.[15)]

[그림 1.4] 냉전기 CIA 공작국 구조

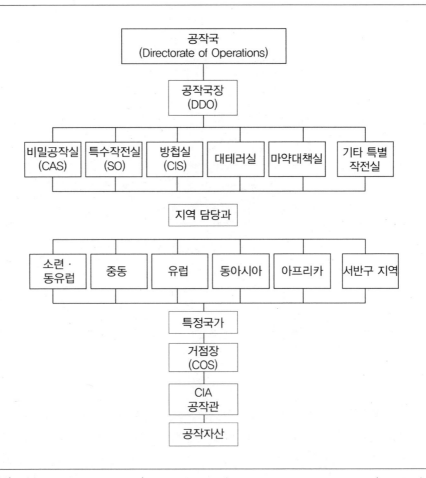

출처: Loch K. Johnson, *America's Secret Power: The CIA in a Democratic Society* (New York: Oxford University Press, 1989), p. 46.

---

15) Admiral Stansfield Turner, author's interview, Mclean, VA (May 1, 1991). For a vivid description of the Admiral's difficulties in trying to manage the CIA, let alone the larger Intelligence Community, see his *Secrecy and Democracy: The CIA in Transition* (Boston: Houghton Mifflin, 1985).

공작국(DO/NCS)   그림 1.4에서 보는 것처럼 냉전기간 동안 공작국장 (Deputy Director for Operation: DDO)이 지휘한 공작국(Directorate of Operation: DO)은 전 세계에 구축된 지부(stations)와 전쟁터나 일부 국가에 수립된 소규모의 거점(bases)을 통해 해외에서 활동하였다. 지부에는 SCIFs(sensitive compartmented information facilities)로 알려진 특별한 벽으로 만든 요새화된 방이 있는데, 여기에서 는 주재국 방첩관이나 정보기관의 도청을 걱정하지 않고 비밀회의를 할 수 있다.

공작국은 제2기 부시 행정부에서 국가비밀활동국(National Clandestine Service: NCS)으로 명칭을 변경하였으나, 오바마 행정부에서 이전의 명칭인 공작국(DO)으 로 다시 변경하였다. 해외에 근무하는 요원들을 '공작관'(case officers)이라고 하는 데 최근에는 '작전관'(operations officers)이라고도 한다. 공작관은 해외의 국가별 지부장(chief of station: COS)의 지휘를 받는다. 공작관의 업무는 지역 거주자를 '자 산'(assets) 또는 '공작원'(agents)으로 발굴하여 자국에 대한 비밀자료를 수집하게 하거나, CIA의 방첩 또는 공작 활동을 지원하도록 하는 것이다. 공작관이 성공하 기 위해서는 사교적인 사람이 되어야 하고, 남들에게 매력적이고 설득력 있는 화 술을 구사하며, 때로는 위험도 감수할 수 있어야 한다. 어떤 외국인이 공작관의 말에 매력을 느끼거나 그들이 제공하는 돈에 매력을 느끼게 되면 '포섭'(case officered 또는 COed)되게 된다.

분석국(DI/DA)   분석국(Directorate of Intelligence, 현재는 Directorate of Analysis(DA)라고 한다)의 분석관들은 CIA 본부 뒤쪽에서 근무하는데 공작관과 그 들의 자산, 그리고 미국의 정찰위성이나 각종 기계장치를 통해 수집한 '생정보' (raw information)를 해석한다. CIA는 모든 출처(all–source)의 첩보를 분석하여 정 보를 생산하는 분석관을 미국정부 내에서 가장 많이 보유하고 있다. 정보기관의 지식인에 해당하는 분석관의 업무는 수집된 첩보의 의미를 파악하고 특히 이것이 미국의 안보와 국가이익에 어떤 영향을 미칠 것인가에 대한 통찰력을 제공하는 것이다.

과학기술국과 지원국(DS&T, DS)   과학기술국(Directorate of Science and Tech-nology: DS&T)은 CIA의 특수기술의 원천으로서 특수한 가방이나 변장도구에서부 터 소형 감청장비나 특별무기 등 비밀정보 활동에 필요한 각종 장비를 개발하고 있다. 최근까지 총무국(Directorate of Administration: DA)으로 알려져 있었던 지원국(Directorate of Support: DS)은 CIA의 관리자들이 근무하는 곳이다. 그들은 급여를 지급하고 청사의 복도를 청소하거나 벽에 그림을 거는 일을 하기도 하며, 신입 직원 및 기존직원에 대한 정기적인 거짓말탐지기 검사를 실시하고 청사의 보안을 관리하는 일을 하기도 한다. 과학기술국과 지원국은 모두 해외에서 진행되는 CIA의 활동에 대해서도 기술 및 보안을 위한 지원활동을 수행한다. 냉전기 총무국은 베트남전쟁 반대운동 관련 첩보를 부적절하게 수집하여 1974년에 발생한 '카오스 공작'(Operation CHAOS) 스캔들의 원인을 제공하였고 CIA와 다른 정보기관들에 대한 대규모 수사를 초래하기도 하였다.

정보센터(intelligence centers)와 과업집단(task forces)

미국의 정보기관들이 보다 협조적으로 업무를 수행하도록 촉진하기 위해 과거의 중앙정보장(DCI), 현재의 중앙정보부장(DCIA)과 국가정보장(DNI)은 특별한 주제를 중심으로 정보공동체 전체의 인력으로 구성되는 센터(centers), 과업집단(task forces), 임무수행단(mission managers)을 조직하는 데 노력해 왔다. 예를 들면 존 도이치(John Deutch, 1995-96) 중앙정보장은 정보관과 민간 과학자들이 함께 정찰위성을 이용하여 브라질의 열대우림 감소, 중동의 하천 수자원 분쟁, 극지방의 유빙 상태 등을 조사할 수 있는 환경정보센터(Environmental Intelligence Center)를 설립하였다.[16] 2016년은 기온을 기록한 이후 가장 더운 해였다. 환경정보센터는 기온의 상승이 미국의 안보 나아가 전 세계에 미칠 영향에 대해 파악하고자 할 것이다. 윌리엄 웹스터(William H. Webster, 1987-91) 중앙정보장은 1990-91년에 있었던 제1차 페르시아 걸프전(First Persian Gulf War)을 지원하기 위해 이라크 태스크포스(Iraqi Task Force)를 구성하였다. 최근에 제임스 클래퍼(James R. Clapper, Jr., 2010-17) 국가정보장은 해외에서 수집된 비밀첩보에 공개출처의 사실과 자료들을 통합하기 위해 (랭글리의 CIA 청사에 위치하면서 ODNI에 보고하도록 하는) 공개출처센터(Open Source Center)를 운영하도록 하였다.

---

16) see Loch K. Johnson, *Bombs, Bugs, Drugs, and Thugs: Intelligence and America's Quest for Security* (New York: New York University Press, 2000), Ch. 3.

정보통제위원회(intelligence oversight boards)

그림 1.2에서 보는 것처럼 정보공동체에는 2개의 통제위원회가 있다. 즉 9/11 공격 이후에 대통령정보자문위원회(President's Intelligence Advisory Board: PIAB)로 명칭이 변경된 대통령해외정보자문위원회(President's Foreign Intelligence Advisory Board: PFIAB)와 정보통제위원회(Intelligence Oversight Board: IOB)가 그것이다. 1950년대 창설될 때부터 PFIAB/PIAB는 (행정부에 따라 인원에 변동이 있었지만) 안보, 외교, 과학기술 분야의 저명한 전문가 10여명으로 구성되었다. 과학기술자의 경우 대통령의 과학적 비밀활동 역량을 향상시키기 위해 특별한 임무가 부여되었다. 폴라로이드 카메라를 발명한 에드워드 랜드(Edward Land)는 아이젠하워 행정부에서 중요한 역할을 한 PFIAB 구성원의 한 사람이었다. 그러나 일부의 대통령은 미국 정보를 점검하고 향상시키는 데 자문위원회를 활용하지 않고, 자신의 선거운동 기간에 헌금을 한 정치인들에게 특혜를 주는 자리로 이용하여 자문위원회 원래의 기능에 지장을 초래하였다.

현재 대통령정보자문위원회(PIAB) 산하에 있는 정보통제위원회(IOB)는 3~4명 규모의 작은 조직이다. 이것은 비밀권력의 남용을 방지하기 위해 (NSA의 메타데이터 수집 프로그램과 같은) 부적절한 정보활동에 대해 철저한 조사활동을 하는 경우도 있으나, 명예직이거나 실권이 없는 경우가 더 많다. 그림 1.2에 표시되지는 않았지만 정보공동체에 불가결한 것은 하원 정보위원회(House Permanent Select Committee on Intelligence: HPSCI, hip－see라고 읽음)와 상원 정보위원회(Senate Select Committee on Intelligence: SSCI, sis－see라고 읽음)이다. 하원과 상원 정보위원회의 중요한 역할에 대해서는 제5장에서 살펴본다.

철의 오각형(iron pentagon)

이러한 공식적인 정보기관 복합체 외에 연방정부 내에는 수많은 소규모 정보 조직들이 있고, 많은 정보기관들은 민간기업과 계약을 맺어 자신들의 업무를 아웃소싱하고 있다. 워싱턴 포스트(Washington Post)가 2010년에 특집으로 보도한 바에 의하면 정보업무와 관련된 정부조직이 1,271개이고, 민간기업은 1,931개에 달한다고 한다.[17] 민간기업의 유명한 예로는 (2009년에 쉐 서비스(Xe Services)로 명칭을 변경하고 2011년에 아카데미(Academi)로 다시 변경한) 노스 캐롤라이나에 본사를 둔 블랙워터(Blackwater)사가 있다. 이 회사의 보안 및 준군사 활동 전문가들은 최근 미국이 이라크와 아프가니스탄 지역에서 작전을 전개할 때 미국의 정보관과 외교관을 보호하는 역할을 수행하였다. 보도에 의하면 블랙워터는 해외의 작전에서 명성을 얻게 되자 세계 도처의 테러리스트 리더를 처단하는 CIA의 계획에도 참여하였다고 한다. 예를 들면 2007년 기관총과 유탄 발사기로 무장한 블랙워터 요원들이 바그다드의 니사우어 스퀘어(Nisour Square)에서 이라크 민간인 17명을 살해하였다.

아이젠하워(Dwight D. Eisenhower) 대통령은 유명한 퇴임 연설에서 민간 방위 산업체들은 입법자들이 무기를 구입할 수 있는 예산을 배정하는 대가로 선거자금을 제공하는 등 부당한 영향력을 행사한다면서 군산 복합체(military – industrial Complex)에 대해 경고하였다. 정치학자들은 이러한 관계를 이익집단, 관료조직, 정치인으로 구성된 '철의 삼각형'(iron triangle)이라고 부른다. 아이젠하워의 말에 의하면 삼각형의 포인트는 (예를 들면 보잉(Boeing)과 같은) 무기 제조회사들, 국방부의 장성들, 의회의 국방 및 예산위원회 소속 의원들이 된다. 이 연합체는 무기 제조회사의 이익을 창출하고, 한편으로는 군사력을 향상시키는 새로운 항공기, 함정, 탱크를 만들어 내며, 국회의원들이 국방관계 업무를 할 수 있도록 한다. 대통령은 임기가 제한되어 있지만 철의 삼각형 관계는 지속되고 때로는 대통령의 정책에 반대하기도 한다.

최근에는 이러한 삼각형 관계에 쉐 서비스와 같은 아웃소싱 그룹과 (무기 시스템을 개발하는) 국방 무기연구소라는 2개의 포인트가 추가되어 기하학적으로 보다 안정적인 오각형 관계가 형성되었다. 이와 같은 '철의 오각형'(iron pentagon)은 아이젠하워가 1959년 발견하고 우려했던 삼각형보다 더욱 강력하고 정교한 안보 연합체라는 것을 보여주는 것이다. 민간회사들은 새로운 무기류 도입을 위한 전통적인 로비 외에 NGA, NRO, NSA가 이용하는 인공위성과 같은 고가의 첩보수집 자산이나 이라크, 아프가니스탄 전쟁에서 활용한 드론의 대량생산을 위해 의회가 책

---

17) Dana Priest and William M. Arkin, "A Hidden World, Growing Beyond Control," *Washington Post* (July 19, 2010, p. A1. On espionage outsourcing, see Tim Shorrock, *Spies for Hire: The Secret World of Intelligence Outsourcing* (New York: Simon and Schuster, 2008).

정한 정보예산에 관심을 갖게 된다. 또한 쉐 서비스와 관련 분야 로비스트 그리고 증가하고 있는 협력기관들은 안보, 방첩, 공작을 지원하는 예산에 매력을 느낄 것이다.

미국 정보조직의 흠결

다른 나라의 정보기관들이 그랬던 것처럼 미국의 비밀정보 시스템은 확고한 전략에 입각하여 사전에 기획된 것이 아니라 국가적 위기상황이나, (예를 들면 도청기술이 발전하게 되면 이에 대한 대응을 강조하고 신호정보에 필요한 인력과 장비를 확충하는 것처럼) 새로운 기술적 진전이 있거나, (알렌 덜레스(Allen Dulles)가 1950년대 전통적인 인간정보(human intelligence) 수집방식을 선호했던 것처럼) 정보기관의 리더가 우선순위를 부여하거나, (에드거 후버(Edgar Hoover) 국장이 FBI가 가장 중요한 기관이라는 인식을 확산시킨 것처럼) 정보기관이 여론형성에 노력하는 등 그 때의 상황에 따라 변화하여 왔다. 미국의 정보기구가 이처럼 무계획적으로 운영된 것은 1947년 CIA가 탄생한 당시의 역사에서도 확인할 수 있다.

CIA의 창설: 파우스트적 거래

CIA의 창설은 충격적인 사건을 기억하면서 이러한 사건이 또 다시 발생하지 않도록 대비하기 위한 것이었다. 최초의 충격적인 사건은 미국으로 하여금 제2차 세계대전에 참전하도록 한 1941년 일본의 하와이 공격이었다. 추가적인 위험은 세계대전이 끝날 무렵인 1945년 소련이 서유럽과 아시아에서 군사적 팽창의 징후를 보이면서 미국의 글로벌 국가이익을 위협할 때 나타나기 시작하였다.

1941년 12월 7일 일본 전투기들이 오아후(Oahu)의 진주만 항구에 정박해 있는 미국의 태평양함대를 공격하였다. 하와이 북쪽에 위치한 일본 전투함에서 발진한 350대의 항공기들은 해가 뜬 직후 2차례에 걸친 기총소사와 폭격을 통해 지상에 있는 187대의 항공기와 항구에 있는 8척의 전투함(이중 5척 침몰), 3척의 순양함, 3척의 구축함, 4척의 보조함을 공격하였다. 공격으로 인해 대부분이 해군인 미군 2,403명이 사망하고 1,178명이 부상하였다. 또한 민간인 100여명도 사망하였다. 루즈벨트(Franklin Roosevelt) 대통령은 의회에 보낸 교서에서 이 날을 악행의

날로서 영원히 기억해야 할 것이라고 하였다.

미국이 진주만 기습공격을 받은 이유를 규명하기 위해 8개의 청문회가 개최되었다. 아무도 재난의 확실한 원인을 밝히지는 못했으나, 미국의 정보기구가 루즈벨트 대통령에게 일본 함대가 하와이를 향해 접근하고 있다는 것을 경고하지 못했다는 것은 공통적인 결론이었다. 이것은 2001년 알카에다(Al Qaeda) 테러리스트가 뉴욕과 워싱턴을 공격하기 전까지는 미국 역사에 있어 가장 큰 피해를 입은 정보실패 사례였다.

진주만 공격의 준비가 진행되는 동안 '정보순환과정'(intelligence cycle)에 따라 통합적인 정보분석(all-source analysis)을 위해 모아지고 적시에 백악관에 보고되어야 할 시급한 자료들이 행정부의 여기저기에 산재해 있었다. 정보가 분산되고 통합되지 않은 것은 일부 정보관들이 (일본의 통신 암호를 해독하는) 매직(MAGIC)의 존재를 비밀로 하기 위해 자료를 분산하여 취급했던 것도 원인으로 작용하였다. 특별한 출처에서 수집된 첩보에 한하여 소수의 해군 정보요원들만 공유하는 방법을 사용했다면 매직의 비밀을 유지할 수 있었을 것이다. 그러나 일본에서 입수하는 모든 자료를 암호 해독한 다음 숨겼기 때문에 미국 대통령과 참모들에게도 숨기는 결과가 되었다.

미주리 상원의원이었던 해리 트루먼(Harry S. Truman)은 1941년에 발생한 귀중한 생명과 자산의 손실은 미국 정보기관의 서투른 대응 때문이라고 생각하였다. 트루먼은 부통령으로 재임한 3개월과 1945년 4월 루즈벨트의 사망으로 대통령이 된 이후 제2차 세계대전 기간 동안 미국의 정보기관들이 통합적으로 운영되지 않는 것을 보고 불만족스럽게 생각하였다. 트루먼의 고위 보좌관 중의 한 명이었던 클라크 클리포드(Clark Clifford)는 1946년 초 트루먼 대통령이 서로 조율되지 않거나 모순되는 정보보고가 무계획적으로 계속 올라오는 데 대해 신경 쓰기 시작했다고 회고하였다.[18] 1946년 1월 22일 그는 국가안보와 관련된 협력과 정보평가를 목적으로 한 중앙정보단(Central Intelligence Group: CIG) 창설을 골자로 하는 행정명령에 서명하였다. 행정명령은 CIG가 연구와 분석을 통합하고 해외의 정보활동을 조정하도록 규정하였다.[19]

---

18) Clark Clifford, with Richard Holbrooke, *Counsel to the President: A Memoir* (New York: Random House, 1991), p. 166.

트루먼의 원래 의도는 자신이 말한 것처럼, 검토해야 할 서류가 책상에 60센티미터 높이로 쌓이는 것을 피해보고자 하는 것이었다. 그리고 정보가 사전에 조율되어 대통령은 사실만을 받아보기를 원하였다.[20] 그러나 트루먼은 이러한 목적을 달성하지 못했다. 처음부터 CIG는 이러한 일을 하기에는 권한이 부족했다. CIG의 기본 임무 중의 하나는 오늘날 대통령 일일보고(President's Daily Brief)의 전신이라고 할 수 있는 일일요약(Daily Summary)을 취합하여 보고하는 것이었다. 그러나 여러 부처에 있는 정보조직들이 CIG에 정보를 넘기는 데 협조하지 않았다.

중앙정보기관

트루먼 행정부는 이러한 문제를 개선하기 위해 강력한 권한을 가진 중앙정보기관(Central Intelligence Agency)을 설립하는 법률을 제정하기로 하였다. 그러나 순수하게 정보시스템에 초점을 맞춘 정보기관을 설립하는 것은 보다 시급한 당면 과제인 군사적 통합을 심하게 저해하는 결과가 초래될 수 있었다. 제2차 세계대전 동안 도처에서 미국의 군사조직 간에 의견대립이 있었고 심지어 전장의 목표물을 두고 서로 방해하는 일까지 있었다. 클리포드에 의하면 행정부는 육군과 해군 사이의 갈등을 우선 조정하기로 하고 정보개혁은 뒤로 미루었다. 우선 추진과제는 갈등하는 군사조직들을 법률에 의해 통합하는 것이었다.[21]

국방부(Department of Defense)를 새로 창설하는 것은 군사조직들을 통합할 수 있는 지붕을 제공하는 것이었다. 대통령은 군사통합이라는 중요한 목표를 달성하기 위해 정보관할에 대한 위협요인으로 작용하게 될 것이라는 군의 우려를 고려하여 CIA 창설을 통한 강력한 정보통합은 추진하지 않았다. 어떤 고위 공직자가 회상한 바와 같이 육군, 해군, 국무부, FBI는 모두 자신들이 운영하는 수집 프로그램에 영향을 미칠 수 있는 강력한 중앙정보기관의 설립을 원하지 않았다.[22] 트루

19) Michael Warner, "Central Intelligence: Origin and Evolution," in Michael Warner, ed., *Central Intelligence: Origin and Evolution* (Washington, DC: Center for the Study of Intelligence, Central Intelligence Agency, 2001), reprinted in Roger Z. George and Robert D. Kline, eds., *Intelligence and the National Security Strategist: Enduring Issues and Challenges* (Washington, DC: National Defense University Press, 2004), p. 43. See, also, Michael Warner, *The Rise and Fall of Intelligence: An International Security History* (Washington, DC: Georgetown University Press, 2014).

20) Miller, *Plain Speaking*, p. 420 note.

21) Clifford, with Holbrooke, *Counsel to the President*, pp. 168, 169.

22) Ray S. Cline, *The CIA under Reagan, Bush, and Casey* (Washington, DC: Acropolis Books,

면과 그의 보좌관들은 군사적 통합을 실현하는 방안을 협의하면서 군사조직 간부들과 이 문제를 두고 타협을 시도하였다. 그들은 정보조정 문제를 개선하기 위해 어느 정도 노력하였으나, 국방부에서 민감하게 반응했기 때문에 군사적 통합을 우선적으로 고려하였다.

결국 중앙집권적 정보기구라는 원칙에서 대폭 후퇴하게 되었고, 결과적으로 1947년 국가안전보장법(National Security Act of 1947)에서 보는 바와 같이 CIA와 DCI의 권한을 상당히 약하게 규정하였다. 이 법은 CIA와 DCI의 권한을 이미 실패한 중앙정보단(Central Intelligence Group: CIG)과 유사한 수준으로 약화시켰다. 클리포드가 점잖게 표현한 바와 같이 "그것은 당초의 목표에 훨씬 못 미치는 것이었다."[23] 이러한 의미에서 정보학자 아미 제가트(Amy B. Zegart)가 말한 것처럼 CIA는 "디자인이 잘못된 것이었다."[24] 국가안보법은 주로 군사적 통합에 대해 강조하였으나 그것마저도 절반밖에 성공하지 못했고, 국가정보는 확실하게 약화되었다.

국가안보법은 명칭에 있어서는 중앙집중적인(Central) 정보기관을 창설했으나, 오랜 전통을 가진 기존의 부처가 자신에게 소속된 정보기관에 대해 강력하게 통제하려고 할 경우 새로 설립된 독립적인 정보기관이 어떠한 관계를 맺고 정보를 수집, 분석, 평가하여 정책결정자들에게 배포하는 임무를 수행할 것인지에 대해서는 모호한 부분이 있었다. 역사학자인 마이클 워너(Michael Warner)에 의하면, 국가정보를 규정한 국가안보법은 CIA 설립과 관련하여 중앙집권화와 부처별 자율화라는 두 개의 원칙을 조정하려고 노력하였다고 한다. 결과적으로 CIA는 대통령이나 의회에서 당초에 생각했던 것만큼 미국의 정보를 통합하는 주체가 되지 못하였다.[25]

국가안보법에 표현된 '정보조정'(intelligence coordination)이라는 말은 듣기에는 좋지만 실제로 유기적인 정보활동이 이루어지는 것과는 거리가 있다. 정보기관을 진정으로 통합하기 위해서는 완전한 예산권과 인사권을 가진 강력한 DCI가

1981), p. 112.

23) Clifford, with Holbrooke, *Counsel to the President*, p. 169.

24) Amy B. Zegart, *Flawed by Design: The Evolution of the CIA, JCS, and NSC* (Stanford: Stanford University Press, 1999).

25) Warner, "Central Intelligence," pp. 45, 47.

필요하였다. 1952년에 만들어진 '공동체'(community)라는 말은, 개별 정보기관에 각각 기관장(정보 속어로 '고릴라'(gorilla)라고 함)이 있고, 이들은 소속된 부처(국방부, 법무부, 국무부)의 장관에게 충성을 하고 있어서 마치 '개별 연통을 가진 난로'(stovepiped)와 같이 운영되는 미국 정보기관들의 느슨한 결합체를 묘사하는 완곡 표현이라고 할 수 있다. 1947년 국가안보법에 열거된 DCI의 권한은 기껏해야 제안 정도의 의미만을 가지고 있어서, 정보공동체의 장은 정보조정과 통합을 위해 행정명령에 따르지 않는 기관장을 예산과 인사로 제재하겠다고 위협하지 못하고 제안, 설득, 요청 심지어 애원해야만 하는 입장이었다. 워너가 결론을 내린 것처럼 강력한 법적 뒷받침을 받는 CIA는 실현되지 못하였다. 처음부터 전쟁부와 해군의 지도자들은 강력한 통합적 정보기관 설립에 강력히 반대하였고, 대통령은 이들을 설득할 수 있는 방법이 없었다.[26]

권한 없는 중앙정보장(DCI)

트루먼 대통령이 1946년 행정명령으로 중앙정보단(CIG)을 창설했을 때 중앙정보단장이었던 로렌스 휴스턴(Lawrence R. Houston)은 곧바로 "우리는 우리가 조정해야 할 3개 부처(국방부, 법무부, 국무부)의 의붓자식과 같은 신세"라고 불평하였다.[27] 이러한 사정은 다음해 법률에 의해 CIA가 설립되어도 별로 개선되지 않았다. 심지어 CIA 차장이었던 루퍼스 테일러(Rufus Taylor, 1966-69)는 설립된 지 20년이 지나도 정보공동체가 '부족 연합체' 상태에 있다고 평가하였다.[28]

트루먼 행정부 이래 미국정보의 역사에 있어 중요한 점은 정보공동체의 전체적 수집 및 배포 능력을 향상시키기 위해 DCI와 CIA의 역할을 강화시켜 당초의 구조적 결함을 극복하고자 하는 노력을 1947년 이후 꾸준히 전개해 왔다는 것이다. 각종 위원회들은 미국의 파편화된 정보기관들을 통합하기 위해 DCI의 권한을 강화할 필요가 있다고 꾸준히 문제제기를 해 왔다.[29]

---

26) Warner, "Central Intelligence," p. 38.
27) Clifford, with Holbrooke, *Counsel to the President*, p. 168.
28) Quoted by Victor Marchetti and John D. Marks, *The CIA and the Cult of Intelligence* (New York: Knopf, 1974), p. 70.
29) Phyllis Provost McNeil, "The Evolution of the U.S. Intelligence Community — An Historical Perspective" *Preparing for the 21st Century: An Appraisal of U.S. Intelligence*, Appendix A; Warner, "Central Intelligence"; and Larry Kindsvater, "The Need to Reorganize the Intelligence

그러나 이러한 노력들은 정보공동체 내의 고립라, 특히 8개 군사정보기관과 군 전반을 지휘하면서 예산위원회에 영향력을 행사하는 국방장관이라는 800파운드 킹콩의 반대에 부딪치게 되면 물거품이 되었다.[30] 행정부의 다른 안보장관들도 쉽지 않기는 마찬가지였다. 역사학자 워너는 "냉전기간 동안 백악관은 중앙정보장이 정보공동체에 대해 리더십을 발휘할 수 있도록 계속 분위기를 조성하였다"고 하였다. 그러나 행정부의 공무원들은 자신의 권한을 DCI에게 넘길 이유가 없다고 완강하게 반대하였다.[31]

미국정보 리더십의 재편

2004년 후반이 되어 의회는 드디어 정보개혁의 필요성을 천명하였다. 정보개혁 및 테러방지법(Intelligence Reform and Terrorism Prevention Act: IRTPA)이라는 명칭을 가진 600쪽에 달하는 개정 법률의 핵심조항은 국가정보장실(Office of Director of National Intelligence)에 관한 것이었다. 그러나 DNI는 16개 정보기관을 하나로 묶어 협조를 이끌어낼 수 있는 우월적인 지위를 갖지 못하고 있다. 9/11 공격으로 인한 공포에도 불구하고, 2003년 이라크 전쟁에 대한 정보실패와 9/11사태에 대한 킨 위원회(Kean Commission) 조사보고서를 보면서, 의회는 정보공동체라는 느슨한 형태로 오랫동안 활동해 온 정보기관들을 서로 긴밀하게 엮는 것은 거의 불가능하다고 보았다.

DNI는 군사정보기관에 대해 국방장관과 권한을 나누어 행사하는 것이 불가피한데 이것은 정보개혁법이 통과되기 전의 DCI와 같은 상황이다. 이것은 펜타곤의 800파운드 고릴라인 국방장관이 정보기관을 계속 지배하면서 군사작전에 대한 지원을 극대화하고, 전쟁 발발을 억제할 수 있는 글로벌한 정치, 경제, 문화 문제에 대한 지원은 최소화한다는 것을 의미한다. 정보개혁법의 규정에 의하면 새로운 국가정보장은 정보 공작의 실행에 대해 오직 '모니터'할 수 있을 뿐이다. 앞으로도 정보공동체의 내부적 전쟁은 계속될 것이다. 조직의 분산적 운용이 통합적 운영보

Community," *Studies in Intelligence* 47 (2003), pp. 33–37.

30) Johnson, *Bombs, Bugs, Drugs, and Thugs*.

31) Warner, "Central Intelligence," p. 49.

다 강하게 작용할 것이다. 이 문제에 관심을 가진 모든 사람들은 정보개혁법이 애매모호하고 모순되는 점이 많아서 장차 실행과정에서 문제제기를 하여 바로 잡고 법개정을 통해 보완해야 한다는 데 의견이 일치하였다. 그러나 이러한 개정 작업은 한 번도 이루어지지 않았다.

국가정보장실의 회전문

의회는 펜타곤의 압력을 받아 (백악관의 반대에도 불구하고) DNI가 CIA 내부에 사무실을 갖는 것을 금지하도록 새로운 정보개혁법에 규정하였다.[32] 이것은 이제까지 CIA가 해온 크고 작은 오만한 행동에 대한 다른 정보기관 지지자들의 앙갚음이었다.

초대 DNI로 지명된 존 네그로폰테(John D. Negroponte) 대사는 결국 내셔널에어포트(National Airport: 버지니아 주에 있으며 1998년 Ronald Reagan Washington National Airport로 명칭 변경–역자주)에서 볼 때 포토맥(Potomac)강 건너편에 있는 보울링 공군기지(Bolling Air Force Base)에 있는 새로운 DIA본부 건물인 국방정보국센터(Defense Intelligence Agency Center: DIAC)에 사무실을 열게 되었다. 네그로폰테 대사는 CIA로부터 약간의 분석조직과 공동체 운영을 위한 일부의 기능을 가져왔다. 그러나 대부분의 CIA 분석관들은 포토맥강 건너편 수십 마일 떨어진 랭글리의 CIA 본부에 남아있었다. 보울링 공군기지에서 업무를 하는 것은 (DIA가 사무실을 비워주기 원하였기 때문에) 임시적인 조치였고, 정보기구의 간부들과 백악관은 2009년 완공을 목표로 버지니아의 노스 알링턴(North Arlington)에 있는 타이슨스코너(Tyson's Corner) 근처의 리버티 크로싱(Liberty Crossing)에 새로운 DNI 시설을 건설하기로 하였다. DNI가 그림자와 같이 희미한 지도자의 역할을 벗어나고자 할 때 필요로 하는 CIA의 자산들은 아직도 멀리 떨어진 곳에 있었다. 그는 왜 곧 바로 CIA 본부로 되돌아가지 않았는가? 그것은 2004년 정보개혁법의 개정이 필요하기 때문이다. 경험이 풍부한 한 정보관은 '외양간을 벗어난 말'과 같이 국방부에 맞서서 투쟁하고 그 인력을 흡수하는 것은 어려워 보인다고 결론을 내렸다.[33]

---

32) Charles Babington and Walter Pincus, "White House Assails Parts of Bills," *Washington Post* (October 20, 2004), p. AIO.

네그로폰테 대사는 DNI로 2년도 채 근무하지 못하고 국무부로 되돌아갔다. 후임자인 전 NSA 국장 마이크 맥코넬(Mike McConnell) 제독은 보울링 사무실에 머무는 동안 일할 직원들을 조직하는 데 노력하였다. 네그로폰테와 맥코넬은 모두 적극적이고 재능 있는 정보기관장이었고, 미국은 보다 응집력 있는 정보공동체를 만들기 원했음에도 불구하고 (아이러니컬하게도) DNI는 과거의 DCI보다도 더욱 약화되었다. 왜냐하면 DNI의 권한은 애매모호하고, 지휘할 수 있는 직원의 규모가 작으며, 정부의 정보분석 자원인 분석관들은 대부분 수마일 떨어진 랭글리에 있었기 때문이다. 국가가 필요로 했던 것이 고립된 정보기구의 장과 알맹이 없는 17번째 새로운 정보기관이었다는 말인가.

맥코넬 제독에 대한 DNI 인준청문회 기간에 상원 정보위원회 존 록펠러(John D. Rockefeller, 웨스트버지니아, 민주당) 위원장은 국가정보장실의 권한이 약한 데 대해 다음과 같이 심각한 문제제기를 하였다.

> 우리는 (개혁 가능성이 있었으나) 국방부로부터 기술정보 수집기관을 분리하지 않았고, 정보공동체의 주요 수집 또는 분석 조직에 대한 직접적인 권한을 DNI에게 부여하지 않았습니다. 우리는 DNI에게 국가정보 예산을 편성할 권한을 주었지만, 예산의 집행은 개별 정보기관이 하도록 하였습니다. 우리는 DNI에게 막대한 책임을 부여하였습니다. 그러나 문제는 그에게 충분한 권한을 주었는가 하는 것입니다.[34]

국방부를 제외한 대부분의 사람들은 분명히 아니라고 할 것이다. 맥코넬 자신도 2개월 정도 근무하였을 때 DNI가 감당하기 어려운 직책이라고 완곡하게 표현한 적이 있다. 그의 표현대로 하면 '도전적으로 관리해야 할 상황'(challenging management condition)이었다.[35] 그는 리포터에게 "사람을 채용하거나 해고할 수 없다"면서 특히 무능한 사람을 해고할 수 없는 데 대해 불만을 표시하였다.[36] 그는 DNI의 권한을 재검토하고 정보'공동체' 구성원의 통합을 추진하는 '100일 계

---

33) William M. Nolte, remark, International Studies Association meeting (March 27, 2008).

34) Senator John D. Rockefeller, Confirmation Hearings, John M. McConnell, Select Committee on Intelligence, U.S. Senate, 110th Cong., 1st Sess. (February 1, 2007).

35) Quoted by Mark Mazzetti, "Intelligence Chief Finds That Challenges Abound," *New York Times* (April 7, 2007), p. A10.

36) Bloomsberg News, "Director Wants More Authority inIntelligence," *New York Times* (April 5, 2007), p. A13.

획'(100 Day Plan)을 발표하였다. 그는 "우리는 이 문제를 검토하고 평가하여 몇 가지 제안을 하겠다"고 하였다.[37] 그는 2008년 2월 상원에서 "현재 모델은 ... 정보활동을 수행하고 있는 구성원을 통제할 수 없습니다. DNI는 정보공동체 16개 정보기관의 인사에 대해 직접적인 권한을 가지고 있지 않습니다"라고 증언하였다.[38]

최소한 국가정보장실을 효율적으로 운영할 수 있는 DNI 직책을 설치하는 데 반대했던 럼스펠드(Donald H. Rumsfeld) 국방장관은 이미 물러났다. 국방부의 럼스펠드 자리에는 미국의 역사에서 역대 어떤 국방장관보다 국가정보를 잘 이해할 수 있는 분석관인 동시에 DCI를 지낸 게이츠(Robert M. Gates)가 취임하였다. 또한 그는 오랫동안 군정보기관과 민간정보기관 사이의 긴밀한 협력관계를 주장해왔다. 그러나 DNI의 태생적인 법적 취약점을 극복할 수 있는 좋은 환경이 조성되었음에도 불구하고 맥코넬은 부시 행정부에서의 CIA의 고문방식과 (1978년 해외정보감독법(Foreign Intelligence Surveillance Act)을 위반한) NSA의 영장 없는 감청 문제로 공격을 받아 수세적인 입장으로 바뀌게 되었다. 2009년이 되어 그는 사임하였고, 또 다른 예비역 해군제독인 데니스 블레어(Dennis C. Blair)가 취임하여 리버티 크로싱에 있는 새로운 DNI 청사에서 임기를 시작하였다.

블레어 제독은 취임하고 곧바로 해외 현지에서 미국 정보를 관장하는 지부의 지부장(chief of station: COS)을 누가 임명할 것인가 하는 문제에 휘말리게 되었다. 그 결과는 국가정보장실의 권한이 얼마나 약한가를 보여주는 것이었다. 블레어는 (2005년 이전에 DCI라는 이중 직책을 가진) CIA의 장이 전통적으로 해외지부장을 임명해 왔지만, 국가정보를 관장하는 장으로서 자신이 이러한 임명권을 행사해야 한다고 주장하였다. DNI는 앞으로 자신이 해외지부장을 임명할 것이라는 문서를 발표하였다. 다음 날 하원의원(민주당, 캘리포니아)을 지낸 레온 파네타(Leon E. Panetta) CIA부장은 CIA직원들에게 DNI의 발표문을 무시하라고 지시하는 문서를 발표하였다. 해외지부장을 실제로 선발하는 국가공작국장(Director of the National Clandestine Service)의 건의를 받아들여 파네타는 전통적으로 CIA가 지부장을 임명해야 할 이유가 있다고 주장하였다. 왜냐하면 CIA는 해외에 소재하는 지부의 거

---

37) Quoted by Mark Mazzetti, "Intelligence Director Announces Renewed Plan for Overhaul," *New York Times* (April 12, 2007), p. A13.

38) Admiral Mike McConnell, testimony, "DNI Authorities," Hearings, Select Committee on Intelligence, U.S. Senate, 110th Cong., 2nd Sess. (February 14, 2008).

의 대부분의 자산을 운용하고 있고, 이는 정보관들이 미국을 위해 일하는 인간정보(human intelligence) 또는 휴민트(humint)라는 현지의 스파이들을 채용할 수 있는 기초가 되기 때문이라고 하였다. 파네타는 만약 CIA가 지휘하지 않는 새로운 정보관이 부임한다면 현지 정보원들과의 관계를 구축하는 데 민감한 문제가 발생할 수 있기 때문에 랭글리의 정보관들이 계속 임무를 수행해야 한다고 주장하였다.

양쪽의 주장은 모두 일리가 있다. 파네타 입장에서 보면 대부분의 지부에 있는 미국의 정보관들은 지역의 공작 자산을 채용하기 위해 존재하는 것이고 이는 CIA의 중요한 업무에 속한다. 그러나 예를 들면 영국이나 호주와 같이 신호정보가 중요한 비중을 차지하는 곳에서는 미국의 정보관은 주로 신호정보 협력을 위한 연락관 역할을 하고 있다. 이러한 경우에는 미국의 신호정보기관인 NSA에서 지부장을 파견하는 것이 타당할 것이다. 블레어는 CIA가 모든 지부를 관장하는 것이 아니라 이러한 방식으로 구분하기를 원했을 것이다. 무엇보다도 2004년 12월 미국의 국가정보를 총괄하도록 하기 위해 국가정보장실이 창설되었다면 블레어가 지휘하는 것이 타당하지 않을까? 그는 분명히 그렇게 생각하였을 것이지만 이 문제에 대해 백악관은 결국 파네타의 편을 들었다. 오바마(Barack Obama)대통령과 바이든(Joseph R. Biden, Jr.)부통령은 자연스럽게 전직 의원이고 같은 정치인인 파네타의 주장에 동조하게 되었다. 또한 그들은 블레어가 군을 이용하여 CIA를 약화시키려는 계책을 가지고 있고 곧 대규모의 고위 군정보관들을 전 세계의 해외지부장으로 임명할 예정이라는 워싱턴에 퍼져 있는 소문에도 관심을 가졌다.

조직도에 있어 CIA부장보다 상급자라고 할 수 있는 블레어는 파네타가 복종하지 않았다고 화를 냈다는 소문이 있다. 뉴욕타임스의 어느 정보전문 리포터는 이번 소동에 대해 "5년 전에 정보기구를 정비한 것이 오랜 기간 지속되어온 정보기관 간의 경쟁관계를 해소하거나, 관료조직인 정보기구의 명령체계를 명확히 규정하는 데 별로 도움이 되지 않았다는 증거"라고 하였다.[39] 블레어 제독은 2010년 사임하였고, 오바마 대통령은 경험이 풍부한 정보관이며 일찍이 DIA와 NGA의 장을 지낸 예비역 공군 장성 제임스 클래퍼(James R. Clapper)를 후임으로 임명하였다. 인사청문회에서 그는 파네타와 보다 좋은 협력관계를 구축하는 데 노력하

---

39) Mark Mazzetti, "White House Sides With the CIA in a Spy Turf Battle," *New York Times* (November 13, 2009), p. A12.

겠다고 약속하였다.

아직도 계속되는 꿈

정보공동체에 대한 DNI의 권한을 최대한으로 강화하면 미국의 정보문제와 관련된 고민들을 해소하고 장차 발생할지도 모르는 제2의 9/11사태를 막을 수 있을까? 물론 그렇지는 않을 것이다. 국가정보의 개선은 이 책에서 탐구하는 광범위한 영역에 걸쳐 다양한 방향에서 추구되어야 할 것이다. 그러나 2004년 정보개혁법은 진정한 국가정보의 책임자를 정립하기 위한 중요한 첫 단계를 제시하였다. 정보기관의 비효율을 초래하는 정보기관 간의 경쟁과 편파주의라는 쌍둥이 병폐를 극복할 수 있는 완전한 권한을 가진 정보지도자를 가질 수 있는 기회였다고 할 수 있다. 그러나 개혁법은 마지막 순간에 물 타기가 되어서 DNI의 권한은 축소되었고 국가정보위원회(National Intelligence Council)와 랭글리에 있는 핵심적인 CIA 분석관들로부터 분리되었다.[40] 클래퍼 장군은 2010년 상원 인사청문회에서 국가정보장실의 권한이 약하다는 것을 잘 알고 있으며 정보공동체의 결속력을 강화시키기 위해 노력하겠다고 약속하였다. 그는 정보공동체의 통합을 강화하기 위해 특정한 지역 또는 (WMD 반확산과 같은) 특정한 이슈와 관련된 문제를 다루는 (인원은 다소 유동적이지만) 15명 전후로 구성되는 국가정보관리자(National Intelligence Managers: NIMs)라는 팀을 구성하였다. 예를 들면 서반구 담당 국가정보관리자(NIM for Western Hemisphere)는 대통령과 최고위급 정부각료들에게 미국과 우호적 관계에 있는 국가에 대한 정보를 생산하기 위해 전체 정보공동체로부터 수집되는 모든 첩보(all-source information)를 공유할 수 있도록 하였다.

반세기에 걸친 정보업무 경험과 정보전문가들과의 광범위한 접촉에 힘입어 클래퍼는 정보공동체 운영에서 상당한 성공을 거두었다. 그러나 그의 후임자가 이러한 행운을 얻는 것은 쉽지 않을 것이다.

민주주의 국가의 방패로서 보다 효율적인 정보기관을 만들기 위해, 즉 정보실패와 스캔들 발생을 줄이기 위해서는 정보기관을 관리하는 DNI 차원의 조직적 개

---

40) See Loch K. Johnson, *The Threat on the Horizon: An Inside Account of America's Search for Security after the Cold War* (New York: Oxford University Press, 2011).

혁이 반드시 필요하다. 수집과 분석 임무를 개선하기 위한 요구사항은 다음 장에서 살펴보기로 한다.

2장

정보수집과 분석: 세상에 관한 지식

1994년 10월 어느 날 아침 일찍 윌리엄 페리(William J. Perry) 국방장관은 합참 의장인 존 샬리캐슈빌리(John Shalikashvili) 장군을 장관실에서 맞이하였다. 샬리캐슈빌리는 이라크 위성사진을 가져와 회의 탁자에 펼쳐 놓았다. 그는 지시봉을 사용하여 충격적인 사진들을 설명하였으며 페리는 사진들을 응시하였다. 사진들은 미국이 주도한 동맹군이 이라크 사담 후세인(Saddam Hussein)의 정예부대인 공화국수비대(Republican Guard)를 굴복시킨 지 3년 6개월 만에, 이라크가 기계화 보병, 탱크부대의 지원을 받아 쿠웨이트 국경으로부터 불과 30마일 떨어진 바스라(Basra) 시를 향하여 빠른 속도로 이동 중이라는 믿기지 않는 장면이 담긴 영상들이었다. 이라크 군대는 쿠웨이트시를 내려다보는 알자라(Al Jahra) 고지를 향하는 것으로 나타났으며, 이는 1990년 이라크가 쿠웨이트를 점령할 때와 같은 기동작전으로 보였다. 전진 속도를 감안할 때 공화국수비대는 이틀 내에 쿠웨이트 국경을 통과할 기세였다.

페리는 쿠웨이트 내에 주둔하고 있는 미군 기갑여단에 대해 이라크와의 국경지대로 이동하라는 명령을 신속히 하달하였다. 불편한 분위기가 지속되는 가운데 페리와 샬리캐슈빌리는 젊은 위관급 장교들이 이후의 새로운 위성 영상사진들을 장관 집무실에 가져오기를 24시간이 넘도록 기다렸다. 1만 명 이상의 이라크 군대가 바스라 근처 지역으로 집결했다. 그 수는 꾸준히 늘어나 5만 명이 되었으며, 일부는 국경으로부터 12마일 내에 진을 쳤다. 미군 여단도 도착하였으나 경무장한 2천명의 해병대원들로 구성되었을 뿐이었다.

당시 미국은 그 지역에서 경계태세로 대기 중인 200대의 전투기를 보유하고 있었지만 이라크 기갑 부대가 가까운 거리에 있는 미군 주둔군을 압도하는 상황이었다. 빌 클린턴(Bill Clinton) 대통령은 쿠웨이트에 전투기 450대 추가배치와 캘리포니아 펜들턴 캠프(Pendleton Camp)로부터 제24기계화 보병사단과 해병분견대 파병을 명령하였다. 조지 워싱턴(George Washington) 항공모함은 인도양에서 홍해를 향해 최대 속도로 이동하였다. 그러나 어떤 부대도 쿠웨이트 침공을 저지하기 위해 제시간에 도착하지는 못할 것 같았다. 페리와 섈리캐슈빌리는 국경에 집결한 소규모의 미군 여단이 궤멸될 수도 있다는 사실을 직시하게 되었다.

두 사람은 이후의 위성사진들을 초조하게 기다렸다. 사진들이 도착하였을 때 페리와 섈리캐슈빌리는 안도의 한숨을 쉴 수 있었는데 이라크 부대들이 갑자기 전진을 멈추고 일부가 바그다드 쪽으로 돌아가고 있었다.

영상정보는 페르시아만에서 또 다른 전쟁의 발발을 막을 수 있음을 알려주는 좋은 소식이었다. 페리는 이라크 군대의 위치를 정확히 보여주는 적시성 있는 사진들을 활용할 수 있었기 때문에 이라크 침공을 저지하는 미군 여단을 배치할 수 있었던 것이다. 페리는 "정보가 3~4일 늦게 도착했더라면 시간적으로 너무 늦었을 것"이라고 애스핀-브라운 위원회(Aspin-Brown Commission)에서 증언한 바 있다.

이 에피소드는 또한 정보의 약점을 보여주고 있다. 중요한 첩보가 국방장관에게 도착하기는 하였으나 수만 명의 이라크 공화국수비대 병력은 얼마 되지 않는 해병여단을 압도하였을 것이다. 페리가 할 수 있는 최선의 일은 해병여단이 사담 (Saddam)에게 겁을 주어 그로 하여금 침공하는 것에 대해 다시 한 번 생각하게 하는 것뿐이었다. 다행히 이러한 허세가 통하였다. 위기를 탐지하기 이전에 수집된 위성영상을 소급하여 검토한 결과 사담이 수주일 동안 쿠웨이트 침공을 위해 바그다드 인근에 병력을 집결시키고 있는 뚜렷한 단서가 포착되고 있었다. 사진들은 이라크 병력이 조금씩 바스라를 향하여 집결하여 곧 위협적인 침공으로 이어질 수 있다는 것을 보여주고 있었다. CIA의 국가영상분석센터(NPIC, 현재는 NGA의 한 부서가 되었다) 정보분석관들은 이러한 징후들을 놓친 것이며 CIA의 다른 분석관들도 마찬가지였다.

문제는 첩보의 부족이 아니었다. 고위 정부관리들은 국방성 내의 모든 책상을 덮는 충분한 영상과 다른 정보데이터에 접근할 수 있었다. 그러나 사진은 사진일 뿐이었고 어느 누구도 충분하게 사진들을 매일 주의 깊게 검토하여 공격군이 집결하고 증강될 가능성을 주목하지 않았던 것이다. 페리는 위기를 뒤돌아보면서

"기술정보(techint)로부터 더 나은 데이터를 분석하였더라면 우리는 7~10일 이전에 경고하였을 것이며, 역시 더 나은 인간정보(humint) 활동이 있었어도 경고가 이루어졌을 것"이라고 언급하였다.[1]

국방장관의 메시지는 명확했다. 정보공동체에는 군사작전 지원을 위한 수집 및 분석 책임은 물론이거니와 개선해야할 점이 여전히 많이 있다는 것이다. 이번 장(chapter)은 모든 국가의 비밀 정보기관을 위해 이러한 탁월한 임무의 주요 장점과 약점을 검토하고 있는데, 어느 중앙정보장(DCI: Director of Central Intelligence)은 이러한 검토를 "정보업무의 절대적인 본질"(the absolute essence of the intelligence profession)[2]이라고 언급한 바 있다.

정보순환과정(The intelligence cycle)

"수집과 분석"(collection and analysis)이라는 말은 여기에서는 수집, 분석과 정책결정자에 대한 정보배포라는 복합적인 과정을 표현하기 위한 용어로 사용한다. 이러한 흐름을 나타내는 편리한 방식은 정보순환과정(그림 2.1 참조)으로 알려진 이론적 구상이다. 많은 시작 및 정지 작업(stops and starts)을 수반한 복잡한 과정이 단순하게 표현되었지만 기본적으로 정보순환과정은 정보보고서 작성과 관련된 여러 주요 단계들을 포함한다.[3] 그 첫 번째 단계는 계획 및 지시이다.

계획 및 지시(Planning and direction)

정보순환과정의 시작은 중요하다. 관리들이 정보우선순위(요구 또는 과제)를 설정할 때 잠재 목표를 분명하게 강조하지 않는다면 첩보를 수집하는 사람들에 의해 주목을 받기 어렵다. 이 세상은 약 200개 국가들과 다양한 그룹과 파벌, 폭력

---

1) Loch K. Johnson, *The Threat on the Horizon: An Inside Account of America's Search for Security after the Cold War* (New York: Oxford University Press, 2011), pp. 219–20; this account draws on this source. See also *Report of the Secretary of Defense to the President and the Congress* (Washington, DC: Government Printing Office, 1996).

2) Richard Helms, with William Hood, *A Look over My Shoulder: A Life in the Central Intelligence Agency* (New York: Random House, 2003), p. 234.

3) On the oversimplification of the cycle, see Arthur S. Hulnick, "What's Wrong with the Intelligence Cycle?" in Loch K. Johnson, ed., *Strategic Intelligence, Vol. 2: The Intelligence Cycle* (Westport, CT: Praeger, 2007), pp. 1–22.

[그림 2.1] 정보순환과정

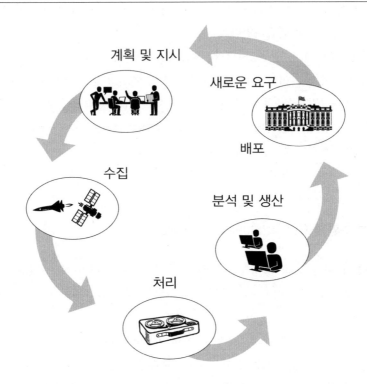

출처: Adapted from *Fact Book on Intelligence*, Office of Public Affairs, Central Intelligence Agency (October 1993), p. 14.

단, 카르텔, 테러조직들이 존재하는 넓고 다루기 힘든 곳이며 이들 중 일부는 민주
사회와 적대적인 관계를 가지고 있다. 1993~95년간 중앙정보장(DCI)을 역임한 바
있는 제임스 울시(R. James Woolsey)는 냉전 이후 미국은 소련이라는 용(dragon)을
무너뜨렸지만 "우리는 지금 다양한 독사들로 가득 찬 정글에 살고 있다"[4]고 언급
한 바 있다. 제1장에서 지적한 대로 어떤 것들은 어떤 방식으로도 알 수 없는 것
들로서 정보전문가들 사이에서 '수수께끼'(mysteries)로 일컬어지는 데 누가 북한의

---

4) R. James Woolsey, testimony, *Hearings*, Select Committee on Intelligence, U.S. Senate, 103rd
   Cong., 2nd Sess. (March 6, 1993).

현 지도자를 대체할 것인가와 같은 것이다. 한편 비밀은 기술에 의해 밝혀질 수도 있는데 예를 들면 위성 추적으로 중국이 프리깃함을 몇 대 보유하고 있는지 알 수 있는 것과 같은 것이다.

어떤 때는 9/11 공격에서처럼 외국의 적대세력(또는 국내 위험분자들)에 의해 제기되는 위험의 정도가 대단히 높지만 불행히도 정보관리들을 포함한 정부의 관리들은 다른 모든 사람들과 마찬가지로 정확히 언제 그리고 어디에서 위험이 발생할지를 거의 예측하지 못한다. 국무장관을 역임한 딘 러스크(Dean Rusk)는 "신은 인간에게 불확실한 미래를 꿰뚫어 보는 능력을 부여하지 않았다"[5]고 지적한 바 있다.

아프리카 국가인 르완다(Rwanda)가 한 가지 사례를 제공한다. 레스 애스핀(Les Aspin)은 "내가 1993년 클린턴 행정부 출범과 함께 국방장관이 되었을 때 르완다에 관심을 갖지 않은 채 수개월을 근무하였다. 이후 수 주 동안 르완다에 대해 집중하였고, 그 이후 르완다는 화면에서 사라졌으며, 나는 다시 르완다에 대해 생각하지 않게 되었다"[6]고 회상하였다. 정보관리들이 그 중앙아프리카 국가에서 집단학살을 초래한 내전에 대해 앞 다투어 첩보를 찾고 있을 때 정책결정자들에게는 그냥 '일시적 관심사항'(flavor of the month)이었던 것이다. 이와 같이 예기치 않은 정보목표의 '갑작스런 등장'(pop up)은 또한 '일시적인 특별사안'(ad hocs)으로 취급되기도 한다. 로웬탈(Rowenthal)은 이러한 국제적인 뜻밖의 사건들이 때때로 어떻게 정보순환과정을 지배하고 이미 인지된 일상적인 위험 대상으로부터 어떻게 관심을 전환시킬 수 있을지에 주목하면서, 이러한 모험적인 전환을 '일시적인 특별사안의 횡포'(the tyranny of the ad hocs)라고 지칭하였다.[7]

1979년 이란에서 일어난 혁명은 정보분석관들이 미래사건을 예측할 때 직면하는 어려움의 실례를 제시한다. CIA 분석관은 이란혁명 전야에 있었던 일을 다음과 같이 회상하였다.

우리는 샤(Shah)가 폭넓은 지지를 받지 못한다는 것을 알았다 그리고 대규모 시위,

---

5) Dean Rusk, remark to the author, Athens, GA (February 21, 1988).
6) Les Aspin, remark to the author, Washington, DC (July 14, 1994).
7) Mark M. Lowenthal, *Intelligence: From Secrets to Policy*, 6th edn (Washington, DC: CQ Press, 2014), p. 76.

심지어 폭동이 있을 것임을 알았다. 그러나 얼마나 많은 상인들이 폭력을 지지하고 군 장교들이 언제까지 샤에 충성할 것인가? 아마도 군은 1만명, 어쩌면 2만명의 군중을 총으로 쓰러뜨릴 것이다. 반란에 참여하는 계층이 더 늘어나 군이 샤가 권좌를 유지하지 못할 것이라고 판단하기 까지는 얼마나 걸릴 것인가? 이러한 것들에 대한 보고는 있었지만 어느 누구도 실제 무기를 든 반란자들의 수 또는 군 충성의 '분기점'(tipping point)에 대해 자신 있게 예측하지는 못하였다.[8]

베일 속에 가려져 있던 위협의 다른 사례로는 냉전기간 중 소련의 백파이어 폭격기(Backfire bomber)를 들 수 있다. CIA 분석관들은 그 폭격기의 사양과 특성을 감안하여 중거리용 항공기라는 결론을 내렸다. 그러나 국방정보국(DIA) 분석관들은 소련이 조종사들을 급유 없이 마치 가미가제(kamikaze)식으로 편도로만 보내는 방식으로 그 폭격기를 운용한다면 분명히 백파이어의 작전거리는 훨씬 더 길 수도 있음을 지적하였다. DIA의 견해로 볼 때 이러한 조건하에서 백파이어 폭격기는 미국에 도달할 수 있는 전략적인 의미를 지닌 무기였으며 소련 주변에 대한 전술적인 작전을 위한 것은 아니었다.

때때로 분석적 결론에서의 차이는 정치적인 고려에 의해 영향 받기도 한다. 예를 들면 북한이 2009년 위성을 궤도에 올리는데 실패하였을 때 일부 분석관들은 북한의 기술적인 능력이 카산드라(Cassandras)가 경고하였던 것보다는 훨씬 덜하다는 결론을 내렸다. 그렇지만 펜타곤 무기시험 국장을 역임한 바 있는 필립 코일(Philip E. Coyle III)은 다른 분석관들이 펜타곤의 비용이 많이 들고 논쟁적인 대미사일 프로그램을 옹호하기 위한 목적에서 북한 미사일의 위협에 대해 과대평가 했다고 언급하였다.[9]

미국에서 위협성을 평가하고 정보 우선순위를 결정하는 일은 '위협평가'(threat assessment)로 알려져 있다. 대통령선거가 있는 다음해 1월에 새로운 행정부의 임기가 시작할 때 국가가 직면한 위험을 평가하기 위해 전문가들과 정책결정자들은 주기적으로 회합을 갖는다. 그들은 가장 위험한 위협 1A 단계(Tier 1A, 어떤 행정부에서는 Tier 1B로 지정)로부터 가장 위험하지 않은 위협이지만 여전히 주목할 가치

---

8) Author's interview (August 28, 1984), Washington, DC.
9) See William J. Broad, "The Rocket Science of Missile Threats," *New York Times* (April 26, 2009), p. Wk. 3.

가 있는 것(Tier 4)까지 우선순위의 단계를 설정한다. 그 이상의 0 단계(Tier 0)는 직접적인 군사력 사용을 수반할 수도 있는 위기 상황에 해당된다.[10]

펜타곤은 항상 정보를 열망하는 소비자이며 특히 미국이 연루된 전쟁이 진행 중일 때에는 더욱 열망한다. 전쟁지휘관들(COCOMs, combatant commanders)은 세계 각지에서 미군을 지휘하는 4성 장군으로서 부대를 보호하고 전시에 전장 목표로 진격하는데 도움이 되는 첩보를 항상 갈망한다. 이와 같은 이른바 군사작전지원(SMO: support to military operations)은 정보예산과 목표계획에서 우위를 차지하는 경향이 있다. 미국의 정보기관들은 2002년 당시 후세인(Hussein) 정권이 미국을 위협하는 대량살상무기(WMD) 프로그램을 개발 중이라고 예측하였는데 이는 사실과 동떨어진 것이었다. 그러나 일단 그 다음해 미국의 이라크에 대한 공격이 시작되자 기관들은 맡은 임무를 잘 수행하였다. 미군은 전장에서 정보기관으로부터 명백한 도움을 얻었는데 실질적으로 이라크 탱크, 비행기, 보트 및 심지어 전투정찰대의 위치까지 파악할 수 있었다. 군사용어로서 이러한 지배적인 전장인식(DBA: dominant battlefield awareness)은 전쟁기록에 잘 나타나 있다. 같은 일이 1990~91년 미국의 공격에서도 잘 나타났다. 위의 2가지 경우에서 결과적으로 미국은 승리하였으며 두 번째 전쟁은 좀 느리게 진행되기는 하였지만 첫 번째 전쟁은 속전속결로 진행되었다. 무엇보다도 위의 두 사례에서 미국은 다른 주요 전쟁에 비해 사상자 수가 적었다. 이러한 성공에서 미국의 군사력이 가장 큰 요소가 되었지만, 정보기관의 지원에 따른 DBA 역시 중요한 역할을 하였다. 탈냉전기에 어떤 상대가 겉보기에 모든 것을 다 아는 예지력을 가진 초강대국 미국에 맞서 싸운다는 것은 적어도 전장의 전술적 수준에서 눈가리개를 하고 있는 것과 같게 되었다.

미국 정보예산의 80퍼센트 정도는 군사 문제와 연관된다. 이와 같은 군사작전지원(SMO)에 대한 정보공동체의 편향된 지원은 비난을 받기도 하였다. 외교활동지원(SDO: support to diplomatic operations)을 선호하는데, 이것은 외교를 통해 미국의 이익을 증진시키기 위한 정보를 전 세계에서 수집하는 것으로서 전투보다는

---

10) Douglas F. Garthoff, *Directors of Central Intelligence as Leaders of the U.S. Intelligence Community*, 1946–2005 (Washington, DC: Center for the Study of Intelligence, Central Intelligence Agency, 2005), p. 240.

평화 조성에 초점을 두는 것이다.

정보순환과정의 계획 및 지시 단계에서는 위협 분석뿐만 아니라 글로벌 기회에 대한 예측도 중요하다. 정보는 위험 예측과 글로벌 이익을 증진할 기회에 관해 '유의해야할 것'(heads up)을 제공할 것으로 기대된다. 위협과 연관되든 기회와 연관되든 미래의 불확실성이라는 제약으로 인해 편견과 추측이 늘 발생하게 된다. 정책결정자들은 중국과 이란을 우선순위의 어느 단계(tier)에 두어야 하는가? 냉전시보다는 미국에 덜 적대적이지만 여전히 핵전쟁 30분 만에 모든 미국의 주요도시를 파괴할 수 있는 러시아는 우선순위의 어느 단계에 두어야 하는가? 또는 글로벌 기후변화는 우선순위의 어느 단계에 두어야 하는가?

백악관 내 국무회의 또는 여타 유사한 회의에서 고위직 간의 논쟁이 이루어진다. 이것은 학문적인 행사는 아니다. 정보수집과 분석에 소요되는 수십억 달러의 지출에 대해 우선순위를 결정하는 것이다. 여기에는 스파이들이 침투된 세계지도상의 위치, 도청되는 전화와 컴퓨터, 궤도를 돌고 있는 정찰 위성, 상공비행 임무상 배치된 정찰항공기, 치명적인 공작이 포함된다. 이러한 과정에서 정보관리들은 정책관리들이 '원하는 리스트'(wish list)에 대해 잘 모르고 있어도 정책관리들은 비밀 정보기관들이 그들의 요구를 잘 알고 있다고 생각한다. 해결방법은 두 그룹 간(비밀정보 그룹과 국가의 지도자 그룹)의 더 많은 정기적인 논의이며, 이를 통해 비밀 기관들은 국가 의사결정자들의 우선순위를 충분히 이해할 수 있다.

각국의 위협인식은 서로 다른 경향이 있다. 미국과 영국에서는 알 카에다, ISIS 및 다른 지하드 테러조직, 이라크와 아프가니스탄 전장에서의 반군들, 글로벌 WMD 확산 및 국가지원 사이버해커 등이 정보목표 중 최고인 1A가 되고 있다. 그러나 많은 아프리카 국가에서는 AIDS와 빈곤이 국가안보에 가장 큰 위협이 된다. 브라질에서는 범죄가 우선순위를 차지한다. 뉴질랜드에서 최고 우선순위는 일본 어선의 태즈먼 해(Tasman Sea) 침입이다. 노르웨이에게는 콜라 반도(Kola Peninsula) 북쪽에서 이루어지는 러시아의 방사능 물질의 폐기와 바렌츠 해(Barents Sea)에서의 어업문제이다. 이러한 정보 우선순위의 차이는 민주국가에서 비밀 정보기관들이 정보책임을 공유하기 위해 함께 협력하는 것을 어렵게 할 수 있다.

정보 위협과 기회에 대한 논의 뒤에는 주요 질문들이 제기된다. 얼마나 많은

[그림 2.2] 한 국가의 허용가능한 위험요소와 정보수집 및 분석에 대한 자원투입 간의 관계

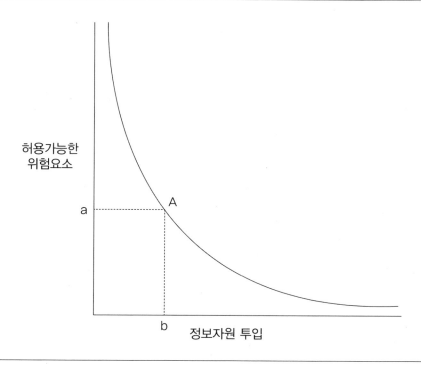

출처: Adapted from Lock K. Johnson, *Bombs, Bugs, Drugs, and Thugs: Intelligence and America's Quest for Security* (New York: New York University Press, 2000), p. 136.

정보가 제공되면 충분한가? 그 대답은 한 국가가 미래에 기회를 많이 가지려 할수록, 지도자들은 관련 정보를 얻기 위해 많은 비용을 투자해야 한다는 것이다. 정보와 위험요소 간의 관계는 그림 2.2에 묘사되어 있다. 한 국가가 위험요소를 적게 가지려 할수록 필요로 하는 정보는 더 많아진다. 동시에 한 국가가 수집하는 정보가 많을수록 비용은 더 커지며, 이로 인해 분석할 수 없을 정도로 많은 데이터가 넘치기도 한다. 또한 한 국가의 글로벌 이익 정도와 관계가 있다. 미국이 너무 많은 첩보를 수집하였는지를 질문받았을 때 중앙정보장(DCI)을 역임한 윌리엄 콜비(William E. Colby, 1973~76)는 "큰 국가가 아닌 이스라엘이라면 나는 이웃 아랍국가들의 군대에 대해 나의 시간을 할애할 것이고 중국에서 무엇이 일어나는지

관심을 갖지 않을 것이다. 우리는 강대국으로서 전 세계에 대해 걱정해야만 하는 것이다"라고 대답하였다.[11]

조지 테넷(George Tenet)이 중앙정보장(DCI)으로 있을 때인 2003년 국가정보 목표 우선순위 체계(NIPF: National Intelligence Priorities Framework)가 만들어졌는데 이것은 정보공동체가 계획단계 이후 정보순환과정의 모든 단계를 얼마나 만족시키고 주요 목표인 '요구'(requirements)를 얼마나 잘 달성하는지를 평가하기 위한 관리 도구이다. 위협 평가에 의해 만들어진 목표 리스트는 대통령에 의해 매년, 정보공동체에 의해 분기별로 검토되며 글로벌 사건과 상황에 따라 업데이트된다.

정보수집

정보순환과정의 두 번째 단계는 수집으로, 정책결정자가 요청한 첩보를 구하는 것일 뿐만 아니라 지도자들이 지금 또는 이후에 알기를 원할 것으로 보이는 사항들을 구하는 것이다. 냉전기간 중에 정보수집의 가장 높은 우선순위는 소련 군사력, 특히 핵무기의 위치와 능력에 대해 아는 것이었다. 이것은 때때로 위험한 시도였는데 40대 이상의 첩보항공기가 소련과 그 동맹국들에 의해 격추된 것을 보면 잘 알 수 있다. 냉전 시 정보수집은 중요했지만 분명히 오늘날 보다는 덜 긴급을 요했는데, 적어도 당시 세계는 초강대국 양극간의 긴장이 국제문제들을 규정한다고 이해하였기 때문이었다. 이와 관련 조셉 나이(Joseph S. Nye, Jr)와 윌리엄 오웬(William A. Owens)은 "지나간 냉전의 틀로 현재의 상황과 파급영향에 대해 판단하기는 매우 어려워졌으며, 이에 따라 모든 국가들은 무엇이 일어나고 있고 얼마나 중요하며, 이와 관련 무엇을 해야 할 지에 대해 알고 싶어 한다"고 하였다.[12]

세계적인 선박과 항공의 이동에 대한 최근 분석은 서구 정보기관들이 글로벌 운송 흐름 정보를 얻어내는 것이 얼마나 어려운지를 보여준다. 이것은 중요한 문제인데 선박이 국제제재를 위반하는 물질, 특히 불량국가 또는 테러조직에 WMD를 운반하기 때문이다. "매년 세계적인 선박활동에 1만 톤 이상의 선박 3만대 이

---

11) William E. Colby, remark to the author, Washington, DC (January 22, 1991).
12) Joseph S. Nye, Jr. and William A. Owens, "America's Information Edge," *Foreign Affairs* (March/April 1996), p. 26.

상이 포함되고, 전 세계적으로 30만대 이상의 항공기가 운용중이며 고정된 비행장이 43,000개나 있다"고 2009년 국가정보장(DNI) 보고서는 밝혔다.[13] 대테러 분야에서 국가대테러센터(National Counterterrorism Center)는 2010년 상반기 중에만 약 1만 명의 테러리스트 명단과 40건 이상의 특정 위협, 음모와 함께 글로벌 테러조직과 연관된 8,000~10,000건의 첩보를 접수하였다.[14]

1991년 냉전종식 이후 우리가 살고 있는 좀 더 복잡해진 세계를 이해하기 위한 노력과 관련, 영국의 관용구처럼 정보는 '어두움 속 고양이의 눈'(cat's eyes in the dark)을 제공할 수 있으나, 부유한 국가라 하여 '원격 감시'(remote sensing)를 위해 정찰항공기, 위성 및 비밀 청음수집장소와 같은 값비싼 감시 플랫폼으로 지구를 뒤덮을 수는 없다. 세계는 너무 광대하고 예산은 항상 한정되어 있다. 위성과 항공기 사진은 '영상정보'(imagery) 또는 첩보사진을 위한 최근 용어로 '지리공간정보'(geospatial intelligence)라고 하며, 이는 여전히 국가방위에 중요한 역할을 수행한다. 냉전기간에 초강대국들은 영상정보를 많이 활용하였다. 첩보 플랫폼의 활용을 통해 초강대국들의 양 진영은 상호 군대를 감시할 수 있었다. 그리고 진주만 기습 같은 공격이 일어날 가능성은 적어졌다. 콜비(Colby) 중앙정보장(DCI)이 언급한 것처럼 정책결정자들에게 사실(facts)을 제공할 수 있게 됨으로써 두려움과 무지가 사라지게 된 것이다.[15] 미국은 소련 폭격기, 전함 및 미사일을 정확히 계산할 능력을 갖기 이전에 모스크바가 군사력에서 앞서는 것을 우려하였다. 이것은 1940년대와 1950년대에 미국 정책결정자들을 괴롭혔던 이른바 '폭격기 갭'(bomber gap)과 '미사일 갭'(missile gap)으로 나타난 바 있다. U-2기를 통한 정찰과 이후 11개 표준시간대를 가진 광대한 소련의 영토에 대한 위성감시로 미국은 실제로 폭격기 갭과 미사일 갭이 있음을 알게 되었다. 그리고 그 동안 생각되어온 것과는 달리 미국이 우세한 것으로 나타났다. 미국은 이미 무기 생산에서 소련을 능가하였던 것이다.

---

13) Office of the Director of National Intelligence, *The Inaugural Report of the Global Maritime and Air Communities of Interest Intelligence Enterprises* (November 2009), cited in "Federation of American Scientists Project on Government Secrecy," *Secrecy News* 89 (November 9, 2009), p. 2.

14) *Questions & Answers on the Intelligence Community Post 9/11*, Office of the Director of National Intelligence (July 2010), p. 3.

15) Remarks to the Aspin-Brown Commission, author's notes (April 28, 1995). The author served as Aspin's assistant during the Commission's inquiries.

클린턴(Clinton)과 조지 부시(George W. Bush)대통령 행정부에서 1997~2004간 중앙정보장(DCI)을 역임한 조지 테넷(George J. Tenet)은 임기 초 정보의 기본적인 원리는 비밀을 훔치고 적의 능력과 의도를 분석하는 것이라는 견해를 밝혔다.[16] 모든 정보기관은 비밀을 획득하기 위한 특별한 방법(tradecraft)을 가지고 있다. 미국에서 이러한 방법을 'ints'로 지칭하는데, '정보활동지침'(intelligence disciplines)의 약어로서 첩보수집 방법을 의미한다. 영상 또는 사진정보는 'imint'로서 영상 정보(imagery intelligence)의 약어이다. 또는 앞에서 언급한 새로운 전문용어인 '지리공간정보'(geoint)로 지칭되기도 한다. 전문적인 사진판독 요원으로 훈련받지 않고서는 복잡한 사진 안의 희고 검은 표시들을 적진지의 활주로나 격납고로 보기보다는 초창기 텔레비전 영상의 잡음 표시로 볼 수도 있다. 신호정보(sigint: signal intelligence)에는 전화를 비롯한 통신을 수집하는 통신정보(comint: communication intelligence), 다양한 형태의 전자정보(elint: electronic intelligence), 시험비행중인 무기로부터 방출되는 데이터를 수집하는 원격측정정보(telint: telemetry intelligence)와 적의 무기와 레이더 시스템으로부터 방출되는 부수적인 신호를 수집하는 외국기기신호정보(fisint: foreign instrumentation signal)를 포함한다. 이미 언급한 대로 인간정보(human intelligence)는 공작원을 포함한 스파이망을 활용하여 수집하는 것을 의미하며 약어는 'humint'이다.

정보전문가들은 적의 비밀을 획득하기 위해 독창적인 첩보수집 기술을 개발하는데 예를 들면 무기공학을 담당하는 외국정부에 속한 과학자들이 사용하는 노트북의 내용물을 획득하는 방법을 개발하는 것과 같다. 우주에서 궤도를 도는 위성에 장착된 망원렌즈를 통해 외국 군대의 기동훈련 등을 추적하는 정교한 장치에서부터 외국 대사관 창문턱에 앉도록 훈련된 비둘기 가슴에 소형 마이크를 부착하는 등 방법은 다양하다. 모든 것 중에 가장 훌륭한 것은 다른 나라의 고위관리에 접근할 수 있는 믿을만한 자산으로 이들의 보좌관, 운전기사 또는 연인을 활용하는 것이다.

또 다른 뛰어난 수집방법으로는 '공개정보'(osint: open source intelligence)이다. 즉, 비밀출처가 아닌 첩보로서 도서나 외국의 대중매체에서 입수한 것 등이다. 테

---

16) Remarks in a speech cited by intelligence scholar Richard L. Russell, "Low−Pressure System," *The American Interest* 2 (July / August 2007), pp. 119−23, quote at p. 120.

[그림 2.3] 1962년 CIA U-2기가 촬영한 쿠바내에 설치된 소련 미사일 사진

출처: *Studies in Intelligence*, Central Intelligence Agency.

헤란 인근 사막의 모래가 헬기를 지탱할 정도로 충분히 견고한지 여부에 대한 공개자료가 있는가? 아니면 이에 대한 답을 구하기 위해 정보자산이 배치되어야 하는가? 이는 카터(Carter) 행정부가 이란 주재 미국 대사관에 억류된 외교관 구출을 계획했던 1979년에 중요한 문제가 되었다. 당시 중앙정보장(DCI)이던 스탠스필드 터너(Stansfield Turner) 제독은 이에 대한 답을 구하기 위해 이란에 특별 정보팀을 들여보내야 했으며 이는 위험한 프로젝트였다. 모래는 충분히 단단한 것으로 판명되었다. 그러나 이후 구출임무는 미군 헬기가 테헤란에 도착하기도 전에 사막에서 충돌함으로써 결국 중단되어야만 했다. 오늘날 국가정보장(DNI)의 공개정보센터 (Center for Open-Source Intelligence)는 은밀하게 검증받아야할 정보보고서의 초안에 어떤 첩보가 누락되었는지를 검토한다.

냉전종식 이래 모든 정보보고서의 약 90퍼센트(일부에서는 95퍼센트라고 주장)는 공개정보 자료로 만들어지는데, 비밀스러운 이란 사회 안을 들여다볼 수 있는 인터넷 블로그로부터 얻어진 첩보와 같은 자료들이다. 일부 비판적인 사람들은 이러

한 통계자료에 근거하여 정책결정자들이 비밀기관을 폐쇄하고, 의회 도서관에서 국제문제에 대한 자료를 획득하면 연간 500억~800억 달러의 국가예산을 절약할 수 있다고 주장한다. 그러나 의회는 정보보고에 포함되는 비밀과 때로는 '작지만 가치 있는 내용'(nuggets)의 첩보를 수집하기 위해 세계 도처에 공작원을 보유하고 있지 않다. 또한 외국을 분석하고 국가안보에 대한 보고서를 생산하여 적시에 적절한 방법으로 워싱턴 관료사회의 해당 정책결정자에게 배포하는 비밀기관의 오랜 경험을 가지고 있지도 않다.

가장 최신의 기술적인 수집방법은 징후계측정보(masint: measurement and sign-atures intelligence)로서 역시 가치가 있다. 주로 국방정보국(DIA)에 의해 운용되는 이 방법은 예를 들면 외국 핵발전소의 냉각탑에 의해 방출되는 방사능 입자를 포함한 증기 등의 물질의 존재가 있는지를 측정한다. 이러한 방사능 입자는 우라늄 농축을 위한 원자로가 존재하고 있음을 알려준다. 다른 화학 및 생물학적 방법을 통해 불법 물질의 존재를 알 수도 있는데, 신경가스의 생산을 암시하는 공장의 폐기물 가스 등이 이에 해당된다. 알려진 바에 의하면 1994년에서 2008년 사이에 미국 에너지부의 정보조직은 국제적인 국경교차점, 특히 소련과의 국경을 따라 핵탐지를 하기 위한 장비 구입에 4억 3,000만 달러를 지출하였다.[17]

CIA에 의해 수행된 가장 유명한 기술수집 프로그램 중의 하나는 1974년 제니퍼 프로젝트(Project Jennifer)로 알려진 작전으로, 침몰된 소련 잠수함을 태평양 바닥에서 끌어올리는 것이었다. CIA 관리들은 태평양 표면을 따라 형성된 기름기를 나타내는 위성사진을 통해 소련 잠수함이 화재로 인해 급속히 가라앉았음을 인지하였다. 당시 중앙정보장(DCI)인 윌리엄 콜비(William Colby)의 지시하에 CIA는 잠수함 회수와 관련하여 하워드 휴즈(Howard Hughes)에게 지원을 요청하였다. 괴짜 억만장자인 휴즈는 마그네슘과 같은 가치 있는 광물 채굴을 위해 해저광산 사업을 하고 있었다. 그는 글로마 익스플로러(Glomar Explorer)라는 배를 소유하고 있었는데 이 배는 잠수함을 포착하여 표면으로 끌어올리기 위해 태평양 깊은 곳에 쇠줄을 내릴 수 있는 능력을 가지고 있었다. 휴즈는 지원에 동의하고 3억 5천만 달러를 받기로 하였으며 회수 작업이 진행되었다. 잠수함을 인양하는 극적인 시도

---

17) Michael Bronner, "When the War Ends, Start to Worry," *New York Times* (August 16, 2008), p. A27.

는 부분적으로만 성공하였다. 잠수함이 인양과정에서 뜻하지 않게 두 부분으로 잘라져 반쪽이 떨어져 나간 것이다. 그래도 CIA는 소련 잠수함 절반의 획득을 상당한 성공으로 간주하였는데 잠수함은 핵미사일과 첨단 통신장비를 운반하고 있었다. 불행히도 제니퍼 프로젝트 작전은 언론에 새어 나갔고 인근 해상에서 활동 중인 소련 해군이 이를 인지하게 됨으로써 그 배의 나머지 부분을 끌어올리는 것은 불가능하게 되었다. 회수된 잠수함 반쪽의 실제 내용은 비밀로 남아있으나, 관계자들은 그 프로젝트가 비용이 든 만큼 가치가 있었다고 주장하였다. 그러나 비판론자들은 CIA가 한물간 구식 잠수함에 접근하기 위해 왜 그토록 막대한 금액을 들였는지 의문을 제기하였다.[18)]

인간정보(HUMINT)**와 기술정보**(TECHINT)　　　정보전문가들은 인간정보와 기술정보를 구별하는데 기술정보는 모든 기계를 기반으로 한 수집수단에 의하여 첩보를 수집하는 방법을 지칭한다. 수집에 할당된 막대한 자금이 기술정보에 투입된다. 이러한 범주는 지리공간정보(geoint)와 신호정보(sigint)와 관련된 위성, 지상에 설치된 거대한 국가안보국(NSA) 감청안테나, U-2기와 A-12와 같은 정찰항공기와 이들을 계승한 SR-71, 9/11 공격 이후 아프가니스탄, 이라크 및 중동과 남아시아의 여러 나라를 누빈 무인항공기(UAV) 프레데터(Predator) 등을 포함한다. 프레데터와 좀 더 큰 리퍼(Reaper), 작은(일부는 곤충 크기의) 드론(drones)과 같은 무인기는 정보기획자들에게 매우 매력적인데 조종사의 생명을 위험하게 하지 않고 스파이활동을 전개할 수 있는 기동성과 능력 때문이다. 좀 더 큰 무인기들은 미사일을 장착하여 스파이활동뿐만 아니라 카메라 렌즈에 나타난 목표물들을 제거할 수 있다. 국가는 스파이 기계의 기술적 능력을 향상시키기 위하여 이들의 제조와 배치에 막대한 자금을 지출하며, 여기에는 펜타곤의 로비활동도 크게 작용한다.

---

18) On the *Glomar Explorer*, see David H. Sharp, *The CIA's Greatest Covert Operation: Inside the Daring Mission to Recover a Nuclear-Armed Soviet Sub* (Lawrence: University Press of Kansas, 2012). 작전이 1975년 언론에 새어나갔을 때 프랭크 처치(Frank Church) 상원의원(민주당, 아이다호주)은 "우리가 한물간 소련 잠수함을 위해 하워드 휴즈에게 3억 5천만 달러를 지불하는 것은 무의미하다"고 언급하였다. 한편 그의 상원 동료인 배리 골드워터(Barry Golewater) 상원의원(공화당, 애리조나주)는 "솔직히 말해서 그들이 잠수함을 올리지 않는다면 나는 미쳐버릴 정도로 화날 것이다"고 다른 견해를 언급하였다. (both quoted in the *Boston Globe*, March 20, 1975). Generally on the "ints," see Mark M. Lowenthal and Robert M. Clark, eds., *The 5 Disciplines of Intelligence Collection* (Los Angeles: Sage and CQ Press, 2016).

믿을만한 언론보도에 따르면 최근 한 위성프로그램은 95억 달러의 비용이 들었는데 그 액수는 오직 낮 동안의 맑은 날씨에서만 활용되는 비교적 간단한 유형의 위성 중 하나를 위한 금액이었다.[19]

이러한 플랫폼은 유령과도 같은 테러범들에 대해서는 덜 유용한데도 불구하고 정보장비에 대한 유혹은 테러리즘 시대에도 계속되었다. 위성 또는 항공기에 장착된 카메라는 ISIS 구성원들이 활동을 모의하기 위해 회합하는 중동, 서남아시아, 이라크 등의 천막, 움막, 동굴 내부 또는 북한이 원자폭탄을 건설하는 깊은 지하 동굴 안을 자세히 들여다 볼 수는 없다. 어느 정보전문가는 "빌딩의 모습이 아니라 빌딩 안에 무엇이 있는지를 알 필요가 있다"고 언급한다.[20] 또 다른 그룹의 정보관리들은 "기술수집은 대규모의 광범위한 목표를 감시하는 특징을 지닌다"고 언급하였다.[21] 이러한 접근은 신중하고 조심스럽게 감추어진 WMD 또는 테러조직에 대해서는 덜 효과적이다. 그러나 때때로 기술정보는 강력한 대테러 무기가 될 수 있으며, 특히 전화감청과 같은 신호정보(sigint)와 낮은 고도에서 날아다니는 드론의 스파이 카메라는 유용하다. 예를 들어 아프가니스탄, 파키스탄에서 탈레반과 알카에다 지도자들은 미국의 지리공간정보에 의해 발견될 수 있다는 두려움 속에서 숨어 지내야만 했다. 이와 관련 리처드 바레트(Richard Barrett)는 "부하 조직원들과의 직접적인 대면 부족은 그들의 권위를 약화시켰고, 탈레반 지도자들 역시 위치 노출을 우려하여 전화통신을 줄여야 했으며, 전략을 논의하고 현장에 명령을 하달하기 위해 덜 효율적인 방법에 의지해야만 했다"고 언급하였다.[22]

미국은 기술정보 지출과는 대조적으로 해외 인간정보에 대해서는 연간 정보예

19) Douglas Jehl, "New Spy Plan Said to Involve Satellite System," *New York Times* (December 12, 2004), p. A1.

20) Steven Emerson, *Secret Warriors: Inside the Covert Military Operations of the Reagan Era* (New York: Putnam, 1988), p. 35. 최근 공개된 카터 행정부시 문서에는 NSC 직원인 폴 헨체(Paul Henze)가 기술정보 수집의 한계에 대해 "우리가 현재 거의 실시간의 위성사진을 즐기고 있지만, 이것은 30년 전이나 지금이나 모스크바, 마드리드, 북경, 알제리, 브라질의 고위 인물들이 무엇을 생각하는지 알 수 없으며, 아랍 지도자들이 만나서 무엇을 말하는지 또는 프랑스 선거가 어떤 결과로 나타날지를 알 수 없다"고 밝힌 내용이 포함되어 있다. *Organization and Management of Foreign Policy*, 1977–80, Department of State, Vol. 28 (2016), document 63, p. 321.

21) Richard Kerr, Thomas Wolfe, Rebecca Donegan, and Aris Pappas, "Collection and Analysis on Iraq: Issues for the US Intelligence Community," *Studies in Intelligence* 49 (2005), pp. 47–54, quote at p. 50.

22) Richard Barrett, "Time to Talk to the Taliban," *New York Times* (October 19, 2010), p. 25.

산의 한자리 수 퍼센트만을 투자한다. 더군다나 냉전종식 이후 5년 동안 CIA는 전 세계적의 공작관을 25퍼센트 감축하였으며, 현장에서 활동하는 공작관은 800 명 미만이었다. 보도에 의하면 FBI는 뉴욕시에만도 CIA가 전세계에 걸쳐 보유하는 공작관보다 더 많은 '특별 수사관'(special agents로 FBI의 용어임)을 보유한다.[23] 때때로 신호정보 위성은 적에 대해 흥미로운 사실을 보여주는 첩보를 포착한다. 이를테면 국제 마약조직 우두머리들 사이의 전화통화 등이다. 지리공간정보 위성에 의해 촬영된 사진은 중국 해군함정의 행방, ISIS 조직원들을 이라크 내로 수송하는 트럭, 베이징과 이슬라마바드의 공식적인 부인에도 불구하고 카라치 항구를 향해 빠르게 이동하는 중국 화물선에 선적된 미사일 부품들의 하역, 가자(Gaza)지역 내 하마스(Hamas)의 로켓 진지, 이란 내 핵원자로 건설과 같은 문제들과 관련하여 매우 중요한 역할을 하기도 한다. 그러나 테러리즘의 경우 ISIS 또는 알카에다 내에 침투한 한 명의 공작원이 여러 대의 값비싼 위성들의 역할을 할 수 있다.

인간정보 스파이활동 방법에는 NOC로 알려진 비공직가장(non official cover) 하에 활동하는 정보관의 활동이 포함된다. 공직가장(OC: official cover)으로 공식적인 미국 정부시설에서 근무하는 관리들과는 대조적으로 비공직가장은 고고학자, 투자은행가 또는 석유굴착 장비기사 등으로 현지에서 활동한다. 비공직가장으로 행세하는 것은 어려운 임무일 수 있다. 공작관은 낮 동안에는 가장된 삶을 살아야 한다. 그런 후 밤에는 현지인 포섭을 위해 스파이로 탈바꿈한다. 더 나아가 비공직가장은 다른 지역에서 활동하게 되는데 이 때에는 활동기반을 세우는 것부터 원점에서 다시 시작하게 된다.[24] 공직가장으로 동료 미국인들과 함께 해외 미국

---

23) See John L. Millis, staff member, House Permanent Select Committee on Intelligence, "Our Spying Success Is No Secret," letter, *New York Times* (October 12, 1994), p. A27; and Steve Coll, *Ghost Wars: The Secret History of the CIA, Afghanistan, and Bin Laden, From the Soviet Invasion to September 10, 2001* (New York: Penguin, 2004), p. 317.

24) Interview conducted by Amy B. Zegart (June 2004), cited in her *Spying Blind: The CIA, the FBI, and the Origins of 9/11* (Princeton, NJ: Princeton University Press, 2007), p. 93. 원격지에서 비공직가장의 삶의 역경과 위험을 감안하여 훌륭한 포섭이 이루어진다면 급여체계는 정보관들을 위한 평상시 급여보다 더 높아야야 할 것이다. 여러 권위있는 보고서에 따르면 공직가장(OC)으로 활동하는 정보관은 대사에 의해 주도되는 외교업무 지원팀의 일원으로서 국무성의 보호로 해외근무의 편안함과 안전을 누린다. See, for example, William Colby and Peter Forbath, *Honorable Men: My Life in the CIA* (New York: Simon and Schuster, 1978), p. 336; John Ranelagh, *The Agency: The Rise and Decline of the CIA* (New York: Simon and Schuster, 1987), p. 20; Lowenthal, *Intelligence: From Secrets to Policy*, 6th edn, p. 129; and Mark Mazzetti, "White House Sides

시설에서 근무하는 편의를 넘어 비공직가장으로 역경의 삶을 살아가는 것은 어려운 일이다. 비공직가장 활동은 위험에 처하게 될 수도 있는데 미국 정부의 면책특권 없이 활동하기 때문이다. 첩보활동 중에 체포되면 현지 당국에 의해 투옥되고 포로교환 등이 성사될 때에만 미국으로 석방될 수 있다.

비공직가장은 가장 직업과 스파이 활동이라는 두 가지 직업을 감당해야 함으로써 종종 지쳐있다. 그들은 가장 직업이 스파이보다 보수면에서 좀 더 유리하다는 결론을 내리기도 한다. 예를 들어 CIA는 한 명의 비공직가장을 훈련시켜 제3세계에서 투자은행가로 일하게 하였다. 그는 낮에는 은행가로서 일하고 밤에는 첩보활동을 한지 약 1년 만에 사임하고 뉴욕으로 이동하여 맨해튼에서 잘 알려진 금융회사에 다니면서 공무원 봉급의 4배에 보너스까지 받았다. 그를 훈련시키기 위해 들어간 값비싼 투자는 무용지물이 되었다.

이러한 이유로 인해 CIA는 비공직가장의 활용을 주저하기도 하였다. 그러나 다른 국가들은 이러한 접근을 활용하여 효과를 거두기도 했는데, 소련은 냉전기간 중 뉴욕시에서 언론인으로 가장한 비공직가장에 크게 의존한 적이 있었다. 공직가장의 경우 대사관 칵테일 파티에서 ISIS 구성원을 만나게 되지는 않을 것이다. 그러나 파키스탄에서 활동 중인 비공직가장의 경우 알카에다 또는 탈레반 구성원을 현지에서 포섭할 기회를 가질 수도 있다. 그렇지만 대사관 파티는 러시아와 같은 주요 목표국가 출신의 잠재적인 포섭대상자를 만나는 유용한 수단이 되기도 하는데, 냉전기간 중에 이와 관련한 사례들이 상당수 존재한다.

비공직가장이든 공직가장이든 인간정보가 특효약은 아니다. 예를 들어 베트남전쟁 중 북베트남에 침투시키기 위해 모집된 미국의 거의 모든 자산들(assets)이 살해되거나 체포되었다. 더욱이 북한과 이란처럼 폐쇄된 사회에서 현지 스파이들을 포섭하기란 어려우며 비록 포섭에 성공하였다 하더라도 신뢰할만하지 않다. 보이스카우트 단원과 수녀는 보고서를 만들어내지 못하고 최고입찰자에게 첩보를 팔지도 못하며 허위 망명자나 이중공작원처럼 책략을 꾸며내지도 못한다. 냉전기간 중 쿠바와 동독 내의 미국의 정보자산들은 미국에게 불리한 이중공작원의 역할을 하기도 하였다.[25]

With the CIA in a Spy Turf Battle," *New York Times* (November 13, 2009), p. A12, as well as his "Pakistan's Public Enemy," *New York Times Magazine* (April 14, 2013), p. 33.

인간정보 배반의 최근 사례는 2002년 독일 공작원으로 '커브 볼'(Curve Ball)이라는 코드명을 가진 라피드 아흐메드 알완 알자나비(Rafid Ahmed Alwan al－Janabi)가 있다. 전 이라크 과학자였던 그는 이라크 내에 생물학 WMD 무기가 존재한다고 독일정보기관 BND를 납득시켰다. CIA는 독일과의 정보협력 관계를 통해 미끼를 물게 되었다. 그러나 2003년 이라크 전쟁이 시작된 후 커브 볼의 언급은 독일과 CIA 정보관들의 의심을 불러 일으켰다. 결국 그는 능숙한 거짓말쟁이로 드러났다.[26]

게다가 비밀요원이 훈련받아 외국 정보자산을 포섭할 준비가 되기까지는 7년을 상회하는 상당한 시간이 걸린다. 공작관은 정보자산을 조종하는 미묘한 기술을 익혀야 하는데 이것은 외국의 현지인에게 첩보활동을 하도록 동기를 부여하여 가치 있는 첩보를 지속 수집하게 하며 위험한 환경에서 이중생활을 유지하게 하는 '매우 친밀한 관계'(very close relationship)를 조성하는 것이다.[27]

이러한 문제점에도 불구하고 인간정보는 냉전 시 소련 군사 정보장교인 올레그 펜코프스키(Oleg Penkovsky)가 했던 것처럼 매우 도움이 되는 첩보를 제공할 수 있다. 그는 미국 비밀요원에 의해 포섭된 것이 아니라 자진하여 영국과 미국의 스파이(walk－in)가 되었다. 그는 자신의 진심을 증명하기 위해 비밀로 분류된 소련 정보문서들을 모스크바 주재 미국 대사관측에 넘겼다. 그러나 미국 관리들은 그가 미국을 기만하기 위해 보내진 스파이(dangle)일지도 모른다고 우려하였고 그래서 그의 제안은 처음에는 묵살되었다. 그 때 그는 모스크바 주재 영국 대사관에 접근하였고 영국 해외정보기관 M16는 그가 진정한 자원자라고 재빨리 판단하였다. 이후 미국도 역시 그의 자원을 받아들였다. 1962년 펜코프스키가 제공한 첩보는 미국이 쿠바 내 소련 핵미사일의 존재를 확인하는데 큰 도움이 되었으며, 그의 첩보에 기반하여 당시 소련이 구축한 미사일 기지들이 육각형 다윗의 별 디자인

25) See Robert M. Gates, *From the Shadows* (New York: Simon & Schuster, 1996), p. 560; and Bud Shuster, "HiTech vs. Human Spying," *Washington Times* (February 11, 1992), p. F3.

26) CBS News, "Faulty Intel Source 'Curve Ball' Revealed," *60 Minutes* (November 4, 2007).

27) See Joseph W. Wippl, "The CIA and Tolkachev vs. the KGB/SVR and Ames: A Comparison," *International Journal of Intelligence and Counterintelligence* 23 (Winter 2010－11), pp. 636－46; and a fictional account of the complicated relationship between assets and their handlers, Joseph Weisberg, *An Ordinary Spy* (New York: Bloomsbury, 2008), referred to in a blurb by a former DDO as "stunningly realistic."

으로 설계되었음을 알게 되었다.

펜코프스키와 같은 성공에 기반하여 미국과 많은 다른 나라들은 인내심을 갖고 신뢰할만한 첩보 자산을 계속해서 찾고 있다. 9/11과 이라크 내 WMD 판단 실수 이후 킨과 실버맨-롭 위원회(Kean and the Silberman-Robb Commissions)는 세계 주요지역 내의 정보자산 부족을 비난하였다. 조지 부시(George W. Bush) 대통령은 CIA 공작관 수의 50퍼센트 증원을 허가하였으며, 2004년은 CIA 역사상 신입 비밀요원이 가장 많은 해가 되었다.[28]

인간정보에 대한 평가와 관련하여 중앙정보장(DCI)을 역임한 콜비(Colby)는 "인간정보는 우리가 거부할 수 없는 역할 중의 하나인데 왜냐하면 그것은 때때로 가치가 있는 활동이기 때문이다"라고 말했다. 그는 또한 "수 년 동안 가치 있는 일들이 없을 때 관계를 단절하기도 한다. 10년간 아무 일도 일어나지 않아 우리는 엘살바도르와 포르투갈에서 CIA의 거점을 폐쇄하는 작업을 진행하고 있었는데, 바로 그 때 이들 국가들은 폭발하기 직전이었다"고 부언하였다. 콜비는 "나는 인간정보를 유지하는 것이 성과를 올릴 수 있다고 생각한다. 인간정보 공작원은 외국정부를 다루는데 여전히 유용할 수 있음을 기억해야 한다"고 결론을 내렸다.[29]

중앙정보장(DCI, 1991~93)을 역임하고 이후 국방장관을 지낸 로버트 게이츠(Roert Gates)는 인간정보가 가치 있는 일이었다는데 동의한다. 소련의 전략무기를 이해하는 데 기술정보가 크게 기여한 것은 사실이지만 "인간정보를 통해 소련 재래식 무기들의 기술적 특징을 상당히 많이 알아냈다"고 회상하였다.[30] 그는 크렘린의 능력뿐만 아니라 의도에 대해 면밀히 검토할 때 인간정보가 중요한 통찰력을 제공했다고 부언하였다. 인간정보는 기계로는 알아낼 수 없는 사람의 의도 문

---

28) See, respectively, the Kean Commission's report, entitled *The 9/11 Commission Report: Final Report of the National Commission on Terrorist Attacks upon the United States* (New York: Norton, 2004), p. 415; the Silberman-Robb Commission on the Intelligence Capabilities of the United States Regarding Weapons of Mass Destruction, *Final Report* (Washington, DC: Government Printing Office, 2005), pp. 410-11; and George Tenet, with Bill Harlow, *At the Center of the Storm: My Years at the CIA* (New York: HarperCollins, 2007), p. 24.

29) Author's interview with William E. Colby, Washington, DC (January 22, 1991). 케네디와 존슨 행정부에서 국무장관을 역임한 딘 러스크(Dean Rusk)는 "나는 첩보를 훔치고 조직에 침투하며 대화를 엿듣는 현지 활동하는 스파이 보다는 제한된 첩보를 생산하는 기술정보에 너무 심하게 의존한 것을 후회한다"고 언급하였다: see his *As I Saw It*, as told to Richard Rusk and edited by Daniel S. Papp (New York: Norton, 1990), p. 560.

30) Author's interview with Robert M. Gates, Washington, DC (March 28, 1994).

제를 다룰 수 있다. 믿을만한 정보자산은 외국 지도자에게 '미국이 X(미지의 것)를 한다면 당신은 무엇을 할 것인가?'라는 문제를 제기할 수 있는 위치에 있을 수 있다. 전 CIA 관리 존 밀리스(John Millis)는 "인간정보는 정보라는 사과를 따기 위해 나무를 흔들 수 있는데 다른 정보 수집기술은 떨어지는 사과를 기다려야만 한다"고 기록한 바 있다.[31]

새로운 정보수집 사례로서의 1962년 쿠바 미사일 위기 사건 CIA가 기록적으로 빠른 시간 내에 제작한 고고도 U-2기 정찰기 조종사들과 1950년대 록히드사의 조종사들은 1950년대 말에서 1960년대 초에 걸쳐 쿠바 지형의 윤곽에 대해 잘 알게 되었다. 님버스 프로젝트(Project NIMBUS)로 지칭된 작전을 통해 쿠바섬 서쪽에서 동쪽으로 왕복 횡단하는 비행은 1962년 봄에 CIA 내에서 일상적인 작전 절차가 되었다.[32] 1961년 5월 피그만(Bay of Pigs) 준군사공작을 통해 쿠바 피델 카스트로(Fidel Castro) 정권을 전복시키려는 CIA 계획이 실패한 이후 쿠바 정권교체는 계속해서 케네디(Kennedy) 행정부의 최우선 순위가 되었다. 카스트로에 대한 사보타지와 암살 음모가 CIA의 비밀과제로 남은 가운데, 플로리다에서 단지 90마일 떨어진 쿠바에 대한 미국의 공중 감시는 지속되었으며, 쿠바는 중남미에서 유일하게 사회주의 혁명이 성공한 국가로서 개도국 중에서 소련이 총애하는 맑스레닌주의의 모델이 되었다. 쿠바 내에서 암약중인 CIA 스파이들 사이에서 1961년 말에서 1962년 초에 소련의 활동이 강화되었다는 보고가 지속되자 항공기 정찰임무의 빈도 또한 증가하였다. 1962년 5월은 피그만 공작실패 이후 1년이 된 시점으로 월간 비행회수는 배로 증가된 상황이었다. 대부분의 항공기들은 텍사스의 러플린(Raughlin) 공군기지와 캘리포니아의 에드워즈(Edwards) 공군기지에서 발진하였다. 7만 3,000피트의 높은 고도에서 고해상도 카메라를 장착한 U-2기는 가느다란 날개 때문에 난기류에 취약하여 조종하기 쉽지 않음에도 불구하고 공중감시에서 매우 중요한 역할을 수행하였다.[33]

---

31) John L. Millis, speech, Central Intelligence Retirees Association, Arlington, VA (October 5, 1998), p. 6.

32) Max Holland, "The 'Photo Gap' that Delayed Discovery of Missiles in Cuba," *Studies in Intelligence* 49 (2005), pp. 15-30, see especially p. 15.

33) On the U-2, see Gregory W. Pedlow and Donald E. Welzenbach, *The CIA and the U-2 Program, 1954-1975* (Washington, DC: Center for the Study of Intelligence, Central Intelligence

쿠바 내 CIA 정보출처로부터의 보고는 상당수 소련군대가 쿠바에 도착했음을 시사하였다. 더욱 문제가 된 것은 공작원들이 쿠바에서 큰 원통형 물체와 서부 쿠바의 야자수 숲에 건설 중인 새로운 소련의 시설을 발견했다는 것이었다. 케네스 키팅(Kenneth Keating) 상원의원(공화당, 뉴욕)은 뉴욕에 거주하는 쿠바계 미국인 유권자들 일부로부터 들은 이야기를 공개적으로 밝혔는데 소련이 쿠바에 미사일을 들여오고 있다는 취지로 언급하였다. CIA는 이러한 언급에 대해 비밀 쿠바 공작원을 통해 확인하기 시작하였다. 그러나 스파이들이 상반되는 보고를 보내오고 때로는 CIA의 고용을 유지하기 위한 목적으로 아무 정보나 보내오거나, 심지어 위조된 보고를 했기 때문에 신뢰할 수 없었다.

그러나 일부 신뢰할 수 있는 공작원들은 아바나 항구에 입항한 소련 화물선으로부터 커다란 물체의 하역을 포함한 특이한 활동을 보았다고 주장하였다. 이러한 인간정보 보고를 감안하여 CIA는 U-2기 감시를 강화하였다. 그러나 나쁜 날씨로 인해 1962년 8월 내내 정찰활동이 제대로 이루어지지 못하였다. 예측할 수 없는 날씨보다 더 중요한 것은 쿠바 섬에 대한 U-2기 감시활동 강화에 반대하는 국무부의 정치적인 입장이었다.[34] 당시 국무장관이던 딘 러스크(Dean Rusk)와 다른 사람들은 감시 비행이 너무 위험한 일로서 정찰기가 쿠바의 지대공 SAM 미사일에 의해 격추될 수 있으며 그럴 경우 쿠바를 군사 공격하라는 공화당을 비롯한 미국 내 압력이 고조될 수 있다고 생각하였다. 케네디 행정부 내에서 신중한 입장이 팽배한 상황이었다. 케네디 대통령이 국무부 입장을 존중함으로써 U-2기 감시는 한 달 정도 중지되었다가 10월 14일이 되어서야 다시 쿠바 상공을 비행할 수 있었고 매일 수백 장의 사진을 촬영하였다.

이 사진들은 곧 CIA의 국가사진판독센터(National Photographic Interpretation Center) 전문가들에게 보내졌다. 사진 상의 검고 흰 선들은 훈련되지 않은 일반인의 눈으로는 판독하기 어렵지만, 전문가들의 눈에는 명백한 단서를 제공하였는데,

Agency, 1998), with a section on the aircraft's use during the Cuban missile crisis (at pp. 199–210). On the missile crisis of 1962, see also Graham Allison and Philip Zelikow, *Essence of Decision: Explaining the Cuban Missile Crisis*, 2nd edn (New York: Longman, 1995); and James G. Blight, Bruce J. Allyn, and David A. Welch, *Cuba on the Brink: Castro, the Missile Crisis, and the Soviet Collapse* (New York: Pantheon, 1993).

34) Holland, "The 'Photo Gap.'"

소련이 확실히 쿠바에 미사일 기지들을 건설하고 있음을 보여주었다. 더욱 충격적인 것은 그 영상사진들이 대량살상무기(WMD)의 존재를 보여주고 있었다. CIA 분석관들은 소련이 미국에서 가까운 쿠바에 이 같은 무기들을 들여올 정도로 무모하지는 않을 것이라고 예측했었다. 물론 성공한 캘리포니아 사업가 출신으로서 스파이 수장이 된 당시 존 맥콘(John A. McCone) CIA 부장은 모스크바가 이러한 도발적인 행동을 할 수 있다고 예측했었다. 그의 추론에 의하면 소련의 니키타 흐루시초프(Nikita Khrushchev)는 북미 가까운 곳에 단거리 핵 미사일을 설치함으로써 당시 미국의 대륙간탄도미사일(ICBM) 우세(17:1)를 완화시키려고 할 수 있다는 것이었다. 더군다나 흐루시초프는 이전의 CIA의 피그만 공작을 감안하여 미국의 전면적인 공격으로부터 마르크스 동맹국을 보호할 수 있는 무엇인가를 할 수 있는 성향의 인물이었다.[35]

불길하게도 10월 14일 쿠바 상공에서 촬영된 U−2 사진은 산 크리스토발(San Cristobal) 인근의 지상에서 다윗의 별(Star of David) 패턴을 제시하였는데, 펜코프스키가 경고했던 것과 같았다. 현실은 분명하면서도 충격적이었다. 소련이 카리브 위성국 안으로 미사일들을 들여왔던 것이다. 그것도 일반 로켓이 아니었다. 이들은 핵탄두를 운반하여 미국 미시시피 강의 동부 어디든 목표를 타격할 수 있는 중거리 탄도미사일이었다.

다음 날인 10월 15일 CIA는 쿠바 내 소련 WMD의 존재에 대해 백악관에 보고하였다. 미사일이 설치된 다른 장소를 찾기 위한 U−2기 감시촬영은 빈번해졌으며 매일 수차례 이루어졌다. 해군과 공군에 의한 낮은 해상도의 사진촬영도 U−2기의 영상정보를 보완했으며 이들을 통해 다윗의 별 설계 내에 더 많은 미사일 트레일러, 발사장비, 차량 그리고 텐트지역이 드러났다.

정찰 임무를 통해 수천 피트의 필름이 생산되었으며, 케네디 대통령은 이들 중에서 일부를 자신의 주장을 뒷받침하는 증거로 일반 대중에 공개하였다. 쿠바 내의 공작원들로부터 입수된 보고서들은 대부분 믿을 수 없었으나, 반박할 수 없는 실증적인 증거를 보여주는 명백한 영상이 있었다. 필름은 모두 합쳐 소련의 42기의 미사일뿐만 아니라 일류신 28(IL−28) 중거리 폭격기와 미그−21(MIG−21)

---

35) John Lewis Gaddis, *We Now Know: Rethinking Cold War History* (New York: Oxford University Press, 1997), p. 262.

전투기, 대공 미사일 포대 그리고 근거리 전투용 로켓들의 존재를 보여주었다.

U-2기 사진은 대통령에게는 하나의 축복이었으며, '영예의 순간'(moment of splendor)이었다고 CIA의 어느 고위 분석관은 회상하였다.[36] 그 이미지들로 보아 미사일이 곧 발사될 수 있는 단계에는 아직 이르지 않았다고 판단되었다. 아마도 2주일 정도는 걸릴 것으로 판단되었다. 케네디는 펜타곤의 신속한 군사공격 압력에 대응할 수 있게 되었다. 그는 숨을 돌려 다른 선택방안을 고려할 수 있었다. 쿠바의 로켓이 발사 준비가 되었다고 두려워하여 미국이 위기 초기에 지상군을 파견했더라면, 펜타곤과 백악관은 U-2기와 공작원 보고로부터 획득한 정보 사이에 위험한 갭이 있었음을 발견했을 것이다. 냉전 종식 후에 미국과 소련의 관계자들이 참여한 가운데 개최된 쿠바 미사일 위기와 관련한 콘퍼런스에서 당시 CIA와 백악관이 모르게, 소련은 쿠바 내에 200개 이상의 전술핵탄두, IL 폭격기에 장착된 원자폭탄을 보유하고 있었고 미국 정보당국이 추산한 8천명보다 5배나 더 많은 4만 명의 병력을 주둔시키고 있었음이 밝혀졌다. 더군다나 위기 초기에 크렘린은 미군이 쿠바섬을 침공할 경우 현지 소련 사령관들에게 전술무기를 사용하고 미국으로 폭격기를 발진하도록 자유재량권을 부여했었다는 것이다.[37]

로버트 맥나마라(Robert S. McNamara) 전 국방장관은 이러한 10일간의 위기를 뒤돌아보면서 만일 미국이 공격했더라면 쿠바에서 핵전쟁이 촉발되고, 이로 인해 미국과 소련의 많은 것이 파괴되고 제3차 세계대전이 일어났을 것이라고 하였다.[38] 쿠바 미사일 위기는 중요한 정보가 어떻게 대통령의 정책결정으로 이어지는지에 대한 좋은 사례가 되기도 하였지만, 목표에 대해 면밀한 감시 하에 이루어진 수집도 중요한 첩보를 빠뜨릴 수 있음을 보여주었다.

정보수집 강화   러스크(Rusk) 국무장관은 인터뷰에서 "많은 요소들이 결정에 도움이 된다. 그러나 우선은 현재 어떤 상황인가 하는 팩트를 찾기 위해 고심해야 한다."고 말한 적이 있다.[39] 해외의 상황을 판단할 때 단일의 수집방법으로는

---

36) Sherman Kent, "A Crucial Estimate Relived," *Studies in Intelligence* (Spring 1964), pp. 1-18, quote at p. 15.
37) Gaddis, *We Now Know*, p. 267; James G. Blight and David A. Welch, eds., *Intelligence and the Cuban Missile Crisis* (London: Cass, 1998); and Raymond L. Garthoff, *Reflections on the Cuban Missile Crisis*. rev. edn (Washington: Brookings Institution, 1989), pp. 35-6.
38) Author's interview with McNamara (January 24, 1985), Athens, GA.

충분하지 않다. 모든 수집방법이 함께 작동할 때 성공할 수 있으며 이것은 모든 실린더에 연료가 공급되어 점화될 때 엔진이 돌아가는 것과 마찬가지이다. 다른 비유로서 정보관들은 때때로 이러한 작동을 '모든 도구 활용'(Black & Decker) 접근으로 지칭한다. 유용한 첩보를 찾는데 모든 수집방법을 활용하는 것이다. 울시(Woolsey)는 북한의 예를 제시하면서 "북한은 비밀스런 국가라서 무엇이 진행되는지 알기 위해서는 인간정보가 절대적으로 필요하다. 이러한 인간정보를 바탕으로 신호정보 수집 가능성을 가늠하고, 어디에서 영상정보를 수집하는 것이 좋을지를 판단할 수 있다. 이러한 역량은 이론상 상호 긴밀하게 연관되어 있다"고 언급하였다.[40]

1991년 냉전이 종식되고 워싱턴에서는 국방 및 정보 예산을 삭감하려는 노력이 있었다. 일부에서는 위기의 상황에 따라 정보수집 능력이 어떤 지역에서 다른 지역으로 이동할 수 있다고 주장하였다. 그러나 다른 사람들은 고정배치를 통해 정보력을 유지해야 한다고 주장하였다. 그래야만 잠재적인 위기를 예측할 수 있다고 하였다. 논쟁의 결과 예산절약 차원에서 일부 기술수집 시스템이 어떤 지역에서 다른 곳으로 이동하게 되었다. 그러나 정보관들은 훨씬 덜 대체가능한 것으로 간주되었다. 중남미 문제의 전문지식을 가지고 스페인어나 포르투갈어를 구사할 수 있는 공작관이 카불이나 이슬라마바드에서 곧바로 효과적으로 임무를 수행할 수는 없다. 정보공동체는 필요한 곳에 인적자산을 지속적으로 배치, 유지해야 하는 반면에 드론, 도청장비, 위성의 경우에는 다른 곳으로 좀 더 쉽게 이동시킬 수 있는 것이다.

수집자료와 수집활동의 사례를 살펴보면 인간정보가 테러범, 마약밀매범 및 무기확산범을 목표로 할 때 특히 중요하다는 것을 알 수 있다.[41] 기술정보와 인간정보를 개선하기 위해서는 많은 노력이 필요하다. 기술정보 수집은 무기시설의 위장과 전화통화의 암호화와 같이 적대세력이 기만과 거부(deception and denial) 활동을 발전시키는 것을 지속적으로 극복해야 한다.[42] 그러나 인간정보는 더욱 개

39) Dean Rusk, interview conducted by Professor Eric Goldman (January 12, 1964), Rusk Papers, Russell Library, University of Georgia, Athens, GA. See, also, Rusk, *As I Saw It*.
40) R. James Woolsey, author's interview, CIA Headquarters, Langley, VA (September 29, 1993).
41) Loch K. Johnson, "Evaluating 'Humint': The Role of Foreign Agents in U.S. Security." *Comparative Strategy* 29 (September—October 2010), pp. 308-33.
42) See Jeffrey T. Richelson, "The Technical Collection of Intelligence," in Loch K. Johnson, ed.,

선을 필요로 한다. 그러나 인간정보 수집 강화를 주장하는 전문가들도 그 효율성에 대해서는 의구심을 갖고 있다. 미국은 '소멸 직전의 비밀활동 기관'(moribund Clandestine Service)을 갖고 있다고 경험이 풍부한 어느 현장 관리가 결론을 내린 바 있다. 그리고 하원의 정보특별위원회는 인간정보가 부실한 운영관리 결과로 위기에 처해있다고 경고하였다.[43]

미국의 인간정보 개선을 위한 의제는 다음의 조치들이 검토되어야 한다.

• 세계의 주요지역에 파견하는 공작관 수의 증원, 특별히 비공직가장(NOCs)을 증원한다.

• 추가적인 해외 가장방식을 개발한다. 중앙정보장(DCI)이었던 윌리엄 콜비는 국무부, 신문잡지사, 대학, 종교단체들이 자신들의 진짜 고용인들의 안전이 위험해질 것을 두려워하여 정보관들에 대한 피난처와 위장신분 제공을 점점 더 꺼려한다고 언급한 바 있는데,[44] 공식매체와 학자를 가장한 활동을 줄이는 것은 민주국가에서 일리가 있는 것으로 보이는 한편 다른 단체들 특히 미국의 해외 사업체는 이러한 부담을 좀 더 짊어져야 할 것이다.

• 사용자와 인간정보 관리자는 업무 미팅을 더 자주 개최한다.

• 공작관에 대한 장려책으로 공작관 경력을 외교관 경력처럼 자랑스럽게 만든다.

• 공작관을 위한 언어훈련을 개선한다. 이것은 더욱 어려운 도전인데 왜냐하면 CIA 매니저들은 공작관들에게 한 나라 또는 그 언어가 통용되는 국가에서 지속적으로 복무하게 함으로써 오직 한 언어에 집중하도록 하는 것을 꺼려해 왔기 때문이다. 이들은 공작관들을 전 세계의 다양한 장소에 배치하는 경력순환을 선호한다.[45]

Handbook of Intelligence Studies (New York: Routledge, 2007), pp. 105–17.

43) Respectively: Reuel Marc Gerecht, "A New Clandestine Service: The Case for Creative Destruction," in Peter Berkowitz, ed., *The Future of American Intelligence* (Stanford: Hoover Press, 2005), p. 128; and *Intelligence Authorization Act for Fiscal Year 2005*, Report 108–558, Permanent Select Committee on Intelligence (the Goss Committee), U.S. House of Representatives, 108th Cong., 2nd Sess. (June 21, 2004), p. 24.

44) "The CIA and the Media," *Hearings*, Subcommittee on Oversight, Permanent Select Committee on Intelligence, U.S. House of Representatives, 96th Cong., 1st Sess. (1979). p. 7.

45) 미국의 학생중 10퍼센트도 안되는 학생들이 외국어를 공부한다. 경험이 풍부한 어느 전직 CIA 관

• 다른 사회의 역사와 문화에 대한 좀 더 광범위한 학습이 필요한데, 이는 위에서 언급한 경력순환 정책에 의해 제한되고 있다.

• 중동이나 서남아시아 등의 '분쟁지역'(hot-spots)에는 해당지역에 적절한 인종적 배경을 가진 사람들을 모집하여 인간정보 서비스의 다양성을 이룬다.[46]

• 때때로 접근하기 어려운 요새처럼 보이는 해외 공관들에 대해 좀 더 쉽게 접근할 수 있게 한다. 이것은 펜코프스키(Penkovsky)와 같은 자발적인 협조자(walk-in)에게 희망을 주기 위한 것이다. 그러나 한편으로는 이러한 시설에 대한 테러공격을 막기 위해 물리적 보안이나 금속탐지기 검색 등을 강화한다.

• 본부의 인간정보 관료체제의 규모를 줄이고 높은 우선순위의 해외목표에 초점을 맞추어 작고 좀 더 민첩한 비밀 서비스를 강화한다.

• 러시아와 중국과 같이 어렵고 중요한 목표대상에서 근무하는 공작관을 위한 승진 결정의 원칙은 그들이 포섭하는 자산의 양이 아니라 질에 따른다.

• 1995년 시작된 파트너십 하에 동일장소 배치를 실험중인(이번 장 마지막에 논의) 분석부서(DA: Directorate of Analysis)와 공작부서(DO: Directorate of Operations) 간의 좀 더 긴밀한 협력을 장려하고, 이러한 협력 활동의 성과를 이룬 사람들에게는 좀 더 빠른 승진으로 보상해 준다.

• 정보공동체 전역에서 인간정보 발굴을 위한 개선이 필요하다.[47]

리는 "CIA 요원들이라고 해서 특별히 잘 준비되어 있는 것은 아니다. 이들은 외국어를 좀처럼 잘 구사하지 못하고 비즈니스와 기술적인 분야를 거의 알지 못한다"고 하였다. Michael Turner, *Why Secret Intelligence Fails* (Washington, DC: Potomac Books, 2005), p. 92. 정보관들을 같은 나라에 오랜 기간동안 배치하는 것과 관련한 위험은 '의존국 과신 및 담당분야 우선주의'(clientitis)로 나타난다. 즉, 정보관들이 '현지인처럼 행동'(going native)하려 하고 본인이 근무하는 국가를 객관적으로 평가하는 능력을 잃는 것이다. 이러한 병폐의 해결을 위해서 CIA 관리자들은 정보관들을 이동시키나, 한편으로는 모든 정보관들이 단일 국가 또는 지역에서 좀 더 확장된 근무를 통해 외국어를 배울 기회를 제한하지 않아야 한다. 한 국가에서 좀 더 길게 근무해야 하는 또 다른 이유는 현지 자산의 포섭에 시간이 걸리기 때문이다.

46) See Robert Callum, "The Case for Cultural Diversity in the Intelligence Community," *International Journal of Intelligence and Counter-intelligence* 14 (Spring 2001), pp. 25-48. 2009년 9월 신임 CIA 부장인 리온 파네타(Leon Panetta)는 미시간주 디어본(Dearborn)으로 여행했는데 아랍계 미국인들의 집단거주지로 알려진 디트로이트 교외에서 정보관을 모집하기 위해서였다. David Carr, "Investment in a City Of Struggles," *New York Times* (September 21, 2009), p. B1.

47) On the FBI'S failure to share counterterrorism data in the lead-up to 9/11, see Daniel Benjamin and Steven Simon, *The Age of Sacred Terror: Radical Islam's War against America* (New York: Random House, 2003), p. 304.

• 테러범, 마약밀매상과 다른 국제범죄자들에 대항하는 모든 정권들과 국제기관들 간의 인간정보와 기술정보 등 정보협력 관계를 강화하며, 미국은 미래의 '커브 볼'(Curve Balls)을 피하기 위해 공유된 출처에 대해 면밀히 조사해야 한다.[48]

정보처리

정보처리는 정보순환과정의 세 번째 단계로서 수집된 내용이 암호로 되어있다면 해독되어야 하고, 위성사진이라면 판독되어야 하며, 외국어로 되어 있으면 번역되어야 한다. 일반적으로 대통령 또는 수상이 쉽게 이해할 수 있는 형태로 전환하는 것이다. 사진이든, 이메일이든 내용을 '가공되지 않은'(raw) 상태로 이해하기 쉽게 전환하는 것이다.

NSA(국가안보국) 국장을 역임한 노엘 게일러(Noel Gayler) 제독의 비유를 빌리면, 물을 쏟아내는 소방호스처럼 외국으로부터 정보가 쏟아져 들어온다. 매일 약 400만 건의 전화, 팩스 및 이메일 내용이 NSA로 밀려들어 오는데 종종 이들은 해독되어야 할 어려운 암호 또는 번역되어야 할 외국어로 되어 있다. 수많은 위성사진들은 판독을 위해 국가지리공간정보국(NGA: National Geospacial Intelligence Agency)에 도착한다. 이러한 양은 줄어들 것 같지는 않다. 예를 들어 전 세계적으로 1분마다 1천 명의 사람들이 새로운 휴대전화에 가입한다. 뿐만 아니라 문제는 번역가, 사진판독가 및 암호해독 수학자들이 부족하다는 것이다. 미국 정보당국이 직면한 이러한 주요 도전에 대해 해군중장인 매코넬(J.M. Mike McConnel) 제독은 NSA 국장 재임 시 "내가 가진 세 가지 문제는, 첫째도 처리, 둘째도 처리 그리고 셋째도 처리이다"라고 논평한 바 있다.[49] 대부분의 모든 정보전문가는 데이터를 처리하는 정보업무 능력이 전 세계에서 수집되는 첩보의 양을 따라가지 못한다는 데 동의한다.

---

48) 외국과의 정보협력은 까다로울 수 있다. 미국은 관계를 유지하고 있는 일부 해외정보협력 기관들과 적당히 거리를 두어야 하는데 왜냐하면 이들은 의심스런 동기 및 행동과 함께 권위주의 정권에 속하기 때문이다. 심지어는 우호적인 민주국가의 기관들도 신중하게 다루어져야만 하는데 왜냐하면 위험에 빠질 경우도 있기 때문이다. 이와 관련 냉전당시 고위 수준의 M16 관리가 소련의 정보자산으로 판명되었는데 이들 중에는 제4장에서 검토된 사례와 같이 킴 필비(Kim Philby)가 포함되어 있다.

49) Author's interview with a senior NSA official who quoted the NSA Director, Washington, DC (July 14, 1994). 매코넬은 이후 2대 국가정보장(DNI, 2007-09)을 역임하였다.

9/11 공격 전날, NSA는 의심스러운 알카에다 요원의 이란어 전화 메시지를 감청하였다. 9월 12일 사건이 발생한 다음 번역된 그 메시지는 "내일이 행동개시일"(Tomorrow is zero hour)이라는 내용이었다.[50] 물론 가정이기는 하지만 좀 더 빨리 번역되어 9/11 당일 아침에 공항 안전절차에 따른 검색을 강화하였다면 공격이 좌절될 수도 있었다. 오늘날 정보기관에 의해 수집되는 방대한 첩보가 모두다 검토되는 것은 아니다. 창고 안에서 먼지와 함께 방치될 수도 있다. 미국 정보 공동체가 수집하는 약 90퍼센트는 인간의 눈으로 검토되지 않는다('폭탄', '이슬람국가', 또는 '알카에다'와 같은 실마리가 되는 주제를 스캔하는 감시목록이 활용된다). 그리고 NSA에 의해 수집되는 전화감청의 99퍼센트는 분석되지 않는다.[51] 정부의 정보기술(IT) 전문가들이 제기하는 최대의 도전과제는 입수되는 정보 데이터를 신속하게 샅샅이 살필 수 있는 국가의 능력을 개선하는 것으로, 알갱이와 쭉정이를 구분하듯 잡음에서 신호를 분리하는 것이다.

미국의 추가적인 정보기술 도전과제는 17개 정보기관들의 컴퓨터가 완전히 통합되고, 이를 통해 수집관과 분석관이 서로, 그리고 기관 간에 더 잘 소통하는 것이다. 그러나 현재로서는 그렇지 못하다. 이러한 데이터 통합은 주와 지역 차원에서 대테러 목적을 위해 발전되어온 새로운 '융합정보센터'(fusion centers)에도 적용되어야 하는데, 여기에서 관리들은 테러에 대응하는 최전선에 서게 되고 더 좋은 정보를 워싱턴으로부터 얻게 되는 것이다. 또한 이러한 기관통합이 추구될 때, 적대적인 정보기관에 의한 사이버 공격을 막을 수 있는 방화벽으로 첩보공유 채널을 보호하기 위한 조치들을 취해야 한다. 이러한 요구는 정보기술 전문가들이 해결하기 어려운 과제이고, 이러한 요구를 해결할 수 있는 전문가들은 대부분 워싱턴에서 정부의 임금을 받기 보다는 실리콘 밸리에서 고액의 급여를 받으려 할 것이다.

---

50) Bob Woodward, *Plan of Attack* (New York: Simon & Schuster, 2004), p. 215.

51) Millis, speech (see note 31). NSA에서 신호정보를 담당하는 한 전문가는 NSA가 감청하는 인터넷 통신량이 의회도서관의 매일 입수 자료의 2,990배나 된다고 언급했다. NSA에 의하면 이 중에서 오직 0.025퍼센트만이 선별되어 분석관들에 의해 검토되고 이 분량은 역시 의회도서관이 수집하는 분량의 119배에 해당된다. Matthew M. Aid, "Prometheus Embattled: A Post-9/11 Report Card on the National Security Agency," in Loch K. Johnson, ed., *Essentials of Strategic Intelligence* (Santa Barbaba, CA: Praeger, 2015), p. 436.

정보분석

정보분석은 그 다음 단계로서 정보순환과정의 심장과도 같다. 수집되어 처리된 첩보에 통찰력을 불어넣는 일이다. 그 방법은 복잡하다고 볼 수는 없다. 즉, 준비된 사람들이 공개 및 비밀 출처로부터 획득한 모든 첩보들을 면밀히 검토하여 서면보고 및 구두 브리핑으로 정책결정자에게 결과물을 제시하는 것이다. 워싱턴포스트는 2010년 정보공동체가 매년 5만 건의 정보보고서를 생산한다고 보도한 바 있다.[52] 이러한 보고와 브리핑이 전 세계로부터 수집된 첩보의 의미에 믿을만한 통찰력을 제공할 수 없다면 정보순환과정 이전의 각 단계는 쓸모없게 되는 것이다.

결함이 있는 정보도 존재한다. 정보분석관들은 때때로 예상하지 못한 사건발생이라는 상황에 접하게 되는데, 이때에 불완전한 첩보와 불확실한 미래라는 두 가지 딜레마에 봉착하게 된다.[53] 딘 러스크(Dean Rusk)는 냉전 시 중앙정보장들(DCIs)에게 정보보고서는 솔직한 경고와 함께 시작해야 한다고 종종 조언하였는데 "확신할 수는 없지만 최대한의 노력으로 예측한 것"을 제공해야 한다는 것이다.[54] 그러나 모든 정보가 다 잘못되는 것은 아니다. 서방국가들은 민주주의의 적에 대항하는 정보능력을 개선하는데 많은 발전을 이루었다. 예를 들어 미국은 매년 정보활동에 지출하는 막대한 예산으로 세계에서 가장 수준 높은 정보기관을 가지고 있다. 이를 통해 많은 첩보가 제공되고 있으며 특히 국가의 안전을 개선시키는데 활용된다.

그러나 여전히 잘못된 판단은 발생한다. 9/11 기습공격이 전형적인 경우이고, 이라크 내 WMD에 대한 정보판단의 오류도 발생하였다. 미국에서 가장 권위 있는 정보 결과물인 대통령일일보고(PDB: President's Daily Brief)와 국가정보평가서(NIE: National Intelligence Estimates)를 통해 인간이 생산하는 국가안보정보의 한계를 알 수 있다.

---

52) Dana Priest and William M. Arkin, "A Hidden World, Growing Beyond Control," *Washington Post* (July 19, 2010), p. A1.

53) See Richard K. Betts, *Enemies of Intelligence: Knowledge & Power in American National Security* (New York: Columbia University Press, 2007).

54) Rusk, *As I Saw It*, p. 553.

대통령일일보고(PDB)　　매년 정보공동체가 생산하는 많은 비밀보고서 중에서 PDB는 가장 권위 있는 문서이다. 중앙정보장(DCI)을 역임한 테넷(Tenet)은 PDB를 '우리의 가장 중요한 결과물'이라고 지칭하였다. 9/11 조사위원회 위원장이던 토마스 킨(Thomas Kean)은 PDB를 '국가비밀의 성배'(Holy Grail of the nation's secrets)라고 불렀다.[55]

PDB는 매일 아침 CIA에 의해 대통령과 소수의 주요 각료와 참모에게 배포된다. 보고서를 받아보는 사람은 행정부에 따라 다양했는데 클린턴 행정부 때에 14명으로 가장 많았고 레이건 행정부에서 5명, 부시 제2기 행정부에서 6명, 오바마 행정부에서는 8명이었다. 보고서는 때때로 고위 대책회의에서 이른 아침 토의를 하는 의제를 설정하기도 하였는데 국가안전보장회의(NSC)의 한 참모는 이에 대해 '추가 행동을 위한 기폭제'(catalyst for further action)라고 불렀다.[56]

PDB의 구성방식은 시기에 따라 차이가 있지만, 항상 3가지 기본목표를 가지고 있었다. 즉, 이해의 용이성(readability), 논리적 추론(logical reasoning) 그리고 자료에 대한 충실성(fidelity)이다. PDB는 일반적으로 15~20 페이지 정도이고, 인상적인 4가지 색의 그래픽으로 프린트되는데 글로벌 경제동향의 경우 그래프 위에 다양한 선으로 생생하게 나타낸다. CIA 내부에서 '책'(the book)으로 알려진 PDB는 바쁜 정책결정자들의 관심을 끌도록 디자인되어 있고 이들에게 지나간 24시간 동안 전 세계에서 발생한 사건에 대한 '현용정보'(current intelligence)를 제공하는데, 고령의 외국지도자 건강 또는 중국의 신무기 시스템 배치에 대한 평가 등이 포함된다. PDB의 스프링 제본과 윤이 나고 화려한 페이지는 관심을 끌기에 충분하며 읽기도 쉽다. 뿐만 아니라 PDB는 일반 신문이 독자에게 제공하는 매일 일어나는 다양한 내용보다는 대통령의 어젠더 상 중요한 주제에 초점을 맞춘다. 또한 PDB는 각 비밀기관이 전 세계에서 은밀하게 수집한 첩보의 통합을 시도하는데, 글로벌 사건에 대한 중요한 첩보를 한 곳에 모아놓은 '원스톱 쇼핑'(one-stop shopping)을 가능하게 한다.

PDB는 일반 신문독자들에게는 이용이 불가한 중요한 서비스를 제공하는데

55) Tenet, with Harlow, *At the Center of the Storm*, p. 30; The Kean quote in from Linton Weeks, "An Indelible Day," *Washington Post* (June 16, 2004), p. C1.
56) Author's interview (November 19, 1984), Washington, DC.

이는 VIP 독자가 궁금해 하는 특정문제에 대해 답변하는 후속 구두브리핑이다. 브리핑은 정책결정자의 관심과 인내심에 따라 6분이 될 수도 있고 60분이 될 수도 있다. 이것은 대통령 또는 고위관리가 PDB에 대해 반응을 보이고 즉각적인 답을 얻는 좋은 기회가 된다.[57] 예를 들어 클린턴 행정부 시절 42회의 후속 구두브리핑이 PDB 사용자들의 사무실에서 진행되었다. 그리고 CIA는 질문에 좀 더 구체적인 답변을 요청한 독자들에게 426건의 추가 메모를 보냈다. 이러한 후속조치들의 약 75퍼센트는 그 다음 근무일에 이루어졌다.[58] 이와 같이 PDB는 하나의 문서 그 이상이다. 그것은 하나의 과정으로 정보관들에게 정책결정자들과 소통하게 하는 것이며, 유용한 정보지원을 제공하는 것이다. 어느 NSC 직원이 카터 행정부 때 언급한 것처럼 이와 같은 소통은 "CIA 직원들을 분주하게 하지만 무엇보다도 중요한 것은 대통령의 관심사항이 무엇인지 알게 해준다."[59]

PDB 사용자인 대통령과 일부 독자들은 보고서의 질에 대해 때때로 불평하기도 한다. 예를 들어 조지 W. 부시 대통령은 2000년 그의 첫 번째 대통령 선거운동 기간 중 다른 주요 후보자와 함께 PDB와 구두브리핑을 받았으며, 이것은 1952년 이래 대통령 경쟁자들에게 제공되는 CIA의 서비스였다.[60] 그는 정보공동체가 이미 그에게 최상의 자료를 제공하고 있음을 인식하지 못하고 이것들이 도움이 되지 않는다고 여겼으며, "대통령이 되면 더욱 고품질의 보고서를 볼 수 있으리라고 기대한다"고 하였다.[61] 하지만 조지 테넷(George Tenet)은 1990년대 중반 NSC의 고위 정보관리 시절 PDB는 "대부분 고품질의 결과물이다. 물론 세상이 깜짝 놀랄 정도가 되지 않는 날도 있고, 실제로 놀라운 날도 있다"고 언급한 바 있다.[62]

---

57) 1994~95년에 6개월간 진행된 한 DDI 연구는 정책결정자들이 PDB를 읽은 후 1,300건의 질문이 있었음을 지적했다. 이와 관련 질문의 57퍼센트는 브리핑 당시 답변되었고 43퍼센트는 이후 하루 또는 이틀 내에 답변되었다.
58) 저자가 1992~97년에 걸쳐 워싱턴에서 클린턴 행정부 관리들과 인터뷰한 내용이다.
59) Quoted in Loch K. Johnson, *America's Secret Power: The CIA in a Democratic Society* (New York: Oxford University Press, 1989), p. 90.
60) See John L. Helgerson, *Getting to Know the President: CIA Briefings of Presidential Candidates, 1952－1992* (Washington, DC: Center for the Study of Intelligence, Central Intelligence Agency, undated － but apparently released in 1995 by the CIA).
61) Quoted by Russell, "Low－Pressure System," p. 123.
62) Author's interview with George Tenet, Senior Director for Intelligence, National Security Council, Old Executive Office Building, Washington, DC (June 17, 1994).

중국이 1989년에서 1995년 사이에 파키스탄에 M-11 미사일을 판매했는지 여부에 대한 애스핀-브라운 위원회(Aspin-Brown Commission)의 조사는 PDB의 가치를 보여주는 사례가 되었다. 일반 언론기사는 증거도 없이 무기 판매가 이루어졌다고 주장하는 애매모호한 내용으로 가득했다.[63] 그러나 정보기관들은 추정이 아니라 중국이 정말로 미사일 부품들을 파키스탄에 제공하고 있었다는 매우 강한 증거를 보여주는 지리공간정보와 신호정보를 제시하고 있었다. 파키스탄의 사르고다 미사일 단지(Sargodha Missile Complex)에서 '원통형 물체'(cylindrical objects)가 목격되고, 카라치(Karachi) 항구에서 '정체불명의 의심스러운 화물'이 하역되는 장면이 인간정보 증거로 제시되었다. 대통령은 무기논란 문제와 관련하여 파키스탄과 중국 관리 간의 전화감청 내용, 카라치 항구에 정박한 중국 선박으로부터 '원통형 물체'가 하역되었다는 진술, 사르고다에 있는 미사일 발사장치의 사진 등이 실린 PDB를 통해 일반 신문보다 상세하고 많은 정보를 알게 되었다.

　　국가정보평가서(NIE)　　대통령일일보고(PDB)가 현용정보의 본보기라면 국가정보평가서(NIE: National Intelligence Estimate)는 정보연구(research intelligence)에 기초한 장기적인 보고이다. NIE는 타국 또는 국제정세에 대한 평가를 제공하는데, 이것은 정보공동체 전체적으로 조율된 판단을 반영한다. NIE는 평가서(Estimates)로 간략 지칭되며(영국에서는 assessments로 지칭), 다양한 수집방법을 통하여 모든 정보출처로부터 획득한 정보를 종합적으로 평가한 결과이다.[64] NIE는 특정 사건을 예측하는 일(PDB가 종종 시도하는)에만 국한되어 있지 않다. 주요 목적은 외국 지도자, 국제정세 상황 그리고 다른 나라의 군사 및 경제활동에 대한 조사 등을 제공함으로써 대통령과 다른 지도자들을 돕는 것이다. NIE는 대부분 문서로 작성되며, 외국 또는 파벌의 상황과 관련된 다양하고 가능성 있는 결과를 평가하고, 미국의 이익을 위협하거나 이익을 증진시킬 수 있는 기회가 되는 세계 도처에서 전개되는 상황의 장기적인 경로 등을 제시한다. 한 정보기관 관리는 이러한 평가

63) See Tim Weiner, "C.I.A, Chief Defends Secrecy, in Spending and Spying, to Senate," *New York Times* (February 23, 1996), p. A5.
64) See Loch K. Johnson, "Glimpses into the Gems of American Intelligence: The President's Daily Brief and the National Intelligence Estimate," *Intelligence and National Security* 23 (June 2008), pp. 333-70.

에 대해 "어느 나라 또는 어느 지역에서 어떠한 상황 하에서 무엇이 일어날지에 대한 미래의 가능성을 서술하는 것"[65]이라고 정의하였다.

NIE 주제의 다양성   평가서는 고위 정책결정자가 세계의 어떤 지역에 대한 사건과 상황에 대한 평가와 예측을 요청함으로써 시작된다. 그러나 정보공동체 스스로 NIE 작성을 제안하는 것이 대부분이며 최근에는 스스로 제안하는 경우가 전체의 약 75퍼센트에 해당한다. 이러한 방식으로 정보공동체는 정보사용자가 '이끌어주기'를 기다리기보다는 정보사용자에게 정보를 '밀어넣고자' 한다. 정보평가의 잠재적인 주제는 광범위한데, 카터 행정부 당시 사례들은 다음과 같다.

- 미국과 소련 사이의 전략 핵전력의 균형
- 유럽 내 재래식 군사균형
- 소련과 중국 간의 관계개선 가능성
- 대서양 동맹 내의 화합 전망
- 개도국 외채문제의 중대성[66]

정보평가서 준비   정보전문가 패널(a panel of intelligence experts)은 처음에 NIE 준비를 위하여 제안된 주제를 검토할 때 정보공동체 전체의 분석관들뿐만 아니라 고위 정책관리들과도 협의한다. 정보전문가 패널은 1980년 이래 국가정보위원회(NIC: National Intelligence Council)라는 이름으로 활동하고 있고, 공식적으로는 국가정보장실(ODNI) 산하에 있으나 물리적으로는 랭글리(Langley)에 있는 CIA 본부에 위치해 있다. NIE를 진행하기로 결론이 나면 NIC는 정보공동체의 어느 기관이 가장 적합한지를 결정한 후 관련 기관에게 목표개요(outline of objectives)를 송부하고 이들에게 일정기한 내에 관련 데이터와 아이디어를 보내올 것을 요구한다. 이러한 개요는 위임사항(TOR: Terms of Reference)으로 알려져 있다. NIC 문서에 의하면 "TOR은 핵심 판단할 문제를 정의하고, 기안책무를 명확히 하며, 기안과

---

65) Lyman B. Kirkpatrick, "United States Intelligence," *Military Review* 41 (May 1961), pp. 18–22, quote at p. 20.
66) Stansfield Turner, *Secrecy and Democracy: The CIA in Transition* (Boston: Houghton Mifflin, 1985), p. 243.

발간 일정을 제시해야 한다"고 규정하고 있다.[67]

TOR에 응하여 자료와 아이디어들이 정보공동체에서 NIC로 전달되고, NIC를 구성하는 한 명 또는 여러 명의 고위 분석관에 의해 NIE가 기안된 후, 전문가들과의 토론이 진행된다. 1973년 이래 NIC의 고위 분석관들을 국가정보관(NIO: National Intelligence Officer)이라고 한다. 이들은 최고의 전문교육을 받았고, 가장 뛰어난 지적 수준과 풍부한 경험에서 우러나오는 지혜를 가진 사람들이다.[68] 국가정보관의 수는 때에 따라 다른데 보통 10~16명 정도 되고 최고의 분석관으로 여겨지며, 정보공동체 뿐만 아니라 학계와 연구소인 싱크탱크(think-tanks)에서 선택된다. 최근 국가정보관의 구성을 보면 4명의 경력 정보관, 5명의 학계 및 싱크탱크 출신 분석관, 3명의 군출신 및 1명의 의회 보좌관 출신으로 되어 있다. NIC는 전국적으로 비밀정보 취급인가권을 가진 50명의 사람들과 정기적으로 협의한다. 클린턴 행정부 당시 국가정보관의 담당분야는 아프리카, 근동 및 남아시아, 동아시아, 러시아와 유라시아, 경제 및 글로벌 이슈, 과학 및 기술, 유럽, 특수활동(공작의 완곡한 표현), 다목적군대, 전략 및 핵 프로그램, 중남미, 경고(Warning) 등으로 이루어 있었다. 국가정보관들은 국가정보장(DNI) 산하 국가정보 관리자들과 긴밀하게 협력하는데, 이는 '모든 출처의 융합'(all-source fusion)이라는 정보공동체 내의 상승효과를 일으켜 정책결정자를 위한 포괄적인 정보보고서를 생산하기 위한 것이다.

정보 생산물을 개선하기 위하여 정보기관들은 드물기는 하지만 때때로 학계와 싱크탱크 내 민간분야 전문가들의 견해를 얻기 위해 외부와 협력한다. NIE 비평을 위해 외부인들과 협의하는 정보공동체의 노력으로 가장 잘 알려진 것은 1976년에 있었는데 당시 '팀A와 팀B'로 나누어 소련의 군사 의도와 능력에 대해 평가하였다.[69] 국가안전보장회의(NSC) 자문단은 두 팀을 선정하였다. CIA 자체 소련 전문가들은 팀A를 구성하였고, 학계는 팀B를 구성하였으며 하버드 대학 러시아 역사학자 리처드 파이프스(Richard E. Pipes)가 팀B를 이끌었는데 그는 소련에 대해 매우

---

67) National Intelligence Council, National Intelligence Estimate, *Iran: Nuclear Intentions and Capabilities* (November 2007), cited by CNN News (December 2, 2007).
68) Sherman Kent, *Intelligence for American World Policy* (Princeton: Princeton University Press, 1949), pp. 64-5.
69) See Anne Hessing Cahn, *Killing Detente: The Right Attacks the CIA* (University Park: Pennsylvania State University Press, 1998).

강경한 견해를 가진 것으로 알려졌다. 파이프스와 그의 패널 그룹은 CIA가 유약해졌다고 확신하였다. 학계 군축전문가들을 포함한 자유로운 '민간'(civilian)전문가 견해는 NIE가 세계정복을 위한 소련의 계획을 경시한다는 것이었다. 이들은 소련이 평화공존보다는 미국에 대한 선제공격과 전쟁승리를 교묘하게 추구하는 것으로 보았다. 팀B는 CIA가 소련의 무기시스템에 대한 지출을 잘못 계산하여 붉은 군대와 WMD의 위협적인 능력을 과소평가한다고 비난하였다. 이에 대해 팀A는 파이프스의 패널그룹이 소련의 위협을 과장하고 있다고 비판하였다.

외부 검토자들을 동원한 '경쟁분석'(competitive analysis)을 시도한 결과 CIA는 모스크바의 의도에 대한 낙관적인 견해를 수정하게 되었는데, 팀B의 추정을 감안하여 소련의 군사능력 수치를 이전보다 좀 더 높게 산정하였다. 그럼에도 불구하고 두 그룹은 소련의 동기와 관련한 이견을 좁히지는 못하였다. 낙관적 견해를 가진 팀A는 파이프스와 같은 팀B의 비관적인 '강경파'(hard-liner)와 대립하였다. 이러한 '논쟁'(debate)은 정보공동체의 명성에 흠집을 남기고 정보공동체 내부에서 판단한 결과가 의심받는 계기가 되었다. 강경한 반소련 입장을 가진 특정한 외부 검토위원회를 선택한 것이 보다 중립적인 입장을 가진 외부 위원회를 선택한 것보다 유용하지 못했지만, 그럼에도 불구하고 CIA 분석관들의 견해가 외부 전문가들에 의해 테스트되는 것은 유익하였다.

NIE 작성과정에서 담당 국가정보관(NIO)이 각 협력기관에 첫 번째 초안을 보내면서 기관 간의 수정절차가 시작되며 정보공동체 내의 전문가들에 의해 최종문서로 다듬어지게 된다. 한 분석관은 이러한 편집 과정에 대해 "몇 번이고 되풀이되는 박사(Ph. D) 학위논문 방어과정과 같았다"[70]고 회상한다.

NIC는 자료의 타당성과 제시된 결론에 대해 종합적으로 판단하고 최종 검토를 위해 국가정보이사회(NIB: National Intelligence Board)에 송부한다. 국가정보이사회는 정보공동체의 고위 대표들로 구성되며, 국가정보장(DNI)이 의장을 맡는데 그는 NIC도 맡고 있으며, NIE가 고위 정책결정자에게 배포되기 전 평가에 대해 마지막 결정권을 가진다. 과거 일부의 최고 정보책임자들은 관료주의 방식으로 생산되는 NIE를 매우 싫어하여 가끔 NIC에 의해 작성된 보고서를 제출하는 대신 주

---

70) Chester Cooper, retired CIA analyst, interviewed by Ron Nessen, "Intelligence Failure: From Pearl Harbor to 9/11 and Iraq" (television transcript), *America Abroad Media* (July 2004), p. 11.

제에 대해 직접 작성하기도 하였다. 이러한 관행은 드물기는 하지만 NIE가 너무 개인의 선호에 맞추거나 심지어 정치색을 가질 위험성이 있는 경우도 있다.[71] 그러나 정보수장(intelligence chiefs)의 판단이 타당하고 관료체제에 의한 판단이 틀릴 수도 있다. 예를 들면 중앙정보장(DCI)이던 존 맥콘(John McCone)은 소련이 1960년대 초 쿠바에 미사일을 설치할 것 같지 않다고 예측한 NIE의 결론을 거부한 것과 같다. 그러나 가장 바람직한 접근은 잘 훈련되고 경험이 풍부한 분석관들을 신뢰하는 것이다. 만일 최고 정보책임자 또는 정보공동체의 다른 고위관리가 NIC 분석관들의 의견과 일치하지 않는다면 그는 공식적인 국가정보관(NIO) 견해에 반대의견을 부록으로 첨부하여 정책결정자에게 보낼 수 있다.

대부분의 NIE 초안 작성은 정보공동체 내의 주니어 분석관들이 하는데 이들은 문제되는 국가(또는 주제)에 대한 각종 자료를 매일 검토하는 전문가들이다. 국가정보관들은 NIE 작성에 참여하는 다양한 정보기관들과의 접촉을 유지하기를 원한다. NIE는 신뢰수준(높음, 중간 또는 낮음)을 명시하는 것이 중요하다. 또한 국가정보관들은 증거가 뒷받침하는 것보다 더 나아간 주장을 하지 않도록 유의해야 하는데, 특히 보고서의 시작 부분에 있는 '핵심판단'(KJs: Key Judgments)이라고 부르는 NIE 주요요약(executive summary) 작성 시에 유의해야 한다. 이것은 바쁜 (또는 때때로 아마도 게으른) 정책관리가 읽는 정보평가서의 유일한 부분일 수도 있는데, 지나치게 주장이 강하거나 결론이 단순화된 경우 이것을 완화시킬 수 있도록 다소 표현을 순화하거나 주의를 환기시킬 필요가 있다.

반대의견 문제　　정보평가서에 반대 견해를 어떻게 표현할 것인지에 대한 문제가 특별히 중요하다. 정보기관들은 때때로 세계정세에 대해 매우 다른 시각을 가지기도 한다. 군 정보기관들은 평가 시 '최악의 경우'(worst-case) 접근을 하는 것으로 잘 알려져 있는데, 비평가들은 이들이 해외의 심각한 위협에 대해 증언함으로써 국민과 의원들을 놀라게 하여 더 많은 군사예산을 정당화하려는 것이라고 주장한다. 반대로 군 정보기관 관리들은 종종 CIA와 국무부 정보조사국이 군사문제를 잘 알지 못하고 해외 군사위협의 실체를 이해하지 못한다고 생각한다.

---

71) For examples of DCI-penned NIEs, see the discussion of DCI Stansfield Turner in Garthoff, *Directors of Central Intelligence*, p. 153.

정보기관 사이에 다른 견해들의 충돌이 정책 편견이 아닌 객관적인 사실에 근거한다면 이것은 오히려 건강한 현상일 수 있다. 분석관들 사이의 논쟁은 정책결정자들에게 다양한 견해를 제공할 수 있다. 때때로 NIE는 정책관료들이 이해하기 힘들 정도로 복잡하게 되어 있다. 이와 관련 어느 NIC 부의장은 NIE가 그럴듯하게 얼버무리고 애매모호한 결론을 내린 경우도 있었다고 회상하였다.[72] 뿐만 아니라 이와 같은 기관 간의 의견 차이는 때로는 모호한 각주(footnotes)로 처리되거나 전혀 포함되지 않기도 한다. 현명한 NIC 관리자들은 의견 차이를 가진 기관의 판단이 제외되지 않도록 반대의견을 각주로 처리하지 않고 NIE 본문에서 다뤄지도록 주의를 기울여 왔다. 이견을 가진 일부 기관들은 그들의 의견이 본문 안에 뚜렷하게 강조되고, 텍스트 상자 안에 처리되거나 핵심판단(KJ)에 포함될 것을 주장한다.

내부의 소통을 위한 과제　정보관리자의 또 다른 책임은 국가정보관과 다른 정보분석관들이 정보사용자와 좋은 관계를 유지하도록 돕는 것이다. 어느 정보관리는 "많은 변수, 불완전한 자료, 국제적인 기만이 난무하는 세상에서 미래를 예측한다는 것은 어려울 뿐만 아니라 정책결정자에게 예측한 결과가 타당하다고 설득하는 것 또한 어렵다"고 하였다.[73] 정책결정자가 개인적으로 정보보고자를 알고 편하게 느끼지 않는다면 그가 NIE에 주의를 기울일 가능성은 더 작아진다. 정보사용자와 정보생산자 간의 친밀감은 분석관들에게 정책부서의 정보요구를 더 잘 이해하도록 하고 정책 관심사와 무관한 정보보고를 오직 의무감에서 작성하게

---

72) Gregory F. Treverton, "Intelligence Analysis: Between 'Politicization' and Irrelevance," in Roger Z. George and James B. Bruce, eds., *Analyzing Intelligence: Origins, Obstacles and Innovations* (Washington, DC: Georgetown University Press, 2008), p. 102.

73) Arthur S. Hulnick, review of Harold P. Ford, *Estimative Intelligence: The Purposes and Problems of National Intelligence Estimating* (New York: University Press of America, 1993), *Conflict Quarterly* 14 (Winter 1994), pp. 72-4, quote at p. 74. 존슨(Lyndon B. Johnson) 대통령은 일부 정책결정자들이 왜 정보관리들로부터 연락받는 것을 주저하는지에 대해 워싱턴에서 한 사적인 만찬파티에서 설명한 적이 있는데 "내가 텍사스에서 성장할 때 베시(Bessie)라고 부르는 암소 한 마리가 있었다. 나는 그 암소로부터 신선한 우유를 짜곤 했다. 어느 날 나는 열심히 일해서 들통 가득히 우유를 얻었다. 그러나 내가 집중하지 않을 때 나이가 많은 베시는 꼬리로 밀크통을 치고 흔들었다. 이제 당신들은 정보맨들이 무엇을 하려는지 이해할 수 있을 것이다"라고 하였다.; quoted in the memoir by former DCI Robert M. Gates, *From the Shadows* (New York: Simon and Schuster, 1996), p. 566.

될 가능성을 줄여준다.[74] 그러나 너무 가까운 관계는 정보처리의 객관성을 약화시킬 수 있는데 이것은 정보의 정치화를 야기할 위험을 높인다.

NIE의 보고 시기와 빈도   NIE는 빠른 경우에는 2주에서 4주 내에 (또는 긴급한 경우에는 하루에도) 작성될 수도 있으나, 보통은 2개월에서 6개월 정도 걸리고, 늦은 경우에는 3년이 걸리기도 한다. 역사적으로 보면 정보평가서를 생산하는데

[그림 2.4] 연도별 NIEs의 빈도, 1950-2005

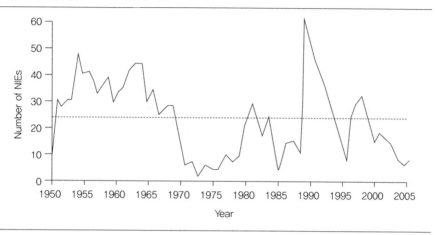

출처: Central Intelligence Agency, 2006.

---

74) The Metaphor came from a CIA analyst, quoted in Johnson, *The Threat on the Horizon*, p. 92. See also Johnson, "Analysis for a New Age," *Intelligence and National Security* 11 (October 1996), pp. 657-71. 이 글은 좀 더 많은 정보연락관을 정책부처에 배치하는 것이 바람직하다고 주장한다. 이럴 때 정보관들이 부처가 관심을 가지는 주제에 대해 매일 분석관들에게 알려줄 수 있다는 것이다. 이것은 정책결정자들의 요구와 관련된 정보를 생산하는 중요한 방법이 된다. 때때로 정부 정책부처의 사람들은 정보공동체와 그 생산물들의 가치를 무시하는 경향이 있다. 이와 관련하여 국무부 정보조사국의 국장을 역임한 토머스 휴즈(Thomas Hughes)는 영국 외교부 조사국에서 1903년에서 1950년까지 근무한 한 분석관의 말을 인용한다. 이 영국 분석관은 "매년 전쟁발발 가능성에 대해 걱정하고 조바심내는 사람들이 나에게 오곤 했으나, 나는 매번 그것을 부인했으며 오직 두 번 내가 틀린 적이 있다"라고 언급하였다. 휴즈는 이 분석관이 지속적으로 부정적인 방법론을 활용했지만 그의 명성은 위협받지 않았고 그의 경력도 위험에 처해지지 않았다고 논평하였다.; Thomas L. Hughes. *The Fate of Facts in a World of Men: Foreign Policy and Intelligence Making*. Headline Series, No. 233 (Washington, DC; Foreign Policy Association), 1976, p. 48. 전 국무장관인 딘 러스크는 일부 정보관리가 도처의 위험을 예측함으로써 정보실패 위험에 대응했음을 상기한다. "CIA는 지난 3번의 위기에서 8번 예측했다"고 러스크는 1961년부터 1969년까지의 임기를 뒤돌아보면서 기억하였다; author's interview with Rusk (October 5, 1979), Athens, Georgia.

평균 215일이 걸렸는데 이것은 7개월 정도에 해당한다. 위기에 대응하기 위해 빠른 속도로 준비된 연구는 별도의 명칭으로서 특별(special)NIE 또는 SNIE라고 하는데 '스니'(snee)로 발음된다. 1956년 수에즈 운하 위기 시에 정보공동체는 몇 시간 내에 소련 의도에 대한 SNIE를 생산하였다. 그러나 분석관들은 완전한 NIE를 생산하는데 적어도 3개월은 확보하기를 희망한다.

1947년에서 2005년까지 정보공동체는 1,307건의 NIE를 생산하였으며 연평균 23건이 된다.[75] 그 숫자는 변동을 거듭하였으며(그림 2.3 참조), 최고 정보책임자의 우선순위와 정보평가서를 받는 행정부의 관심이 반영되었다.[76] 국제정세 변화로 새로운 NIE의 준비를 필요로 하거나 그렇지 않을 수도 있다. 예를 들어 전쟁시기에는 정책결정자들이 당면한 전장의 긴급상황과 현용정보에 초점을 두는 경향이 있고, 이러한 때에는 NIE 작성이 보류되는 경향이 있다.

NIE의 적중과 실패   CIA 분석국장을 역임한 셔먼 켄트(Sherman Kent)는 심도 있는 분석의 목적에 대해 "조각들을 맞춰 사실의 근사치에 가까운 어떤 의미 있는 패턴을 제시하는 것"이라고 하였다.[77] 그러나 분석결과는 사실의 근사치일 뿐이며, 정보공동체의 분석관들 사이의 논의를 통해 얻어진다. 켄트는 "정보분석은 조각만으로는 알 수 없을 때 하는 것으로, 상상의 세계로 들어가는 것"이라고 하였다.[78] 그러나 아무리 현명한 예측이라 하더라도 여전히 사실은 아니다. 그러나 완전히 운(luck)에 의한 판단보다는 나은데 왜냐하면 판단은 전문가의 연구와 지식에 기반하여 이루어지기 때문이다. 그러나 분명한 것은 확실한 사실과는 격차가 있다.

때때로 NIE는 비싼 스위스 시계만큼 정확하기도 하였다. 경우에 따라서는 빗나가기도 하였다. 성공적으로 예측한 사례로는 다음과 같은 것이 있다. 소련의 세계문

---

75) 저자는 이러한 통계자료들을 제공해준 CIA에 감사한다. 통계자료들은 CIA 내의 2군데 다른 출처에서 각각 제공되었다.

76) 자료는 연도별로 저자에게 제공되었으며, 여기에 작성된 것은 어느 특정한 해에 생산된 모든 NIE를 참고한 것이다.

77) Letter from Sherman Kent to Frank Wisner (dated November 18, 1963). found by the author (October 16, 2005) in the Sterling Library Collection, Yale University, Series I, Box 18, Folder 390.

78) Sherman Kent, "Estimates and Influence," *Foreign Service Journal* (April 1969), p. 17.

제에 대한 대응태도(모스크바는 팽창을 위해 노력하지만, 전면전 위험은 회피한다),[79] 1957년 소련의 스푸트니크(Sputnik) 인공위성 발사, 1962년 중소 분쟁, 1964년 중국의 원자폭탄 실험, 냉전기간 내내 새로운 소련 무기체계의 개발,[80] 베트남 전쟁(1966~75) 전개, 1967년 아랍-이스라엘 전쟁, 1971년 인도-파키스탄 전쟁, 1974년 터키의 키프로스(Cyprus) 침공, 1978년 중국의 베트남 침공, 1978년 쿠바로부터의 대규모 탈출, 1979년 소련의 아프가니스탄 침공, 냉전 종식 이전 소련 경제의 급격한 악화(1984~89), 석유수출국기구(OPEC)의 수년간 지속된 투자전략, 1990년대 유고슬라비아 분열을 포함한 세계 정치지도자들의 흥망, 9/11 테러의 전조가 된 1995년 항공기에 의한 테러 위협, 그리고 2002년 공격 이후 이라크 사회통제의 곤란 예측 등이다.

냉전기간 중 정보공동체의 주요 판단실패들은 대부분 크렘린의 의도에 관한 것이었으며, 소련이 어떤 무기시스템을 보유했는지에 대한 것은 아니었다. 소련이 보유한 무기류의 숫자와 역량을 추적하는 능력은 초강대국 간의 대결에서 필수적이었으며 오늘날 러시아와도 마찬가지이다. 러시아와의 무기협상은 검증절차를 필요로 하는 것이고, 이것은 정보기관의 능력에 의존한다. '신뢰하되 검증하라'(trust but verify)는 1980년대 레이건 행정부의 유명한 군축 슬로건이었다.

분석의 부정적인 측면이 나타난 사례들은 다음과 같다. 1950년 한국전쟁 발발, 1962년 쿠바 내의 소련 공격용 미사일 배치예측 실패, 1950년대와 1960년대 초 소련과 미국 간의 폭격기와 미사일 갭에 대한 미군 공군정보기관의 보고, 베트남 전쟁기간 중 캄보디아를 거쳐 베트콩에게 전달되는 전쟁물자에 대한 과소평가, 소련 전략무기 프로그램의 속도에 대한 과소평가, 소련의 1956년 헝가리 침공과 1968년 체코 침공 및 1973년 아랍-이스라엘 전쟁, 1979년 이란 샤의 몰락에 대한 예측 착오, 1989~91년 소련의 붕괴에 대한 정확한 예측의 부족,[81] 최근에 와서는 1990년 이라크의 능력을 과소평가한 실수와 2002년 이라크 내 WMD 존재

---

79) 영국의 보고서 또한 같은 결론에 도달하였는데, 소련의 전략을 확인하는 것이 냉전기간중 가장 중요한 판단 요소였다. Percy Cradock, *Know Your Enemy* (London: John Murray, 2002), p. 292.
80) 1975년 프랭크 처치(Frank Church) 상원의원(민주당, 아이다호주)은 "지난 25년간 수소폭탄에서 미사일에 이르기까지 소련의 모든 중요한 신무기체계는 NIE에 의해 알려졌다"고 언급하였다. *Congressional Record* (November 11, 1975), p. S35787.
81) See Loch K. Johnson, *Secret Agencies: U.S. Intelligence in a Hostile World* (New Haven, CT: Yale University Press, 1996).

에 관한 판단 실수가 이라크 내의 제한된 인간정보의 결과로서 일어났는데 당시 커브 볼(Curve Ball)과 같은 소수의 인간정보 출처에 대한 빈약한 검증으로 인해 발생하였다.82) 캘리포니아 샌버나디노(2015년)와 플로리다 올란도(2016년)에서 발생한 '외로운 늑대'(lone wolf)형 테러범들에 의한 기습공격은 때때로 미국을 놀라게 했다.

간단히 말해서 NIE는 중요하고 구체적인 사건과 관련하여 관리들에게 미래에 대해 정확한 예측을 제공해온 것은 아니다. 장기예측은 미래를 전체적으로 살펴보기 위한 노력을 덜어주는 기술인 것이다. 프랭크 처치(Frank Church) 상원의원(민주당, 아이다호)은 "CIA 과학기술국은 아직 예언할 수 있는 수정구슬을 만들지 못했다"고 하였다. CIA는 1974년 터키가 키프로스를 침공할 때 날짜를 정확하게 경고한 경우가 있지만 이와 같은 정확성은 드문 일이다. 그야말로 너무 많은 예측 불가능한 요인들이 대부분의 상황에 개입하기 마련이다. 인간사와 국가사에 있어서 갑작스런 변화는 정보평가자가 감내해야할 일인 것이다.83) 베츠(Betts)는 예측에 대해 "실패가 발생하는 것은 불가피하다"고 강조한다. 그는 '실패에 대한 관용'을 촉구하였다.84) 첩보는 부족하거나 애매모호하기 마련이고 문제된 상황은 늘 유동적이고 변화하는 것이다. 전직 정보관 아서 헐닉(Arthur S. Hulnick)은 "정보평가자가 정책결정자에게 제공하는 것은 정책토론을 지원하기 위한 기준이나 시나리오이지, 정책결정자가 기대하는 것과 같은 장래에 대한 예측이 아니라는 사실을 정책결정자가 받아들여야 한다"고 조언하였다.85)

이러한 현실적인 제약은 단순한 예감이나 가정이 아닌 명백한 해답을 구하는 대통령과 각료들에게는 반갑지 않은 소식이다. 그러나 이것은 국가안보정보의 현실이다. 그러나 세계적인 문제에 대해 면밀하게 검토하는 정보기관을 갖는다는 것은 맹목적으로 활동하는 것보다 훨씬 더 나은 것이다. 한 CIA 분석관은 "숙련된

---

82) See George and Bruce, eds., *Analyzing Intelligence*; James P. Pfiffner and Mark Phythian, eds., *Intelligence and National Security Policymaking on Iraq: British and American Perspectives* (Manchester, UK: Manchester University Press, 2008); and Robert M. Clark, *Intelligence Analysis: A Target—Centric Approach*, 3rd edn (Washington, DC: CQ Press, 2010), pp. 314−19.
83) Church (see note 80), p. S35786.
84) Richard K. Betts, "Analysis, War and Decision: Why Intelligence Failures Are Inevitable," *World Politics* 31 (October 1978), pp. 61−89, quote at p. 78. See also Betts, *Enemies of Intelligence*.
85) Hulnick, review of Ford, *Estimative Intelligence*, p. 74.

일류의 분석관과 평가자들이 종종 어려운 문제를 풀어낼 때 활용하는 지식, 상상력, 직관을 대체할 수 있는 것은 아무 것도 없다"고 기록한 바 있다.[86]

NIE가 비록 미래 사건을 예측하는 완벽한 도구는 아닐지라도 해외 상황에 대해 신뢰할 수 있는 사실들을 한 곳에 모아 놓았다는 장점이 있다. 이는 정책결정자들이 어떤 정책옵션을 선택해야할 것인지에 대한 의견 차이를 정리하는 데 도움을 준다. 전 국가안보국(NSA) 국장 윌리엄 오돔(William Odom)은 이러한 경우에 대해 "평가과정은 분석관들이 소통하게 하고 증거를 공유하게 하는 건강한 효과를 가진다. 이를 위한 노력을 더 강화할 필요가 있다"[87]고 하였다. 또한 켄트(Kent)는 약 50년 전에 "정보평가는 좀 더 완전하고 통찰력 있는 토론을 촉진하는 데 기여하게 될 것"[88]이라고 하였다.

이라크 NIE 논란   2001년 9/11 공격 이후 빠르게 전개된 사건들에 얽매여 당시 중앙정보장(DCI)이던 테넷(Tenet)은 알카에다와 의심되는 이라크 WMD에 대한 NIE를 준비하라고 주문할 여유가 없었다. 백악관도 그렇지 못했다. 보도에 의하면 당시 조지 부시 대통령의 보좌관들은 이라크의 WMD에 대한 완전한 평가서가 "부시 행정부가 주장하는 이라크 정보에 대한 의견 차이를 드러낼 수도 있음"을 두려워하였다.[89]

미국이 사담 후세인 정권에 대한 전쟁을 시작할지를 놓고 중요한 내부 토론을 전개하던 당시 이라크 WMD에 관한 NIE의 공식적인 평가는 없었다. 이라크 내의 WMD에 대한 소문은 자자했고, 부시 대통령과 콘돌리자 라이스(Condoleezza Rice) 국가안보보좌관이 이라크에 의한 핵공격 가능성을 거론할 때 분위기는 더욱 격앙되었다.[90] 테넷은 "이라크와 관련한 NIE가 좀 더 일찍 착수되었어야 했는데 당시 나는 필요하다고 생각하지 않았다. 내가 잘못 생각했다"[91]고 자신의 오류를 인정

---

86) Harold P. Ford, *Estimative Intelligence: The Purposes and Problems of National Intelligence Estimating* (New York: University Press of America, 1993), p. 49.
87) William E. Odom, *Fixing Intelligence for a More Secure America*, 2nd edn (New Haven, CT: Yale University Press, 2004), p. 81.
88) Kent, "Estimates and Influence," p. 17.
89) Barton Gellman and Walter Pincus, "Depiction of Threat Outgrew Supporting Evidence," *Washington Post* (August 10, 2003). p. A1, quoting a senior intelligence official.
90) Gellman and Pincus, "Depiction of Threat Outgrew Supporting Evidence."
91) Tenet, with Harlow, *At the Center of the Storm*, pp. 321–2.

한 바 있다.

리처드 더빈(Richard Durbin) 상원의원(민주당, 일리노이)과 칼 레빈(Carl Levin) 상원의원(민주당, 미시간)은 상원정보위원회(SSCI: Senate Select Committee on Intelligence) 소속 의원이었는데 이들은 그 당시 NIE가 이라크 전쟁 가능성을 둘러싼 토론에서 중요한 역할을 할 수 있을 것이라고 믿었다. 그들은 공식적으로 작성된 평가가 필요하다고 주장하였고, 당시 상원정보위원회 의장인 밥 그레이엄(Bob Graham) 상원의원(민주당, 플로리다)에게, 가능한 한 빨리 이라크에 대한 평가서가 준비되도록 요구하는 2002년 9월 10일자 서한을 테넷 앞으로 보내도록 설득하였다.[92]

테넷은 다른 긴급한 정보업무로 인해 이라크에 관한 종합적인 NIE를 생산할 수 없을 것이라는 답신을 그레이엄에게 보냈다. 그렇지만 가능한 빨리 이라크 내의 WMD 주제에 관한 평가서를 제공하기로 약속하였다.[93] 테넷은 상원정보위원회의 요청을 들어주기 위해 '단기 집중 프로젝트'(crash project)를 지시하였다. 요청한지 3주만에 90페이지의 NIE가 상원으로 보내졌으며 물론 이것은 비평가의 눈에는 급하게 준비된 것으로 보였다. 한 기자는 이에 대해 "CIA의 오랜 역사에서 가장 최악의 작품"[94] 이라고 평가하였다. 그 문서는 10월초 하트 오피스 빌딩(Hart Office Building)에 있는 상원정보위원회 사무실에 도착했으며 테넷은 주요 포인트에 대해 상원정보위원회에 보고하러 왔다. 그레이엄은 당시에 테넷이 이라크의 위협을 약하게 평가하는 의견에 반대하는 입장을 보인 것으로 느꼈다고 회상하였다.[95]

이후 그레이엄(Graham), 더빈(Durbin), 레빈(Levin) 상원의원은 민간에 공개할 수 있도록, 민감한 출처 등이 나타날 수 있는 기밀 내용이 제외된 NIE를 얻고자 하였다. 이들은 2002년 10월 2일 요청하였고, 이틀 뒤에 테넷은 비밀이 아닌 형태로 25페이지의 서류를 전달해 왔다. 그러나 그레이엄의 관점에서 볼 때 새로운 버전

---

92) Tenet, with Harlow, *At the Center of the Storm*, pp. 322-3.
93) Senator Bob Graham, with Jeff Nussbaum, *Intelligence Matters: The CIA, the FBI, Saudi Arabia, and the Failure of America's War on Terror* (New York: Random House, 2004), p. 180.
94) Tim Weiner, *Legacy of Ashes: The History of the CIA* (New York: Doubleday, 2007), p. 487.
95) The NIE was entitled Iraq's Continuing Program for Weapons of Mass Destruction (NIE 2002-16HC). On the timing and Tenet's briefing, see Graham, with Nussbaum, *Intelligence Matters*, pp. 179-80.

은 며칠 전 받았던 비밀 분류된 NIE와 내용이 일치하지 않았다.[96] 비밀분류된 문서에는 사담(Saddam)을 방치해도 미국 또는 이웃 국가들에 직접적인 위협이 되지 않는다는 내용이 있었으나 공개되는 문서에서는 빠져 있었다. 그레이엄의 의견은 사담이 미국에 큰 위협이 된다는 백악관의 의견과 보조를 맞추기 위해 원래의 문서에 변경을 가했다는 것이다.[97] 척 헤이글(Chuck Hagel) 공화당 상원의원(네브래스카)은 백악관의 정치적 필요에 맞추기 위해 변조된 NIE라고 결론을 내렸다.[98]

원래의 NIE '핵심판단'(Key Judgments)은 이라크 공격(2003년 3월 19일) 4개월 후인 2003년 7월 16일이 되어서야 일부 공개되었다. 이라크와 전쟁을 한지 거의 1년 정도 되는 2004년 6월 1일 테넷은 좀 더 보완하기는 했지만 여전히 일부가 삭제된 핵심판단(KJ) 내용을 공개하였다. 상원정보위원회는 2004년 7월 발표한 보고서를 통해 NIE의 핵심판단이 대부분 "과장되었거나 정보보고에 의해 뒷받침되지 않는 것"이라는 결론을 내렸다.[99] 테넷은 이후 2007년 이라크에서 전쟁이 계속되는 가운데 발간한 회고록에서 "사담이 WMD를 보유하고 있음이 의심의 여지가 없다고 확신하기에는 정보가 충분하지 않았다는 것을 말했어야 했다"고 인정하였다. 그는 "좀 더 활기찬 토론을 위해 좀 더 정확하고 의미 있는 결과물이 만들어졌어야 했으며, 국가에 더 나은 도움이 되었어야 했다"고 말했다.[100]

현용정보와 연구정보　　많은 국가에서 NIE와 같은 많은 검토가 필요한 연구정보(research intelligence)를 생산하는 대신 현용정보(current intelligence) 작성에 자원을 얼마나 충당해야 하는가 하는 것이 중요한 문제가 되고 있다. 대부분 정책관리들은 연구정보보다는 오히려 현용정보를 더욱 선호한다. 실제로 미국의 정책결정자들은 최근 그들이 받는 정보 생산물 중에서 NIE를 8번째 가치 있는 것으로 순위를 매겼다.[101] 전 CIA 고위분석관인 마크 로웬탈(Mark M. Lowenthal)은 정보공

---

96) Graham, with Nussbaum, *Intelligence Matters*, p. 187.
97) Graham, with Nussbaum, *Intelligence Matters*, pp. 185–9.
98) Interviewed by Wil S. Hylton, "The Agency One," *Gentleman's Quarterly* (January 2007), p. 21.
99) *Report on the U.S. Intelligence Community's Prewar Intelligence Assessments on Iraq*, Senate Select Committee on Intelligence (Washington, DC: Government Printing Office, July 7, 2004), p. 14.
100) Tenet, with Harlow, *At the Center of the Storm*, p. 338.
101) Author's notes on remarks by Mark M. Lowenthal, Canadian Association for Security and Intelligence Studies (CASIS) Conference, Ottawa (October 27, 2006).

동체가 최근에 "생산물의 내용이 길어지고 현용 이슈와 멀어질수록 정책결정자의 관심이 감소"하는데 대응하여 "좀 더 짧고 좀 더 현용적인 생산물에 중점을 두고 있다"고 하였다.

결과적으로 미국 정보공동체 분석자원의 약 80~90 퍼센트는 정책결정자들을 위해 현용정보의 핵심인 어제와 오늘 무엇이 일어났고 그리고 내일 무엇이 일어날 것인지를 밝히는데 사용된다.[102] 로웬탈에 의하면 정보공동체는 현재 "지식을 생산하는 업무(knowledge-building business)에서는 손을 떼고 있다. 오직 현용정보, 현용정보만을 강조한다"[103]고 한다. 어느 전직 CIA 분석부국장은 "상당한 연구정보가 생산되었지만 평가적인 내용이라기보다는 어떤 주제에 대해 단순히 파악한 내용을 나열하는 데 불과한 것이었다. 그래서 어떤 사람들은 지금이 바로 진정한 NIE를 작성할 때"[104]라고 하였다.

정보보고의 기준　　현용정보에 가깝든 연구정보를 지향하든 모든 유형의 정보보고는 직업적으로 수행하는 분석업무의 기본규범을 지켜야만 한다. 훌륭한 정보보고의 중요한 특징 중에 첫 번째로 요구되는 것은 올바른 사실을 파악하는 것이다.

정확성(Accuracy)　　미국의 코미디언 제이 레노(Jay Leno)는 1999년 정보공동체가 NATO 폭격기 조종사에게 중국 대사관 좌표를 세르비아 무기창고 좌표로 잘못 전달한 이후 CIA는 '아무 것도 확인하지 못함'(Can't Identify Anything)의 약어라고 빈정거렸다. 실제로는 CIA가 아닌 국가지리공간정보국(NGA)이 잘못된 지도 좌표를 NATO에 보냈지만, 이러한 실수로 인하여 중국인 몇 명이 사망하였고, 많은 중국인들은 폭격이 의도적으로 이루어졌다고 생각하였다. 분별력 있는 정책결정자는 정보공동체가 미래의 모든 일을 예측할 수 있는 천리안이라고 기대하지 않는 것처럼 한계는 존재하겠지만, 정보기관은 반드시 정확한 정보를 제공해야 한다.

---

102) The 80-90 percent figure comes from author's interview with a senior CIA manager in the Agency's Intelligence Directorate, Washington, DC (August 28, 1997).
103) Lowenthal, CASIS Conference (see note 101).
104) John L. Helgerson, remarks to the author, International Symposium, The Hague, Holland (June 8, 2007).

적시성(Timeliness)　　적시성도 역시 중요하다. 역사는 빠르게 진행되기 마련인데 만일 정보보고가 사건의 진전에 따라가지 못한다면 정책결정자에게 쓸모가 없다. 이렇게 되면 '지나간 사건'(overtaken by events)이라는 의미의 약자 'OBE'를 보고서 위에 휘갈겨 쓰는 공포스러운 결과를 초래하게 될 것이다.

관련성(Relevance)　　정책결정자들은 자신의 보고서 메일함이 아프리카 북동부 지역(Horn of Africa)에서 벌어진 사건들로 가득 찰 때 그린랜드(Greenland)의 지방선거에 관한 정보보고를 받는 데에는 관심이 없어진다. 때때로 정보분석관들은 자신의 박사학위 논문과 관련된 예를 들면 '외몽골의 지방정치'(Rural Politics in Outer Mongolia)와 같이 자신의 관심 또는 전문분야에 대한 보고서를 작성하고 싶어 한다. 만일 분석관이 작성하는 보고서가 사용자의 관심분야와 일치하지 않는다면 오히려 낚시 여행을 떠나는 것이 낫다. 이런 경우에 사용자들은 보고서들을 읽으려 하지 않을 것이다. 가장 훌륭한 정보보고서는 가장 긴급한 문제를 다룬 내용을 정책결정자에게 보내는 것이다. 이러한 현실은 정보생산자와 정보사용자 양측 간의 소통과 정기적인 회합에 의해 형성된 정치적이지 않으면서도 긴밀한 관계의 중요성을 강조하고 있다.

독서 용이성(Readability)　　예를 들면 고급 인쇄지, 도표, 그래프, 사진이라는 4가지 요소를 모두 갖춘 PDB를 생산하는 것과 같은 정보보고서를 읽도록 유도하는 상당한 노력이 필요하다. 지구상의 어떤 사건이나 상황에 대해 믿을 수 있는 정보평가를 작성하는 것만으로는 충분치 않다. 보고서는 바쁜 정책관리들의 관심을 끌도록 작성할 필요가 있다. 비록 주제가 경제내용이어서 계량경제학의 전문용어를 사용하려는 유혹이 크다고 하더라도 보고서 언어는 역시 간단하고 쉬워야 한다. 정책결정자들은 경제학 박사학위를 갖고 있지 않으며 이해하기 힘든 내용을 읽을 만큼 참을성을 갖고 있지 않다.

간결성(Brevity)　　늘 일에 지쳐있었던 조지 캐틀렛 마셜(George Catlett Marshall) 국무장관은 간단명료한 보고를 높이 평가하였다. 조지 케넌(George Kennan)이 국무부 내에서 정책기획 담당 초대국장이 되었을 때 마셜에게 주요 업무지침에 대해

문의하였고, 마셜은 "사소한 정보(trivia)를 피하라"고 대답하였다. 영국의 윈스턴 처칠(Winston S. Churchill) 수상도 같은 사고방식을 가졌었는데 그는 자신이 아끼는 정책보좌관 중의 한명을 칭찬하면서 그를 "문제의 핵심을 찌르는 대가"(Lord Heart of the Matter)라고 지칭하였다. 빠르게 돌아가는 사회에서 신속히 핵심에 도달하려는 경향으로 인해, 바로 본론으로 들어가는 보고자와 구두로 브리핑하는 자에게 칭찬이 쏟아진다. 이는 역시 왜 요즘 NIE가 정책토론을 위한 심도있는 판단을 잃지 않으면서도 어느 정도 길이를 줄여야만 하는지의 이유가 된다.

상상력(Imagination) 훌륭한 분석관이라면 어떤 적이 미국에게 해를 끼치려고 무엇을 시도할 수 있을지에 대해 풍부한 상상력으로 생각해야 한다. 어떤 테러 조직이 뉴욕시의 고층건물을 겨냥하여 공중테러를 감행할 수 있을까? 이에 대해 9/11 공격 이전에 충분하게 고려하지 않았던 것이 궁극적으로 비극적인 결과를 낳았던 것이다. 오늘날 어떤 표적들이 미국에서 가장 취약한가? 남중국해에서 중국의 전략적인 목표는 무엇이며, 동구권과의 국경에서 러시아의 전략적 목표는 무엇인가? 누가 미사일을 발사하였는지 워싱턴의 어느 누구도 알지 못한 채 미사일이 미국을 강타할 가능성은 어느 정도 되는가? 세계적인 전염병이 중국 또는 아프리카에서 미국으로 퍼질 가능성은 얼마나 되는가? 환경 악화가 어느 정도로 미국의 안보에 위험한가?

합동성(Jointness) 미국은 17개 정보기관을 보유하고 있는데다 다양한 수집방법의 정보규율을 가지고 있다. 세계는 넓고 워싱턴 지도자들이 원하는 정보를 찾아내기 위해서는 첩보수집에 있어 다양한 접근이 필요하다. 17개의 다른 기관으로부터 수집되는 단편적인 첩보는 굉장하다. 이와 관련 대통령과 지도자들은 '모든 출처 통합'(all-source fusion)을 원하는데 이것은 모든 수집결과를 융합하여 종합적인 보고서를 생산하는 것을 의미한다. 이를 위해서는 정보 조사결과의 공유와 통합이 필요한데, 킨 위원회(Kean Commission) 조사는 이러한 공유와 통합의 결여가 9/11 비극을 낳았다고 판단하였다.

객관성(Objectivity) 정보보고서는 정치적인 고려와 정책결정자의 기분을 맞추려는 유혹에서 자유로워야 하며 이는 정보작성의 가장 기본적인 필요조건이다. 나치(Nazi)의 외교장관이던 요하임 폰 리벤트로프(Joachim von Ribbentrop)는 총통(Der Führer)의 의견과 모순되는 보고서를 작성하지 않도록 지시하고 이것을 위반하는 어느 누구도 좋지 않은 결과에 직면할 것이라고 강조하였다.[105] 이러한 포고령은 베를린으로부터 관료기관 전체로 퍼져나갔으며 그 최종결과는 예측할만 했다. 히틀러(Hitler)와 그의 수행원들은 자기기만에 깊이 빠져 들었으며 영국, 러시아와 미국과의 전쟁 진행상황에 대한 정확한 정보는 단절되었다. 직업윤리에 의한 강한 의무감은 대부분 민주주의 국가의 정보관들에게 올바른 길을 걷도록 하고 정직한 보고로 이끈다. 그러나 경우에 따라 정보기관의 일부 개인들은 이러한 윤리의무를 등한시하기도 했는데, 중앙정보장(DCI)이던 앨런 덜레스(Allen Dulles)가 소련의 폭격기 생산량에 대한 국방부(DoD)의 과장된 평가에 맞서지 못한 경우와 중앙정보장이던 리처드 헬름스(Richard Helms)가 냉전 시 미국의 적을 좀 더 무섭게 묘사하라는 닉슨 행정부의 압력 하에 소련 미사일에 대한 평가서에서 한 단락을 생략하였던 경우 등을 열거할 수 있다.[106] 신중하지 못한 정책결정자들이 정보보고서를 선별하거나 자신들의 정치적 의제에 맞도록 결과를 변형할 때 정보소비자에 의한 정보의 '정치화'(politicization)가 발생하게 된다.

실행가능한 구체성(Specificity)　마지막으로 가장 어렵고 중요한 기준으로서 정보보고서는 정책결정자에게 행동으로 옮기게 하는 구체성을 지녀야 한다. 정보관들은 때로는 적대세력과 적대국가의 구성원들 간의 메시지 흐름이 증가하는 것을 추적관찰하게 되는데 이를테면 ISIS 요원들의 전화대화 등에 대해서이다. 더 많은 대화 등 적의 통신이 증가하는 것을 확인하는 이러한 '흐름분석'(traffic analysis)은 목표에 대해 모든 수집방법을 동원하여 집중적으로 수집하게 한다. 무엇보다도 암호화된 메시지를 빨리 해독하고 영어로 번역하는 것이 중요한데, 적의

---

105) Michael Bloch, *Ribbentrop* (London: Abacus, 2003), p. 167. 한 때 레벤트로프는 히틀러의 세계관에 이견을 보이는 어떤 관리든 즉석에서 총쏘아 죽일 것이라고 맹세하였다. (p. xix).

106) See, respectively, Stansfield Turner, *Burn before Reading: Presidents, CIA Directors, and Secret Intelligence* (New York: Hyperion, 2005), p. 77; and Johnson, *America's Secret Power*, pp. 63–4. 전 CIA 분석관인 마크 로웬탈(Mark Lowenthal)은 "익혀야 할 미묘하고 어려운 기술은 정보의 정치화없이 정보사용자와의 관계를 구축하는 것"이라고 언급한다. *Intelligence From Secrets to Policy*, 6th edn (Washington, DC: CQ Press, 2014), p. 161.

정밀한 공격계획을 암시할 수도 있기 때문이다. 요약하면 가능한 테러공격에 대한 모호한 '오렌지 경보'(orange alerts)는 큰 도움이 되지 못한다. 필요한 것은 상세하고 시기적절한 테러단체의 공격계획, 즉 실행 가능한 정보(actionable intelligence)인 것이다. 또한 분석관은 보고서에서 데이터의 한계에 대해 솔직하고 정직해야 하며, 조사결과에 대해 얼마나 신뢰하는지에 대한 인식을 전달해야 한다.

이러한 일련의 리스트는 보고서 작성의 기준이 되며, 무엇보다도 고위 정책결정자에 대한 자유로운 접근이 중요하다. 정보배포 시 친밀한 관계가 부족한 상황에서 정보는 읽히지 않게 되거나 무시될 것이다. 이것은 국가정보장(DNI)과 여러 정보기관장과 같은 고위 정보관리자와 고위 정책관료 간의 관계가 왜 매우 중요한지에 대한 이유가 된다. 중앙정보장(DCI)을 역임한 제임스 울시(James Woolsey)는 클린턴 대통령과 함께 좀처럼 앉아 있을 기회가 없었으며, 윌리엄 케이시(William Casey)의 경우는 중앙정보장으로서 많이 부족했음에도 불구하고 레이건 대통령에게 자유롭게 접근할 수 있었으며 이로 인해 행정부가 직면한 주요 외교정책 문제들에 대해 많은 것을 알게 되었는데, 이것은 적절한 정보과제를 달성하는데 필수적인 요소가 되었다. 정보공동체는 종종 적절한 정보과제를 작성하지 못하는데 이는 부족한 수집(예를 들어 CIA는 베트남 전쟁 시 북베트남 정부에 스파이를 침투시키지 못했다.[107]))에 기인한다. 외국어와 암호화된 자료의 느린 번역, 결함이 있는 분석, 정책결정자에 의한 보고서의 정치적 악용, 또는 대통령과 다른 고위관리들에 대한 접근 부족 등의 난제가 존재하지만 비밀기관들은 가능한 한 가장 높은 품질의 정보보고 생산을 목표로 삼아야 한다. 정책결정자는 정치적 목적을 위해 보고서를 왜곡하고 싶은 유혹을 지속적으로 이겨내야 한다. 그리고 정보생산자와 정보소비자는 더 나은 정보를 위해 함께 노력하면서 신뢰관계를 발전시켜야 한다.

NIE가 종종 사용자의 정책결정에 기여하지만, 아직 개선이 필요하다.[108] NIE

---

107) Helms, with Hood, *A Look over My Shoulder*, p. 318.
108) On improving analysis, see Clark, *Intelligence Analysis*; George and Bruce, eds., *Analyzing Intelligence*; Robert Jervis, *Why Intelligence Fails* (Ithaca, NY: Cornell University Press, 2010); Johnson, ed., Strategic *Intelligence*. Vol. 2: *The Intelligence Cycle*; Richard L. Russell, *Sharpening Strategic Intelligence* (New York: Cambridge University Press, 2007); and Timothy Walton, *Challenges in Intelligence Analysis* (New York: Cambridge University Press, 2010).

는 때때로 분석관들에 의해 '각주 전쟁'(footnote wars)으로 알려진 반대의견을 과감하게 제시함으로써 좀 더 미묘한 차이를 나타낼 필요가 있는데, 이와 관련하여 '경각심을 일깨우기 위해'(flagged) 반대의견을 보고서 본문 내에 그리고 핵심판단 (Key Judgments) 또는 '주요 요약'(executive summary)에 포함시킬 수 있다. NIE의 생산수준이 제고되어야 하는데, 조지 부시(George H. W. Bush)가 중앙정보장으로 있던 한 해에 정보공동체는 단 5건의 NIE만을 생산한 바 있다. NIE는 긴 100페이지 보다는 30페이지 등으로 더 짧아질 필요가 있다. 그리고 길어야 6개월 내에 완성되어져야 하며 비상시에는 더 앞당겨져야 한다. 국가정보장(DNI)의 사무실을 CIA 본부 소재지인 랭글리(Rangley)로 이전하는 것은 NIE 생산과정의 관점에서 볼 때 바람직할 것이다. 대통령일일보고(PDB) 역시 랭글리에서 생산되고 있다. 대부분의 정부 고위 전략분석관들은 CIA 분석국(DA: Directorate of Analysis)과 국가정보위원회(NIC)에 위치해 있으며 랭글리에서 6마일 떨어진 리버티 크로싱(Liberty Crossing)에 소재한 DNI 사무실에 위치해 있지 않다.

동일장소 배치(Co-Location)   일부 개혁론자들은 CIA의 분석관과 공작관이 더욱 긴밀한 관계를 갖게 되면 분석역량이 향상될 수 있다고 오랫동안 믿어왔다. 공작국 DO(이전 NCA)의 공작관은 공직가장(official cover) 또는 비공직가장(non-official cover)으로 외국 현지에 침투하여 임무를 수행한다. 이러한 가장을 통해 현지 카페문화와 지역 속어에 이르기까지 내부의 생활정보를 직접 체득하게 된다. 분석관도 외국에 대한 전문가들이지만 해외방문은 단기간에 그치고 이들의 기본적인 지식은 연구에서 나온다. 이들은 보통 책으로 배운 심화된 지식과 국제문제에 대한 연구를 반영하는 박사학위(PhD)를 가지고 있다. 분석관과 공작관은 경력을 쌓아온 과정과 경험은 다를지라도 특정국가 또는 특정지역이 미국의 관심 초점이 되면 각자의 역할 수행을 통해 기여한다. 전통적으로 공작관과 분석관은 CIA 내에서 분리된 장소에서 서로 격리되어 근무한다. 이것은 바람직한 운영이 아니다.

예를 들면 1961년 쿠바 피그만(Bay of Pigs) 공작 계획 시 DO의 공작관들은 피델 카스트로가 비교적 쉽게 축출될 수 있을 것으로 확신하였다. CIA가 일단 쿠바섬 해안에 준군사 세력을 상륙시키면 쿠바 국민이 독재자에 대항하여 들고 일어날 가능성이 높다고 믿었다. 그러나 쿠바 전문가인 분석관들은 봉기 가능성이 거의 없는 것으로 판단하였다. 1960년 12월 특별국가정보평가서(SNIE)에서 자세히 설명된 대로 쿠바 국민 상당수는 자신들의 지도자인 피델 카스트로를 추종하면서 전국적으로 CIA 침공세력에 대항하였다. 공작국은 분석국 DI(지금은 DA로 지칭) 동료들과 협력하였으면 중요한 이익을 얻을 수 있었는데 그렇지 못하였다. 아마도 이러한 상호작용이 있었더라면 공작국이 계획단계에서부터 현실을 직시했을 것이다. 케네디 대통령 역시 이 계획이 가망 없다는 분석국의 견해를 인식하지 못했다. 피그만 공작의 책임자였던 리처드 비셀(Richard Bissell)은 이러한 준군사공작(paramilitary operation)을 열렬히 지지하였고 성공적인 카스트로 축출이 개인적으로 CIA 내의 승진을 가져다줄 것으로 믿고 이에 따라 비관적으로 평가한 SNIE에 대해 대통령의 관심을 끌지 못하게 하였다.109)

공작국과 분석국 사이의 이러한 물리적이고 문화적인 차이를 인식한 존 도이치(John Deutch)는 1995년 중앙정보장(DCI)으로 취임하여 두 부서의 요소들을 물리적으로 함께 이동시킴으로써 협력을 개선하려 했다. 이러한 '동일장소 배치'의 시도는 평탄하지 않았다. 때때로 이들 두 유형의 정보관들은, 즉 행동가 및 사상가로서 첩보를 공유하는 방식에서 성격적인 충돌을 드러냈다. 반면에 어떤 경우에 있어서 이 실험은 성공적인 목표 달성을 이루기도 하였다. 정보보고서에 세계문제에 대한 좀 더 풍부한 통찰력을 부여하기 위하여 도서관 학습과 현지경험을 혼합하는 것이었다. 2009년 당시 CIA 부장인 리언 파네타(Reon Panetta)는 앞으로 "국내와 해외에서 분석관과 공작관의 더 많은 동일장소 배치"가 있을 것이라고 언급하면서 두 그룹 간의 더 큰 융합이 "대테러와 반확산에 대한 승리의 열쇠"가 된다고 부언하였다.110) 2010년 그는 WMD의 글로벌 확산을 방지하기 위한 CIA 반확산센터(CIA Counterproliferation Center)의 구성을 발표하였다. 파네타와 국가정보장(DNI) 산하의 국가반확산센터(National Counterproliferation Center)에 보고하게 되어 있는 CIA 반확산센터에서 공작관과 분석관은 '동일장소 배치'를 통해 긴밀한 협력

---

109) See Peter Wyden, *Bay of Pigs: The Untold Story* (New York: Simon & Schuster, 1979); and Arthur M. Schlesinger, Jr., *Robert Kennedy and His Times* (Boston: Houghton Mifflin, 1978), p. 453.

110) Quoted by Greg Miller, "CIA to Station More Analysts Overseas as Part of its Strategy," *Washington Post* (April 30, 2010), p. A1.

을 추진하였다.111) 파네타의 후임자인 존 브레넌(John Brennan)은 2013년 취임하여 랭글리 소재 CIA 본부건물 안에 공작관과 분석관의 통합과 동일장소 배치를 더욱 강화하였다.

배포(Dissemination)

정보보고서는 일단 분석관에 의해 작성된 후에는 정책결정권자와 고위 참모들에게 배포된다. 이것은 쉬운 일로 보이나 정보순환과정에서 이러한 배포 단계는 오류로 가득 차 있다. 예를 들면 정책관리들은 종종 너무 바빠서 정보공동체에 의해 제공된 서류들을 읽을 수가 없다. 로즈 장학생(Rhodes scholar) 출신으로 하버드대 교수를 역임한 어느 국방차관보는 "나는 정보보고서를 읽기 위해 매일 5분 이상의 시간을 좀처럼 갖지 못한다"고 1995년 애스핀-브라운(Aspin-Brown) 위원회에서 언급한 바 있다.112) 국가가 바쁜 정책결정권자에 의해 무시될 결과물을 얻기 위해 국가안보정보의 수집과 분석에 막대한 금액을 지출한다는 것은 하나의 역설이다. 이와 관련 베츠(Betts)는 "정부의 고위급 수준에서는 정보를 아예 활용하지 않는 경우가 정보를 오용하는 경우보다도 많다"고 강조하였다.113) 그렇지만 지도자들이 자신이 좋아하는 보고서 부분만을 선별하고 나머지는 무시하는 오용 또한 자주 발생하는 편이다.

항상 우려되는 것은 분석관과 정책결정권자 사이의 적절한 관계이다. 만일 국가정보관(NIO)이 권력에 있는 자들과 은밀할 정도로 너무 친밀해지면 정책목표를 지지하도록 정보를 왜곡하고 싶은 유혹을 받을 수 있으며 이 때 정보의 정치화 위험이 있게 된다. 이것은 '기쁘게 하기 위한 정보'(intelligence to please)가 되는 것이다. 그러나 만일 국가정보관이 정책결정권자가 직면한 정책이슈에 너무 무심하고 알지도 못한다면 정보보고서는 정책과 무관해질 위험이 있게 된다. 물론 현명한 분석관은 진퇴양난(Scylla and Charybdis)의 상황에서 신중하게 처신하여 정책결정권자와 친밀한 관계를 발전시키면서도 정치로부터 거리를 유지해 나갈 수 있을

---

111) Kimberly Dozier, "CIA Forms New Center to Combat Nukes, WMDs," Associated Press Report (August 18, 2010).

112) Joseph S. Nye, Jr., remarks, Commission of the Roles and Capabilities of the United States Intelligence Community, Washington, DC (June 1, 1995).

113) Richard K. Betts, "The New Politics of Intelligence: Will Reforms Work This Time?" *Foreign Affairs* 83 (May/June 2004), pp. 2-8, quote at p. 7.

것이다.

그동안 국가정보장(DNI), 과거의 중앙정보장(DCI) 겸 CIA 부장, 고위 정보관리 그리고 여러 분석관들은 정책지원과 관련하여 정책결정권자와 적극적으로 논의를 해야 하는지, 아니면 바람직한 정책방향에 대한 논의 없이 정보의 의무인 오로지 진실을 제시하기 위해 힘써야 하는지에 대한 논쟁을 지속하여 왔다. 1966년부터 1973년까지 중앙정보장(DCI)을 역임한 리처드 헬름스(Richard Helms)는 중립적인 입장을 강조하였다. 셔먼 켄트(Sherman Kent) 또한 같은 입장이었는데, 그는 정보관과 정책결정자 사이에 높은 장벽이 존재해야 한다고 믿었다. 헬름스는 다음과 같이 언급하였다.

중앙정보장(DCI)은 행정부 내에서 정책을 수립하고 이행하거나 방어하기 위해 노력하지 않는 단 한사람으로, 대통령에게 그가 본 사실을 전해야 한다는 것이 나의 견해이다. 다시 말해서 게임을 정직하게 유지하기 위해 노력하는 사람이라는 것이다. 탁자에 둘러앉아 국무장관이 무엇인가 제기하고 옹호하며, 국방장관 또한 무엇인가 제기하고 옹호할 때, 누군가가 "잘 들어보세요, 이것은 내가 이해하고 있는 사실이 아닙니다" 또는 "그렇게 되지 않을 것입니다"라고 말하는 사람이 대통령에게 필요한 것이다.[114]

그렇지만 존 맥콘(John A. McCone, 1961–65), 윌리엄 케이시(William J. Casey, 1981–87) 중앙정보장(DCI) 같은 정보관리들은 정책선택에 대한 논쟁에서 적극적이고 때로는 공격적인 입장을 취했다.[115] 맥콘은 1962년 쿠바에 대한 군사적 침공을 강하게 권고하였다. 이와 같은 적극적인 행동주의든 중립적인 태도든 주제에 대해 어떤 입장을 가지고 있든지, 현실적으로 정보관으로서 정책경쟁에서 동떨어지기는 어려울 것이다. 어느 고위 분석관은 "밤 8시 30분에 국무차관이 '내가 어떻게 해야 한다고 생각하느냐?'고 문의할 때, '그것은 나의 일이 아니다'라고만 말할 수는 없다"고 언급한 바 있다.[116] 중앙정보장(DCI)이었던 울시(Woolsey)의 해

114) Author's interview with Richard Helms, Washington, DC (December 12, 1990), in Loch K. Johnson, "Spymaster Richard Helms," *Intelligence and National Security* 18 (Autumn 2003), pp. 24–44, quote at p. 27.
115) See also, Willmoore Kendall, "The Function of Intelligence," *World Politics* 1 (1948–49), pp. 542–52.
116) William M. Nolte, remark, panel on intelligence analysis, International Studies Association annual meeting, San Francisco (March 2008).

결방법은 공식적인 미팅이 끝나고 결정될 때까지 정책토론에 참석하지 않는 것이었다. 그 이후에 요청을 받으면 그제서야 그는 빌 클린턴 대통령에게 자신의 개인적인 견해를 제시하였다. 분석관 또는 정보기관장의 가장 중요한 의무는 고위직에 있는 사람들로부터의 정치적인 압력에 굴복하지 않는 것으로 즉, 정보보고의 실제적인 의미를 훼손시키면서까지 행정부 정책선호에 맞는 방식으로 정보를 왜곡하지 않는 것이다.

2002년 이라크 WMD 논란과 관련하여 당시 중앙정보장(DCI)이던 조지 테넷(George Tenet)은 정보보고서의 약점을 부시 대통령에게 자세히 설명할 의무를 가지고 있었다. 당시 16개 미국 정보기관 중에서 13개 기관이 WMD가 이라크 내에 존재할 가능성이 상당히 높다고(probably) 결론지은 것이 사실인 가운데 모든 분석관은 관련 데이터가 커브 볼(Curve Ball)의 입증되지 않은 추측으로 얼마나 빈약한지를 알고 있었다. 그러나 테넷도 그리고 2002년 NIE도 이러한 자료의 빈약함을 대통령 또는 의회와 국민에게 충분히 알리지 않았다. 만약 이러한 빈약함이 강조되었더라면 책임 있는 관리들이 더 견고한 자료를 확보할 때까지 공격을 연기하자고 주장했을 수도 있었다. 물론 부시 행정부가 정보조사 결과와 관계없이 사담 후세인에 대해 전쟁을 개시했을 수도 있었겠지만, 믿을 수 없는 증거에 기초한 정보보고서가 전쟁으로 이끌도록 도와준 것은 사실이며, 당시 미국 지도자들은 이토록 이라크 정권의 교체를 갈망했던 것이다.

이라크 WMD에 관한 자료의 부족은 영국에서도 역시 부적절하게 다루어졌다. 영국의 해외정보기관인 MI6의 정보보고서는 이 문제와 관련하여 이라크가 전장에서 영국군과 미군에 대해 사용할 수 있는 전술적인 WMD를 가졌을 가능성이 상당히 높다고 지적했으며, 총리실 공보관은 이라크가 영국을 타격할 수 있는 WMD를 가졌다는 인상을 영국 국민에게 주었다. 영국 총리도, MI6 책임자도 이를 부인하지 않았으며, 이는 이라크가 런던과 영국 내의 다른 목표를 강타할 수 있는 핵무기와 화학 및 생물무기를 숨기고 있다는 불안감을 조성함으로써 영국의 여론이 공격을 찬성하는 입장으로 선회하도록 이끌었다.117)

---

117) See the findings of the Butler Report, which are discussed in R. Gerald Hughes, Peter Jackson, and Len Scott, eds., *Exploring Intelligence Archives: Enquiries into the Secret State* (New York: Routledge, 2008), Ch. 12.

더 나은 수집과 분석을 위한 지속 탐구

정보관과 정책결정자가 원만한 정보순환과정을 위해 계획된 노력을 기울임에도 불구하고 정보공동체가 제공하는 정보의 유용성과 관련한 심각한 문제가 남아 있다. 매년 국가안보정보를 수집하고 분석하는데 막대한 자금이 지출되고 있지만, 많은 정보사용자들은 그 생산물에 대해 무언가 결핍되어 있다고 여긴다. 대사를 역임한 어느 전직 국무차관보는 "우리는 결코 CIA의 보고서를 활용하지 않았으며, 그것은 적절하지도 않았다"고 기억한다.[118) 1980년대 상원정보위원회에 의해 실시된 정보소비자 설문조사는 그들이 정보공동체의 분석업무 가치를 무시하고 있는 것으로 나타났다. 소련의 붕괴를 예측하지 못한 CIA의 실패에 대한 대니얼 패트릭 모이니핸(Daniel Patrick Moynihan) 상원의원의 신랄한 비난은 잘 알려져 있다.[119)

9/11 공격이 일어나기 수개월 전에 CIA와 FBI는 번번히 방첩활동 과정에서 실수를 범하였는데, 2001년 초에 미국에 입국하여 대형 화물항공기 조종을 위한 비행훈련을 받고 다른 9/11 항공기 납치범들과 합류하려는 것으로 의심된 외국인 테러범들을 추적하고 수사하는데 실패했던 것이다.[120) 이후 정보실패는 2002년에도 지속되었는데 이라크가 보유한 것으로 의심되는 WMD와 관련한 빈약한 첩보수집과 불완전한 분석이 그것이다. 이와 관련 커브 볼(Curve Ball)이라는 신뢰성이 부족한 출처와 이라크 망명단체의 전쟁로비에 기만되기도 하였다. 또한 사담 후세인이 니제르(Niger)로부터 상당한 양의 우라늄 옐로우 케익을 사들였는지 여부에 대한 혼동, 이라크 사막에서 발견된 이라크 소방차가 생물무기 역량을 가지고 있다고 쉽게 내린 결론, 미국 공군이 재래식 감시항공기라고 판단한 무인항공기가 WMD 운반기로 둔갑된 일, 1990년 이라크의 능력을 과소평가한 실수를 되풀이 하지 않으

---

118) Fomer U.S. diplomat Martin Hillenbrand, remarks to the author, Athens, GA (January 21, 1987). 레이건 대통령 당시 국무장관이던 조지 슐츠(George P. Shultz)는 "나는 정보공동체에 대한 믿음이 없었다"고 회고하였다. 이러한 반응은 CIA 분석이 왜곡되었다는 자신의 의견을 나타낸 것이었다: see George P. Shultz, *Turmoil and Triumph: My Years as Secretary of State* (New York: Scribner's, 1993), p. 864.

119) Daniel P. Moynihan, "Do We Still Need the CIA? The State Dept. Can Do the Job," *New York Times* (May 19, 1991), p. E17.

120) See *The 9/11 Commission Report*, as well as Graham, with Nussbaum, *Intelligence Matters*, Jane Mayer, *The Dark Side* (New York: Doubleday, 2008); and Zegart, *Spying Blind*.

려는 과도한 추측에 기초하여 이라크의 WMD 능력이 진전되었다고 내린 판단, 사담이 WMD를 가졌다고 과장하는 미사여구가 이라크의 인접국이며 최대의 적인 이란을 겁먹게 하기 위해 계획된 시도라고 보기보다는 그 말을 액면가 그대로 받아들이려한 것 등이 있으며, 이외에도 관련 사례들이 지속적으로 발생했다.[121]

그러나 수년간 이어진 스캔들과 같은 실수에도 불구하고 미국 정보공동체가 정책결정자들에게 국제문제와 관련하여 소련과 중국 무기에 대한 정확한 판단은 물론 외국과의 협상을 위한 구체적인 대응에 이르기까지 가치 있는 자료와 통찰력을 지속적으로 제공한 것은 틀림없는 사실이다. 애스핀-브라운(Aspin-Brown) 위원회는 1991년 냉전종식 이후 일부의 성공사례를 다음과 같이 요약하였다.[122]

- 북한의 핵무기 프로그램 발견
- 문제국가들에 대한 방사성 물질의 판매 차단
- 불법적인 WMD 판매 적발
- 중동에서의 전장 운영 지원
- 믿을 수 있는 첩보로 많은 국제협상 지원
- 콜롬비아의 칼리(Cali) 조직과 같은 마약카르텔 소탕 지원
- 카를로스 자칼(Carlos Jackal), 1993년 세계무역센터에 대한 폭탄투척의 주모자, 페루의 빛나는 길(Shining Path) 테러단체의 지도자를 체포하는 등 여러 테러활동을 저지
- 전 세계적으로 외교적인 평화유지 구상을 지원하기 위한 정보 제공
- 다른 나라들의 암살음모를 폭로하고 좌절시킨 일
- 부당한 글로벌 무역관행을 폭로함으로써 개도국에서 미국기업을 위한 성공기회를 개선
- 무역제재를 위반한 국가를 지적할 뿐만 아니라 관리들에게 외국이 직면한

---

121) See Hughes et al., *Exploring Intelligence Archives; Jervis, Why Intelligence Fails*; and Loch K. Johnson, "A Framework for Strengthening U.S. Intelligence," *Yale Journal of International Affairs* 2 (Feburary 2006), pp. 116-31.

122) *Preparing for the 21st Century: An Appraisal of U.S. Intelligence*, Report of the Commission on the Roles and Capabilities of the United States Intelligence Community (Washington, DC: Government Printing Office, March 1, 1996).

금융 위기를 경보

　• 세계각지의 인권남용에 대한 첩보수집뿐만 아니라 생태학적 문제와 인도주의 위기에 대해 경보

　이것은 1992~95년 중에서 선택한 부분적인 목록에 불과하다. 이후에도 미국의 정보기관들은 많은 추가적인 성공을 기록하였으며 이중에는 파키스탄에서 상당수의 알카에다 지도자들을 그리고 시리아, 이라크 및 리비아에서 이슬람국가 조직원들을 체포하거나 제거한 것이 포함된다. 소말리아와 예멘과 같은 곳에서는 이슬람국가 및 알카에다와 연계된 테러단체를 추적하고 대응하였다. 이라크와 아프가니스탄에서는 전쟁을 지원하였다. 뿐만 아니라 해외는 물론 국내에서도 의회 및 백악관의 승인 하에 다양한 자연재해에 대응한 감시활동을 지원하였다.

　미국과 다른 민주주의 국가 뿐만 아니라 적들은 정보활동의 개선을 지속 추구해 나갈 것이다. 이것은 수집측면에서 더 나은 수집을 위한 기술적인 플랫폼과 인간정보 공작원들에게 더 많은 자금을 지출하는 것을 의미한다. 분석측면에서는 분석관으로 적합한 똑똑하고 사려 깊은 사람들을 지속해서 발굴해야 하는데 이들은 민주주의를 위험에 빠뜨리지 않도록 정책결정자를 도와줄 수 있는 영리하고 헌신적이며 애국적인 사람을 의미한다.

　'해외 정보연락' 또는 '책임공유'라는 이름으로 이루어지는 민주국가 정보기관들 사이의 정보협력은 정보활동의 성공에 필수적인 요소이다. 세상은 어느 하나의 민주국가가 홀로 위협과 기회를 추적하고 관찰하기에는 너무나도 광대하다. 그들은 서로 협력을 필요로 한다. 그러나 커브 볼(Curve Ball) 사례에서 보는 것처럼 정보의 책임공유 합의는 위험할 수도 있다. 민주국가들은 서로 자신의 첩보를 점검하는 것에 대해서도 유의해야 할 것이다. 더구나 미국과 파키스탄 간의 관계가 분명하게 보여주듯 국가들은 엇갈린 관심사들을 가진다. 파키스탄은 알카에다와 탈레반 활동에 대해 워싱턴에 정보를 제공하는 등 많은 도움이 되었다. 그러나 파키스탄 정보부(ISI: Inter-Services Intelligence)는 또한 미국에 대해 이중스파이 게임을 시도하였다. 그리고 일부 ISI 관리들은 탈레반과 알카에다와 이념적 유대 하에 긴밀한 관계를 가지고 있는 것으로 알려져 있다.[123]

---

123) See, for example, Adam Goldman and Matt Apuzzo, "CIA and Pakistan Locked in Aggressive

주의가 필요함에도 불구하고 미국과 다른 민주국가들은 그들의 정보탐지 결과를 공유해야 하며 이를 통해 더 많은 것을 획득할 수 있다. 테러리즘, 불법마약거래, 그리고 다른 국제범죄뿐만 아니라 WMD 확산문제와 같은 공동의 적에 대처하기 위해서는 수집과 분석 능력을 공유해야 하며 이를 위해 적절한 인센티브를 제공해야만 한다.

Spy Battles," *Associated Press* (July 6, 2010).

3장

공작: 역사창조를 위한 은밀한 노력

대형 차트를 떠받치는 받침대 양편에 2명의 젊은 사람이 서 있었다. 한 사람은 차트를 붙잡고 있었고 다른 한 사람은 붉은 색의 꺽은 선 그래프의 추세 선을 따라 포인터를 위, 아래로 움직이고 있었다.

이들 가까이에 앉은 뚱뚱한 50대 남성은 활자화된 내용을 읽고 있었다. 그는 또박 또박 정확하게 읽었으며 좀처럼 페이지에서 눈을 떼지 않았다. 그의 말은 건조하면서도 단조로웠다. 회색 담배연기는 탁자 위의 재떨이로부터 높은 천장을 향해 천천히 나선모양으로 감겨 올라가고 있었다. 세 사람 모두 단추로 채우게 되어 있는 풀먹인 셔츠를 입었으며 브룩스 브라더스(Brooks Brothers)의 넥타이를 매고 있었다. 이들은 기업의 이사회 임원들에게 연간 매출 조사결과를 보고하는 마케팅 관계자인 것처럼 보였다.

그러나 '이사회'(board)는 차트가 보여주는 이익과 손실이 무엇이든 관심이 없는 듯 했다. 회사 본사에서 발견할 수 있을 것으로 기대되는 어떤 것도 방에는 없었다. 그 방은 우아하면서도 나름대로 위엄을 지니고 있었다. 나무로 조각된 도리아풍의 기둥과 벽은 화려한 호두나무 판자로 장식되어 있었다. 천장 가운데에는 큰 샹들리에가 빛나고 있었다. 장엄한 자주색 커튼이 걸린 널찍한 창문 너머에 뜰이 보였으며 뜰에는 분수가 있었고 몹시 찬 공기 사이로 물줄기를 높이 뿜어내고 있었다. 이곳은 1971년 사망할 때까지 수십 년 동안 의회 내에서 가장 유능한 국가안보전문가로서 조지아주 민주당 의원인 전설적인 리처드 브레바드 러셀(Richard Brevard Russell, Jr.)의 이름을 따서 명명한 미국 상원의 러셀(Russell) 빌딩이었다.

방에는 좌석이 U자형으로 놓여 있었는데 거기 앉아있는 이들은 마치 자기장 안에 갇혀있는 듯 했다. 오목한 공간 안에는 속기 타자수가 앉아 있었으며 그녀의 손가락은 기계 위에서 가볍게 춤을 추는 듯 했다. 2명의 나이든 사람들이 벤치 앞쪽에 앉았는데 이들은 미국 상원의원이면서 정보위원회 소속 의원들이었다. 탁자에 있는 사람이 CIA의 준군사공작에 대해 준비된 발표를 할 때 이들은 귀를 기울였다. 그는 CIA의 공작국 부국장으로서 발표이후 보고서를 의회에 제출하기로 되어 있었다. 그러나 이들 상원의원 중 한 명은 머리를 팔에 기대더니 곧 잠이 들었다. 다른 상원의원은 분과위원회 위원장으로서 CIA의 브리핑하는 사람을 우두커니 응시하다가 이따금 고개를 끄덕였으며 조심스럽게 자신의 손목시계를 들여다본 후 그 앞에 접혀져 있는 신문을 바라보기도 하였다.

공작국 부국장이 의원들의 멍한 시선을 받거나 그들이 의자에 앉아 조는 것을 경험하는 것은 이번이 처음은 아니었다. 그의 일은 CIA활동에 대한 최신 정보를 제공하는 것이었다. 의회 의사당에서 어떻게 대접받았는지는 그에게 문제가 되지 않았다. 다만 그는 목청을 가다듬고 잠시 목소리를 높여 그의 소규모 청중을 자극하기 보다는 자신의 지루함을 줄여보고자 했다. 그는 "준군사공작은 냉전이 시작된 이래 우리의 프로그램 중에서 중요한 부분이 되어왔습니다"라고 하였다.

이 새로운 억양은 브리핑 시작 때부터 졸던 의원의 잠을 깨웠다. "의회활동이라구요? 당신들은 의원들을 만날 수 없으며, 나는 용납하지 않을 것이요"라고 그는 큰소리로 말했다.

잠시 침묵이 흘렀다. 속기 타자수의 춤추던 손가락도 멈추었다. 부국장은 불만을 표시하듯 입술을 오므린 후 분과위원회 위원장을 바라보았다.

"상원의원님, 이 브리핑은 의회활동(parliamentary activities)이 아니라 준군사적 활동(paramilitary activity)에 관한 것입니다"라고 위원장이 부드럽게 말했다.

그 졸린 눈을 가진 상원의원은 목소리를 가다듬고 "아, 그렇군요"라며 대답하였다. 그는 잠시 멈춘 후 자신의 귀를 잡아당기며, "좋아요, 그러나 당신들은 의원들에게 접근해서는 안 됩니다. 내 말을 알아들었지요?"라고 책망하듯이 말하고는 의자에서 일어나 문 밖으로 나갔다. 위원장이 머리를 끄덕인 후 부국장은 다시 설명하기 시작하였다.[1]

위의 이야기는 1950년대부터 CIA에서 계속해서 회자되었다. 사실이든 아니든

---

1) This scenario is drawn from Loch K. Johnson, "It's Never a Quick Fix at the CIA," *Washington Post* (August 30, 2009), Outlook Section, p. A1.

공작, 특히 준군사공작은 때로는 우려를 자아냈고 가끔은 연방의회에 경종을 울리기도 한 것은 사실이다. 국가의 모든 정보임무 중에서 공작은 가장 격정을 불러일으킬 가능성이 높으며 CIA의 명성을 때로는 미국의 명성을 얼룩지게 했다는 비난이 제기되기도 하였다.

정보임무로서의 공작

법적 기초

미국에서 공작(CA: covert action)은 CIA 내부의 관리들에 의해 때때로 '조용한 방안'(quiet option)으로 지칭되는데, CIA는 미국의 해외문제를 해결하기 위해 이러한 접근을 계획하고 수행하였다. 한편 '적극적인 조치'(Active Measures)는 러시아식 용어이다. 이러한 표현은 공작이 해병여단을 파견하는 것보다는 덜 시끄럽고 덜 눈에 띈다는 전제에서 나온다. 말 그대로 조용한 경우도 있었지만 1961년 피그만 공작(the Bay of Pigs)이나 9/11 이후 아프가니스탄에서 탈레반 정권을 상대로 한 공작은 조용하지 않았다. 공작을 또 다른 말로는 '제3의 방안'(third option)이라고도 하는데 이것은 외교와 전쟁 사이에 있는 선택방안이라는 의미를 갖는다. 닉슨 행정부 기간 중에 국무장관을 역임한 헨리 키신저(Henry Kissinger)는 "우리는 어떤 복잡한 상황에서 군사작전이 적합하지 않고 외교가 작동할 수 없는 중간영역(gray areas)에 처할 때 미국의 국가이익을 보호할 수 있는 정보공동체를 필요로 한다"고 설명한 바 있다.[2] 공작에 대한 완곡한 표현으로 자주 사용되는 말은 카터 행정부 때부터 사용하기 시작한 '특수 활동'(special activities)이다.

의회가 1990년 처음으로 법에 규정한 공작의 정의는 "해외의 정치적, 경제적 또는 군사적 상황에 영향을 미치려는 미국 정부의 활동으로, 미국 정부의 역할이 공개적으로 드러나지 않도록 시도되어야 한다"고 하였다.[3] 정보수집과 방첩활동, 전통적인 외교, 군사 및 법집행 또는 공개적인 미국의 해외활동에 대한 일상적인 지원 등은 정의에서 제외되었다. 가장 기본적으로 공작은 "CIA가 미국 내의 상황

---

2) Henry Kissinger, remark, "Evening News," NBC Television Network (January 13, 1978).

3) 1991년의 정보허가법(The Intelligence Authorization Act) (50 U.S.C. 503 (e); Pub. L. No. 102−88, 105 Stat. 441, August 14, 1991); 이 법령은 1947년의 국가안전보장법을 개정하고, 1974년의 휴즈−라이언 수정법안을 폐지하였으며, 행정명령 12333을 법으로 성문화하였다.

이 아닌 해외의 사건에 영향을 미칠 목적으로 수행하는 활동"[4]이다. 좀 더 간단하게 말하면 "공작은 영향력"(Covert action is influence)[5]을 행사하는 것이다.

1992년 제정된 공작을 위한 특별 입법 이전에는 대통령들은 법적 정당성을 위해 1947년 국가안전보장법의 공통 조항(boilerplate clause)에 의지했다. 오늘날 미 정보의 기초가 되는 이 법령은 오직 수집과 분석 임무에 초점을 맞추었다. 트루먼 대통령의 국가안보보좌관 중의 한 명인 클라크 클리포드(Clark Clifford)에 의해 대부분 입안되었으며, 마지막 절에서 '대통령 또는 국가안전보장회의의 지시로 중앙정보장(DCI)과 CIA가 국가안보에 영향을 미치는 정보와 연관된 기능과 의무를 수행'[6]하도록 권한을 부여했다.

근거

공작은 다른 국가, 테러단체 또는 조직에 대하여 은밀하게 활동을 전개하여 새로운 역사를 만들려는 시도로서, 이와 관련 CIA의 어느 고위 정보관은 '역사에 영향을 미치는 것'(giving history a push)이라고 표현하였다.[7] 냉전기간 중 CIA 공작국(Operations Directorate) 공작단(CAS: Covert Action Staff)의 주요 관심사항은 '공산주의의 글로벌 도전으로 인해 우리의 국가이익이 위협받는 것에 대해 대항하는 것'이었다고 어떤 간부가 밝힌 바 있다.[8] CAS는 현재 특수활동단(Special Activities Division)으로 개편되었다. CIA는 예외적인 경우이기는 하지만 이란－콘트라(Iran－contra) 사건에서처럼 공작의 배후에서 활동하기보다 직접 실행하는 역할을 하기도 하였다. 백악관은 거의 언제나 공작을 지시했으며, 1975년 이후부터는 의회 특별위원회도 보고 라인에 포함되어 왔다.

냉전 시 중앙정보장(DCI)을 역임(1973－76)한 윌리엄 콜비(William E. Colby)는 공작이 유럽 및 세계 각지에서 소련 정보기관(KGB 및 GRU)의 공작에 의한 정치적

---

4) John Deutch, DCI, speech, National Press Club, Washington, DC (September 12, 1995).
5) William J. Daugherty, *Executive Secrets: Covert Action & the Presidency* (Lexington: University Press of Kentucky, 2004), p. 12.
6) The National Security Act of 1947, Pub. L. No. 80－253, 61 Stat. 495; 50 U.S.C. 403－3(d)(5).
7) Author's interview with a senior CIA official in the Operations Directorate, Washington, DC (February 1986).
8) B. Hugh Tovar, "Strengths and Weaknesses in Past U.S Covert Action," in Roy Godson, ed., *Intelligence Requirements for the 1980s: Covert Action* (Washington, DC: National Strategy Information Center, 1981), pp. 194－5.

및 체제전복 위협에 대응하기 위해 중요했다고 강조했는데, 이것은 NATO가 서유럽에서 소련위협에 대해 군사방어 노선을 견지하게 하고, 마샬 플랜이 소련의 경제적 침략에 대해 경제원조로 대응하게 한 것처럼 중요한 역할을 하였다. 세계 곳곳에서 미국의 이익이 위협을 받을 때에는 "관련 국가의 국민들을 조용히 그리고 은밀하게 도울 수 있는 능력을 갖는 것이 더 좋으며, 군사적인 위협에 직면할 때까지 기다릴 필요가 없다"고 콜비는 권고하였다.[9]

이와 같이 공산주의에 대항하는 것이 냉전기간 중 공작의 가장 중요한 이유가 되었다. 콜비(Colby)가 말한 것처럼 이란(1953), 과테말라(1954), 앙골라(1975), 칠레(1964~72)와 같은 목표대상이 '정말로 중요한'(truly important) 것이었는지 여부는 아직까지 논란이 되고 있다. 앙골라와 관련하여 한 CIA 관리는 "궁극적인 목표는 소련인들을 몰아내는 것이었으나, 결국 우리도 앙골라를 떠날 수밖에 없었다"고 하였다. 그렇지만 비판하는 사람들은 이러한 주장은 설득력이 없다고 지적한다. 예를 들면 1980년대 니카라과 내전에 대한 이야기로 노벨 문학상을 수상한 귄터 그라스(Günter Grass)는 "한 나라가 얼마나 빈곤해져야 미국 정부에 위협이 되지 않겠는가?"라며 호소하였다.[10] 1975년 공작에 대한 상원의 조사를 이끌었던 프랭크 처치(Frank Church) 상원의원은 "우리의 목표대상은 미국을 도저히 위협할 수 없는 소규모의 허약한 국가의 지도자들이었다"고 결론을 내린 바 있다.[11]

공작의 실행

대통령과 NSC는 CIA에 공작을 수행하도록 요구해 왔다. CIA에서 '배관'(plumbing)이라고 부르는 공작실행 하부구조는 공작국(DO), 특수활동단(Special Activities Division)과 준군사조직인 특수활동그룹(SOG: Special Operations Group), 해외거점과 기지, 군에서 차출된 인원, 그리고 민간 계약자로 구성된다. CIA의 초

---

9) William E. Colby, "Gesprach mit William E. Colby," *Der Spiegel* 4 (January 23, 1978), author's translation, pp. 69−115, quote at p. 75.
10) Quoted in *The Nation* (March 12, 1983), p. 301.
11) Frank Church, "Covert Action: Swampland of American Foreign Policy," *Bulletin of the Atomic Scientists* 32 (February 1976), pp. 7−11, quote at p. 8, reprinted in Loch K. Johnson and James J. Wirtz, eds., *Intelligence and National Security: The Secret World of Spies*, 3rd edn (New York: Oxford University Press, 2011), pp. 233−7.

기 역사에서 공작을 승인하는 대통령의 역할은 '그럴듯한 부인'(plausible deniability)
이라는 원칙하에 극도의 비밀로 여겨졌다. 이 '원칙'(doctrine)에 의하면 대통령은
의심을 받을만한 행위로부터 자유로워야 하는 것이다. 공작이 노출되어 세상의 신
문 1면을 장식하더라도 미국의 명성은 보호되어져야 하는 것이다. 즉, 백악관을
불미스러운 활동으로부터 거리를 두게 함으로써 대통령이 공개적으로 "나는 이러
한 부적절한 비밀활동을 결코 허가하지 않았으며 그것을 수행한 사람들을 처벌하
기 위해 조치 중"이라고 공개적으로 말할 수 있게 하는 것이다.

　　대통령이 공작과 어느 정도 거리를 둘 때 공작은 대통령과 관계없는 일이 될
수 있다. 대통령집무실로 이어진 서류상 흔적이 없으므로, 공작이 대통령의 승인
없이 또는 심지어 대통령이 인지하지 못한 가운데 수행될 수 있다는 것이다. 그러
나 아이젠하워(Eisenhower) 대통령은 1960년 이러한 접근방식을 거절한 바 있는데
워싱턴-모스크바 정상회담이 개최되기 전날 밤에 소련이 자국의 영공을 비행하
던 CIA의 U-2기를 격추하였을 때였다. 그는 그 위험한 정찰 임무에 대한 책임을
공개적으로 인정하는 것을 택하였다. U-2 비행은 수집활동이었으며 공작은 아니
었다고 하였다. 정보활동과 관련한 그럴듯한 부인이 아니라, 처음으로 책임을 인
정하는 일이 되었다. 또한 이후에 대통령들이 공작에 대한 직접적인 책임을 질 수
있음을 의미하는 것이었다. 그러나 그럴듯한 부인의 원칙은 일부에서 예상한 것보
다 더 오래 지속되었다. 미국에서 스파이 스캔들이 한창 진행되던 1970년대 중반
이 되어서야 의회는 결국 이 원칙에 손을 대기 시작하였다. 1974년 휴즈-라이언
(Hughes-Ryan) 법안으로 의원들은 모든 중요한 공작에 대해 분명한 대통령의 승
인을 요구하는 법률을 통과시켰다. 이제 공작은 대통령에 의해 재가를 받아야 할
뿐만 아니라 그 동안의 전통에서 벗어나 의회의 특별감독위원회에 보고되어야 하
는 것이다.

　　9/11과 미국의 이라크 및 아프가니스탄에 대한 전쟁개입의 영향으로 공작 실
행의 책임과 관련하여 다른 심각한 문제들이 발생하였다. 이러한 새로운 우려는
국방부의 특수부대(Special Forces)와 CIA 민간계약업체(private contractors)들이 이
영역 안으로 조금씩 들어오게 되면서 일어났다.12) CIA가 아닌 다른 기관이 부적

---

12) See Jennifer Kibbe, "Covert Action and the Pentagon," in Loch K. Johnson, ed., *Strategic
Intelligence, Vol. 3: Covert Action* (Westport, CT: Praeger, 2007), pp. 145-56; John Prados, "The

절하게 공작에 개입함으로써 레이건 행정부 당시 물의를 빚은 바 있는데, 이란-콘트라(Iran-Contra) 사건이다. 이 공작은 이란에 대한 은밀한 무기판매를 통한 수익으로 니카라과에서 공작을 확대시키기 위한 것이었는데, 휴즈-라이언 수정법(Huhges-Ryan Amendment)과 1980년 정보통제법(Intelligence Oversight Act)에 따라 의회에 보고하여야 함에도 불구하고 보고하지 않고 진행되었다.13) 게다가 레이건 행정부는 볼랜드 수정조항(Boland Amendments)을 위반하였는데, 이 법은 에드워드 볼랜드(Edward P. Boland, 민주당, 매사추세츠) 의원의 이름을 따서 명명한 것으로 1980년대 초에 통과되었다. 이 수정법령은 당시 니카라과의 좌익 산디니스타(Sandinista) 정권을 전복시키기 위해 시도하는 니카라과의 콘트라(contras) 반군을 지원하는 공작을 분명하게 금지하였다.

연이은 2명의 국가안보보좌관을 포함한 국가안전보장회의(NSC) 관계자들은 볼랜드법과 공작의 승인과 절차를 법으로 정한 규제법을 무시하는 계획을 수립하였던 것이다. 당시 NSC 관계자들은 정부 밖에서 자체 비밀조직을 설립하여 '기업'(The Enterprise)이라고 칭했으며 니카라과의 콘트라(contras)를 지원하기 위해 사적으로 자금을 마련하기 위한 공작을 시작하였다. 결국 이러한 속임수가 1986년 중동 언론에 먼저 유출된 후 다시 미국에서 보도되었을 때 의원들은 자신들이 기만당했음을 깨달았으며 1987년 전면적인 조사를 실시했다. 의회는 공작과 관련된 새로운 제한을 도입했는데 공작에 대한 좀 더 분명한 정의와 함께 대통령이 단지 '허락한다'(yes)고 말하거나 승인한다는 의미로 고개를 끄덕이고 눈을 깜박거리는 것이 아니라 공식적으로 공작 승인을 서명해야 한다는 필요조건을 포함시켰다.14)

Future of Covert Action," in Loch K. Johnson, ed., *Handbook of Intelligence Studies* (New York: Routledge, 2007), pp. 289-98; and Tim Shorrock, *Spies for Hire: The Secret World of Intelligence Outsourcing* (New York: Simon & Schuster, 2008).

13) Section 662(a) of the Foreign Assistance Act of 1974; Section 662 of the Foreign Assistance Act of 1961 (22 U.S.C. 2422).

14) Select Committee on Secret Military Assistance to Iran and the Nicaraguan Opposition, U.S. Senate, and House Select Committee to Investigate Covert Arms Transactions with Iran, U.S. House (the Inouye-Hamilton Committee), *Hearings and Final Report* (Washington, DC: Government Printing Office, 1987), The statutory responses came in the form chiefly of the 1991 Intelligence Authorization Act (See note 3). See also Malcolm Byrne, *Iran-Contra: Reagan's Scandal and the Unchecked Abuse of Presidential Power* (Lawrence: University Press of Kansas, 2014).

공작의 방법

냉전기간을 포함하여 공작은 4가지 방식으로 진행되어 왔는데, 이것들은 때때로 동시에 진행되기도 하였다. 여기에는 선전공작(propaganda), 정치공작(political activities), 경제공작(economic disruptions), 준군사공작(PM: paramilitary)이 포함된다.

선전공작

선전공작은 미국이 가장 빈번하게 수행하는 공작으로서, CIA 내부에서는 좀 더 조심스런 표현인 '인식 관리'(perception management)라고 한다. 국가는 일반적으로 미국의 해외공보처(United States Information Agency)나 백악관 보도자료와 같은 공식 채널을 통해 대통령의 정책을 홍보하고 있으나 종종 비밀채널을 통해 이러한 메시지를 강조하기 위해 노력한다. 이러한 비밀채널은 경우에 따라 공작대상국의 사람을 활용할 때 더 효과적으로, 예를 들어 한스 바이덴호퍼(Hans Beidenhofer, 예시의 목적으로 여기에서 사용하기 위해 지어낸 이름)는 독일인들이 많이 읽는 스피겔(Der Spiegel)지의 사설을 작성하고 독일인들에게 많은 신뢰를 받는 인물인데, 만일 그가 냉전시 풀다 갭(Fulda Gap)을 통한 소련 침공에 대응하여 독일 영토에 미국의 중거리 핵미사일을 배치하는 아이디어를 좋게 생각한다는 글을 쓴다면, 이 같은 아이디어를 미국의 국방장관이 직접 언급하는 것보다 현지 독자들에게 더 큰 영향력을 미치게 된다. 신문기자, 잡지 편집인, 텔레비전 프로듀서 또는 토크쇼 진행자인 외국인들, 즉 미국에 우호적인 여론을 형성할 수 있는 위치에 있는 자는 누구든지 '미디어 자산'(media asset)으로서 CIA의 모집 대상이 되는 것이다.

이란이 핵 열망을 추구하려는 위험이 있다는 워싱턴 정부의 슬로건 또는 외교정책이 공개적으로 홍보되고 있다고 하더라도 CIA는 세계 각지에 있는 수많은 비밀 언론채널을 통해 같은 주제에 대해 영향을 미치려 할 것이다. 냉전기간 중에 매일 70~80건의 비밀스런 미디어 광고가 CIA에 의해 이루어졌으며, CIA의 공작 관계자들은 이러한 시스템을 '마이티 워리처'(Mighty Wurlitzer)라고 지칭한다.[15] 그

---

15) See Hugh Wilford, *The Mighty Wurlitzer: How the CIA Played America* (Cambridge, MA:

러나 일단 발표되면 선전은 여기저기로 흘러 다니게 되고 다시 미국으로 돌아오기도 하는데 이것을 '역류'(blow back) 또는 '재생'(replay)이라고 한다. 원래 해외의 동지 또는 적(friend or foe)의 눈과 귀를 위해 계획된 정보가 미국으로 다시 돌아와 미국 시민들에게 영향을 미치고 본의 아니게 미국 시민을 현혹시키기도 한다(그림 3.1 참조). 대부분의 미국의 선전공작의 내용은 사실로서 워싱턴에서 관리들이 공개적으로 언급하는 것을 반복하는 것이다. 그러나 때때로 1~2 퍼센트의 선전공작은 거짓으로 '흑색 또는 허위정보'(black or disinformation)이며 이것이 본국으로 유입되기도 한다. 고위 정보관리인 레이 클라인(Ray Cline)은 "중국 본토에 대한 거짓된 CIA 선전이 국무성 내의 중국 전문가들을 혼동시키고 이들의 분석을 왜곡시킬 수 있음이 매우 우려되곤 했다"고 인정한 바 있다.16)

[그림 3.1] 역류(blow back)에 관한 허블럭(Herblock)의 만화

출처: "I SHOT AN ARROW INTO THE AIR..." — a 1956 Herblock Cartoon, copyright by The Herb Block Foundation.

Havard University Press, 2008).

16) Testimony, "The CIA and the Media," Hearings, Subcommittee on Oversight, Permanent Select Committee on Intelligence, U.S. House of Representatives (Washington, DC: Government Printing Office, 1979).

냉전시기 선전공작의 한 사례로서 CIA는 자유유럽방송(RFE: Radio Free Europe) 과 라디오리버티(RL: Radio Liberty)의 운영을 은밀히 후원하였으나 1970년대 초 그 사실이 폭로된 바 있다. 이들 방송은 뉴스, 쇼, 그리고 문화에 대한 공산주의 정부의 통제를 벗어나 미국과 서방에 대한 우호적인 견해를 청취자들에게 심어주려는 노력의 일환에서 소련과 그 위성국가로 프로그램을 송출하는 것이었다. 마찬가지로 소련 반대자들의 저서 및 잡지, 신문 등 서방 인쇄물을 정기적으로 공산주의 사회로 침투시키는 시도를 하였다. 어느 CIA 고위관리는 소련과 그의 꼭두각시 동맹국을 목표로 한 선전 프로그램에 대해 "동구권 내에 자유로운 사고를 불어넣었고 전체주의 정권들을 견제할 수 있었다"고 평가하였다.[17] 심지어 좀 더 중립적인 관찰자들 사이에서 CIA의 선전공작은 철의 장막 뒤의 반체제 운동 유지에 일조했으며, 소련의 궁극적인 몰락에 기여한 것으로 인정되고 있다.

냉전기간 중에 논란이 된 공작으로 칠레 민주공화국에 대한 CIA의 선전공작을 들 수 있다. CIA는 1964년 존슨 행정부의 지시로 당시 칠레의 대통령후보로 모스크바와 긴밀한 관계를 유지한 사회주의자 살바도르 아옌데(Salvador Allende)의 당선을 저지하기 위해 그의 명성을 깎아 내리는데 300만 달러를 사용했다. 칠레 선거에서 이와 같은 엄청난 규모의 지출은 1인당 국민소득을 기준으로 할 때 미국 대통령캠페인에서 약 6천만 달러를 사용한 것과 같은 금액으로 이는 양국 모두에서 믿기 어려운 액수였고 어찌되었든 선거결과에 영향을 미쳤다. 아옌데는 이에 굴하지 않고 계속 도전하였으며 결국 1970년에 칠레 대통령선거에서 승리하였다.

닉슨 행정부의 지시로 당시 CIA는 아옌데 정부를 약화시키기 위한 선전공작을 전개해 나갔는데 1970년에서 1973년 사이에 아옌데 정권에 대한 부정적인 선전을 위해 추가적으로 300만 달러를 사용하였다. 닉슨 대통령과 그의 고위 참모들은 소련이 중남미에 공산주의를 확산시키기 위한 기지로 칠레를 활용할 것을 두려워하였다. 아옌데가 중남미에서 또 다른 피델 카스트로가 될 수 있다는 것이었다. 칠레에서 미국의 이익을 보호하는 것을 지원하고자 국제전화전신(ITT: International Telephone and Telegraph) 회사와 다른 미국 사업체는 반(反) 아옌데 공작을 위한 150만 달러를 비밀리에 닉슨 행정부에 제공하였는데, 이는 칠레 대통

---

17) Author's interview with a CAS officer, Washington, DC (February 21, 1976).

령이 칠레 내의 미국 기업을 국유화할 가능성을 우려한데 따른 것이었다. 1975년 처치 위원회(Church Committee) 조사에 따르면 아옌데에 대한 CIA의 선전공작 형태는 보도자료, 라디오 논평, 영화, 팸플릿, 포스터, 전단, 우편 발송, 종이 장식 및 벽화 등을 포함하였다. CIA는 공산주의 탱크와 총살형 모습을 담은 이미지를 활용하기도 하였다. 그리고 교황 피우스 11세(Pope Pius XI)에 의해 과거에 작성된 반공산주의 목회서신을 가톨릭 국가인 칠레에서 수십만 장을 복사 배포하였다. 결국 아옌데 정부는 1973년 전복되었다.

때때로 CIA의 선전공작 기획자는 터무니없는 것을 꾸미기도 했다. 1960년대 초 색다른 선전 캠페인을 통해 쿠바 정권에 대항하는 쿠데타를 선동하려는 계획이 있었다. 그 아이디어는 미국의 잠수함을 아바나 해안에 떠오르게 하여 갑판에서 조명탄을 발사하여 쿠바 주민들의 관심을 끄는 것이었다. 그리고 CIA 공작원들이 "그리스도가 오셨다! 적그리스도(anti-Christ)에 대항하여 들고 일어나라"는 말을 전파하려는 것이었다. 공작국의 한 관리는 조사위원회에서 "이것은 예수의 재림을 표현하는 것이며 카스트로가 전복될 것이다"라는 의미를 전달하려 했다고 설명하였다.[18] CIA는 이 계획에 '불빛을 활용한 제거'(Elimination by Illumination)라는 별칭을 붙였다. 그러나 케네디 행정부는 이것이 진행되기 전에 거부하였다.

가장 성공적인 CIA 선전공작 중의 하나는 1954년 중앙아메리카에서 있었다. 이 공작의 목적은 2가지였는데 첫 번째는 중앙아메리카에서 바나나 사업을 독점해 많은 수익을 올리고 있는 미국 기업 유나이티드 프루트사(United Fruit Company)의 과테말라 투자를 보호하기 위한 것이었다. 한편 당시 CIA 부장 앨런 덜레스(Allen Dulles)와 그의 형제이자 국무장관인 존 포스터 덜레스(John Foster Dulles)는 유나이티드 과일회사 이사회에 소속되어 있었다. 두 번째는 소련과 관계를 맺는 어떤 지도자든 좌절시킨다는 아이젠하워(Eisenhower) 행정부의 결단을 전 세계에 보여주기 위한 것이었다.[19] CIA는 과테말라 산악에 라디오 기지를 세웠고 이를 통해,

---

18) Senior DDO officer, testimony, *Hearings*, Select Committee to Study Governmental Operations with Respect to Intelligence Activities (the Church Committee), *Final Report*, 94th Cong., 2nd Sess., Sen. Rept. No. 94-465 (Washington, DC: Government Printing Office, 1976), p. 31; see, also, Church Committee, *Alleged Assassination Plots Involving Foreign Leaders*, Interim Rept., S. Rept. No. 94-465 (Washington, DC: Government Printing Office, November 20, 1975), p. 181, note.

19) See Michael Grow, *U.S Presidents and Latin American Interventions: Pressuring Regime Change*

혁명이 완전하게 진행되고 있으며, 일반대중이 친공산주의 독재자 하꼬보 아르벤스(Jacobo Arbenz)에 대항하여 들고 일어서고 있다는 꾸며낸 이야기를 방송하기 시작하였다. 교묘하게 잘 만들어진 방송은 5,000명의 군대가 수도를 향해 진격한다는 것을 일반대중이 믿게 하였다. 아르벤스는 결국 사임하였다.[20]

정치공작

공작은 때로는 외국의 우호적인 정치인과 관료들에게 재정지원을 하는 형태로 나타나기도 하는데, 매수를 위해 금전을 제공하기도 하고 민주주의 진전을 위한 보상금을 제공하기도 하였다. 어떤 형태든 냉전기간에 CIA가 해외의 정치그룹과 개인에게 상당한 현금을 제공했다는 것이 확실히 기록되어 있는데 이 중에는 서독, 그리스, 이집트, 필리핀, 칠레의 많은 친서방 정당과 세력이 포함되어 있으며 일부 관련 사례들은 대중에게 잘 알려져 있다. 영국의 해외정보기관 MI6는 이러한 지원형태를 '조지 왕의 기병대'(King George's cavalry)라고 재미있게 표현하였다. 냉전기간 중 유럽에서 실시된 중요한 정치공작에는 2차 세계대전 이후 공산주의를 반대하는 노조에 대한 자금지원이 포함되었으며 이것은 당시 높은 우선순위를 차지하였다. 잘 알려진 다른 사례로는 1960년대 이탈리아에서 이탈리아 공산당에 대항한 기민당(Christian Democratic Party)에 대한 지원이 있다. 그러나 당시 기민당에 대한 공개적인 자금 지원이 당의 명성을 떨어뜨림은 물론 이탈리아 유권자에게 기민당이 단지 미국의 꼭두각시에 불과하다고 여기게 되자, 백악관은 이러한 오명을 피하기 위해 은밀한 지원으로 방향을 바꾸었다.

CIA는 세계 각지에 '영향력 있는 공작원'(agents of influence)을 유지하고 있는데 이들은 자동차 주차원과 운전기사에서부터 개인비서, 주요 각료 보좌관에 이르기까지 다양한 바, CIA는 고위 정치인들에게 접근할 수 있는 이들 공작원들을 통해 해당 국가의 정책결정에 영향을 미치고자 하는 것이다. 정치공작의 목적은 중요한 외국관리를 대상으로 소련 또는 오늘날 같으면 이라크 반란자, 탈레반, 알카에다, ISIS, 이란 및 중동, 서남아시아 기타 다양한 지역에서 민주주의에 대한 적들을 멀리하고 미국과 민주주의 동맹국 편에 서도록 설득하는 것이다. 일반적으로

---

in the Cold War (Lawrence University Press of Kansas, 2008).

20) David Wise and Thomas B. Ross, *The Invisible Government* (New York: Random House, 1964).

인간정보 활동을 통해 정치공작이 이루어지기 때문에 CIA는 전 세계에 걸쳐 영향력 있는 공작원을 확보하고자 하지만 공작관의 현재 체류기간이 몇 년에 불과하고 외국어 능력이 제한되어 있어 쉬운 일은 아니다.

경제공작

CIA는 적국의 경제를 침체시키거나 심지어 파괴하려는 시도도 해왔다. 케네디 행정부 기간 중 한 사례를 보면 CIA 요원들은 아바나에서 모스크바로 향하는 설탕에 몸에 해롭지는 않지만 맛을 변질시키는 화학물질을 가미함으로써 쿠바-소련 관계에 해를 가하려고 계획하였다. 마지막 순간에 백악관 보좌관은 이 계획에 의거하여 14,125 포대의 설탕이 소련으로 선적되기 전에 압수되었음을 알게 되었다. 백악관은 미국이 다른 나라의 식료 공급에 손을 대서는 안 된다는 결론을 내렸다.21) 보도에 따르면 비밀스럽게 경제를 붕괴시키기 위한 다른 방법에는 목표 대상국에 위조된 통화를 유통시켜 인플레 압력을 야기하거나, 쿠바의 사탕수수와 같이 적국이 재배한 농업생산물의 국제가격을 고의로 하락시키거나, 외국 핵원자로를 위한 건설자재에 결함 있는 부품을 은밀하게 반입하거나, 전기송전선과 오일 저장 탱크를 폭파하거나, 대상국가의 국제무역 관계를 방해하거나, 선박에 손상을 가하기 위해 항구에 기뢰를 부설하는 것 등도 포함된다.

미군 역시 존슨행정부 초기에 카스트로 정부에 대한 공작을 시도하였다. 국방부는 '스퀘어 댄스 작전'(Operation SQUARE DANCE)을 제안했는데 이는 쿠바의 사탕수수 재배지를 공격하는 부적절하고 어리석은 일로서, 어둠을 틈타 항공기를 이용하여 기생충(parasite)을 떨어뜨려 쿠바 경제에 해를 가하는 것이었다. "이러한 공격은 정치 및 경제적인 혼란을 심화시키려는 것으로 이와 같은 방법으로 구제역을 퍼뜨리고, 구름 씨 뿌리기로 강수량을 통제하며, 사탕수수 밭을 파괴하고 불태우며 사탕수수 제분 및 수송 시스템에 대한 사보타지를 발생시키는 것"이라고 국방부 메모는 주장하였다. 결과적으로 기대하는 것은 '카스트로 정권의 붕괴'였다고 메모는 결론지었다. 군사기획자들은 "새로운 차원의 공격방식 도입을 요구하기 위해 이러한 작전을 채택했다"고 인정하였다.22) 이들은 백악관이 원한다면 이러

---

21) Tom Wicker et al., "CIA Operations: A Plot Scuttled," *New York Times* (April 28, 1966), p. A1.
22) Joint Chiefs of Staff, memo on SQUARE DANCE, dated October 30, 1964, and attached to a

한 조치를 어떻게든지 실행하려고 했다. 그러나 당시 국가안보보좌관이며 하버드 대학 교수 겸 학장을 역임한 맥조지 번디(McGeorge Bundy)는 이와 같은 극단적인 방안에 대해 우려를 표명하고 국방부의 제안을 거부하였다. 결국 이러한 국방부 메모는 미국이 외교정책 목표 달성을 위해 과격한 비밀 경제공작도 시도한 적이 있다는 것을 보여주는 것이었다.

아옌데(Allende)의 대권 도전 전후로 그에게 해를 가하려는 시도로서 CIA는 칠레 경제를 악화시키기 위한 다양한 공작을 채택하였다. 닉슨 행정부의 초기 공작이 칠레 대통령선거에서 아옌데의 승리를 막는데 이미 실패한 상황에서, 칠레 내의 경제혼란과 사회불안을 야기함으로써 현지 군부가 아옌데를 권좌에서 축출할 것을 기대하였다. 당시 중앙정보장(DCI)이던 리처드 헬름스(Richard Helms)는 1970년 9월 15일 백악관 미팅에서 아옌데가 대통령선거에서 승리한다면 어떤 조치가 이루어질 수 있는지에 대해 언급하였다. 그는 닉슨 대통령, 헨리 키신저(Henry Kissinger) 국무장관과 존 미첼(John Mitchell) 검찰총장과의 대통령집무실 회동에서 경제공작에 관한 구상을 밝혔다. 당시 CIA가 이를 위해 채택한 한 가지 방법은 화물자동차 운송사업에 혼란을 조성하는 것으로서 도시 간의 상업 흐름을 방해하는 책략이었다. 이로부터 10년 후 레이건 행정부는 니카라과의 산디니스타(Sandinista) 정권을 전복하려고 시도하였는데 니카라과의 항구에 대한 기뢰 부설 및 전국적인 송전선 폭파를 포함한 경제적인 공작에 의존하였다.

준군사공작

준군사공작(Paramilitary covert actions) 또는 PM으로 알려진 비밀스럽고 호전적인 활동은 CIA의 화살통에 들어 있는 또 다른 화살로서 공작 중에서 가장 치명적이다. 준군사공작은 다른 유형의 공작보다 더 폭력적이고 더 위험하며 비판받을 소지가 크다. 1950년에서 1953년까지 한반도에서 미국의 공개적인 전쟁을 지원하기 위해 CIA 공작이 전개되었는데, 이는 그 때까지 미국이 외교정책 달성을 위한 도구로서 활용한 공작 중 가장 많은 비용이 소요된 것이었다. 이후 미국이 세계 도처에서 공개적인 전쟁을 수행할 때마다 CIA는 공작을 통해 군대를 지원

---

memo from R.C. Bowman to National Security Adviser McGeorge Bundy, 1964 National Security Files (November 12, 1964), Lyndon Baines Johnson Presidential Library, Austin, TX.

하였다. 1953년 CIA는 이란에서 친미세력을 지원하는 공작을 통해 당시 이란의 모함메드 모사데그(Mohammed Mossadeq) 총리를 축출하고 대신 좀 더 유연한 팔레비(Mohammed Reza Shah Pahlavi) 왕을 내세웠다. 그 다음 해인 1954년 과테말라에서 CIA는 선전공작을 주로 구사한 가운데 정치, 경제 및 소규모의 준군사공작을 통해, 민주적으로 당선된 아르벤스(Arbenz) 정부를 축출하는데 성공하였다. 이후 20년간 CIA는 우크라이나, 폴란드, 알바니아, 헝가리, 인도네시아, 오만, 말레이시아, 이라크, 도미니카공화국, 베네수엘라, 태국, 아이티, 그리스, 터키, 쿠바에서 공산주의에 대항하는 세력을 지원하여 정부에 대항하게 하였으며 이를 위해 준군사 공작을 전개하기도 하였다.

쿠바에서 피그만 모험이 실패한 반면에 여러 다른 계획들은 비교적 단기간에 성공을 거두기도 하였다. 예를 들어 1962년부터 1968년까지 CIA는 라오스에서 뭉(Hmung, 'h'는 묵음이다) 부족을 지원했는데 이들은 때때로 Meo 부족으로 지칭되기도 한다. 뭉(Hmung)은 라오스 북부에서 북베트남으로부터 지원을 받는 파테트 라오(Pathet Lao)로 알려진 공산주의 세력에 대항하여 전쟁을 벌였다. 이 전쟁은 파테트 라오를 묶어둠으로써 인접한 남베트남에서 전투를 벌이는 미군을 보호할 수 있게 했다. 뭉과 파테트 라오는 미국이 베트남에서 철수할 때까지는 비슷한 세력을 유지했으나, 미국이 철수한 이후에 뭉은 더 이상 미국의 무기지원을 받지 못함으로써 패주했으며 일부는 CIA의 지원으로 미국에 정착할 수 있었다. CIA는 미국이 1973년 인도차이나 반도에서 철수할 때까지 베트콩(Viet Cong)에 대한 공작을 전개하였다.

레이건 대통령 집권 시에 CIA는 세계각지 여러 나라에서 주요한 준군사공작을 추진하였는데 이중에서도 특별히 니카라과와 아프가니스탄에 중점을 두었다. 이 두 나라를 묶으면 공작 중에서 미국 역사상 두 번째의 큰 규모로서 한국전쟁 시를 약간 능가한다(그림 3.2 참조). 니카라과 개입이 이란-콘트라 스캔들로 종료되는 동안 소련의 아프가니스탄 침공에 대한 CIA의 무자헤딘(mujahideen) 지원은 CIA 역사상 가장 영예스럽고 중대한 일 중의 하나로 간주된다. CIA는 무자헤딘 반군에게 스팅거(Stinger) 미사일을 제공하였는데, 스팅거 미사일은 대부분 산악지대인 아프가니스탄에서 주요 이동수단인 소련 항공기를 격추시킴으로써 불리했던 전세를 역전시키는데 크게 기여하였으며, 결국 소련군은 철수하였다. 현재 공작은

[그림 3.2] 공작의 추세, 1947~2010

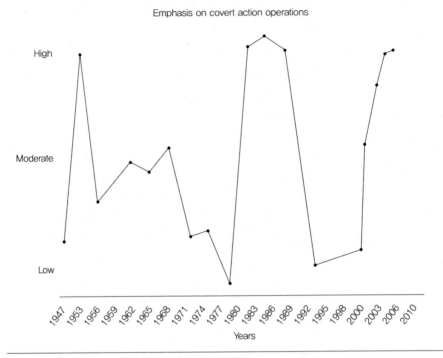

Emphasis on covert action operations

출처: 3장의 주석에 인용된 문헌연구와 함께 수년간 정보기관장과의 인터뷰에 근거한 저자의 추산

미국의 공개적인 전쟁을 지원하기 위해 활성화되었는데 9/11 테러 이후 이라크와 아프가니스탄에서 알카에다와 ISIS 등 테러조직을 겨냥한 공작이 진행 중이다.

암살공작

준군사공작 중에 가장 논란이 많은 공작은 위험하거나 골치아프다는 이유로 외국지도자를 제거하기 위해 암살하는 것이다. 소련은 이런 암살방식을 '궂은 일 (wet affairs)'이라고 부르기도 했는데, 1940년 공산당 동지이었다가 공산정권에 비판적이던 레온 트로츠키(Leon Trotsky)가 멕시코로 망명하자 몰래 첩보원을 보내 얼음송곳으로 찔러 암살한 사례가 있다. 1975년 CIA가 암살계획에 연루된 것이 밝혀진 적도 있다. 당시 의회 록펠러 위원회 및 처치 위원회 소속으로 조사를 하던 조사관들이 찾아낸 파일을 보면, 공작국이 목표로 선정한 해외 지도자들을 암살하는 일을 '극단적 편견의 제거'라거나 '무력화'라는 말로 완곡하게 표현하고 있다. 한때 CIA는 암살대상자 명단을 검토할 목적으로 특별 패널인 '보건개조 위원회(Health Alteration Committee)'를 설치한 적도 있다. CIA는 또한 바늘만한 크기의 초소형 다트(과학기술국의 표현에 따르자면, '알아차리기 매우 힘든 소형 바이오 주사기')를 개발해 망원경이 장착된 45 구경의 권총으로 무심히 서있는 타겟을 조용히 살해하는 방법을 고안해내기도 했다. CIA의 과학자들은 또 75m 정도의 거리에서도 명중시킬 수 있으며 흔적을 전혀 남기지 않는 완벽에 가까운 살인도구로서 다트총의 개발을 구상한 적도 있다.

피델 카스트로(Fidel Castro)는 케네디 대통령과 존슨 대통령의 집권 시기 CIA의 비밀 공작원 및 특별 공작단(Special Operations Group)의 주요 공격목표로 주목을 받았다. CIA는 쿠바의 지도자였던 피델 카스트로를 암살하거나, 혹은 무기력하게 만들기 위해 그의 약상자를 비우고 대신 마약과 독극물로 바꿔치는 방법도 썼다. 본격적인 암살계획을 실행하기에 앞서 CIA는 카스트로가 해외여행을 할 때 신발안에 제모제 가루를 채워 넣기도 했다; 제모제 성분이 그의 발을 통해 몸속으로 퍼져 카리스마의 상징인 턱수염이 없어지도록 하려는 것이었다. CIA는 또한 카스트로의 담배에 보틀리누스 균과 LSD라는 치명적인 환각제 넣기, 그의 잠수복 안에 마두라(Madura) 발곰팡이 균 넣기, 그의 부엌에 첩보원을 잠입시켜 (비록 실패했지만) 스프에 독극물 캡슐 넣기, 가까이 접근할 수 있는 측근을 찾아 바늘이 부착된 볼펜으로 치사율이 높은 흑반병-40 물질을 피부속에 투입하기 등 무수한 암살 시도를 했다. 마지막에 이르러 CIA는 1963년 11월 22일 매우 유능한 인물과 접촉하는데 성공했으나 아이러니하게도 그날 미국 대통령이 암살을 당하였다.

이 모든 암살 노력이 결국은 물거품이 되었는데, 이것은 카스트로가 워낙 교묘히 몸을 감추는데 능하고 KGB(오늘날 러시아에서 SVR 또는 해외 정보국으로 알려져 있는) 소속 최고 보안요원에 의해 보호를 받았기 때문이다. 그래서 CIA는 마피아에게 도움을 청하기에 이른다. 시카고의 갱스터인 샘 지안카나(Sam Giancana)와 쿠바의 전직 마피아(Cosa Nostra) 우두머리였던 산토 트라피칸테(Santo Trafficante), 그리고 조직 폭력배 존 로셀리(John Roselli) 등이 그 대상이었다. 이들은 카스트로 집권 이전에 쿠바 수도 아바나가 전 세계의 도박 중심지였을 때의 인맥을 여전히 유지하고 있었다. 의심할 여지없이 미국 정부는 카스트로에 대한 공작의 대가로 마피아들이 기소되면 뒤를 봐주었으며, 범죄두목들도 자발적으로 나서서 쿠바 망명자 및 청부살인업자로 구성된 암살팀을 모아서 쿠바로 잠입시켰으나 모두 실패했다.

아이젠하워 정부에서부터 시작해 케네디 대통령 재임기간에 이르기까지 CIA의 암살대상이었던 또 다른 인물은 콩고의 지도자 패트리스 러멈바(Patrice Lumumba)이었다. 미국 백악관의 관점에서 본다면 카스트로와 마찬가지로 그의 잘못은 소련과 너무 밀접하게 연루되었다는 것이다. 제로섬 게임과 같이 치열한 경쟁구도의 냉전분위기 속에서 카스트로와 러멈바는 사라져야 할 인물이었다. CIA 본부는 목적을 달성하기 위해 콩고의 현지 공작원에게 다음과 같이 보기 힘든 물품들을 보냈다. 고무장갑, 거즈 마스크, 피하 주사기 그리고 치명적인 생물학적 물질. 그 독극물은 희생자를 바로 사망에 이르게 하거나 최소한 업무수행이 어려울 정도로 몸상태를 무기력하게 만드는 물질이었다. 1961년 중앙정보장인 알렌 덜레스(Allen Dulles)가 CIA의 콩고 공작원에게 보낸 전신은 다음과 같이 강조하고 있다.

여기 최고 정책회의 판단에 의하면 러멈바(LUMUMBA)가 지속적으로 고위직에 머무를 경우, 잘해야 혼란일 것이며 최악의 경우 공산주의자들이 콩고의 정권을 장악하여 국제연합(UN)의 위상과 자유세계의 이익에 재앙적인 결과를 초래할 것이 명백하다. 따라서 우리는 그의 제거가 긴급하고 중요한 목표가 되어야 하며 우리 공작의 최우선 순위가 되어야 한다고 결정하였다.

콩고의 CIA 공작원은 '음식이든 치약이든' 러멈바의 입 속에 독극물을 투입시키라는 본부의 지시를 말 그대로 행동에 옮기기 위한 계획을 짰다. 나중에 콩고 공작관은 그의 동료 중 한명에게 수도인 레오폴드빌(Leopoldville)의 CIA 지부 금고 속에 '그 바이러스'가 보관되어있다고 일러주었다. 훗날 이 감추어진 비밀을 넘겨받은 사람이 조사관에게 씁쓸하게 웃으며 말하길, "그것이 최신 소아마비 주사를 놓아주려는 것이 아니라는 정도는 알고 있었다"는 것이었다. 결국 그 계획은 실행에 옮겨지지 못하였다. CIA는 치명적인 독극물 투입 사과나 치약을 러멈바 주변에 가지고 갈 수 있을 정도의 측근 인물을 포섭하지 못하고 있었다. 그런데 얼마 지나지 않아 콩고 내 라이벌 파벌이 러멈바의 인기상승에 위협을 느껴 그를 잡아다 총살부대 앞에 세워 놓고 처형해버렸다. 그의 죽음에 관한 최근의 연구는 CIA가 살인청부업자의 손을 빌려 러멈바의 암살에 어느 정도 관여했을지 모른다는 것이다. 그렇다면 CIA는 마침내 그를 영원히 제거하는 목적을 간접적으로나마 달성했다는 것을 시사하는 것이다[23].

도미니카 공화국의 라파엘 트루히요(Rafael Trujillo), 남베트남의 엔보 딘 디엠 (Nbo Dinh Diem), 칠레의 레네 슈나이더(Rene Schneider) 장군 또한 CIA가 보낸 암살자에 의해 살해된 국가지도자이다. 그러나 처치 위원회는 이들이 살해될 당시에는 CIA가 이들 암살범들에 대한 통제를 더 이상 할 수 없었던 시기라고 단정하였다. CIA는 또한 인도네시아의 대통령 수카르노(Sukarno), 아이티 공화국 대통령 프랑소와 파파독 듀발리에(Francois 'Papa Doc' Duvalier)의 제거에 나선 그 나라 반체제 인사들에게 무기를 제공해주기도 했다. 비록 백악관과 CIA 요원들이 그런 결과에 대해 눈물 흘리며 슬퍼하지는 않았을 지라도 이러한 음모들이 CIA의 직접 개입 없이 진행되기는 어려웠을 것이다.

CIA는 낮은 직급의 관료들에 대한 암살이나 무력화 작업에도 직접 개입하였다. 이러한 종류의 공작 사례 중에서 가장 유명한 것이 남베트남지역에서 실행한 CIA의 피닉스 프로그램(Phoenix Program)인데, 시골지역에 공산주의 영향력(베트공, VC)을 약화시키려는 전쟁노력의 일환이었다. 이 프로그램을 주도한 중앙정보장 윌리엄 콜비에 따르면, 당시 약 20,000명에 달하는 베트콩 지도자들과 동조자들이 살해되었다고 한다. 물론 그 중 85%의 희생자들은 남베트남이나 미국 군대와 싸우는 군사 및 준군사 작전에 연루되었다고 하지만 그래도 꽤 많은 희생자가 났다고 할 수 있다.

1976년 의회가 CIA의 국제 암살계획 연루사건을 밝히자마자, 제럴드 포드 대통령은 이런 관행에 반대하는 행정명령에 서명을 했다. 후임자들도 계속 이런 기조를 유지하였지만 행정명령의 내용을 살펴보면 다음과 같다. "미국 정부를 위해 일하거나 또는 고용된 사람은 그 누구도 암살에 가담하거나 공모해서는 안 된다.[24]" 물론 대부분 이런 행정명령이 존중되었지만 정부가 자신들의 필요에 맞추기 위해

---

23) Stephen R. Weissman, "An Extraordinary Rendition," Intelligence and National Security 25 (April 2010), pp.198−222.
24) Executive Order 12333, Sec. 2. 11.

말을 바꾸는 상황이 발생했다. 예를 들어, 레이건 대통령은 1986년 리비아에 대한 공습의 일환으로 무하마르 카다피(Muammar Qaddafi)의 집에 폭격을 명령한 적이 있는데 그 이유는 그가 테러를 조장하고 지원한다는 것이었다. 그리고 조지 부시 대통령은 페르시아 걸프전쟁(1990~91) 동안 이라크 지도자 사담 후세인 대통령궁을 포함하여 바그다드에 무차별 폭격을 명령한 적이 있다. 실제로 부시대통령(아버지 부시)의 백악관은 "사담 후세인이 벙커에서 죽기를 바라며 매일 촛불을 켜고 기원했다"고 전직 중앙정보장이 회상한 적이 있다.[25] 이러한 사례에서 보듯이, 미국은 리비아, 이라크와 명백한 전쟁상태에 있었고 이러한 상황 하에서는(이상적으로는 의회의 승인을 받아야하지만) 사실상 암살공작을 위한 대통령 행정명령은 시행되지 않는다.

최근 미국은 의회의 승인을 받아 이라크, 아프가니스탄 그리고 ISIS와 알 카에다 지지자들(아프가니스탄과 파키스탄에 있는 탈레반)에 대응하는 명백한 전쟁에 개입한 적이 있다. 이런 전쟁에서 암살에 대한 대통령 행정명령이 또 다시 나타나서, 느슨하게 적용되었다. 2003년 발발한 두 번째 페르시아 걸프전쟁에서 사담 후세인은 지속적으로 공격목표로 지목되었다. 그러나 첫 번째 페르시아 걸프전에서와 마찬가지로 그는 찾기가 매우 힘들었다. 마침내, 같은 해 12월, 미군은 그의 고향 근처 동굴안에 숨어있는 그를 찾아냈다. 그는 체포되어 이라크 법정에서 기소되었으며 결국 교수형에 처해졌다. 이 모든 것이 부시정부 하의 미국이 뒤에서 강력하게 요청한 결과였다. 사담은 첫 번째 걸프전쟁에서 이라크가 패배한 이후 곧 바로 부시가 승리를 축하하기 위해 쿠웨이트를 방문했을 때, 두 부부를(부시대통령의 아버지와 어머니) 암살하려고 한 적이 있는데 아들 부시는 이것을 결코 잊지 않았다.

미군 및 CIA 무장단체가 체포 및 암살대상으로 지목한 명단을 보면 대부분 아프가니스탄과 파키스탄에 있는 탈레반, 알카에다 조직원들이며, 시리아 및 이라크, 리비아 등 여기저기 산재해 있는 이슬람국가(ISIS) 멤버들이다. 오바마 정부는 이런 무인항공기 공격목표에 아프간의 마약 딜러들을 추가했다.

냉전이 종식된 이후, CIA는 (미국 공군과 협력하여) 치명적인 준군사적 무기를

---

25) Former DCI Robert M. Bates, quoted by Walter Pincus, "Saddam Hussein's Death is a Goal," *Washington Post* (February 15, 1988), p. A36.

개발하여 현장에 배치하였는데 무인항공기인 프레데터(predator)와 그보다 막강한 리퍼(Reaper)가 그것이다. 이런 드론들은 헬파이어 미사일이 장착되어 맘대로 국경을 넘나들며 날아다닐 수 있다. 이러한 무기체계들은 아프가니스탄과 파키스탄의 한 장소에서 (착륙과 이륙이) 원격으로 조종되며 (비행의 공격목표 선정이나 제거를 위해서는) 네바다와 랭글리 또는 미국의 다른 지역에서 조종될 수 있다. 상대적으로 낮은 고도에서 날아다니는 무인항공기(UAV)는 미사일을 발사하기 전에 미국에 있는 조종사가 원거리 목표를 식별할 수 있도록 정교한 카메라가 장착되어 있다. 그럼에도 불구하고 불행한 실수는 계속 반복되는데, 탈레반과 알 카에다 테러범들이 이슬람 사원에 있는 민간인 속에 숨어 있다가 공격을 받기 때문이다. 이 때문에 함께 같이 있던 무고한 시민들이 미사일 공격을 당하게 되는데 CIA와 미군이 이런 '부수적 피해(Collateral Damage)'를 피하기 위해 많은 노력을 기울이고 있으나 피해는 계속 발생하고 있다.

민간인 피해자에 대하여 최근 통계를 낸 오바마 정부는 2016년 NBC 뉴스에서 2009년 이래 500여 차례의 드론공격으로 인해 '단지' 100명 미만이 사망했다고 밝혔다. 같은 해 말에 정부는 정확한 숫자를 밝히기를 473번의 드론 공격으로 64명에서 116여 명의 민간인이 사망하였다고 하였다. 그러나 시민단체의 추산에 의하면 민간인 사망자의 실제 숫자는 1,000여 명을 훌쩍 넘어선다.[26]

현재 드론을 통한 암살계획은 먼저 정보기관 소속 변호사들과 함께 일하는 NSC 변호사들에 의해 심의를 받게 되어 있다. 처음 단계는 정보공동체와 국방부(Department of Defense) 소속 변호사들이 제출한 암살목표 선정에 대한 소견서로부터 시작된다. 그 다음 NSC 차석위원회(국방부 또는 각 기관에서 두 번째 서열에 있는 사람들로 구성)는 상임위원회에 있는 국가정보장 또는 중앙정보부장과 국방부장관에게 넘어가기 전에 대상 명단을 철저히 검토한다. 만약 잠재적 공격목표가 미국 시민이라면, 대통령이 반드시 승인을 해야 하며, 의회 감시위원회에게도 고지해야

---

26) Unsigned editorial, "Lethal Force under Law," *New York Times* (October 10, 2010), Wk. 7. See also Ken Dilanian and Courtney Kube, "U.S. Report Will Say Drones Have Killed Just 100 Civilians," NBC News (June 10, 2016). For the corrected figure in 2016, see the unsigned editorial, "The Secret Rules of the Drone War," *New York Times* (July 10, 2016), p.SR8. On the drone murder of Alaki, see Scott Shane, Objective Troy: A Terrorist, a President, and the Rise of the Drone (New York: Tim Duggan Books, 2015).

한다. 아주 예외적인 경우에는 이 같은 조치들이 생략될 수도 있는데 그 때는 대통령 혼자 암살의 책임을 지고 승인을 하는 경우이다. 이렇게 강화된 절차에서 오바마 정부는 드론 공격을 감행하기 전에 정보정찰(reconnaissance)과정을 개선함으로써 무고한 민간인 피해를 피하려는 노력을 배가하였다. 더구나 오바마 정부가 제시한 가이드라인을 보면 드론암살은 공격목표로 정해진 사람이 미국에게 심각한 위협을 가할 때에만 시행될 수 있으며, 공격으로 인한 민간인 피해가 '거의 확실히 없을' 경우만이라고 단서조항을 달았다.

CIA의 고위 간부 몇몇은 공작 —특히 드론 공격— 이 CIA의 글로벌 공작에 있어 지나치게 지배적인 수단이 되고 있으며, 정보분석도 세계정세의 평가보고서보다 GPS를 통한 드론목표의 좌표설정에 더 집중하고 있는 것에 대해 우려를 표명하였다.[27] CIA 본부 랭글리에서, 오랫동안 정보분석관으로 일했던 CIA 부장 존 브레넌은 CIA의 주요 책무 중에서 전통적인 분석업무로의 회귀를 강조하면서 드론공격은 CIA가 제한적인 경우에만 사용해야한다고 주장했다. 임기 말년의 오바마 정부는 대테러공격의 책임을 CIA에 맡기기보다 국방부에게 맡기기 시작하였는데 이는 부분적으로 브레넌 국장이 CIA를 정보수집 및 분석기구가 아닌 살인도구로 만드는 데 강력하게 반대하였기 때문이다.

일찍이 클린턴 행정부 시절 대통령은 홍해의 미국 구축함에게 알카에다 지도자, 오사마 빈 라덴을 공격하기 위해 대기시켰던 두 번의 크루즈 미사일공격을 취소한 적이 있다. 한 번은 빈 라덴이 마을에서 그의 아내들과 아이들에 의해 둘러싸여 있었으며, 또 다른 때는 새 사냥 중에 미국 우방국인 아랍에미레이트의 왕자와 함께 있을 때였다. 또 다른 예로는 홍해에 있던 미국 해군 순양함으로부터 아프가니스탄, 팍티아 지방 근처 코스트(Khost) 마을의 사막에 모여 있던 알 카에다로 보이는 집단에 미사일이 발사된 적이 있는데 미사일 탄두가 그 야영지를 타격

---

27) For accounts of U.S. drone attacks in the Middle East and Southwest Asia, see H. Gusterson, Drone: Remote Control Warfare (Boston: MIT Press, 2016); J. Kaag and Sarah S. Kreps, Drone Warfare (Cambridge, UK: Polity, 2014); Jane Mayer, "The Predator War," The New Yorker (October 26, 2009), pp. 34–45; Mark Mazzetti, The Way of the Knife: The CIA, a Secret Army and a War at the Ends of the Earth (New York: Penguin, 2013); Shane, Objective Troy; and Chris Woods, Sudden Justice: America's Secret Drone Wars (New York: Oxford University Press, 2015). On the CIA rethinking the wisdom of its involvement in drone attacks, see Mark Mazzetti, "CIA to Focus More on Spying, a Difficult Shift," New York Times (May 24, 2013), p. A1.

하기 전에 빈 라덴은 이미 야영지를 떠난 후였다. 그는 (전문가들의 의견에 따르면) 파키스탄의 산 근처 어딘가에 몰래 은신하면서 미군의 암살시도를 계속 피해갔다. 2011년 그는 마침내 발견되었으며, 미군 특수 부대에 의해 수도 이슬라마바드에서 불과 35마일 떨어진 아보타바드(Abbottabad) 도시의 건물에서 사살당하였다.

정확히 누구를 '암살대상 명단'에 올려야 할지를 결정하는 것은 매우 껄끄러운 문제이다. 본래, 2001년 제정된 애국법(Patriot Act)에 따르면 9/11 공격에 가담했던 적들만이 합법적인 보복대상이라고 규정되어 있었다. 그 이후로 ─그리고 더 이상의 법적인 지침이 없음에도 불구하고─ 암살명단이 점점 더 추가되었다. 예를 들어, 안와르 알 알라키(Anwar al-Awlaki)라는 이름으로 예멘에서 숨어 살던 미국 시민권을 소지한 아랍인이 있었는데 미국을 목표로 한 테러 음모에 실제로 개입한 것이 확실하게 알려진 적이 없음에도 불구하고 오바마 정부에 의해 암살대상에 올라갔다. 만약 그가 실제로 그랬다면, 알 알라키는 합법적인 공격목표로 고려되어야 했을 것이다. 그러나 그가 단지 반미적인 연설을 하는 정도였다면 단지 서구문명에 대해 성전(jihad)을 주창하는 중동 및 서남아시아에 사는 수백 명의 급진주의자 중 한 명일뿐이었다. 외부와 담을 쌓은 채 오바마 정부의 변호사들은 자기네끼리 알 알라키가 합법적 암살대상이 될 만큼 많은 테러행위에 가담했다고 단정을 지었다. 오바마 대통령이 그의 사형집행 영장에 서명을 하면서, 이 예멘인 이슬람 성직자는 2011년 헬파이어 미사일 공격으로 인해 산산조각이 나버렸다. 그가 CIA 드론공격에 의해 사망한 첫 번째 미국 시민권자는 아니다. 2002년 프레데터 드론이 알카에다의 조직원으로 추정되는 6명의 승객이 타고 가던 자동차를 예멘사막에서 미사일로 공격하였다. 6명 모두 현장에서 불타 죽었는데 그 중 한 명이 미국 시민인 것으로 밝혀졌다. 이런 사건 하나하나 그리고 우연히 같이 있다가 사망하게 된 알 알라키의 아들을 포함하여 다른 사건들 모두 합법적 절차와 암살에 대해 심각한 문제를 제기한다.

현재로서, 암살 리스트를 작성하는 절차는 투명성과 충분한 감시가 부족한 상태이다. 누구를 살해하기 위한 결정은 대상국가 주둔 미국대사의 승인과 CIA국장 및 공작국장과 국가정보장의 동의가 필요하다. 앞에서 살펴 본 것처럼, 만약 암살대상이 알 알라키처럼 미국 시민권자라면, 법무부의 변호사들과 대통령의 승인까지 받아야만 된다. 이어서 의회 정보위원회 위원들 중에 최소한 몇 명이라도 암살

목표에 대한 브리핑을 받고, 그들의 보좌관 일부가 백악관 상황실에 같이 가서 드론 공격에 대한 비디오 녹화과정을 지켜보게 되어있다. 이런 제도는 행정부가 민간인 살상을 최대한 피하기 위해 노력하고 있다는 것을 감독관들에게 보여주도록 의도된 것이다.

정보공동체가 신중히 행동하기 위해 최선을 다하고 있다는 것을 의회 감독관들에게 확신시키려는 노력에도 불구하고, 의원들은 비밀 정보기관이 9/11 사건 이후 수행하고 있는 방첩공작이 때때로 도가 지나친 것으로 생각하였다. 그 예가 아들 부시 대통령 행정부 동안 만연했던 거친 심문방식으로서 용의자 해외송출(5장에서 심층적으로 다룬 주제)문제 같은 것이다. 이러한 과잉조치를 염두에 두고, 비판가들은 드론공격의 문제에 관한 한 보다 공식적인 의회의 심의가 이루어져야 한다고 주장한다. 비판가들은 사법부 또한 이러한 의사결정 과정의 일부에 참여해야 한다고 제안한다. 이에 새로운 법원이 암살에 대한 영장집행을 발급할 수도 있을 것이다. 특수정보법원에 대한 선례로, 1978년 외국정보감시법(FISA; Foreign Intelligence Surveillance Act)에 의해 설치된 사법심사단이 있는데, 여기에서는 행정부 관료들이 테러 행위에 가담한 것으로 의심되는 미국 시민들에 대해 전화감청 영장을 청구하는 곳이다.[28]

2014년 그리고 이후에, CIA는 이라크나 시리아에 있는 이슬람국가단체(ISIS)에 대해 더 이상 드론 미사일 공격을 하지 않고, 국방성의 드론 조종사들에게 그 임무를 맡겨버렸다. 그러자 CIA의 이런 임무 소홀에 대해 워싱턴 정가에서 새로운 논쟁이 벌어졌다. CIA가 과연 살인업무(Murder, Inc. business)에서 벗어나 국방부에게 드론 전쟁을 전부 다 맡기는 게 바람직한 것인가? 일단의 반대자들은 CIA의 드론 공격역량을 감축시키자는 대통령과 국가정보장의 의견에 대해 반대를 표명하였다. 한 번은 상원특별정보위원회 위원장인 리차드 버 공화당 의원과 야당의원 디안 페인스타인 민주당 의원이 함께 주장하기를 국방부가 이따금 시리아와 이라크에 있는 유명한 테러범에 대한 공격에서 너무 늦게 드론을 보내 CIA가 찾아낸 ISIS 대원의 '제거 기회를 놓친 적'이 있다고 힐난하였다. 그런 상황에서는 CIA의 드론 조종사들도 공격을 하도록 허용되어야 한다고 이들은 주장하는 것이다. 이러한 근거 뒤에는 의회가 갖고 있는 두 가지 염려가 있었다. 우선, 상원특별정보위

---

28) "Lethal Force under Law" (see note 26 above).

원회 위원장은 휴즈-라이언법(Hughes-Ryan)의 보고 절차에 따라 CIA가 국방부보다 의회에 대해 더 큰 책임을 져야 한다고 생각했으며 명백한 전장이 아닌 곳에서의 드론공격에 대해서는 CIA가 더 명확한 책임소재가 있기 때문이라는 것이었다. 그런 위험지역들은 아프가니스탄과 시리아 동쪽 및 이라크의 ISIS 테러 단체, 그리고 최근에는 리비아 지역들을 일컫는다. 두 번째로, 언급되지 않았지만, 상원 정보위원회 지도자들(그리고 하원상임특별정보위원회도 마찬가지로)은 CIA의 드론 사용에 대한 감독권을 계속 유지하고 싶어했다. 왜냐하면 이것이 백악관 내 고위 정책관료들과 매우 밀접한 관계를 유지할 수 있는 흔치 않는 기회를 제공하기 때문이었다. 그러나 여전히 몇몇은 국방부의 드론공격이 CIA의 공작만큼 기밀로 포장될 필요가 없기 때문에 더 책임이 있다고 주장했다.

미국이 해외의 적들을 '죽이거나 무력화'시키고자 결정했을 때에, 그것을 실행하는 것은 결코 쉽지 않은 것이었다. 쿠바의 카스트로는 약 32차례의 CIA 암살시도에도 불구하고 살아남았다.[29] 1993년 아프리카 혼 지역의 전투에 미국이 잠시 개입하였을 때 소말리아의 군 지도자 모하메드 알리 파라 알리디드(Mohamed Ali Farrah Alidid)를 제거하려고 하였다가 실패한 적이 있다. 1990년대에 사담 후세인을 추적하려고 하였으나 거의 불가능에 가까웠다. 빈 라덴은 9월 11일 이후 거의 10년 동안 CIA의 추적을 피하였다. 안와르 알아라키 또한 몇 년간 행방이 묘연하였다. 독재자들은 통상 편집병적이며, 잘 경호되고, 추적하기가 어려운데, ISIS와 알카에다 그리고 그들의 테러범 중 고위급 대원들 또한 마찬가지이다. 무엇보다 가장 골치 아픈 것은 미국의 암살시도로 인해서 반대편 다른 나라의 사람들도 미국 대통령과 정치 지도자들의 해외여행 시 그들을 암살목표로 삼을 수 있게 자극한다는 것이다.

공작의 전성기와 쇠퇴기(The ebb and flow of covert action)

어떤 행정부는 공작을 잘 사용하지 않았지만, 어떤 행정부는 공작에 막대한 예산을 쏟아 붓기도 하였다. 이러한 공작에 대한 지원은 CIA 초기 시절에 많았는

---

29) Stansfield Turner, Burn before Reading: Presidents, CIA Directors, and Secret Intelligence (New York: Hyperion, 2005), p. 32

데, 1947년에는 거의 존재감이 없다가 1950~53년 한국전쟁 당시 급증하였으며, 잠깐 하락세를 보이다가 1968~71년 베트남 전쟁이 정점에 달했을 때 또 다시 예산이 급증하였다. 이후 레이건 재임기간(그림3.2 참고) 다시 급증하기 전까지 10년 동안은 하락세를 보이기도 하였다. 한국전쟁은 CIA의 초기 시절 공작 임무를 크게 활성화시켰던 시기이다. 라넬라(Ranelagh)가 보고하였듯이, "1951년 1월부터 1953년 1월에 이르기까지 예산이 16배 가까이 증액"되었으며, 공작업무에 배치된 인원도 두 배 가량 증원되었다.30) 처치 위원회에 따르면, 이 기간 동안 공작에 대한 예산이 "급격히 팽창하였다".31) 이란(1953)과 과테말라(1954)에서의 성공적인 결과가 아이젠하워와 케네디 정부로 하여금 미국이 해외정책의 주요 수단으로 공작에 의존하도록 만들었다. 도거티(Daugherty)는 이란과 과테말라에서의 결과가 CIA를 자만하게 만들었으며 그런 태도들이 아이젠하워 행정부의 국가안보 기구에 전반적으로 나타났다고 주장한다.32)

심지어 1961년 케네디 행정부의 피그스만 침공 실패(bay of pigs fiasco)마저도 공작에 대해 약간의 회의감만 느끼게 하였을 뿐 케네디 정부는 국제적인 골칫거리를 해결하는데 다시 CIA에게 도움을 청하게 된다. 1960년대와 1970년대 초반에 걸쳐, 공작국과 해외 용병들은 공산주의 세력에 대항하여 보이지 않는 제3차 대전을 수행하였으며 이것의 대부분이 인도차이나의 정글에서 벌어졌다. 때때로, 공작은 CIA 1년 예산의 60% 이상을 차지하기도 했다.33)

'조용한 옵션'이라는 공작이 갑자기 쇠락하게 된 것은 1970년대 초반에 베트남에서 느낀 전쟁의 쓴 맛(souring), 닉슨정부가 추구한 정부예산 감축안, 소련과의 잠정적인 긴장완화 조짐, 그리고 1975년 민주선거에 의해 당선된 칠레 아옌데 정권에 대한 CIA의 공격 및 암살계획 폭로사건과 이로 인해 초래된 국내 스파이 사건에 의해 초래되었다. 공작의 폭로, 특히 처치 위원회의 폭로사건은 미국 사람들과 의원들에게 특수공작의 도덕성과 가치에 대해 재고하게끔 만들었다. 국민여론이 공작을 '갑작스럽게 중단'시켰다고 CIA의 선임 직원은 회상한다.34) '세 번째

30) John Ranelagh, The Agency: The Rise and Decline of the CIA, rev. Edn (New York: Simon and Schuster, 1987), p. 220.
31) Church Committee, Final Report, p. 31.
32) Daugherty, Executive Secrets, p. 140.
33) Author's interview with a senior DO manager, Washington, DC (February 18, 1980).
34) Author's interview with a senior DO officer, Washington, DC (October 10, 1980).

옵션'(비밀 공작에 대한 완곡한 표현)에 대한 관심은 지미 카터 대통령의 재임기간 다시 재개되었는데, 아이러니하게도, 그는 1976년 선거기간 동안 CIA의 공작을 '더러운 속임수'라며 비판한 적이 있었다. 카터가 마음을 바꾼 배경에는 1979년 소련의 아프가니스탄 침공이 크게 작용하였다. 카터 대통령은 미국이 다시 맞서 싸워야한다고 결심했다(여기에는 강경파인 국가안보 보좌관 애비그뉴 브레진스키의 강력한 제안도 작용했다). 그리고 CIA 공작이 대안적인 보복수단으로 사용될 수 있을 것이었다. 왜냐하면, 이는 소련과의 전쟁, 즉 로스앤젤레스와 뉴욕에 이르는 미국 도시들을 단 30분 안에 파괴시킬 수 있는 수천 개의 핵미사일을 보유한 소련과의 전면전을 상정하면 사실 자살행위나 마찬가지이기 때문이었다.

공작 옹호론자들은, 그 이후의 10년, 즉 1980년대를 공작의 황금기라고 말한다. 레이건 정부는 1947년 이후 해외 비밀개입에 대한 미국정부의 지원 역사상 가장 기록적일 만큼 공작예산을 전폭적으로 증가시켰다. 물론 공작에 대한 현재의 지원활동이 −특히 중동과 서남아시아에서 무인항공기 공격을 동원한 준군사활동 − 오바마 정부기간 동안 그 기록을 넘어섰지만 말이다. 1980년대는 또한 대규모 공식 전쟁에 국가적 차원의 개입이 없이 미국이 공작수행에 큰 관심을 기울였던 유일한 시기이기도 하다. 통상적으로 미군의 중요한 해외 군사개입 시기에 공작은 군사작전 지원이라는 틀 안에서 가장 많이 활용되었다. 한국, 베트남, 그리고 최근에는 이라크, 아프가니스탄 및 ISIS, 알카에다, 탈레반 반군들에 대한 전투를 꼽을 수 있다. 레이건 시기에는, 만약 정부가 그렇게 하기로 결정만 하였다면, 평시조차도 공작을 크게 강조했을 것이라는 것을 보여준다.

따라서 1980년대에, CIA 공작국은 엘살바도르에서부터 캄보디아에 이르기까지 전 세계 개발도상국가에서 공산주의 해방전쟁에 대항하는데 있어 '레이건 독트린'이라는 이데올로기를 확산시키는 주요 수단이 되었다. 레이건 정부의 주요 공격목표는 니카라과의 산디니스타(sandinistas)와 아프가니스탄의 적군파(Red army)였다. 이 두 공작수행에 예산이 집중되었으며 특히 나중에 이란−콘트라 스캔들로 알려진 니카라과 사건에는 불법자금이 흘러 들어갔다. CIA의 니카라과 개입사건은 CIA의 공작 역사상 피그스만 침공실패보다 더 참혹한 최악의 공작실패로 손꼽힌다. 이란−콘트라(Iran−contra) 사건은 의회의 볼랜드 수정법(Boland Amendments)이 공작을 금지했음에도 불구하고 레이건 정부(특히 NSC 직원과 CIA 요원)가 의회를 따돌리고 니카라과 공작을 위해 비밀리에 불법자금을 조성했다는 점에서 미국 연방헌법에 대한 근본적인 침해사건이다. 또한 미국 헌법에 대한 침해를 넘어서, 이 공작계획은 산디니스타(Sandinistas) 정권을 무너뜨리는 데에도 실패했다. 당시 산디니스타 지도자였던 다니엘 오르테가(Daniel Ortega)는 이후 몇 번의 선거에서 살아남아 니카라과를 계속 통치하게 되었기 때문이다(최근 다시 니카라과의 대통령이 되었다). 반면 이와 대조적으로 아프간에 대한 개입은 휴즈－라이언(Hughes－Ryan)법에 따라 적절한 승인절차를 거쳤으며 공작이 아프가니스탄에서 소련을 물러나게 하는 결정적 성공요인이 되었다.

조지 부시 대통령은 상황에 따라 공작이 유용할 수도 있다고 하였는데, 그러나 사실 재임기간 동안(1989~92) 특수공작에 대한 예산은 급격히 감소하여 미국 정보활동 예산의 1% 미만에 그쳤다. 이것은 레이건 재임 시기 최고 정점에 달했던 것에 비교하면 상당히 감소된 것이었다.[35] 냉전시기 미국 주도의 반공운동이 전성기를 달리던 시점에서 1991년 탈냉전이 시작될 무렵의 공작 업무는 거의 괄시받는 수준으로까지 떨어졌다. CIA 선임 공작관은 이 당시의 시절을 돌아보며 안타까운 심정으로 다음과 같이 회상하였다.

나는 공작업무에 적절한 자원이 배정되어 정책추진을 지원할 때 공작의 여러 영역에서 훨씬 더 많은 것이 실행될 수 있다고 생각한다. 나는 공작이 CIA 예산의 60%를 차지하고 있을 때를 회상하며 말하는 것이 아니다. 다만 나는 1% 미만의 예산은 최소한의 것에도 못미치는 너무 보잘 것 없는 수준이라고 생각한다. 공작은 우리 CIA에게 합법적으로 그리고 적절하게 할당된 미션이며, 우리가 일단 이것을 더 잘 이해하고 공작을 둘러싼 여러 논쟁들을 개선하여 시행할 수 있게 되면, 나는 대통령이 우리에게 수여한 미션을 효과적으로 수행하기 위해서 추가적인 인원증원이 필요하다고 생각한다.[36]

클린턴 정부 시절, 중앙정보장을 역임했던 존 도이취(DCI John Deutch)는 다음과 같이 말했다. "중앙 아메리카에서의 이란－콘트라 사건과 공작활동에 대한 80

---

35) George H. W. Bush, letter to the author (January 23, 1994); and author's interview with DCI R. James Woolsey, Langley, Virginia (September 29, 1993).
36) Author's interview, Washington, DC (March 21, 1995).

년대의 공공연한 논란 이후로, 우리는 공작을 현저히 줄여왔다.")[37] 도이취의 재임동안(1995~96), 공작 예산이 약간 증가했는데, 이는 적대세력과 대항하는 신생 민주주의 정권(예를 들어, 아이티와 같은)에 대한 원조를 포함해, 테러범들의 교묘한 책략과 마약 판매상, 무기 확산범(클린턴 재임 기간 동안 1급 위협수준의 공격목표로 상승하기도 한)을 물리치는 수단으로 공작이 활용되었기 때문이다. 공작은 이제 냉전시기와 비교하여 훨씬 까다롭고 세세하게 제한되고 있다.

조지 부시 주니어가 대통령으로 당선되었을 때 공작은 9/11 공격이 있기 전까지 미미한 수준에 머물러 있었다. 그러다가, 미국이 수행한 세 번의 전쟁(이라크전, 아프간전, 세계적인 대 테러전)을 동시에 겪으면서, 공작은 다시 전성기를 되찾게 되었으며, 주로 중동 및 서남아시아 지역에서 공격목표를 찾아 수행되었다. 이런 공작활동의 활성화는 역사적으로 전성기 수준에 견줄 만큼 공작의 위상을 되찾게 해주었다. 한국전쟁을 지원하기 위한 활동 수준과 레이건 정부가 니카라과와 아프가니스탄에서 제3의 옵션으로 행했던 수준만큼 말이다. 버락 오바마는 처음에 공작에 대한 관심을 부시 정부(아들 부시)가 확립한 수준에서 유지했었으나, 곧 아프가니스탄과 파키스탄에 대해 더욱 광범위하게 적용해 최고치에 달할 정도로 활용하였다(이는 행정부의 공작활동 강조의 견지에서 볼 때 그렇다는 것이다). 2011년, 오바마 대통령은 리비아의 가다피 정권과 대항해 싸우는 반군을 지원하기 위해 공작임무를 승인하였으며 이후 그 정권이 무너지고 가다피가 살해당한 후에도 이 골치 아픈 북 아프리카 국가에 등장한 새로운 ISIS 반란 세력과의 싸움을 위해 공작지원을 승인하였다.

공작의 사다리 단계(A ladder of escalation for covert action)

1965년 허드슨 연구소(Hudson Institute)의 전략가 허만 칸(Herman Kahn)은 국제문제의 강압적인 성향을 이해하기 위한 '상승 사다리(escalation–ladder) 비유'가 들어간 영향력 있는 책을 출간하였다. 칸은 그의 사다리를 "양측의 대치 상황에서 전략가가 마주한 많은 선택방안들을 정리한 편리한 리스트"라고 묘사하였다.[38]

---

37) Deutch, DCI speech (see note 4).
38) Herman Kahn, On Escalation: Metaphors and Scenarios (New York: Praeger, 1965), p. 37.

공작에서의 단계별 상승사다리(Figure 3.3 참고)에서, 선택안들은 국제법의 심각한 위반과 국가주권을 침해하는 정도를 단계별로 나타내고 있으며, 기본적으로 위로 올라갈수록 그 정도가 심한 것으로 제시되어 있다. 예시가 묘사하듯이 공작들은 일상적인 수준의 낮은 단(Rung)에서부터 시작하여 더 높은 단(Rung)으로 갈수록 더 극단적인 범위가 망라된다.[39]

공작의 높고 낮은 수준에 대한 경계구분은 뚜렷하지 않으며, 논란과 이견이 있을 수 있다. 예를 들어, 1967년 UN 총회의 우호관계문제 특별위원회 소속의 일부 위원들은 비밀 프로파간다와 정당 후원을 위한 비밀자금 제공 등은 "상대국 정부의 폭력적 전복을 위한 행위보다는 덜 심각한 행위"라고 주장하였다.[40] 이에 대해 다른 위원은 이러한 관점에 반대했는데, 그 이유는 어떠한 형태로든 공작을 정당화 시키려는 것을 반대하였기 때문이다. 그 결과 양분된 견해가 도출되어, 특별위원회는 비밀 프로파간다와 비밀 정치자금 후원에 대해 금지하지도, 지지하지도 않는다고 얼버무렸다. 위원회의 일처리를 지켜본 한 사람이 예리하게 지적하기를 "총회가 승인한 문구들은 다양한 해석의 여지를 낳을 수 있는 상호 타협적인 형태로 만들어졌다"[41]고 하였다. 여기 제시된 공작단계의 사다리 비유법 역시 다양한 해석의 여지가 있을 수 있으나 독자로 하여금 최소한 공작이 수반하는 심각성의 수준을 가늠하게 해 줄 것이다.

	4단계: 극단적인 옵션
29	대량살상무기의 사용
28	대규모 비밀전쟁
27	암살공작

---

39) A CIA intelligence officer, James A. Barry, suggested to the author (who agrees) that the demarcation of broad thresholds on the ladder is more useful than the exact steps within each threshold, since it is difficult to agree exactly about whether some specific rungs should be higher or lower than other rungs. The key point, he argues, is that "there are degrees of damage — physical, economic and psychological / moral — and that these must be clearly articulated in a discussion of proposed covert actions" (letter to the author, dated May 18, 1992).

40) See Report of the Special Committee on Principles of International Law Concerning Friendly Relations and Co-operation among States, UN Doc.A/6799 (1967), p. 161.

41) Lori Fisler Damrosch, "Politics across Borders: Nonintervention and Nonforcible Influence over Domestic Affairs," American Journal of International Law 83 (January 1989), pp. 6-13, quote at p. 11.

26	소규모 쿠데타
25	대규모 경제혼란 조성; 가축 및 농작물파괴
24	환경파괴
23	비전투원만을 노린 보복행위
22	정치적 협상을 유도하기 위한 가혹행위
21	포로교환을 위한 용의자 해외송출
20	대규모 인질구출 시도
19	첨단무기체계 공급
	3단계: 고위험 옵션
18	민주정권을 위한 자금지원 증대
17	소규모 인질구출 시도
16	전쟁대비를 위한 외국군대의 훈련
15	공격용 무기의 제한적 공급
14	맞대응 역량강화를 위한 무기의 제한적 공급
13	인명피해 없는 경제적 혼란 조성
12	민주정권을 위한 소규모 자금후원
11	독재정권을 위한 자금의 대규모 증대
10	독재정권을 위한 자금지원의 증대
9	민주정권에 대항한 기만전술
8	독재정권에 대항한 기만전술
7	민주정권에 대한 사실이지만 껄끄러울 수 있는 프로파간다
6	독재정권에 대한 사실이지만 껄끄러울 수 있는 프로파간다
	2단계: 보통 수준의 침해활동
5	우호적 단체를 위한 소액의 자금지원
4	민주정권에 대한 사실이지만 온건성향의 프로파간다
	1단계: 일상적인 옵션
3	독재정권에 대한 사실이면서도 온건성향의 프로파간다
2	공작 자산의 모집활동
1	정보수집을 위한 지원활동

Figure 3.3 공작의 사다리 단계 일부

출처: 저자의 평가와 수년에 걸친 정보요원 및 관리자들과의 인터뷰를 바탕으로 만들었으며 본 단원에 수록된 저작들의 연구물에서 발췌하였음. Loch K. Johnson, Secret Agencies: *U.S. Intelligence in a Hostile World Order* (New Haven. CT: Yale University Press, 1996), pp. 62-3.

공작의 1단계 수준: 일상적인 옵션(Threshold one: routine options)

공작의 사다리에서 가장 하위의 행위들은 상대적으로 온건한 형태의 것이다. 이를 테면 장기적으로 어떤 형태이든 공작이 요구되는 지역이나 잠재적 분쟁지역, 불량국가 및 단체에 대하여 CIA와 우호적인 해외 정보기관과의 일상적인 정보공유(정보수집과 분석에 기초한 정보연락)이다(Rung 1). 다음 2단(Rung 2)에서는 해외 현지인 중에서 공작자원을 모집하는 것이 있는데, 이따끔 해외 정보수집 활동을 위해 포섭된 인물과 동일 인물인 경우가 많다. 3단(Rung 3)에서는 폐쇄적이고 권위주의적인 정권에 대항하여 사실이며 명백한 프로파간다 주제를 제한적으로 전파시키는 것이다(예를 들어, CIA의 비밀 프로파간다 프로그램 초창기 시절에 유고슬라비아 사람들에게 서구 사회와의 무역이 가져다주는 혜택을 알리는 것과 같은). 이 낮은 1단계에서의 행위들은 국제문제에 관여하는 국가들이라면 모두 다 일상적으로 하는 것들이다.[42]

2단계: 보통 수준의 침해활동(Threshold two: modest intrusions)

2단계에서는 다른 국가나 그룹에 대한 침해가 일상의 정도를 넘어서게 되며, 위험수위 또한 고조된다. 4단(Rung 4) 범주에는 자유언론을 가진 민주주의 국가의 언론들에게 사실이면서 동시에 명백한 −논쟁의 여지가 없는− 프로파간다를 주입시키는 것(Rung 4)이 포함된다. 미국과 동일한 사상을 가진 외국정부를 대상으로 하는 것이다. 5단(Rung 5)은 해외 여러 단체 즉 정치, 노동, 지식인 및 기타 단체들 중에 미국의 대테러 정책목표에 우호적인 성향을 보이는 기관들에게 소규모 자금을 제공하는 것이다.

3단계: 고위험 옵션(Threshold three: high−risk options)

3단계는 목표대상 국가 내에서 국제적 명성에 심각한 손상을 유발할 수 있는 논란적인 조치들이 포함된다. 6단(Rung 6)에서, 프로파간다 작전은 분명한 정책발

---

42) On this norm, see Damrosch, "Politics across Borders," pp. 6−13. The Murphy Commission was known more formally as the Commission on the Organization of the Government for the Conduct of Foreign Policy; see its Report to the President (Washington, DC: Government Printing Office, June 1975).

표와 일치하는 진실된 내용들이지만 그 주제들은 다소 논란의 소지가 있으며 비민주적 정권(Rung 6)과 민주적 정권(Rung 7) 내부에서 미디어를 통해 선전된다. 예를 들어, 아프가니스탄에서 탈레반 군인들이 학교에 가는 어린 소녀들의 얼굴을 향해 염산을 뿌렸다고 보도하거나 파키스탄에서 일하는 국제보건기구의 근로자들을 살해했다는 내용을 선전하는 것과 같다. 8단과 9단(Rung 8과 9)에서는 (비민주정권과 민주정권의 경계를 유지하는), 프로파간다 행위는 더 악랄해지며, 이미 공언된 공공정책에 반하는 거짓정보와 가짜 정보를 활용한다. 예를 들어, 상대방이 암살 시도에 관여했다는 식의 거짓정보로 비난하거나 상대방의 명성에 흠을 가하기 위해 문서를 조작하는 것이다. 심지어 자유언론이 없는 국가에 대해 시행하는 프로파간다 공작도 우려가 되기도 하는데, 왜냐하면 민주주의 정권에서 시민을 기만하는 후폭풍의 여파가 적지 않기 때문이다.

10단과 11단은(Rung 10과 11) 독재 정권 내에서 정치적 목적을 수행하기 위해 비밀자금을 처음으로 대규모 증액하는 것을 포함한다. 12단(Rung 12)은 선거에 영향을 주기 위해 비밀자금 지원을 상대적으로 약간 더 증액해 주는 것이다. 그러나 이것이 만약 민주정권 내에서 하는 것이라면 훨씬 의문이 제기될 수 있다. 담로쉬(Damrosch)는 그 차이를 다음과 같이 말한다. "내 관점에서 볼 때 정치적 기본권을 부정하는 정치체제는 더 이상 엄격하게 국내문제가 아니며, 오히려 국제적 개입행위라고 칭하는 편이 적절하다".[43]

13단(Rung 13)에서는 공작의 행위들이 대상국가의 경제주체들을 공격하는 행위를 수반한다. 이 단계에서는 전력 송출망이 끊겨지며, 급유소가 오염된다. 바이러스 또는 '웜'이 외국정부의 컴퓨터 망에 침투된다. 적대국의 주요 도시에 노동자 파업을 촉구하는 행위가 이루어진다. 이 모든 것들이 인명피해가 발생하지 않고 단지 상대를 괴롭히는 수준의 공작이 수행되도록 조심스럽게 기획된다. 그럼에도 불구하고 공작 사다리에서 이 13단 수준의 공격은 강력한 공작의 영역으로 진입하는 것이다.

14단(Rung 14)에서 국가는 준군사 작전의 단계에 돌입하게 되는데, 이를 테면 이전에 적군이 대상국가에 투입시킨 무기에 맞대항할 수 있는 무기류를 공급하는 것이다. 비밀 군사훈련이 이런 무기제공과 함께 이루어지기도 하는데 이렇게 되면

---

43) Damrosch, "Politics across Borders," p. 36.

윗 단계로 크게 상향된 것이다. 왜냐하면 정보기관들이 이제 무기를 공작수단으로 포함시킨 것이기 때문이다. 정보기관이 내전을 벌이는 세력 간에 힘의 균형추를 맞추기 위한 맞대응 수단의 일환으로 자신들과 친한 반란세력에게 구형이지만 치명적인 살상무기를 제공하는 것이다. 15단(Rung 15)에서는, 외부 적의 사전개입이라는 조건이 없음에도 불구하고 우호적인 파벌에게 무기를 제공하는 것이다. 16단(Rung 16)에서는 무기제공과 함께 더 나아가 전투를 일으키는 분명한 목적으로 외국군이나 파벌의 훈련을 지원하는 것이다. 17단(Rung 17)에서는 인질구출의 시도가 계획되는 것으로 때로 인명피해를 수반할 수 있으나 가능한 잠재적 피해를 최대한으로 줄이기 위해 소규모로 계획되는 것이다.

18단(Rung 18)에서는 민주정권 내에서 우호적인 정당의 정치적 위상을 향상시키기 위해 막대한 비용 −작은 국가일 경우 4천만 불, 더 큰 국가일 경우에는 1억 불 정도− 을 후원하는 것이다. 지원목적은 외국 정파가 정권을 잡도록 돕는 것으로 결국 미국에 가장 우호적인 국가를 만들기 위한 공작인 것이다. 이에 대해 이 정도의 금액은 자유 사회에서 선거결과에 영향을 미치기에 충분한 막대한 금액의 지출이라는 비판을 제기하는 입장이 있는 반면, 이는 단순히 다른 국가와 함께 민주 진영과 연합하여 조금 더 살기 좋은 세상을 만들기 위한 것이라고 말하는 사람도 있다. 진정한 민주선거에 영향력 공작의 시도는 −정치적 반대의 권한이 진정으로 존중받아야 하는데− 이기적인 독재 정권에 대항하는 낮은 단계의 공작수행과는 다른 것으로서, 이는 내정 불간섭의 원칙과 관련 국제법을 명백하게 침해하는 것이며 정당성의 여지가 별로 없는 것이다.

4단계: 극단적인 옵션들(Threshold four: extreme options)

4단계는 위험하고 논쟁을 초래할 만한 공작 영역으로 진입하게 된다. 대외 비밀정책의 '핫 존(hot zone)'이다. 이 단계에서는 무고한 사람들의 목숨이 극단의 위험에 처하게 된다. 19단(Rung 19)에서는, 아군 측 파벌에게 제공된 무기의 종류가 그 이전 단계에서 제공된 무기보다 살상력이 훨씬 커지게 되는데, 이를 테면 스팅거 미사일, 블로우파이프(Blowpipe) 대공미사일 또는 헬파이어 미사일이 장착된 무인항공기 등으로서 이 무기체계는 우방 측 파벌이 적국에게 공세를 취할 수 있게 해주는 무기이다. 20단(Rung 20)에서, 국가는 본래 의도하지 않았지만 상황에 따라 대량의 인명피해를 수반할 수도 있는 치밀한 인질구조 작전을 수행할 수도 있다. 21단(Rung 21)은 용의자 해외송출이라는 용어가 사용되지만 한마디로 말해서 인질납치를 말한다. 이 경우, 특정한 인물을 겨냥하여 아주 조심스럽게 계획되고 직접적으로 가해지는 무력사용이다. 의도에 따라서, 이 같은 접근방식은 정보수집의 영역이나 방첩활동의 영역과 겹쳐지게 된다. 그러나 만약 그 목적이 비밀협상에서 어떤 정치적 목적을 취하기 위해 인질을 담보로 사로잡는 것이라면, 이는 공작의 영역이 된다. 그 다음 한 단계 더 상승한 22단에서는 납치된 인질에게 인질교환 및 다른 비밀거래를 위해 관련 정보를 순순히 불도록 신체적 고문을 가하는 경우이다. 다음 23단(Rung 23)에서는 적대국 정보기관의 공작에 대한 보복조치로 낮은 직책의 비전투원에 대해 가혹행위를 가하는 것으로 예를 들어, 테러 조직에 의한 기습공격의 보복으로 테러범의 친인척을 붙잡아 고문행위를 가하는 것이다.

최고 수위의 단계에서 공작은 폭력수준이 급격하게 상승된다. 낮은 단계의 경우보다 더 광범위한 공격목표에 대한 준군사 공격을 포함하여 폭력적 수단을 동원한 환경파괴 및 경제적 혼란 조성이 포함된다. 계획적이든 우연이든, 일반 민간인 중의 많은 비전투요원이 타깃이 된다. 예를 들어, 24단에서 공작이 대규모 환경파괴를 야기하는 것이라면 그 중에는 삼림 황폐화와 산불작전, 호수 및 하천오염, 댐 파괴를 통한 홍수 유발 그리고 구름 등 날씨를 조작한 농작물 파괴와 대기근 야기 등 다양한 방법이 있다. 25단(Rung 25)에서는 공작관이 현지 화폐의 위조지폐를 유통시켜 인플레이션 및 재정파탄과 함께 대규모 경제혼란을 조장하는 것이 있으며 그 밖에 산업시설의 사보타지, 들판에 해충을 풀어 농작물 망가뜨리기, 구제역 확산시키기, 아프리카 돼지 콜레라를 가축에게 전염시키기 등이 있다.

26단(Rung 26)에서 공작관은 더욱 위험한 공작을 펼친다. 비록 약간의 유혈 사태를 수반하더라도 외국정권 전복시키기(1953년 이란 사건, 1954년 과테말라 사건처럼)가 그것이다. 다음 단계인 27단(Rung 27)은 특정 외국지도자에 대한 암살이나 테러행위가 포함되는데 최근에는 주로 살해수단으로서 프레데터나 리퍼(Predator, Reaper)와 같은 드론을 많이 사용하는데 이런 공작에 있어서는 일반 민간인 피해의 위험도 감수한다. 공작단계 사다리의 가장 높은 수준은 다수의 전투원과 비전투원 모두가 개입하는 두 개의 비밀전투 형태가 있다. 적대정권에 대한 준군사작전으로서 장기적인 전면전이다. 28단(Rung 28)에서 공작관은 현지 반란군을 훈련시키고 무장해줄 수 있는 현장 정보요원을 보내주는데, 1960년대 라오스에서 있었던 CIA의 '비밀' 전쟁과 맞먹는 규모의 작전이다. 최종적으로 29단(Rung 29)에서 국가는 공작의 범위에 대량살상무기(WMD) 즉 핵, 생화학, 방사능무기 등을 포함시키는데 이는 대상국가의 많은 인구가 죽음에 이를 수 있는 위험한 작전이다.

공작에 대한 평가(Evaluating Covert Action)

공작사다리의 단계가 높아질수록, 공작은 어떤 작전이 용납될 만한 것이며, 어떤 작전은 한계를 넘어서는지에 관한 심각한 윤리적 문제를 제기한다. 이 문제에 대한 평가는 우리가 한 국가의 대외정책에 있어 도덕성 문제를 어떻게 바라보는가에 따라 달려 있다. "세상이 사라진다고 할지라도 결코 사악한 일은 하지마라"고 독일 철학자 이마뉴엘 칸트가 말한 적이 있다. 칸트학파의 제자들은 아마 사다리의 모든 공작행위를 반대할지 모른다. 이러한 맥락에서 냉전 시기 어느 미국의 국무차관은 다음과 같이 주장하였다.

> 미국은 비밀스러운 전쟁을 하거나 심지어 공작을 수행하려는 생각을 버려야 한다. 왜냐하면 우리가 니카라과 항구에 지뢰를 매설하게 되면 우리와 소련이 무슨 차이가 있는지 혼란스럽게 되기 때문이다. 내 생각에, 러시아가 하는 방식으로 똑같이 저열하게 싸우는 방식을 따라한다면 우리는 우리의 가장 큰 자산을 포기하는 것이며 큰 실수를 하는 것이다. 전혀 우리답지 않은 행동을 하는 것이다.[44]

윤리적 잣대의 또 다른 가장자리에는 매우 민족주의적인 시각이 자리하고 있어서, 그것이 국익에 도움이 된다면 어떠한 형태의 공작도 허용될 수 있다는 주장이 제기되기도 한다. 공작의 구체적인 결과 −국가의 발전과 보호라는− 는 어떠한 수단의 채택보다도 더 중요한 것이 된다. 이런 '결과주의론자'의 관점에 의하면, 우리가 살고 있는 적대적이며 무정부적인 상황 속에서 국가는 모든 가능한 방법 −심지어 그것이 비밀정보기관의 지원과 같은 어두운 방식이라고 하더라도−

---

44) George Ball, "Should the CIA Fight Secret Wars?" Harper's (September 1984), pp. 27−44, quote at p. 37.

을 동원하여 자신을 보호해야 한다. 1954년 후버위원회가 미국의 지도자들에게 권고한 것처럼 "우리는 적들이 우리에게 사용하는 것보다 우리의 적에 대해 더 현명하고, 더 세련되게 그리고 더 효과적인 방법으로 파괴하고 방해하며 붕괴시키는 방법을 강구해야 한다."[45]

CIA의 전직 요원 두 명도 냉전이라는 상황에서 공작에 대한 이러한 현실주의적 접근을 옹호한 적이 있다(오늘날이라면 아마 테러리즘에 적용되는 논리와 비슷하다고 할 수 있다). 레이 클라인이라는 CIA 선임분석관도 "오늘날 미국은 우리의 정부시스템을 반대하는 강대국들이 비밀전쟁의 방법을 사용하여 자신들의 국력을 팽창시키려고 하는 상황에 처해 있다"라고 소련을 빗대어 말하였다. 계속해서 그는 "미국이 술집과 같은 공공장소에서 싸울 때처럼 마퀴스 퀸즈베리 규칙(Marquis of Queensberry rules)에 따라 정정당당하게 싸워야만 하는가?"[46] CIA의 공작담당관이었던 고든 리디는(훗날 워터게이트 사건의 공모자) 더 직설적으로 말하기를 "세상은 비벌리 힐즈와 같지 않다. 오히려 새벽 2시에 쳐들어온 나쁜 이웃에 더 가깝다"[47]고 하였다. CIA는 이처럼 행동해야 한다는 것이다.

한 가지 명백한 것이 있다. 공작이란 그 말의 의미 자체보다 훨씬 민감할 수 있다는 것이다. 예를 들어, 공작이 성공을 하려면 일정한 여건이 마련되어야 하는데, 그것은 1980년대 아프가니스탄 사례처럼 외부침략자에 대한 현지인의 저항을 CIA가 뒤에서 몰래 지원하는 것이다. 이는 그 지역에서 자발적인 협조자를 갖는 데도 일조한다. 레이건 대통령 시절 아프가니스탄 공작 때 파키스탄과 파트너가 되었던 일, 그리고 또 다른 예로 9/11 사건 이후 아프간의 탈레반 정권을 공격하는데 CIA에 합류했던 아프간의 북부연맹 등이 있는데, 이들은 이전에 빈 라덴과 알카에다 지도자에게 은신처를 제공한 적이 있다. 나아가, 동맹이 더 많을수록 더 도움이 된다. 영국, 중국, 이집트 그리고 사우디아라비아는 1980년대 아프간을 침공한 소련 침략자들에게 대항하여 싸우는 무자헤딘(mujahideen)을 지원하는데 있어 파키스탄과 함께 미국의 편에 서기도 하였다.[48]

---

45) A top-secret recommendation (since declassified) of the General Doolittle Committee, a part of the Hoover Commission in 1954, cited in Church Committee, Final Report, p. 9.
46) Ray Cline, former DDI at the CIA, quoted by Ball, "Should the CIA Fight Secret Wars?" pp. 39, 44.
47) Remarks, public lecture, University of Georgia, Athens, GA (May 4, 1986), author's note.
48) On these ingredients for success, see Milt Bearden, "Lessons from Afghanistan," New York

무엇보다 공작 결과는 예측하기가 매우 어렵다. 왜냐하면 역사는 가끔 되돌아가기도 한다. 비밀개입에 따른 결과는 장기예측이 어려우며 오히려 더 해로운 역효과가 나타나기도 한다. 예를 들어 1954년 발생한 과테말라 쿠데타를 보면, 연합청과회사(United Fruit Company)는 당시에 의심할 여지없이 결과에 대해 만족하였다. 그리고 이 또한 미국 의회가 추구한 결과였다. 그러나 CIA의 개입 이후 그 나라의 가난한 국민들은 그 결과로 탄생한 폭압적인 정권의 만행을 견뎌내야만 했다. 앤소니 루이스라는 저널리스트가 말하길 "그 쿠데타는 오랫동안 국가적 야만의 나락으로 빠지게 하였다."[49] 1986년이 되어서야 과테말라는 민간정부를 되찾을 수 있게 되었는데 이 또한 미국 CIA의 도움으로 인해 발생한 변화였다. 게다가 이란의 샤(Shah)라는 팔레비 왕도 미국과 영국의 공작에 의해 권좌에 앉게 되었는데 그가 물러나기까지 이란 국민들은 26년 동안이나 폭압을 겪어야 했다. 결국 서구사회에 신물이 난 그 나라의 사람들은 1979년 민중봉기를 일으켜 물라(mullah)라는 이슬람 율법과 이슬람 근본주의를 고수하는 종교정권을 탄생시키게 되며 이후 서방국가들과 계속 불편한 관계로 남아있는 것이다.

CIA의 한 노련한 공작관이 'CIA 역사상 가장 효과적인 공작'[50]이라고 불렀던, 1980년대 아프가니스탄에서의 소련 축출도 경사스러운 것이긴 하지만, 부정적인 측면도 있다. 왜냐하면 아프간에서 소련의 패퇴가 역설적으로 2001년 뉴욕 및 워싱턴 DC를 겨냥하여 테러 역량을 증강하던 알카에다를 지원하는 계기로 작용하였으며 탈레반 근본주의자들의 급부상에 일조를 하였기 때문이다. 게다가 그들에게 제공되었던 스팅어 미사일을 비롯한 여러 가지 CIA 무기들은 결코 CIA로 반환되지 않았다. 그것들은 알카에다 테러리스트와 탈레반 극단주의자, 그리고 소련이 아프가니스탄을 떠난 뒤 무자헤딘(Mujahideen) 전사들로부터 무기를 구입한 이란인들의 수중으로 들어갔다. 케네디 대통령의 안보보좌관을 역임한 맥조지 번디는 다음과 같은 주의를 준다. "그들이 주장하는 명분이 아니라 네 나름대로의 명분을 가지고 반란군 지원을 하라. 그들의 명분이야 안 그렇지만 너의 명분은 곧 바닥이 날 것이다".[51]

Times (March 2, 1998), p. A19.

49) Anthony Lewis, "Costs of the CIA," _New York Times_ (April 25, 1997), p. A19.

50) Bearden, "Lessons from Afghanistan."

51) McGeorge Bundy, remark to the author, Athens, GA (October 6, 1987). In 2016, the media re-

외국 정상에 대한 CIA의 암살 음모들이 마침내 세상에 드러나게 되었고, 마치 미국을 세계적 마피아 대부(Godfather)의 이미지로 만들어 주었다. 이것은 사실 냉전시기에 공산주의자와의 경쟁을 벌이며 전 세계 다른 나라 사람들의 충성을 얻어야 하는 상황에서 대부분의 미국인들이 희망했던 그런 긍정적인 이미지는 절대 아니었다. 게다가, 만약 케네디 대통령 시절 카스트로가 암살을 당했다고 하자. 그렇게 해봤자 그는 미국에 대해 똑같이 반항적이었던 동생 라울에 의해 대체될 뿐이었다. 또한, 외국의 지도자를 살해하라고 명령을 내리는 것은 사실상 자신의 국가지도자에게 똑같이 앙갚음 조치를 하게 만드는 것과 같은 의미인데 민주주의 사회의 지도자가 훨씬 접근이 더 용이하며 위험에 취약한 것이 사실이다. 암살공작은 판도라의 상자를 여는 것과 같다. 예일대의 법학 교수는 말하기를 "어떠한 형태로든 암살은 세계질서에 지속적인 위협을 제기할 것이다".[52] 이는 이스라엘과 팔레스타인 간에 벌인 암살의 역사에서도 알 수 있듯이, 서로를 대립하게 하는 정책적 차이의 해결 없이 양자 간에 암살 음모만 끝없이 되풀이되는 악순환인 것이다.

물론, 공작에 대한 장기적이며 부정적인 효과에 대한 인식의 문제가 있기도 하지만 또 어떤 사람들은 공작을 통해 단기적 이득을 취하는 것에 대해 긍정적인

---

vealed that CIA weapons shipped to Jordan, a U.S. ally, for dispersal to rebels opposing the Syrian regime of President Bashar al−Assad, were stolen by members of the Jordanian in−telligence service (the General Intelligence Directorate, or GID, also known as the Mukhabarat). The theft included thousands of Kalashnikov (AK−47) assault rifles with millions of rounds, mortars, rocket−propelled grenades, and antitank guided missiles. In 2013, President Obama had approved the program (codenamed TIMBER SYCAMORE), based on an apparently misplaced faith in the GID as a reliable intelligence liaison partner. In the past, though, Jordan had worked closely in Jordan, as well as at a secret CIA prison outside of Amman where the Agency con−fined suspected terrorists. See Mark Mazzetti and Ali Younes, "Thefts Redirect Arms from C.I.A," *New York Times* (June 27, 2016), p. A1. In 2009, a Jordanian physician serving as a CIA coun−terterrorism agent inside AL Qaeda also betrayed the United States by exploding a suicide vest he was wearing during a secret meeting with seven high−ranking CIA case officers (among them the Agency's COS stationed in Kabul), in a remote part of Afghanistan. All died in the at−tack (the most lethal against the Agency in twenty−five years), including a GID officer accom−panying the double agent. On this tragic case of deception and murder, see Scott Shane and Eric Schmitt, "C.I.A. Deaths Prompt Surge in U.S. Drone Strikes," *New York Times* (January 23, 2010), p. A1.

52) W. Michael Reisman, remarks, "Cover Action," panel presentation, International Studies Association, annual meeting, Washington, DC (March 29, 1994).

측면도 있다고 반박하기도 한다. 예를 들어 이란의 쿠데타 사건에 대해 돌아 볼 때, 콜비 중앙정보부장은 다음과 같이 주장하기도 했다. "1953년 샤(Shah)가 돌아오도록 지원한 것은 그의 정권이 붕괴되기 전에 이란에게 25년간의 발전을 제공한 좋은 작전이었다. 25년은 결코 짧은 세월이 아니다."[53] 그의 이런 주장 배경에는 아마도 이란의 샤와 동맹을 맺도록 지원한 결과로서 1/4세기 동안 미국이 낮은 가격의 기름을 얻을 수 있었지 않는가라는 말을 하고 싶었는지 모른다.[54] 도거티(Daugherty)에게 CIA의 최고 공작은 냉전이 종식될 무렵 폴란드에서 수행했던 사건으로서 당시 CIA가 뒤에서 소련의 폴란드 침공을 막아주고 민주국가로 나가도록 지원한 것이었다. 왜냐하면 그 후 이 사례가 다른 중유럽 국가들에게 좋은 본보기로 작용하여 민주국가로의 전환을 촉발시켰기 때문이다.[55] 반면에 스탠스필드 터너 전 CIA 국장(1977~80)은 CIA가 냉전 시기 공산주의 정권을 겨냥한 비밀 프로파간다 프로그램의 추진을 가장 효과적인 공작의 예로 꼽았다. "분명히 누군가는 그 출판 간행 프로그램 ─전체적으로 공산주의에 대해 비판적이며 특히 소련에 대해 비판적인 서적들과 자료들을 철의 장막 뒤로 밀수하여 보내는─ 과 방송 프로그램, 정보유입 프로그램들이 좋게 작용한 것으로 생각한다"고 말하면서 "진실이 통용되지 않는 국가에 사실을 알게 해준다면 그것은 상당히 잘한 것"[56]이라고 덧붙였다.

공작의 지침(Guidelines for cover action)

여러 예시들이 보여주듯이, 특수활동(공작)은 유용할 수 있다. 이러한 사실은 9/11 공격 이후 곧바로 미국이 아프가니스탄 탈레반을 패퇴시킨 것에서도 알 수 있다. 알카에다와 탈레반에 대한 반격에서 마국의 첫 번째 희생자는 조니 마이클

---

53) Remarks, interview on "Larry King Live," CNN Television, Washington, DC (February 2, 1987).
54) Journalist Tom Friedman has observed that the United States treated the Arab world "as a collection of big, dumb gas stations, basically. We told them, 'Here's the deal. Keep your pumps open, your prices low, and be nice to the Jews. And you can do whatever you want out back' ⋯.": Ian Parker, "The Bright Side," The New Yorker (November 10, 2008), pp.52－65, quote at p. 61.
55) Daugherty, Executive Secrets, pp. 201, 211.
56) Stansfield Turner, author's interview, McLean, Virginia (May 1, 1991).

(Mike)이라는 알라바마주 윈스필드 출신의 CIA 공작요원이었다. 미국 특공대 (special force)와 B-52 폭격, CIA의 준군사공작 그리고 2001~2002년 동안 아프가니스탄의 현지 북부연맹의 도움 등이 합쳐진 미국의 연합공격은 민주주의의 적을 패퇴시키기 위해 어떻게 하면 효과적으로 공작과 군 병력이 함께 결합할 수 있는지 모범사례를 제시한다. 그러나 우리는 또한 공작의 수행이 한편으로 국가의 평판을 떨어뜨리고 부끄러운 일이 될 수도 있다는 것도 잘 알고 있다. 피그만 침공 사건(the bay of pigs), 많은 암살음모 사건 그리고 이란-콘트라 사건 등이 그런 예가 될 것이다. 부적절한 공작 행위로 인해 야기될 잠재적인 곤욕을 피하기 위해 윌리엄 웹스터 전 중앙정보부장은 재임기간 내내(1987~91) 공작 기획안을 공작관이 가지고 올 때 마다 공작국(Operations Directorate)에 상기시킬 질문들을 구성하였다.

- 이것이 합법적인가? (국제법까지는 아니더라도 미국법의 준수와 관련하여)
- 미국의 대외정책과 일치하는가, 그렇지 않다면 그 이유는 무엇인가?
- 미국적 가치관(가치)과 일치하는가?
- 만약 이것이 공개적으로 알려진다고 할 때, 미국인들이 납득할 수 있는가?[57]

이러한 질문들은 상당히 유용하였으며, 모든 공작 계획자들로 하여금 늘 상기해야 하는 일련의 원칙들로 준수하게끔 되었다. 1947년 국가안보법(national security act)의 입안자이자, 전 대통령 안보보좌관인 클락 클리포드 역시 그런 조언을 하였다. 1975년 처치 위원회 앞에서 한 증언에서 그는 특수활동은 "우리의 국가안보가 진실로 심각하게 위협받는 경우"에 한해서만 수행되어야 함을 강조하였다. 카터 행정부에서 국무 부장관을 역임했던 사이러스 밴스(Cyrus Vance) 역시 처치위원회에서 유사한 입장을 내놓았다. 그는 공작이 '절대적으로 필수적인'[58] 상황에서만

---

57) Remarks, Aspin-Brown Commission staff interview (1996). Similarly, former National Security Adviser Bundy has said that "if you can't defend a covert action if it goes public, you'd better not do it at all - because it will go public usually within a fairly short time span" [author's interview, Athens, GA (October 6, 1987)]. Stansfield Turner has also commented: "There is one overall test of the ethics of human intelligence activities. That is, whether those approving them feel they could defend their decisions before the public if their actions became public" [Secrecy and Democracy: The CIA in Transition (Boston: Houghton Mifflin, 1985), p. 178].

수행되어져야 한다고 역설했다.

　이러한 기준에 따른다면 인근 민주주의 국가의 언론에 프로파간다를 실행하고, 민주선거에 간섭하는 것은 바람직한 일이라고 보기 어렵다. 사실, 이웃 민주정권을 조작하기 위해 계획된 공작에 대해서는 회의적으로 대하는 것이 맞다. 하버드대 법대 교수 로저 피셔(Roger Fisher)의 말도 일리가 있다. 그는 "독이 든 다트총을 사용하고 공작의 어두운 세계에 살고 있는 적대국가와 똑같은 행동을 한다는 것은 우리가 가진 가장 강력한 무기인 이상주의와 도덕성, 합법적인 정당한 절차, 반대를 할 수 있는 자유의 신념 등을 포기하는 것을 의미한다"[59]고 하였다.

　우리는 특정 국가의 환경파괴와 식량공급의 중단을 목표로 하는 그런 특수활동(공작)에 대해서는 반대해야한다. 또는 일반 민간인을 대상으로 하는 치명적인 활동도 배제해야한다. 물론 공정한 재판의 목적에서 체포하려고 하는데 이를 거부하는 테러 지도자와 같은 경우는 예외로 하여야 할 것이다. 알 카에다는 2001년 9월 11일 테러공격으로 거의 3,000 명에 가까운 미국인들이 사망한 것에 대해 응분의 책임이 있으며 이외에도, 이라크와 아프가니스탄, 시리아 및 그 밖의 다른 곳에서도 추가적으로 발생한 많은 미국인들의 사망에 직접적인 책임이 있다. ISIS와 마찬가지로 알카에다는 서방사회에서 더 많은 인명피해와 살상을 원하고 있다. 이런 테러단체는 앞에서 언급한 공작 사다리의 여러 가지 공작활동을 실행해도 마땅하다. 세계의 민주주의 국가들은 정보수집 분야에서의 협력과 마찬가지로 개방사회를 위협하는 적대세력에 대항하여 특수공작 활동분야에서도 협력해야 한다. 자살폭탄, 참형, 집단처형, 그리고 무고한 시민과 노동자, 여학생들을 대상으로 자행된 무자비한 공격 등 다양한 폭력적 행위를 통해 테러리스트들은 그들 스스로 야만인임을 증명했다. 그러나 그렇다고 해서 서구사회가 무분별하게 공작을 남용하는 것은 바람직하지 않다. 서구 사회는 알카에다, ISIS 및 관련 테러 단체만을 정확하게 목표로 대응하는 것을 넘어서서 그 이상의 무분별한 공작은 자제하여 공작의 남용에 따른 스스로의 도덕적 가치를 포기해서는 안 될 것이다. 공작은 전체주의 및 독재정권과 대항하는데 있어서만 아니라 테러단체들에 대항하여 민주주의 수호를 위해서도 중요한 역할을 하게 될 것이다. 그러나 이러한 어둠속의 일

---

58) Testimony, Hearings: Covert Action, the Church Committee, Vol. 7, pp. 50－5.

59) Roger Fisher, "The Fatal Flaw in Our Spy System," Boston Globe (February 1, 1976), p. A21.

을 실행하면서 민주주의는 민주주의가 대항하려는 적대세력과 똑같은 성향을 띠게 될 위험성이 있다. 따라서 공작의 수행은 매우 제한되게 수행되어야 하며, 철저하게 감시되어야 하고 최소한으로만 사용되어야 할 것이다.

4장

방첩: 두더지 색출

1969년 10월과 11월, 수천 명의 미국인들이 수도 워싱턴 D.C.에 모여 미국 역사상 최대 규모의 반전 시위를 벌였다. 이 시위는 인도차이나 반도에서 발생한 베트남 전쟁에 반대하는 시위로 징병 대상이었던 청년들뿐 아니라 미국 국민 전체가 이 문제로 골머리를 앓고 있었다. 닉슨 정부로서도 대통령 집무실과 코 닿을 만한 거리에서 시가지를 따라 시위대들이 물밀듯이 오가는 것을 걱정스럽게 지켜보고 있었다. 심지어 대통령 보좌관들은 시위대들의 백악관 진입을 막기 위해 마치 서부개척시대에 아파치족 공격에 처한 마차행렬을 보호하듯이 시내버스로 백악관 청사 건물을 빙 둘러 막아 방벽을 설치했다. 역사학자 시어도어 화이트 (Theodore H. White)는 당시를 이렇게 회상했다. "백악관 관료나, 대통령 자신, 심지어 FBI마저 손쓸 수 없을 정도로 반전 시위가 커지자 닉슨 대통령은 당황한 기색이 역력했으며 어떻게 이 문제를 해결할 지 머리를 싸매게 되었다."[1]

1969년 4월 청년 시위대를 중심으로 폭동사태가 발생하자 닉슨 대통령은 자신의 측근이었던 존 얼리치맨(John Ehrlichman) 보좌관에게 소련이 학생운동에 자금을 지원하는 것 같으니 관련 보고서를 작성하라고 지시했다. 바로 전임자였던 린든 존슨(Lyndon B. Johnson) 전 대통령처럼, 닉슨 대통령도 자신에 대한 지지가 이렇게 급락할 것이라고는 상상하지 못했다. 닉슨 생각에는 필시 불순한 외부세력이 막후에서 급진성향의 대학생 시위대를 세뇌시켜 미국에 반감을 품게 하고 시위를 조장하고 있음이 분명한 것이었다. 얼리치맨은 정보기관에 도움을 요청하였으나, 정보기관은 외부세력이 개입하였을 것이라는 가설을 받아들이지 않았다. 한마디로 그런 추정을 뒷받침할 증거가 없었기 때문이었다. 한 정보관의 표현에 따

---

1) Theodore H. White, *Breach of Faith: The Fall of Richard Nixon* (New York: Atheneum, 1975), p. 133.

르면 이들 반전 시위자들은 단순한 '신용카드 혁명분자'에 지나지 않았다. 왜냐하면 이들은 미국의 베트남전쟁 개입이 부당하며 전쟁이 미국에 아무런 도움이 되지 않는다고 생각하여 부모의 신용카드를 갖고 미국 전역을 떠돌면서 반전 시위에 열을 올리고 있었기 때문이었다.[2] 얼리치맨은 이런 결론이 담긴 보고서를 대통령에게 보고했지만 두 사람 모두 미국 정보기관이 소련의 학생폭동 개입에 대해 제대로 조사했다고 생각하지 않았다.

그로부터 두 달 뒤인 1969년 6월 얼리치맨은 팻 부캐넌의 연설 작성 직원 가운데 톰 찰스 휴스턴(Tom Charles Houston)이라는 29살의 젊은 보좌관이 있다는 이야기를 들었다. 적극적인 공화당원이자 우익 학생단체 '젊은 청년 자유단(the Young Americans for Freedom)' 단장이었던 톰 휴스턴은 인디아나 대학교 재학 중에 캠퍼스 내 반전시위대와 직접 마주한 경험을 가지고 있었다. 당시 시위대들의 애국심 부족에 대해 휴스턴은 개탄을 금치 못하며 불만을 토로한 적이 있다. 휴스턴은 반전 시위대들이 더럽고, 다루기 힘들며 공권력을 경멸한다고 생각했다. 휴스턴의 말을 빌리자면, 시위대들은 수염도 안 깎고 옷도 허름한 극좌파 단체로서, 존슨과 닉슨정부가 추구하는 동남아 공산주의 봉쇄정책을 반대하며 미국의 안보를 위협하고 있다는 것이었다.

대학졸업 후, 휴스턴은 미군 육군 정보장교로 복무하였으며 이후 국방성에 배속됐다. 근무시간이 끝나면, 휴스턴은 닉슨 대선캠페인의 자원봉사자로 활동했다. 평상시 똑똑하고 성실했던 탓에, 휴스턴은 이내 닉슨 대통령의 선임보좌관 눈에 들었고 군복무가 끝나자마자 곧바로 부캐넌의 공보실에 채용됐다. 휴스턴은 부캐넌에게 자신이 거리에 추레한 옷을 입고 나와 반전 시위를 벌이는 시위대에게 깊은 경멸감을 갖고 있다고 토로하였다. 부캐넌은 정보기관들이 소련의 시위 개입에 대한 증거를 찾지 못했다는 소식을 듣자, 대통령의 불신에 공감하고 얼리치맨을 불러 휴스턴에게 독자적인 조사를 하게끔 하는 것이 어떠냐고 제안했다. 휴스턴이 시위학생들과 연령대가 비슷했고, 인디애나 대학교 재학시절, 학생들의 시위전술을 직접 보았으며 무엇보다 백악관 관료들보다 급진주의 성향의 '신 좌익(New

---

2) FBI counterintelligence officer, testimony, *Huston Plan Hearings*, Select Committee on Intelligence Activities (hereafter, Church Committee), U.S. Senate, 94th Cong., 1st Sess. (September 25, 1975), p.137.

Left)'학생들의 정치성향을 더 잘 알고 있었기 때문이었다. 부캐넌은 얼리치맨에게 닉슨 대통령처럼 휴스턴도 현 소요사태 뒤에 소련의 개입 가능성을 의심하고 있다고 알려주었다.

얼리치맨은 곧 대통령 이름으로 휴스턴을 백악관 웨스트윙의 사무실로 불렀다. 그리고는 휴스턴에게 미국에서 전개되는 반전운동의 자금줄이 소련과 연관이 있는지를 밝히는 보고서를 준비하라고 지시했다. 이어 휴스턴은 백악관 대통령집무실에서 닉슨대통령과 만나 약간의 칭찬을 들었다. 가느다란 머리카락과 광대뼈가 나올 정도의 핼쑥한 얼굴, 게다가 안경을 쓰고 있는 인디애나 주 출신 청년인 휴스턴은 워싱턴 정가의 정치경험이 일천했음에도 불구하고 누군가를 지시하는 막강한 위치에 올라 미국사회를 해치고 있다고 믿는 히피족 같은 좌파세력의 반전운동을 척결하는 사령탑에 올라서게 된 것이다. 휴스턴은 열의에 가득차서 연방수사국(FBI)의 국내보안 담당 윌리엄 설리반(William C. Sullivan) 처장을 만났다. 설리반 처장은 FBI의 전설적인 인물인 후버(J. Edgar Hoover) 국장과 부국장인 클라이드 톨슨(Clyde Tolson) 다음으로 FBI 서열 3위의 인물이었다. 설리반은 정부내 방첩(Counterintelligence)부서 최고 책임자였으며, 미국에 대한 적대적 첩보활동을 벌이는 소련 정보부(KGB)같은 첩보기관이나 국내에서 체제전복을 시도하는 집단처럼 미국에 위협이 되는 요소를 발견하고 이들의 계획을 무산시키는 일이 주된 업무였다. 설리반의 부서는 곧 휴스턴을 도와 KGB의 반전시위 지원을 저지하고 백악관을 보호하는 업무를 시작하게 되었다.

휴스턴은 설리반 처장에게 자신이 닉슨대통령과 얼리치맨에게서 어떤 명령을 받았는지 전달했다. 설리반은 당시 회상하기를 "휴스턴은 닉슨 대통령이 반전시위에 대한 모든 것을 알고 싶어하는데 특히, 외부세력의 개입과 '신좌파' 학생들의 자금출처에 대해 알고 싶어 한다"면서 대통령이 직접 자신에게 명령을 내렸다고 강조했다. 이에 대해 설리반은 그렇게 하려면 백악관이 그런 사안을 FBI 후버국장에게 서면으로 정식 요청해야 한다고 했다. 그러나 당시 후버국장은 이미 정년을 훌쩍 넘긴 상태에서 FBI 퇴임을 앞두고 있었다. 그랬기 때문에 공연히 구설수에 휘말려 FBI국장직을 강제로 쫓겨나고 싶지는 않았다. 휴스턴은 자신의 백악관 사무실로 돌아와 공산주의 위협(Red Menace)에 대적할 수 있는 막강한 권한을 가졌던 후버국장에게 "공산세력이 미국 내 베트남전쟁 반전운동에 영향을 미치고 있는데 정보수집이 '제대로 이뤄지지' 않고 있다는 힐난조의 편지를 썼다. 닉슨 대통령은 미국을 둘로 갈라놓은 '신좌파' 시위대에 대한 정보를 최대한 수집하기 위해 어떤 조치를 취할 수 있는지, 또 시위에 대한 어떤 정보의 차이가 있는지에 대해 알고 싶어한다"는 내용이었다. 휴스턴은 CIA(중앙정보부장이자 중앙정보장인 리차드 헬름스), NSA(국가안보국 노엘 게일러 해군제독), DIA(국방부 정보국 도널드 베넷장군) 국장들에게도 비슷한 내용의 서신을 보내어 6월 31일까지 백악관으로 답신할 것을 부탁했다. 답장 가운데는 대통령이 원하는 만큼의 정보를 얻으려면 FBI의 신호정보수집 권한이 늘어나야 한다는 설리번의 것도 있었다. 설리번은 국내 급진세력과 공산세력이 점점 더 가까워지면 미국에 실질적인 위협이 될 것이라고 강조했다.[3] 그러나 나머지 답장에는 소련정보부와 히피족 시위대들 사이에 있는 의심스러운 연결고리를 확신하는 내용이 들어 있지 않았다.

휴스턴은 일단 참고 기다리기로 했다. 그 뒤 몇 달간, 휴스턴은 자신의 아버지뻘 되는 설리번과 함께 일을 하며 가까워졌다. 설리번과 휴스턴은 후버국장과 다른 정보기관장들을 설득하여 국내 시위대에 대한 정보수집을 금지하는 법적 규제를 완화시키는 계획을 추진하였다. 임무를 부여 받은 지 1년이 지난 1970년 6월, 휴스턴은 마침내 대통령과 4대 정보기관장들이 참석하는 백악관 회의를 준비하였다. 휴스턴이 건네준 간단한 메모를 참고하며 닉슨 대통령은 반전 시위대가 "이념적 요소뿐 아니라 다른 지원을 외부세력으로부터 받고 있다"고 그들에게 말했다. 그러면서 이들에게 "4대 정보기관이 최대한 협력하여 관련 정보를 수집하고 더 늦기 전에 테러 확산을 차단하도록 하라"고 지시했다.[4]

20여 일이 지난 1970년 7월 25일, 자신들의 최고위 간부들과 심도 있는 회의를 몇 번 더 가진 뒤에, 4대 정보기관장들은 워싱턴 시내 FBI 본부에 있는 후버국장 사무실에서 한 차례 더 회동을 가졌다. 이들은 나중에 백악관에서 '휴스턴 기획안(Houston Plan)'이라고 불린 43페이지짜리 1급기밀인 '특별보고서(나중에 기밀해제됨)'에 각자 서명했다. 이 보고서에는 정보기관이 반전운동을 전개하는 사람들을

---

3) Author's interview with William C. Sullivan, Boston, MA (June 10, 1975); the quote is from C.D. Brennan of the FBI Counterintelligence Branch to William C. Sullivan, memorandum (June 20, 1969), cited in the Huston Plan Hearings, Church Committee, Exhibit 6, p. 23.

4) Presidential Talking Paper, prepared by Tom Charles Huston and used by President Richard Nixon, Oval Office (June 5, 1970), Church Committee files (February 2, 1975).

감시할 수 있으려면 대통령이 제거해야할 정보수집 규제사항을 일목요연하게 정리하였다.(그림 4.1 참조)

[그림 4.1] 휴스턴 플랜의 권장사항 내용, 1970

[통신정보 관련 권장사항]

국제시설을 이용하는 미국 시민들의 통신내용에 대해 NSA의 검열프로그램이 접근할 수 있도록 현재의 법 해석을 조금 더 확대할 필요가 있음.

[전자감시 및 침입 관련 권장사항]

국내안보에 심각한 위협이 될 수 있는 미국 내 집단과 개인들에 대해 좀 더 검열을 강화할 수 있도록 현재의 절차가 개정될 필요가 있음.
또한, 외국인에 대한 검열을 더욱 강화할 수 있도록 현재의 절차를 개정할 필요가 있음......(이 문장의 나머지 부분은 기밀처리가 되어 있음)

[우편검열 관련 권장사항]

합법적 검열에 대한 규제(즉 봉투표면에 있는 글씨와 우표를 검사하는 것과 같은)는 완화되어야 함.
또한, 비밀검열에 대한 현재의 규제(즉 편지 내용을 읽는 것과 같은)도 대내 안보이익을 고려하거나 최우선순위에 있는 외국 정보기관의 대상목표인 경우 완화될 필요가 있음.

[비밀침입(즉 주거침입과 같은) 관련 권장사항]

절실하게 필요한 외국(이 부분은 검게 기밀처리됨) 자료구입이 허용될 수 있도록 현재의 규제사항이 개정될 필요가 있음.
또한, 최고 우선순위의 국내안보 목표이자 긴급한 목표대상인 경우 이런 기법을 선별적으로 사용 가능하도록 현재의 규제조항을 개정할 필요가 있음.

[대학 학원가 정보출처의 개발 관련 권장사항]

폭력적 성향의 학원가 세력들에 대해 더 광범위한 검색이 가능하도록 현재의 규제조항이 완화될 필요가 있음.
또한, 해외에 거주하거나 여행 중인 미국 대학생들에 대해 CIA의 조사가 강화될 필요가 있음.

[군 비밀정보요원의 활용 관련 권장사항]

현 규제를 계속 지속할 필요가 있음.

이것은 미국 정보역사 중 가장 충격적인 사건 중 하나로서 4대 정보기관장들이 당시 미국에서 불법이었던 국내시위 정보수집을 허용하는 서류에 서명을 한 것이다. 휴스턴과 그의 후견인 설리번이 함께 노력하여 반전 시위대와의 싸움에서 미국의 정보기관들을 동원할 수 있는 목적을 달성하게 된 것이다.

역사학자 화이트가 말한 것처럼, '휴스턴 플랜'에 제시된 정보수집 방법은 미국 내에 있는 우편함, 대학캠퍼스, 전화와 가택을 모두 다 조사하는 것이었다.[5] 금방 기각되긴 했지만, 휴스턴이 작성하고 닉슨 대통령에게 보고된 '휴스턴 플랜'에 대한 검토 각서에서도 휴스턴 스스로 수신인 몰래 우편물을 엿보는 비밀우편 검열과 몰래 가택수색을 하는 비밀침입의 정보수집 방식이 갖는 불법성을 인지하고 이 문제점을 지적하면서 심각한 위험이 수반된다고 썼다. 다만 그는 "그런 방식이 불법적이며 엄청난 위험이 수반되긴 하지만 그렇게 함으로써 얻는 이점이 위험성을 훨씬 능가한다"고 하였다.[6] 가택침입 즉, 주거침입 혹은 FBI용어로 "2층 짜리 일"이라고 불리는 것에 대해 휴스턴은 "가택수색은 분명 불법이며 절도죄와 같다. 매우 위험하며 나중에 탄로나면 매우 난처하게 될 것이다. 그러나 가택수색이야 말로 다른 방법을 통해서 얻을 수 없는 정보를 얻을 수 있다는 점에서 가장 유용한 수단이다"라고 조언했다.[7] 이것은 이제 일급 기밀문서인 "휴스턴 플랜"에 명시된 조항을 통해 이 젊은 백악관 보좌관이 닉슨 대통령으로 하여금 미국 4대 정보기관인 CIA, FBI, NSA, DIA에게 미국 내 불법적 행위가 허용되도록 요청한 셈이 된 것이다. 4대 정보기관도 이런 불법활동에 대해 그럴듯한 명분이 필요하여 휴스턴과 협력하게 되었다. 7월 14일 마침내 닉슨대통령은 그런 권장사항을 승인하는 서명을 하였고 휴스턴 플랜은 대통령의 비밀정책이 되었다.

그러나 "휴스턴 플랜"은 오래 가지 못했다. 존 미첼(John Mitchell) 법무부 장관이 닉슨 대통령의 정보수집에 대한 불법절차 승인을 알고서는 대통령에게 재고할 것을 권고하였던 것이다. "대중들에게 이 계획이 알려지면 그에 따른 위험성이 정

---

5) White, Breach of Faith, p. 133.
6) Tom Charles Huston, Memorandum to H. R. "Bob" Haldeman, the White House Chief of Staff (July 1970 — the precise day is unknown, but during the first two weeks of the month), Huston Plan Hearings, Church Committee, Exhibit 2, p. 2. Mail cover refers to an examination of the external contexts of a letter, such as the address and the date of postage — a first step before an intelligence agency decides to open a suspect's letter and read its contents.
7) Huston, Memorandum to H. R. "Bob" Haldeman, p. 3.

보수집이 가져올 이점보다 훨씬 클 것"이라는 이유였다.[8] 후버국장 역시 다시 생각해 보겠다고 했다. "휴스턴 플랜"이 밖에 알려지게 되면 자신의 국장자리가 위험해질 수도 있다는 불안감을 느꼈던 것이다. 만약 이런 음모의 어떤 일부라도 언론에 새어 나가는 날엔 후버국장도 옷을 벗게 될 수 있었다. 결국 후버국장은 서명한 뒤 며칠 지나지 않아 "휴스턴 플랜"에 대한 지지를 철회했다. 그러자 "휴스턴 플랜"은 백지화되고 닉슨 대통령도 승인을 철회했다. 반전운동 저지를 목표로 한 광범위한 시민권 침해 시도가 결국 오래 못가서 무산된 것이다. 사실 반전운동에 참여했던 대다수 사람들은(웨더와 블랙팬더 단원 출신 범죄자들 일부를 제외하면) 수정헌법 1조에 의거해 정부결정에 항의하려고 했던 무고한 시민들이었다. 이들에 대한 닉슨행정부의 전면적인 공격은 중단되었다. 아니 어쩌면 잠시 중단된 것처럼 보인 것일 수도 있다. 5년 뒤, 처치 위원회(the Church Committee)에서 미국 정보기관의 부적절한 국내 스파이 행위가 "휴스턴 플랜" 이전부터 존재했으며 "휴스턴 플랜"의 폐기 이후에도 계속되어졌다는 사실이 밝혀졌기 때문이다. 미국 정보기관들은 미국 청년들이 적대적인 소련의 영향을 받지 않도록 국익을 보호해야한다는 명분을 내세워 (물론 나중에 사실 상 그런 일이 거의 없는 것으로 판명되었지만) 방첩활동을 지속해왔던 것이다.[9] 1975년, 처치 위원회는 미국을 경악시킨 자국내 스파이 사건의 청문회 증인으로 휴스턴을 소환하였다. 모든 사실이 밝혀지고 난 이후 5년 뒤에, 휴스턴은 자신의 이름으로 "휴스턴 플랜"을 구상한 것에 대해 유감스럽다고 하였다.

우리는 정치적 사안에 예민한 사람들을 국가안보에 반대하는 것처럼 몰아세울 위험성이 있다. 또는 사람들의 정치적 판단을 마치 국가안보 사안인양 이해하려고 한다. 마치 폭탄을 지닌 아이와 선거피켓을 든 아이를 동일시하고 급기야는 반대편 후보지지 스티커를 가진 아이까지 안보문제로 인지하는 방향으로 계속 몰아가는 것이다.[10]

"휴스턴 플랜" 사례는 방첩에 있어서 매우 중요하고도 근본적인 교훈을 준다.

---

8) Richard M. Nixon, answer to Church Committee interrogatory No. 17 (March 3, 1976).
9) For a more detailed account, see Loch K. Johnson, America's Secret Power: The CIA in a Democratic Society (New York: Oxford University Press, 1989), pp. 133–56.
10) Testimony of Tom Charles Huston, Huston Plan Hearings, Church Committee, p. 45.

즉 국내 방첩업무가 아무리 중요하다고 해도 —물론 잘 훈련된 첩보요원들에 의해 색출되고 무력화시켜야할 진정한 적들이 민주주의 국가에 있는 것이 사실이긴 하지만— 비밀정보기관이 처음 설립될 때부터 보호하려고 한 시민, 즉 법을 잘 지키는 시민들을 대상으로는 정보활동을 하지 못하도록 항상 경계해야 한다. 국내외에서 발생하는 "진짜" 안보위협에 대해서는 확실한 보안조치가 필요하다. 그러나 우리 민주국가를 마치 24시간 감시하는 북한과 같은 방첩국가로 만드는 것은 바람직하지 않다.

정보임무로서 방첩의 적절한 초점

미국의 행정명령은 방첩(CI: Counterintelligence)의 개념을 다음과 같이 정의한다.

'방첩'이란 해외의 국가, 단체, 개인 및 그들의 첩보원, 국제 테러조직이 수행하거나 이들을 위해 수행하는 첩보수집 기타의 정보활동, 파괴활동, 암살 등의 활동을 예방하거나 확인하거나 기만 또는 역용하기 위한 활동과 이러한 활동을 목적으로 수집한 정보를 의미한다.[11]

간단히 말해, 방첩이란 외국 정보기관이나 테러리스트, 내부 체제전복 세력 등의 반국가적 적대활동을 차단하고 저지하는 것이 주요 임무인 것이다.

CIA직원에 대한 매복 총격사건

적대 세력과 테러리스트가 자유사회에 주는 위험은 분명하다. 민주국가에서 발생하는 컴퓨터 공격(일부 전문가들이 말하는 소위 사이버 진주만공격(Pearl Harbor) 같은 대규모 신형 사이버 테러)부터, 자국 시민의 살해까지 모든 것들이 여기에 속한다. 1993년 1월 어느 날 아침에 일어난 끔찍한 사건 하나를 살펴보자. 통상 평일 아침 8시 경이면 랭글리의 숲속에 위치한 213 에이커의 CIA 본부로 들어가기 위해 자가용을 타고 출근하는 직원들의 긴 행렬이 돌리 매디슨 대로(Dolly Madison

---

11) Executive Order 12333, Sec. 3.5, as amended on July 31, 2008.

Highway)에서 좌회전 신호를 기다린다. 사건이 발생한 그날 아침도 여느 때와 다름이 없었다. 그러다가 정지신호에 대기하고 있던 사람들에게 갑자기 이상한 소리가 들렸다. 아마도 대기중인 차량들 중에 가벼운 추돌사고가 있나보다고 생각하였다. 그러나 그 소리는 점점 더 커지더니 마치 폭죽이 터지는 것과 같은 소리가 들리면서 소리의 정체가 명확하게 드러났다.

검은 머리에 보통 체격이었지만 다부져 보이는 갈색 옷차림의 한 남자가 차가운 얼굴로 눈도 깜빡이지 않은 채 AK-47총을 들고 신호대기 중인 차들의 맨 앞으로 다가갔다. 맨 앞에 있던 폭스바겐 차량으로 그 남자는 다가가 열려있는 창문으로 총을 쏘아대기 시작했고 총격을 피하려고 뒷자석으로 옮긴 운전자를 향해 무차별 총격을 가하였다. 이 남자는 그 다음 차, 그리고 그 다음 차로 재빨리 움직이며 인근 차량들 창문을 향해 약 70여발의 총알을 난사했다. 당시 목격자들의 증언에 따르면, 창문은 산산조각 나고 경적소리는 계속 울려 댔으며 사람들은 비명을 지르거나 테러범의 탄알이 다 떨어지기만을 기도했다고 한다.12) 총기 난사범은 미르 아이말 칸시(Mir Aimal Kansi)라는 파키스탄인이었다. 칸시는 다시 첫 차량으로 뛰어가 CIA 직원이었던 운전자를 사살했다. 그의 아내는 재빨리 조수석 문을 열고 나가 문 뒤에 숨은 덕분에 총격을 피했다. 칸시는 근처에 주차해 놓은 자신의 갈색 스테이션 웨건 차량으로 뛰어가 차를 타고 재빨리 도망쳤다.

CIA 직원 두 명이 운전대에 머리를 처박은 채 쓰러져 있었다. 차의 행렬 뒤쪽으로 다른 사람들이 부상으로 신음하고 있었다. 칸시는 같은 날 미국을 탈출해 파키스탄으로 돌아갔다. 여권은 유효기간이 지났음에도 공항검색 과정에서 걸리지 않았다. 칸시는 CIA와 FBI의 끈질긴 추격으로 4년 반만에 자신이 살던 작은 마을에서 체포되어 미국으로 송환됐고 곧바로 재판에 회부됐다. 칸시가 유죄판결 받은 지 하루가 지난 1997년 어느 날, 미국의 한 석유회사 이사 4명이 파키스탄의 카라치에서 살해당했다. 칸시의 기소에 대한 보복조치였다. 2002년, 칸시는 버지니아주 자라트의 그린즈빌 교정센터(Greensville Correctional Center)에서 독극물 주사방식으로 사형되었다. 사형 몇 시간 전, 칸시는 미국의 무슬림 정책에 대한 불만의 표시로 이런 테러행각을 벌였다고 진술했다.

---

12) Mary Anne Weaver, "The Stranger," The New Yorker (November 13, 1995), pp. 59-72.

오클라호마 폭탄 테러사건

1995년 4월 19일은 미국 역사상 가장 비극적인 날이다. 당시 미국은 경험하지 못한 새로운 종류의 테러공격을 받았고, 이전 어떤 테러보다 훨씬 많은 사상자를 냈다. 사건 당일 아침, 오클라호마 시티의 연방 정부청사 입구 근처 시내 모서리에 누군가 트럭 한대를 주차해 놓았다. 트럭에는 55갤런(약 200리터)의 경유로 만든 수제폭탄뿐 아니라 폭발력을 키우면서 동시에 촉매제 역할을 하는 암모니움 질산염과 니트로 메탄이 같이 실려 있었다. 그날은 웨이코 사건(Waco siege) 2주년이 되는 날이었다. 웨이코 사건은 텍사스의 웨이코(Waco)라는 마을 근처에서 다윗교를 FBI가 무력 진압하면서 76명이 사망했던 사건으로서 몇몇 "애국" 단체들에게 연방정부의 위험성을 상징하는 대표적인 사건이었다.

오클라호마시티 폭발 범인은 미국 사회에 적응하지 못한 티모시 맥베이(Timothy McVeigh)라는 젊은 참전용사였다. 정부에 대한 반감으로 가득찼던 맥베이는 1920년 9월 16일에 모건 은행 앞에서 38명의 사망자를 낸 월스트리트 폭탄테러 사건 이후 최악의 테러를 자행한 테러리스트가 됐다.[13] 뮤라 연방청사 건물 폭탄 테러 직전에 맥베이가 쓴 편지에는, "반정부 운동의 '지성인' 이 대의명분을 위하여 피를 흘리고자 각오한 '짐승'이 되겠다"라고 적혀있었다.[14] 오클라호마 폭탄 테러로 총 168명이 사망했고, 사망한 영유아와 아이들만 19명이었으며 부상자 수가 500명이 넘었다.[15] 맥베이는 오클라호마 시티를 탈출하려 했으나 얼마 가지 않아 붙잡혔다. 어처구니 없게 차량번호판이 만료 됐음에도 갱신하지 않는 등 탈출 계획이 허술했기 때문이다. 그는 곧 기소되었으며 사형이 선고되었다. 오클라호마 시티 폭탄테러사건은 여러 가지 의문점을 낳았는데 그 중 하나는 바로 맥베이가 속했던 "애국"단체와 같은 집단에 왜 FBI가 정보원을 잠입시킬 수 없었는가 하는 것이었다. 첩보용어 중 성공적으로 잠입한 정보원을 가리키는 "두더지(Mole)"라는

---

13) See Beverly Gage, The Day Wall Street Exploded: A Story of America in Its First Age of Terror (New York: Oxford University Press, 2009). This crime was never solved.

14) Jo Thomas, "Letter by McVeigh Told of Mind−Set," *New York Times* (May 9, 1977), p. A1.

15) For an account, See Stuart A. Wright, Patriots, Politics and the Oklahoma City Bombing (New York: Cambridge University Press, 2007).

용어가 있다. 만약 정보원이 성공적으로 잠입해 "두더지(스파이)" 역할을 잘 수행했더라면, FBI에게 미리 오클라호마 폭탄테러 음모를 경고해줄 수 있었을 것이다.[16)]

CIA와 FBI의 내부 반역자

가끔 미국의 방첩활동이 실패하게 되면(자국민이 국내에서 사망하는 일 말고도) 해외근무 요원과 첩보작전이 표적이 되는 일이 발생한다. 1984년, 비슷한 시기에 소련 스파이 노릇을 했던 CIA 소속의 알드리치 에임즈(Aldrich "Rick" Hazen Ames)와 FBI 소속의 로버트 한센(Robert Hanssen) 사건이 대표적인 사례이다.[17)] 에임즈는 소련을 담당하던 CIA 방첩활동 선임요원이었다. 직책 특성상 에임즈는 소련에서 활동하던 CIA 요원들 대부분의 신상뿐 아니라 냉전 당시 서방국가가 타켓으로 삼았던 주요 스파이 활동에 대한 CIA의 정보수집과 공작, 방첩활동에 대해 잘 알고 있었다. 훗날 에임즈의 반역행위를 밝혀내는 데 일조한 폴 레드몬드(Paul J. Redmond) 선임요원은 1995년 애스핀-브라운 위원회(the Aspin-Brown Commission)에서 진술하기를 냉전이 종식되기 직전 몇 년 동안, 에임즈가 소련에 대한 미국의 첩보역량을 완전히 망쳐놓았다고 하였다. 에임즈는 1984년부터 나중에 그의 정체가 발각되었던 1994년까지 소련과 러시아의 스파이로 활동하였다.[18)] 에임즈의 배반행위 조짐은 여기저기서 나타났다. 물론 검사관이 통과를 시켜주긴 하였지만 CIA 요원들을 대상으로 하는 정기적인 거짓말 탐지기 검사에서 스파이로 의심할 만한 답변이 나오는가 하면, 알링턴에 있던 54만 달러짜리 주택을 융자도 없이 구매한 일도 있었다. 또

---

16) In 2007, researcher Stuart A. Wright, drawing on a 2003 Associated Press investigation, charged that the federal Bureau of Alcohol, Tobacco and Firearms (ATF) had an informant inside the McVeigh camp who provided advanced warning about the Oklahoma City attack, but was ignored (Patriots, Politics, and the Oklahoma City Bombing, p. 183).

17) See An Assessment of the Aldrich H. Ames Espionage Case and Its Implications for U.S. Intelligence, Staff Report, Select Committee on Intelligence, U.S. Senate, S. Prt. 103-90, 103rd Cong., 2nd Sess.(Washington, DC: Government Printing Office, November 1, 1994); David Wise, Night mover: How Aldrich Ames Sold the CIA to the KGB for $4.6 Million (New York: Harper Collins, 1993); and David Wise, Spy: The Inside Story of How the FBI's Robert Hanssen Betrayed America (New York: Random House, 2003).

18) Loch K. Johnson, The Threat on the Horizon: An Inside Account of America's Search for Security after the Cold War (New York: Oxford University Press, 2011).

CIA 요원의 월급으로는 살 수 없는 신형 재규어 차를 사고, 미용목적으로 치과치료도 받았으며. 고가의 가구를 구매하기도 했고 해외 나들이도 잦았다. 이 모든 것이 연봉 7만 달러를 받는 사람으로는 도저히 누릴 수 없는 호사였다. 그러나 랭글리에 비싼 주택과 멋진 차를 가지고 있는 사람이 에임즈만 있는 건 아니었다. 잘 사는 CIA요원도 상당수 있었다. 그러나 이들은 국가를 위해 애국한 대가로, 또는 미국을 대표해 목숨을 걸고 사건을 수사한 대가로 부를 축척한 사례였다.

에임즈는 다른 부분에서도 특이했다. CIA 본부에서 떠도는 루머지만 ―"복도 통신 정보(Corridor File)"라고 불림― 에임즈의 스파이 행위가 밝혀지기 훨씬 전부터 술고래로 유명했다는 것이다. 술고래라는 사실과 그의 연봉을 훌쩍 넘는 씀씀이가 수면위로 떠오르며 일부 동료들은 에임즈를 수상히 여기기 시작했다. 동료들이 에임즈에게 신형 재규어 차와 집을 어떻게 마련했는지 궁금해 하면 에임즈는 콜롬비아 출신의 자기 아내가 최근 많은 유산을 상속받았다고 둘러댔다. 아내도 남편과 함께 스파이 활동에 가담했다. 게다가 에임즈의 아버지가 오랫동안 CIA의 공작국(DO: The Directorate of Operations) 직원으로 일했던 유명한 사람이었던 탓에 그 역시 아버지의 후광을 받고 있었고, 음주문제가 랭글리에서는 너무 흔한 일이라 동료들도 그냥 그러려니 하고 넘어갔다.

에임즈가 변절을 하게 된 가장 큰 동기는 바로 돈이었다. 일찍 이혼을 하게 되면서 위자료 지급 때문에 돈이 줄줄 새어나갔다. 게다가, 들키지 않고 몰래 스파이 행위를 하는 것이 그에게는 꽤나 스릴 넘치는 일이었다. 소련 그리고 냉전 직후의 러시아는 간첩행위에 대한 대가로 에임즈에게 4백 6십만 달러가 넘는 거액을 송금해 주었다. 꽤 나쁘지 않은 금액이었다. 당시 방첩활동을 수사했던 레드몬드 선임요원은 애스핀―브라운 위원회에서 에임즈의 스파이 행위를 밝혀내기까지의 정교한 수사과정을 소상히 설명했다. 방첩 용어로 소위 '고양이 뒤를 밟기' (Walking back the cat)라는 수사방식인 것으로 알려졌다. 에임즈의 사례는 CIA와 FBI가 항상 그런 것은 아니지만 서로 효과적으로 협력하였던 대표적인 사례이다. 에임즈의 간첩행위로 미국이 입은 피해는 실로 상당한 것이었다. KGB와 그 후속 기관인 러시아 해외정보국(SVR: SluzhbaVneshneiRazvedki)에게 에임즈가 넘긴 국가기밀 때문에 소련정부 내 암약하던 CIA 자원가운데 최소 10명이 살해되었다. 게다가, SVR 산하 방첩기관은 에임즈의 제보를 참고해 러시아에 대한 미국의 첩보작전 200개 이상을 파악하게 되었다.

애스핀－브라운 위원회가 에임즈를 조사하는 동안, 연방정부의 누구도 또 다른 스파이였던 FBI 요원 로버트 한센이 에임즈를 돕고 있다는 사실을 전혀 눈치채지 못하고 있었다. 한센은 지난 20년간 KGB와 SVR의 스파이 노릇을 해왔다. SVR 내부에 심어둔 CIA 정보원의 제보로 2001년이 되서야 FBI는 비로소 한센과 에임즈의 뒷 조사를 시작할 수 있었다. 물론 에임즈나 한센은 모두 모스크바에 숨어 있는 정보원이 누구인지 알지 못했다. FBI의 대소련 방첩국 고위직에 있었던 한센은 에임즈처럼 미국의 소련 첩보활동에 대한 정보를 소련에게, 그리고 나중에는 러시아에 쉽게 제공할 수 있는 직위에 있었다. 한센은 에임즈가 소련의 책임자에게 제공한 기밀사항의 상당부분을 보강하여 넘겨주었다. 한센과 에임즈는 소련과 러시아의 타깃을 상대로 작업하던 CIA와 FBI 직원 거의 대부분을 지목할 수 있을 정도였다. 게다가 한센의 경우, 조지타운의 위스콘신 애비뉴에 위치한 새 러시아 대사관에 FBI가 대사관 신축 당시 몰래 설치한 도청기의 위치까지 SVR에게 알려주었다. 뿐만 아니라 한센은 자신이 정보를 전달하는 소련 정보요원에게 적 잠수함을 추적하는 미국의 수중 신호정보(signit)기술에 대한 핵심정보뿐 아니라 러시아와 핵전쟁이 발생하면 미국 관료들이 정확하게 어떤 비상내각을 운영할 계획인지에 대한 일급정보도 모두 넘겨줬다.[19]

한센의 경우도 에임즈가 받은 돈의 1/4 정도인 140만 달러짜리 보석을 대가로 요구하긴 했지만 에임즈처럼 돈이 주목적이 되어 스파이 행위를 한 것은 아니었다. 한센은 자신이 스파이 행위로 번 돈을 워싱턴의 바에서 만난 예쁜 스트리퍼 친구를 만나는데 흥청망청 썼다. 자신이 독실한 카톨릭 신자라고 이야기 하고 다닌 탓도 있지만, 부정하게 번 돈을 자신을 위해서는 쓰지 않고 새로 만난 여자친구의 어려운 삶을 "도와주는데" 썼다. 게다가 그는 고양이와 생쥐처럼 FBI와 CIA의 쫓고 쫓기는 방첩활동을 마치 게임인양 －과연 그가 FBI와 CIA의 방첩활동을 하는 동료들의 추적을 피해 갈 수 있을까?－ 몰두한 것처럼 보인다.

엉성한 스파이 기술과 러시아 정보기관 내부에서 몰래 암약했던 CIA 정보원

---

19) See Paul J. Redmond, "The Challenges of Counterintelligence," in Loch K. Johnson, ed., The Oxford Handbook of National Security Intelligence (New York: Oxford University Press, 2010), pp. 537－54, quote at p. 541.

의 제보로 인해 에임즈와 한센은 마침내 스파이 활동이 발각되어 체포되었으며, 지금은 연방교도소에서 종신형을 살고 있다.

9.11 공격

미국역사 상 방첩활동의 가장 큰 실패 사례는 2001년 9월 11일 알 카에다(Al Queda) 테러범들이 미국 본토에 대한 끔찍한 테러공격을 저지하지 못한 것이다. 분명 CIA가 9.11테러를 막을 기회는 수차례 있었다. 이미 1995년 CIA 대테러 센터(CTC: Counterterroism Center)가 미국에 "공중테러"가 발생할 수 있다는 사실을 백악관과 정부 고위 관료들에게 경고한 적이 있다. 대테러센터(CTC)는 테러리스트들이 여객기를 납치해 고층건물과 충돌하는 방식으로 "공중테러(aerial terrorism)"를 감행할 수 있다고 했다. 그리고 그 말이 끔찍하게 9월 어느 아침에 그대로 실현되었던 것이다.[20] 그러나 제2장에서 살펴 본 내용을 떠올려 보면, 언제 어디서 그런 사건이 터지게 될지에 대한 구체적인 정보 ─즉, 실질적인 정보─ 가 대테러센터(CTC)의 경고에는 없었던 것이다. 게다가 이 테러 경고는 다른 여러 테러위험 목록 중의 하나였을 뿐이었다. 그 테러위험 목록에는 테러리스트가 탄저균이나 병원균을 가득 실은 농약살포용 비행기를 탄 채 도심지에 생화학 공격을 감행할 것이라는 내용과, 독극물로 상수도를 오염시킬 것이라는 내용, 원자력 발전소를 폭탄테러 하는 것과 같은 것들이 들어 있었다.

테러위험 목록이 너무나 길고 장황한 탓에 백악관 관료들은 우왕좌왕 하며 혹시 일어날지 모를 불안한 테러의 가능성에 대해 어떤 조치도 취하지 못했다. 혹자는 클린턴 행정부였다면 최소한 교통부와 미국 항공조종사협회에 미리 테러가능성에 대해 알렸을 것이라고 생각하는 사람도 있을 것이다. 그러나 9.11 테러에 제대로 대비할 수 없었던 또 한 가지 이유는 바로 공중테러에 대비하는데 드는 비용 문제였다. 혹시라도 발생할 수 있는 "공중테러"에 대해 대비하려면 공항보안을 더욱 강화하고 조종실 문에 대한 안전 잠금장치를 설치해야 했으며 기내경찰을 고

---

20) Report on Terrorism in the United States, Counterterrorism Center, Central Intelligence Agency, Langley, VA (July 1995), provided to the Aspin－Brown Commission in unclassified form (August 1995).

용해야 했다. 물론 결과적으로 이런 비용이 9.11 테러로 목숨을 잃은 수많은 사람들의 인명피해와 9.11 테러의 피해복구 비용에 비하면 새 발의 피였을 것이다.

공중테러가 미국 내에서는 절대 발생하지 않을 것이라는 안일한 생각 때문에, 그 누구도 한정적인 재원을 그런 불가능한 테러예방에 쓰자고 주장하는 정치적 모험을 하지 않았다. 언론도 일상적인 사건들만 주목했고 발생할 수 있는 모든 테러 가능성에 대해 이야기라도 하면 헛소리라고 치부하고 무시해버렸다. 모든 것을 대비하는 데 비용이 너무 많이 들기 때문이었다.

2005년 카트리나 허리케인의 사례도 이와 비슷하다. 만약 뉴올리언즈 주 정치인과 시민들이 5등급 태풍에도 버틸 수 있는 제방을 쌓는데 수십억 달러를 쓰는 것을 기꺼이 동의했더라면, 카트리나 허리케인이 끼친 막대한 인명피해와 손실을 최소화 할 수 있었을 것이다. 9.11 테러와 카트리나 태풍 사례는 정치지도자들에게 아주 어려운 정책문제 —즉 고비용 저확률의 비상사태에 대비해 정치지도자들은 무엇을 해야하는가?— 를 제기한다.

비행기를 납치했던 19명의 테러범 중에 단 2명만이라도 캘리포니아에서 감시를 강화했더라면 그 음모는 수포로 돌아갔을지도 모른다. 그러나 CIA와 FBI는 테러 대비에 잘못하였으며 서로가 못 잡아 먹어서 난리치는 킬케니의 고양이처럼 어설픈 선의와 동료애로 으르렁대며 싸우기에 바빴다. 아리조나 피닉스, 미네소타 미네아폴리스에 있는 FBI 지부 요원 두 명이 그 지역에서 의심스러운 비행훈련을 보고했음에도 불구하고 FBI 본부 대테러국장은 이런 보고에 대해 제대로 관심을 기울이지 않았다. 1995년의 공중테러 보고서 맥락에서 살펴보면 이들 요원들의 현장보고는 워싱턴 FBI 본부에 여러 번의 테러경보를 울렸어야만 했다. 특히 자카리아스 무싸오우이(Zacarias Moussaoui)라는 용의자는 해외 테러리스트들과 상당히 연루되어 있었다.[21] 게다가 의회 또한 상원특별정보위원회와 하원상임특별정보위원회가 있었음에도 불구하고 이들 정보위 의원들은 1995년부터 2001년까지 테러, 방첩, CIA와 FBI의 감시협력 체제에 대한 조사청문회를 개최한 적이 없다.

그러던 2001년 1월, 빌 클린턴 행정부의 리차드 클라크(Richard A. Clarke) 대

---

21) See Jane Mayer, The Dark Side (New York: Doubleday, 2008); and Amy B. Zegart, Spying Blind: The CIA, the FBI, and the Origins of 9/11 (Princeton, NJ: Princeton University Press, 2007).

테러담당관이 부시행정부의 콘돌리자 라이스(Condoleezza Rice) 신임 안보보좌관에게 알카에다가 미국을 공격할 수도 있으니 국가안보회의에서 즉시 조치를 취해야 한다고 경고했으나 9월 4일이 돼서야 라이스 보좌관은 해당 문제에 대한 첫 주요 간부회의를 열었다.[22] 9.11테러 발생 전 10년은 마치 악성종양이 전이돼 온 몸이 망가지는 것처럼 방첩활동의 오류들이 여기 저기 관련 부서들에서 불거졌던 기간이었다. 무엇보다, 정보기관은 알카에다 조직 내에 스파이 하나 제대로 심어두질 않았으며, 테러 조직에 대한 역사적 배경도 제대로 이해하고 있지 못했다.

그 밖의 전향자들

앞서 언급한 사례들은 최근의 가장 유명한 방첩실패 및 대테러 실패사례들이지만 그러나 이런 사례들 말고도 많이 있다. 심지어 제2차 세계대전 중 추진한 맨해튼 프로젝트(Manhattan Project) 때도 미국은 소련의 스파이 문제로 골치가 아팠다. 맨해튼 프로젝트에 참여했던 해인즈(Haynes)와 클레르(Klehr), 바실리예프(Vassiliev) 등이 보고한 것처럼 클라우스 푹스(Klaus Fuchs)라는 영국 과학자가 비밀리에 소련의 스파이로 활동하며 원폭제조에 충분한 만큼의 핵심기술을 소련으로 빼돌렸다. 그 덕분에 소련은 미국에 수년정도 뒤쳐져 있던 핵무기 기술을 따라잡을 수 있었고 비용도 상당히 절약할 수 있었으며 CIA가 예상했던 것 보다 훨씬 빨리 원자폭탄을 개발할 수 있었다.[23] 이들 말고도 소련은 데이비드 그린글래스(David Greenglass), 러셀 맥넛(Russell McNutt), 에델 로젠버그(Ethel Rosenberg) 등 다른 원폭스파이들이 있었다. 이들 모두 공산주의자였던 줄리어스 로젠버그(Julius Rosenberg)의 꾀임에 빠져 소련에 포섭되었는데 맨해튼 프로젝트의 원자폭탄 스파이 역할을 톡톡히 했다. 또, 정보수집분야에 있어서 소련은 윌리엄 웨이스밴드(William Weisband)라는 신호정보 담당관을 포섭하는데 성공하였다. 그는 소련의

---

22) Richard A. Clarke, Against All Enemies: Inside America's War on Terror (New York: Free Press, 2004), p. 237.

23) John Earl Haynes, Harvey Klehr, and Alexander Vassiliev, with translations by Philip Redko and Steven Shabad, *Spies: The Rise and Fall of the KCB in America* (New Haven, CT: Yale University Press, 2009). See also Timothy Gibbs, "Catching an Atom Spy: MI5 and the Investigation of Klaus Fuchs," in Johnson, ed., *Oxford Handbook of National Security Intelligence*, pp.555-68.

군사통신정보에 대한 미국의 감청 프로그램인 베노나 프로그램의 존재를 알려주었다. 해인즈와 그의 스파이 동료들에 따르면, KGB는 좌파 언론인이었던 유명한 I.F.스톤(I. F. Stone)을 포섭하는데도 성공했다고 한다. 대부분의 전문가 의견에 따르면 소련의 군사정보기관이었던 군총참모부 정보총국(GRU)이 미국 국무성 고위 관료였던 알저 히스(Alger Hiss)를 잠복 스파이로 포섭했을 가능성이 매우 높다고 한다.

해인즈와, 클레르, 바실리예프가 계산해보니 2차 대전 종전 후부터 1950년대까지 이들을 대신해 소련에 포섭된 미국인만 500여 명에 달하였으며 대부분 정부관료가 아니라 민간인 엔지니어들이었다고 한다. 이들 스파이의 대부분은 미국의 안보에 별다른 영향을 끼치지는 못했다. 아마 소련 비밀정보원들이 이들의 능력을 실제보다 과대평가하여 오히려 한방 먹은 것 같다(물론 이것은 방첩이나 첩보수집 정보원들을 포섭하는 일에서 늘 발생하는 고질적인 문제이긴 하다). 그래도 분명히 해야 할 것은 이들 중에 푹스나 웨이스밴드와 같이 미국 정보기관에 침투하는데 성공한 첩자들이 있다는 것이다.

냉전 말기 소련의 성공적인 스파이활동 사례가 또 있다. 1960년대, 워커일가(the Walker family)는 소련의 스파이 노릇을 하며 미국 해군의 통신정보를 팔아 넘겼다. 워커일가가 KGB에 넘긴 정보 중에는 대서양에서 소련 잠수함의 움직임을 추적 할 수 있는 미국 정보공동체의 수중탐지 장비에 대한 일급 비밀정보도 들어가 있었다. 워커는 모스크바에 있는 비밀요원에게 미국의 잠수함 탄도미사일(SLBMs) 발사암호에 대한 데이터를 넘겨주기도 했는데 이것은 전시에 소련으로 하여금 미국의 핵 억제력으로 중요한 해양전력, 즉 잠수함 탄도미사일을 무력화시킬 수 있는 것이었다. 만약 두 초강대국 사이에서 3차 대전이라도 발발했다면, 워커일가의 스파이 행각은 에임즈와 한센이 소련에게 넘긴 기밀 보다 훨씬 더 심각한 재앙적인 결과를 초래했을 것이다. 1985년, 바바라 워커가 존 워커와 이혼했으나 이혼수당을 받지 못하자 복수심에서 존이 스파이 일당의 대장이라는 사실을 FBI에 밀고하며 사건이 일단락되었다.

자신의 조국을 배반하는 사람들의 유형과 동기는 다양하다.[24] 미국 정보요원

---

24) See, for example, Cleveland C. Cram, "Of Moles and Molehunters: A Review of Counter-intelligence Literature, 1977-92," Center for the Study of Intelligence, *CIA, Report No. CSI*

들과 외부의 계약자들이 변절한 유명한 사례 몇 가지를 더 살펴보면 다음과 같다.

- 잭 던랩(Jack E. Dunlap): 1960년대 NSA에서 근무하며 소련의 스파이로 활동 하였고 유용한 다량의 신호정보를 소련에 넘겨주었다.[25]

- 클라이드 콘라드(Clyde Conrad): 미국 육군 부사관으로 서유럽에서 미국과 소련 사이에 전쟁이 발발할 경우를 대비해 마련한 미국 육군 작전계획과 통신체계 정보를 1975년부터 1985년까지 체코와 헝가리 중간요원을 통해 KGB에 제공 하였다.[26]

- 윌리엄 캄파일스(William Kampiles): CIA 1년차 때 소련에 푼돈을 받고 미국 첩보위성 매뉴얼을 넘겼다. 그는 당시 자신의 스파이 행위에 대해 소련과 접촉하면 CIA가 자신을 이중스파이로 써줄 것으로 알고 그랬다고 다소 멍청한 이유를 들었다.[27]

- 윌리엄 벨(William Bell): 미국 방위산업체 직원으로서 1981년에 몇 가지 민감한 기술을 폴란드 정보요원에게 넘기려 시도했으나 FBI에 발각되어 체포되었다.

- 에드워드 하워드(Edward Lee Howard): CIA 소속으로 에임즈 사건이 일어나기 1년 전인 1983년에 KGB에 포섭되어 CIA의 비밀공작을 소련에게 알려 주었고 FBI에서 체포하려고 하자 소련으로 도망쳤다.[28]

- 조나단 폴라드(Jonathan Jay Pollard): 조나단과 그의 아내는 유태인 민족부흥운동인 시오니즘에 빠져 미국 해군정보를 이스라엘 정부에 넘겨준 것이 1985년 발각 되었다. 조나단 부부는 정보제공을 대가로 이스라엘로부터 연간 3만 달러씩 제공받아 사용하였다.[29]

93-002 (October 1993).

25) See David C. Martin, *Wilderness of Mirrors* (New York: Harper&Row, 1980); and John Ranelagh, *The Agency: The Rise and Decline of the CIA*, rev. edn(New York: Simon&Schuster, 1987).

26) Redmond, "The Challenges of Counterintelligence."

27) For profiles of Kampiles and many of the other traitors mentioned here, see the useful compilation by Norman Polmar and Thomas B. Allen, eds., *The Encyclopedia of Espionage* (New York: Gramercy Books, 1997).

28) See David Wise, *The Spy Who Got Away: The Inside Story of Edward Lee Howard* (New York; Random House, 1988).

29) See Seymour M. Hersh, "The Traitor," *The New Yorker* (January 18, 1999), pp. 26-33.

- 론 펠튼(Ron Pelton): NSA 정보요원으로 1980년부터 1985년 체포될 때까지 극비의 신호정보 자료를 소련에 넘겼다.
- 토마스 패트릭 캐버나(Thomas Patrick Cavanagh): 방위산업체에 소속된 과학자로 미국의 첨단레이더 기능에 대한 정보를 소련에 넘겼다가 같은 해인 1985년 FBI에 의해 체포되었다.
- 제임스 홀 3세(James Hall Ⅲ): 미국 육군 정보통신 전문가로 동유럽에서 수행중인 미국의 신호정보 관련 정보를 KGB에 넘겼는데 그의 스파이 행각은 1988년 방첩 수사관들에 의해 체포될 때까지 계속되었다.
- 클레이런 로운트리(Clayron J. Lonetree): 모스크바 주재 미국 대사관 경비원으로 근무하던 클레이런 로운트리는 미국 해병대 역사상 스파이 행위로 유죄판결을 받은 최초이자 유일무이한 해병이다. KGB가 파놓은 덫에 걸려 체포된 사례로서 소련에서는 "벌꿀함정(honey trap)"이라 부르는 이른바 미인계에 걸렸는데, 클레이런과 동료들이 "제비(Swallow)"라고 불리우는 아름다운 러시아 여성에 의해 포섭당하였으며 그 대가로 미국 대사관 금고에 있는 기밀문서를 넘겨주었다. 1986년 클레이런 상병 스스로 죄의식을 느껴 자행한 스파이 행동을 자백하였다.
- 해롤드 니콜슨(Harold J. Nicolson): 반역죄로 기소된 역대 CIA 직원 가운데 최고위직의 정보요원으로서 에임즈, 하워드, 한센과 같은 시기에 활발하게 러시아 스파이로 활동하다가 1996년에 체포되었다. 에임즈 스파이 사건 이후 마련된 금융정보제공 의무화, 즉 직원들의 개인 재정내역을 랭글리 CIA본부 감독관에게 의무적으로 제공하도록 한 절차가 도움이 되어 체포되었다.[30]
- 얼 핏츠(Earl Pitts): FBI요원으로서 러시아 스파이로 활동하다가 1997년 발각되었다.
- 로버트 김(Robert C. Kim): 1997년 한국을 위해 스파이 행위를 한 데 대해 유죄로 기소되었다.[31]

---

30) See David Johnston and Tim Weiner, "On the Trail of a C.I.A. Official, From Asia Travel to Bank Files," *New York Times* (November 21, 1996), p. A1; and Walter Pincus and Roberto Suro, "Rooting Out the 'Sour Apples' Inside the CIA," *Washington Post,* National Weekly Edition (November 25-December 1, 1996), p. 30.
31) Tim Weiner, "Former South Korean Pleads Guilty in Spying Case," *New York Times* (May 8, 1997), p. 276.

• 브라이언 리건(Brian P. Regan): 미국 공군 중사이며 국가정찰국(NRO) 분석관으로 배속되어 근무하던 중에 2003년 정찰위성 자료를 이라크, 리비아, 중국 정부에게 팔려고 시도하다가 발각되어 종신형을 선고받았다.

• 래리 우타이 친(Larry Wu-tai Chin)을 포함한 다수의 중국계 미국인들이 중국을 위해 스파이 행위를 하거나 정보를 제공하려다가 발각된 사례들로서 래리 우타이 친의 경우, CIA 기밀을 빼돌리기 이전에는 장기간 "슬리퍼 에이전트(장기 고정간첩)"로 숨어있었으며 에임즈와 마찬가지로 거짓말탐지기 검사를 통과하였으나 1985년 체포되었다. 또 다른 중국계 미국인 스파이 그렉 청(Greg Chung)과 치막(Chi Mak)이 있었는데 이 두 사람은 캘리포니아 방위산업체에서 일하던 엔지니어로서 그렉 청은 1979년에, 치막은 2005년에 각각 체포되었다.

여기에 언급된 대부분의 스파이와 국가 반역자들은 1980년대에 발각되었는데 그 이유는 이 시기가 소위 '10년의 스파이 전성시대'(The Decade of the Spy)라고 불리던 기간이기 때문이다. 전문가들은 특히 1985년에 미국에서 스파이가 가장 많이 체포되었다고 이야기한다. 스파이가 이렇게 많이 체포된 것을 보면 당시 미국의 방첩활동이 얼마나 문제가 많았는지 알 수 있다. 한 전임 CIA 방첩요원은 "미국의 전반적인 방첩활동 기록을 살펴보면, 방첩실적이 별로 좋지 못했다"고 미국의 허술한 방첩활동을 시인했다.32) 그러나 미국만 방첩활동이 허술했던 것은 아니다. 영국, 프랑스, 독일의 경우에는 냉전 중에 미국이 겪은 것보다 훨씬 심각한 스파이 문제가 발생하였었는데 미국에게는 이것이 그나마 작은 위안거리가 될 것이다. 그리고 서방국가끼리 소련에 스파이를 침투시키는데 함께 노력하여 성공했던 것이 더 큰 위안이 될 것이다.33) 더구나 정부 요직에서 근무하며 수년 간 민감한 정보를 다루고 그 때문에 국민의 신뢰를 받는 영예로운 수백만 연방 공무원 중에 이런 반역죄를 저지른 스파이는 지극히 일부에 불과하다는 점을 잊지 말아

_____

32) Frederick L. Wettering, "Counterintelligence: The Broken Triad," *International Journal of Intelligence and Counterintelligence* 13 (Fall 2000), pp. 265-99, quote at p. 276.
33) For examples, see Percy Cradock, Know Your Enemy (London: John Murray, 2002); Michael S. Goodman, *Spying on the Nuclear Bear: Anglo-American Intelligence and the Soviet Bomb* (Stanford: Stanford University Press, 2007); Ranelagh, *The Agency;* and Athan Theoharis, *Chasing Spies* (Chicago: Ivan R. Dee, 2002).

야 할 것이다.

반역죄를 저지르는 이유

방첩과 관련된 한 가지 중요한 의문점은 "왜 사람들은 국가를 배신하게 되는 가?"하는 것이다. 저널리스트인 스캇 쉐인(Scott Shane)은 그 이유로 MICE를 든다. M은 돈(Money), I는 이념(Ideology), C는 약점폭로 위협(Compromise), E는 자기도취(Ego)이다. C는 취약한 상황에 발목이 잡혀 협박을 당하는 경우에 해당한다. E의 경우 에임즈와 한센이 보여준 것처럼 "내가 시스템을 깨버릴 수 있다"고 착각하는 경우를 말한다. 전문가들도 MICE가 스파이 행위를 하는 일반적인 동기라고 생각한다. 쉐인은 MICE에서 한 단계 더 발전한 MINCES를 제안하기도 했다. N은 민족주의(Nationalism)를 나타내는데 일부 이민자들 가운데 자신이 태어난 옛날 모국에 대한 충성심이 마음 깊숙이 자리잡고 있어 이것이 스파이 행위로 이어지는 경우를 말하며, S는 성관계(Sex)의 유혹 때문에 포섭되는 경우이다.[34] 정치학자인 스탠 테일러(Stan Taylor)와 대니얼 스노우(Daniel Snow)는 냉전 기간 동안 미국인이 스파이 행위를 저지른 이유를 몇 개의 범주로 분류하였는데,[35] "탐욕(돈)"이 53.4퍼센트로 제일 높았고 "이념"이 23.7퍼센트로 그 뒤를 이었다. 그리고 5.8퍼센트 정도는 "환심을 살 목적"으로 스파이 행위를 했다. 즉, 우정이나 연인관계를 발전시키기 위해서거나, 상급자에게 잘 보이고 싶어서 혹은, 성관계를 유도하기 위해 스파이 행위를 한 것이다. 그리고 "불만 때문에"가 2.9퍼센트를 차지했다. "불만" 같은 경우 대부분 진급 실패가 직장 내 분노로 이어지며 나타나는 것이다. 마지막으로 "기타"가 12.2퍼센트를 차지했다. KGB나 SVR 또는 다른 외국 정보기관과의 접촉을 통해 마치 007영화 속의 제임스 본드가 되어 보려는 환상도 이유 중의 하나였다(여기에는 "자기도취" 때문에 스파이가 되는 사람들이 포함된다).

중국계 미국인 스파이의 체포사례를 통해 우리는 미국 내 스파이 활동의 동기도 바뀌고 있다는 것을 알 수 있다. 미국 국방부에서 일했던 캐서린 허빅

---

34) Scott Shane, "A Spy's Motivation: For Love of Another Country," *New York Times* (April 20, 2008), p. WK 3.
35) Stan A. Taylor and Daniel Snow, "Cold War Spies: Why They Spied and How They Got Caught," *Intelligence and National Security* 12 (April 1997), pp. 101－25.

(Katherine L. Herbig)의 연구만 보아도 이 점은 금방 드러난다.[36] 캐서린은 이념적 명분이 1940년대와 냉전 초기 반역의 가장 큰 요인이었다고 분석했다. 예를 들어, 조셉 스탈린(Joseph Stalin)이 원자폭탄 기술을 빼오라고 했을 때 클라우스 푹스는 순진하게도 소련이 미국과 핵무기 수준이 비슷해지면 소련이 더 효과적으로 세계 평화를 촉진시킬 수 있을 것이라고 생각했던 것이다. 그러나 테일러와 스노우처럼 허빅도, 1940년대와 1950년대의 핵무기 스파이 사건 이후 냉전이 종식될 때까지 국가를 배신하게 되는 주요 동기로 탐욕이 가장 부각되었다고 분석하였다. 허빅은 또한 스캇 쉐인처럼 최근의 스파이행위가 주로 자신의 이전 조국, 이를 테면, 중국이나 한국 같은 국가에 대한 충성심 때문에 귀화한 미국인이 스파이 행위를 하는 것을 발견하였다. 이들은 대부분 미국에 대한 충성심도 있고 자신의 이전 조국에 대한 충성심도 있는데 두 국가에 충성해도 평상시라면 문제가 되지 않지만, 미국 정보기관 캐비닛에서 민감한 국가안보기밀을 허가 없이 유출할 경우에는 전혀 얘기가 달라지는 것이다.

스파이 적발

스파이를 적발하는 일은 생각보다 쉽지 않다. 심지어 1954년부터 1974년까지 CIA 방첩국장이자 베테랑 수사관이었던 제임스 앵글톤(James Angleton)마저 소련의 공작에 넘어갔으니 말이다.[37] 영국 비밀정보부 MI6 연락관으로 워싱턴에서 근무하던 해럴드 "킴" 필비(Harold A. R. "Kim" Philby)는 1960년대 앵글톤과 알게 되어 친한 사이가 되었다. 두 사람은 종종 조지타운에서 점심식사를 함께 하고 다른 사교 행사에도 참석하기도 했으며 소련과의 방첩활동 경험을 적은 노트를 서로 공유하기까지 했다. 두 사람 모두 명문대를 졸업했으며 (앵글톤은 하버드와 예일대학

---

36) Reported by Shane, "A Spy's Motivation."

37) On Angleton, see Seymour M. Hersh, "The Angleton Story," *New York Times Magazine* (June 25, 1978), pp. 13ff.; William Hood, James Nolan, and Samuel Halpern, "Myths Surrounding James Angleton: Lessons for American Counterintelligence," *Working Group on Intelligence Reform, Consortium for the Study of Intelligence* (Washington, DC, 1994); Loch K. Johnson, "James Angleton and the Church Committee," *Journal of Cold War Studies* 15 (Fall 2013), pp. 128-47; Tom Mangold, *Cold Warrior: James Jesus Angleton, the CIA's Master Spy Hunter* (New York: Simon&Schuster, 1991); and Robin W. Winks, *Cloak & Gown: Scholars in the Secret War, 1939-1961* (New York: Morrow, 1987), pp. 322-438.

을, 필비는 캠브리지 대학을 졸업했다) 말끔한 외모에 소양까지 갖춘 노련한 방첩 전문 가들이었다. 그러나 둘이 알고 지내는 동안, 필비는 이미 영국 정보기관의 요직에 있던 대학동기들과 이른바 "캠브리지 스파이망(the Cambridge Spy Ring)"을 구성하 여 소련을 위해 일하면서 자신의 조국에 대한 간첩행위를 하고 있었다. 필비는 스 파이 활동이 발각되기 직전에 소련으로 도망쳤다. 앵글톤도 필비와 함께 점심을 먹을 정도로 막역했지만 그의 수상한 구석을 이미 눈치 챘던 지라 자체 조사를 진 행 중이었다. 그래도 나중에 필비의 진정한 속내가 백일하에 드러났을 때 그와 오 랫동안 함께 지냈다는 것이 CIA 방첩국장으로 있던 앵글톤의 입장에서는 매우 곤 욕스러운 일이었을 것이다.[38]

편집증이란 것이 모든 방첩업무를 하는 사람들에게는 일종의 직업병과 같은 것이긴 하지만, 필비 사건을 겪은 후 앵글톤의 편집증은 더욱 심각해졌다. 물론 그는 CIA내부의 스파이 수색노력을 배가하여 자신이 필비 사건으로 겪은 치욕을 잊고 싶어 했다. 비판가들은 앵글톤이 자신의 주장을 뒷받침할 수 있는 명백한 증 거도 없이 CIA직원도 소련첩자일 수 있다고 주장하면서 일종의 CIA 내부 맥카시 즘(1950년대 반공주의 성향이 강한 집단에서 정치적 반대자나 집단을 공산주의자로 매도하려 는 태도)의 형태로 주위 동료들을 스파이로 몰아갔다고 비난하였다. 또 비판가들은 앵글톤이 바르샤바조약기구 동맹국들에 대한 미국의 침투공작에 지나치게 소극적 이었다고 비난하였는데 그 이유는 앵글톤이 그러한 공작을 할 경우에 CIA 내부에 침투한 KGB 첩자들이 즉각 관련 정보를 소련에 흘리면서 실패할 것이라고 짐작 하여 CIA의 동유럽 침투공작에 소극적이었다는 것이다.[39]

앵글톤 옹호자들은 앵글톤이 방첩 전문가로서 자신의 소임을 다하려 했던 것 뿐이며 그가 '10년의 스파이 전성시대'에 방첩국장이었다면 에임즈 같은 소련첩자 를 체포하고도 남을 만큼의 집요하고 결단력 있는 사람이었다고 반론을 편다. 게 다가, 이들은 앵글톤이 전혀 소극적인 사람이 아니며 사실 CIA의 역대 방첩국장 가운데 가장 적극적인 사람이었다고 주장한다. 심지어 앵글톤은 공작국 방첩참모 실에서 방첩활동보다 오히려 공작활동에 가까운 침투공작과 기만공작을 후버국장 의 별다른 지시 없이 수행했다는 것이다. 가장 잘 알려진 사례는 스탈린 사망 후

---

38) On Angleton's early suspicions about Philby, see Ranelagh, *The Agency*, p. 151.
39) See the argument in Redmond, "The Challenges of Counterintelligence," pp. 540, 547.

니키타 흐루시초프(Nikita Khrushchev) 서기장이 한 유명한 연설조작 사건이다. 앵글톤은 이 "비밀연설"을 조작하라는 명령을 받고 연설문에 거짓 문구를 첨가하여 동유럽 국가에 유포했다. 앵글톤은 "비밀연설"의 원문보다 스탈린 시대를 더 부패가 만연된 모습으로 묘사하여 이를 통해 동유럽에서 반소련 봉기가 일어나는 촉매제가 되기를 기대하였다.[40]

어떤 영국의 저널리스트는 CIA 방첩국장으로서의 앵글톤에 대해 다음과 같이 설명했다. "방첩이란 모험과 위험, 시기와 끊임없는 의심 —즉 내 옆에 있는 직원이 소련의 첩자일지 모른다는 그런 의심— 들로 가득찬 세계이다. 그런 상황에서 편집증을 앓게 되면 사람의 인성도 서서히 망가지게 된다."[41] 정치학자 저비스(Jervis)도 "그런 편집증이 어느 정도까지 심해지는지에 대해서는 명쾌한 해답이 없다"고 했다.[42]

1974년, 앵글톤의 도를 넘는 행동에 대해 고소해야 한다는 의견이 CIA 본부 여기저기서 들려오자 CIA 국장 이었던 윌리엄 콜비(William Colby)는 앵글톤을 방첩국장 자리에서 해고했다. 표면적인 이유는 이스라엘 정보기관과 CIA의 관계에 지나치게 개입했다는 것이었으나 실제 이유는 지나치게 열정적이었던 그의 방첩활동을 두고 불만의 목소리가 여기저기에서 터져 나왔기 때문이었다. 혹자는 앵글톤이 사실 소련스파이라는 말도 안 되는 혐의를 제기하였으며, 어떤 사람들은 콜비 국장이 소련스파이일지도 모른다고 생각하기도 하였다. 앵글톤은 방첩활동을 "거울로 둘러싸인 황야(a wilderness of mirrors)"라고 비유하곤 했다.[43] 각국의 정보기관들이 암약하는 초현실과 같은 세계(여기서는 첩보세계)에서 누가 진실을 말하고 누가 거짓을 말하는지 알아낸다는 것은 매우 어려운 것이다. 한 노련한 방첩관은 "스파이 스캔들이나 주요 공작이 실패하는 일시적인 경우를 제외하면 CIA는 방첩에 큰 비중을 두지 않는다"[44]고 하였는데 이것은 2005년 있었던 대통

40) Hersh, "The Angleton Story."
41) Henry Brandon, "The Spy Who Came and Then Told." *Washington Post*, National Weekly Edition (August 24, 1987), p. 36.
42) Robert Jervis, "Intelligence, Counterintelligence, Perception, and Deception," in Jennifer E. Sims and Burton Gerber, eds., *Vaults, Mirrors, and Masks: Rediscovering U.S. Counterintelligence* (Washington, DC: Georgetown University Press, 2009), pp. 69–79, quote at p.75.
43) The phrase comes from a line in T. S. Eliot's poem, "Gerontion" (1920).
44) Redmond, "The Challenges of Counterintelligence," p. 539.

령 자문위원회의 평가 —"미국의 방첩활동은 여전히 분열되어 있고 근시안적이며 효과 또한 미미하다"— 에서도 분명하게 나타나고 있다.[45] 다른 정보 임무처럼, 미국의 대간첩 공작은 지나치게 분산되어 있으며 방첩활동을 총괄하는 확고한 리더십도 부족한 상황이다. 그나마 2004년에 "정보개혁 및 테러방지법(The 2004 Intelligence Reform and Terrorism Prevention Act)"이 통과되어 국가대테러센터(NCTC: National Counterterrorism Center)가 설립되었는데, 국가대테러센터(NCTC)는 국가정보장(ODNI: Office of The Director of National Intelligence)과 백악관에 보고하도록 되어 있다. 또한 국가대테러센터는 이라크 — 레반트 이슬람국가(ISIS)와 다른 테러리스트 조직을 겨냥한 미국의 대테러활동을 조정하도록 되어 있는데, 전문가 대부분은 국가대테러센터(NCTC) 설립이 모든 테러정보를 방첩의 영역 안에 넣으려는 노력의 작은 성공에 불과한 것으로 평가한다.

1995년, CIA 방첩부서의 한 선임요원은 애스핀 — 브라운 위원회(Aspin — Brown Commission)에 다음과 같이 경고했다. "우리는 결코 국민들이 '자발적으로(voluntarily)' 적을 위해 스파이 행위를 하도록 내버려 두지 않을 것이다. 우리는 단지 어떻게 하면 스파이를 더 빨리 적발하고 시민들에게 스파이로 의심 가는 행동을 하는 사람들을 신고하도록 권장하는 방법을 구상하는데 시간이 좀 더 필요할 뿐이다."[46] 스파이를 잡는 일은 뛰어난 방첩기술, 즉 스파이를 색출하는 정교한 방첩기술이 필요하다.

방첩기술: 보안과 대간첩활동(Counterespionage)

방첩기술은 두 가지 서로 상호 보완적인 영역, 즉 보안과 대간첩활동으로 이루어진다. 전자는 소극적, 방어적 측면이고 후자는 적극적, 공격적 측면이다.

---

45) Commission on the Intelligence Capabilities of the United States Regarding Weapons of Mass Destruction (the Silberman — Robb or WMD Commission,) *Report to the President of the United States* (Washington, DC: Government Printing Office, 2005), p. 490.

46) Canadian intelligence scholar Wesley Warks notes in a similar vein: "Treason perpetually beckons and those with access to secrets will, on occasion, succumb to the temptations of leading a double life, and of the banalities of greed and folly": "For Love of Money," *Ottawa Citizen* (February 7, 2009), p. A16.

보안

르네상스 시기, 베네치아 공화국에서는 10인 위원회(the Council of Ten)라는 기관이 전지전능한 힘을 행사하였다. 10인 위원회는 보안의 수단으로 사자의 입(the Lion's Mouths)이라는 것을 이용했는데, 대리석으로 만든 사자가 입을 벌린 채 도시 곳곳에 위치하고 있어서 베네치아인들은 자신의 이웃 가운데 의심스러운 사람이 있을 경우, 종이에 그 사람의 이름을 적어 익명으로 사자의 입에 넣게 되어 있었다.[47] 어떤 사람이 그 사회의 위협이 된다는 사실을 알리는 쪽지가 사자의 입 속에 투입이 되면 공개재판이나 항소과정이 없이 형이 집행되는데 당시 위원회에서 가장 자주 쓰던 형벌은 범죄자를 머리부터 거꾸로 묻고 발만 땅에 나오게 하는 가혹한 형벌이었다. 다행히, 오늘날에는 이런 처형방식은 시행되지 않는다. 그러나 이라크 – 레반트 이슬람국가(ISIS)는 중세시대 때 사용하던 방첩활동 방식을 사용하였다. 2016년, 미국 무인항공기가 시리아 북부지역을 타격하며 ISIS 고위지도자들을 사살하자, ISIS 방첩대원들은 조직 내 고위간부 첩자를 찾기 위해 마녀사냥을 하였다. 휴대전화를 갖고 있거나 휴대전화에 인터넷만 연결되어 있어도 그 사람은 서방국가 스파이로 의심받아 곧바로 목이 잘려 죽거나 산채로 불태워졌으며, 심한 경우 염산(acid) 통에 넣어 죽였다.

민주주의 사회에서 방첩활동은 정보기관이 보안을 강화하는 것으로 대체하고 있는데 이것은 자국을 겨냥한 적대국의 공작에 대응하여 자국의 방어시스템을 구축하는 소극적인 조치라고 하겠다. 여기서 말하는 방어조치란 직원(personnel)에 대한 심사 강화 또는 업무 배제 그리고 주요 자료를 안전하게 보관하는 프로그램이나 업무 지원자의 배경을 조사하는 신원조사 같은 조치들이 포함된다.

다른 보안 검사도 실시된다. 예를 들어, 거짓말탐지기 검사는 CIA의 모든 신입요원에게 실시되며 정식 직원들에게도 정기적으로 실시된다. 그러나 에임즈 사건이 보여주는 것처럼, 거짓말탐지기도 믿을만한 것은 못 된다. 에임즈 사건이 터졌던 시기 이전에도 국가안보국(NSA)에서 정기적으로 거짓말탐지기 검사를 했지만 소련의 스파이 활동을 했던 직원들의 스파이 행위는 발각되지 않았다.[48] 거짓

---

47) J. H. Plumb, *The Italian Renaissance* (Boston: Houghton Mifflin, 1961), pp. 102–3.
48) See Edward Jay Epstein, "The Spy War," *New York Times Sunday Magazine*, sec. 6 (September

말탐지기 앞에서 가끔 말을 잘못했을 뿐인데 탐지기가 거짓이라고 판명하며 무고한 직원들의 평판만 망치게 하는 경우도 있었다. 이 때문에 거짓말 탐지기의 신뢰도가 많이 떨어지기도 하였다. CIA에서 방첩보안관을 3번 역임했던 한 CIA 임원은 "거짓말탐지기 검사가 CIA 인사시스템과 정보요원 기반체계에 큰 피해를 주었다"고 말했다.[49] 그러나 거짓말탐지기 검사가 진짜 의심스러운 행동을 잡아내는 경우도 있었다. 한 CIA 지원자가 이 "가슴 졸이기" 검사(거짓말 탐지기 검사를 가리키는 CIA 은어)를 받던 중에 초조한 나머지 자신이 아내를 살해하고 뒷마당에 묻었다고 얼떨결에 실토했고 당연히 자격미달이 되어 탈락하였다. 그러나 전반적으로 거짓말탐지기 검사에 대해 회의적인 시각에 더 무게가 실린다. 추가적 보안강화 조치로는 전기 울타리, 견공과 무장경찰관, 방어 장벽, 철조망과 보호기둥, 금고와 자물쇠, 신분증, 보안교육, 보안담당자에 의한 컴퓨터, 이메일, 팩스, 전화 점검, 출퇴근 기록 시스템, 민감문서의 정밀관리, 정보보고서에 대한 검사, 암호화 메시지 사용과 같은 것들이 있다.

보안은 해외에서도 중요하다. 대사관은 인사정보나 기밀문서를 안전하게 보호해야 한다. 게다가 미국 첩보요원이 적대국가에서 근무하는 경우도 종종 있으므로 이들의 보안에 만전을 기해야 한다. 1983년에는 마약에 취한 한 테러리스트가 트럭에 폭발물을 가득 싣고 베이루트에 있는 미국 대사관 정문으로 돌진했다. 그 결과, 여러 명의 정보요원과 수백 명의 해병이 사망했다. 2000년에는 예멘에 있는 알카에다 테러리스트들이 예멘의 수도 아덴에 정박해 있던 미국 구축함 USS 콜(USS Cole)을 공격하여 미국 선원 17명이 사망했다. 이중 스파이의 공격도 있었다. 2009년, 후맘 칼리 아부무랄 알발라위(Humam Khalil Abu-Mulal al-Balawi)라는 이름의 요르단출신 의사는 겉으로는 CIA의 알카에다 소탕작전을 돕는 척하였다. 그러나 아프가니스탄 CIA 지부인 호스트(Khost)에서 CIA 전략회의가 열렸을 때 자살폭탄 조끼를 입고 대기 중이던 CIA 요원을 향해 자살폭탄 테러를 감행했다. 당시 사망한 CIA 직원 중에는 제니퍼 매튜스(Jennifer Matthews) 아프가니스탄 지부장도 있었다. 이러한 사고들은 보안조치를 강화했다면 일어나지 않았을 수도 있었다. 예를 들어, 호스트에서 발생한 자살테러의 경우, 회의 전에 방첩 전문가들이

28, 1980), p. 108.
49) Communication to the author (April 15, 2010).

알발라위가 CIA를 돕는 진정성에 대해 사전에 좀 더 완벽하게 분석이 이루어져야 했으며, 일상적인 보안조치로서 출입할 때의 몸수색도 더 철저하게 이루어졌어야 했다.[50]

보안의 사이버 측면　최근 민주주의 국가들의 컴퓨터 시스템은 적대적인 공격에 취약해졌다. 특히 9.11 테러 이후 미국을 비롯한 많은 민주주의 국가들이 효과적인 정보공유를 목적으로 자국과 동맹국의 정보기관을 컴퓨터로 연결하려고 함에 따라 사이버공격의 위험성이 두 배로 증가하였다. 미국의 경우 17개 정보기관의 컴퓨터뿐만 아니라 주와 지방정부의 대테러기관이 사용하는 컴퓨터를 모두 연결하려는 시도가 진행되고 있다. 이러한 정보공유의 개선이 분명 중요한 것이지만 자칫하면 방첩활동에 재앙적인 사태를 야기할 수도 있다. 제2의 에임즈나 한센이 자신의 정보기관 정보뿐만 아니라 정보공동체의 전체 시스템에 접근할 수 있기 때문이다. 미국의 한 대테러 담당관은 "9.11 테러 이후 정보공유가 상당부분 확대되고 있지만 이런 때일수록 우리는 데이터의 보안과 민감성에 대해서 항상 신경써야 한다"고 경고하였다.[51] 정보기관 전문가와 외부 IT 컨설턴트들은 에임즈를 연상시키는 전면적인 사이버 스파이행위가 발생하지 않도록 컴퓨터 방화벽의 설치에 엄청난 시간과 노력을 집중하고 있다. 냉전 직후 한 CIA 방첩 담당자는 사이버보안 문제를 방첩기관이 해결해야 할 제1순위의 과제로 꼽았다. 제임스 클래퍼(James Clapper) 전 국가정보장도 사이버보안을 향후 미국이 해결해야 할 가장 중요한 정보과제라고 언급하였다.[52]

---

50) See Mark Mazzetti, "Officer Failed to Warn CIA Before Attack," *New York Times* (October 20, 2010), p. A1.

51) Quoted by Ken Dilanian, "U.S. Counter−Terrorism Agents Still Hamstrung by Data−Sharing Failures," *Los Angeles Times* (October 5, 2010), A1.

52) Redmond, remarks to the Aspin−Brown Commission. Clapper offered similar observations several times in public statements, as he began to stress the cyber threat as early as 2013; see, for example, Mark Mazzetti and Scott Shane, "Spy Chief Calls Cyberattacks Top Threat to the U.S.," *New York Times* (March 13, 213), p. A1. One example of the cyber threat: Iran's Islamic Revolutionary Guards Corps has launched cyberattacks against dozens of U.S. banks and even attempted to take control of a small dam in a New York suburb: see David Sanger, "U.S indicts 7 Tied to Iranian Unit in Cyberattacks," *New York Times* (March 25, 2016), p.A3. An important ethical issue is how far the democracies should go in using highly aggressive cyberattacks against rivals. Reportedly, U.S. intelligence agencies, operating in a joint effort with Israeli intelligence,

사이버 보안이 더욱 중요하게 되었으나 미국의 사이버 공격과 방어능력을 조직화하려는 노력은 아직 초보상태에 있다. 정부의 사이버 보안부처들 간에 권한과 책임의 경계가 불분명하기 때문에 이들은 해커에 의한 사이버공격에 맞서 미국을 지키려는 통합적 성향을 띠기보다는 분열적 성향을 보이고 있다. 전 세계 모든 보안기관은 서로 충분히 통합되지 않은 자신만의 사이버 보안체계를 유지하고 있어 새로운 환경에 잘 맞지 않는 구식의 "난로연통"(stovepipe)과 같은 비효율적인 운영을 하고 있다. 그러나 방화벽이 강화되고, 내부 위협요소에 대한 중요한 조치가 취해지면서 사이버 방어역량도 조금씩 개선되고 있다. 정부 컴퓨터 기술자로서 NSA에서 근무하면서 2013년 국가 기밀문서를 빼돌린 내부 고발자 에드워드 스노든(Edward J. Snowden)의 절취 사건을 계기로 미래의 "내부 위협요소"에 대한 예방조치가 취해지고 있다. 이러한 방어적 노력과 함께 앞으로는 진화된 형태의 사이버 사보타지가 공작활동의 일환으로 전개될 가능성이 높으므로 이에 대비하는 한편 윤리적 측면에 대한 검토도 필요할 것이다.

컴퓨터 방첩활동과 관련하여 추가적으로 고려해야 할 것은 사이버 비밀수집(cyber-espionage)과 사이버전쟁(cyber-warfare)에 대한 문제이다. 사이버 비밀수집은 미국의 국가안보정보나 또는 상업정보를 훔치려는 시도로서 특히 중국의 국가안전부(China's Ministry of State Security)와 인민해방군(Peoples Liberation Army), 러시아 정보기관과 같은 외국의 정보기관이 인터넷을 통해 정보를 빼돌리는 행위다. 선전활동과 젊은 지하디스트 모집에 뛰어난 컴퓨터 기술을 보여준 이라크-레반트 이슬람국가(ISIS)와 같은 테러리스트 조직의 활동이나 10대의 청소년 해커들의 호기심 해킹도 사이버 비밀수집에 포함된다. 사이버 전쟁이란 사이버 공작활동의 한 형태로서 사이버 비밀수집보다 한 단계 더 나아가 컴퓨터 통신망을 다운시키거나 파괴하는 행위이다. 미국의 전력망을 비롯하여 기업, 주식시장, 정부 컴퓨터, 항공관제 시설, 지하철 등이 사이버 비밀수집 및 사이버 전쟁의 대상목표

---

inserted a Stuxnet virus into key Iranian computers as a means for sabotaging Tehran's nuclear weapons program. The operation is said to have wiped out about 20 percent of that nation's nuclear centrifuges: see Isabel Kershner, "Meir Dagan, Israeli Who Disrupted Iranian Nuclear Program, Dies as 81," *New York Times* (March 18, 2016), p.B15; and David E. Sanger, *Confront and Conceal: Obama's Secret Wars and Surprising Use of American Power* (New York: Crown, 2012).

가 될 수 있다. 예를 들어, 아직까지 중국이 미국에 대해 사이버 전쟁을 시작했다는 분명한 조짐이 없음에도 불구하고 전문가들은 중국이 사이버 비밀수집의 일환으로 "전면적인 경제공격"을 하고 있다고 경고하였다. 그러나 중국이 월가(Wall Street)에 투자한 돈이 어마어마하기 때문에 미국을 사이버 공격하는 것은 자신에 대한 공격과 마찬가지가 될 수 있다.

그럼에도 분명한 것은, 중국이 미국 기업과 군사시설에 대한 핵심기술과 무기 설계도를 얻는 것을 최우선 목표로 삼고 사이버 비밀수집에 전력을 다하고 있다는 것이다. 게다가 중국은 인터넷에 반중 성향의 글을 올리는 미국 시민이나 단체에게 보복하기 위해 사이버 공작을 하기도 한다. 중국은 컴퓨터를 해외로 판매할 때 컴퓨터 내부에 온라인으로 접근할 수 있는 "백도어(backdoor)"프로그램을 깔아 놓는다. 물론 이런 "백도어" 설치는 다른 나라에서도 해외로 컴퓨터를 판매할 때 일종의 관행처럼 행해지고 있기는 하다.

중국과 러시아, 미국이 서로에 대해 염탐하는 것보다 서로의 정치 및 무역관계를 개선해 나가는 것이 바람직하다는 논리에도 불구하고 1985년부터 2016년까지 미국에서 발각된 중국 스파이요원은 160명이고, 같은 기간 발각된 러시아 스파이요원은 161명에 달한다. 2014년에서 2015년까지 미국 연방수사국(FBI)에서 수사한 산업스파이 건수가 53%나 증가하였다. 외국 스파이가 목표로 하는 주요 기업에는 미국철강(U.S.Steel), 알코아(Alcoa), 제너럴 일렉트릭(General Electric), 웨스팅하우스 일렉트릭(Westinghouse Electric) 등이 포함된다. 사이버 스파이는 미국 전투기엔진이나 드론의 제조 설계도면을 찾기 위해 위험을 감수하고 스파이 업무에 뛰어든다. 중국이 미국 연방 인사관리처(Office of Personnel Management in Washington)를 해킹해 빼돌린 인사자료 파일만 2,200만 건이다. 이 인사자료 파일은 중국이 자신의 방첩활동을 하는데 필요한 미국 정보원을 포섭하는 자료로 매우 유용할 것이다. 로이터(Reuters)통신이 2016년에 발표한 보고서에 따르면 미국과 중국이 무역관계 개선협상을 하고 다음 중국의 사이버 비밀수집이 90% 감소했다는 사실은 그나마 다행스러운 점이다.[53]

---

53) For the China quote (from James Lewis, a senior fellow at the Center for Strategic and International Studies in Washington), see Seymour M. Hersh, "The Online Threat," *The New Yorker* (November 1, 2010), pp. 44–55, quote at p. 49. The data on cyber-espionage come from Bill Gertz, "Chinese Espionage and Intelligence Activities At All Time High, Experts Say,"

9.11 테러 이후 정보기관과 사법기관의 정보협력 강화를 포함해 정부기관 간의 정보공유를 강조하면서 새로운 방첩문제가 발생하고 있다. 보통 정보기관과 사법기관이 서로 직접 협력하는 일은 거의 없다. 정보기관은 의심스러운 외국 정보원의 뒤를 비밀리에 밟으며 스파이망에 누가 있는지, 그들의 목적은 무엇이며 어떤 공작을 펼치고 있는지를 파악하려 하지만, 사법기관(경찰)의 경우에는 이와는 달리 현장체포와 기소에 더 중점을 두는 경향이 있기 때문이다.

2010년, 워싱턴 경찰은 미국에 있는 러시아 스파이망을 찾아내어 모두 검거하여 러시아로 추방하였으며 그들은 고국으로 돌아가 영웅대접을 받았다. 만약 CIA 방첩요원들이었다면 스파이들의 목적을 캐내기 위해 한 동안 이들의 활동을 더 지켜보는 것을 선택했겠지만, 이번에는 그들을 체포할 필요성을 주장하는 FBI의 의견을 따르기로 했다. 왜냐하면 자신들에게 미국 내 러시아 스파이 네트워크를 알려주던 "쉐르바코프 대령"(Colonel Shcherbakov: 러시아 SVR 요원)의 정체에 대해 러시아정보기관이 점점 수사를 좁혀오면서 발각될 것을 두려워했기 때문이다. CIA를 도와주던 SVR 요원과 그의 가족들이 붙잡히기 전에 미국으로 탈출해 새 신분으로 미국사회에 정착해야 할 필요가 있었다. 이번 사례에서 알 수 있는 것처럼, 미국 경찰과 정보기관이 함께 정책공조를 하기는 하지만 그럼에도 불구하고, 두 기관 간에는 제한된 협력관계만 있을 뿐 상당한 견제와 긴장이 존재하는 것이 일반적이다.[54]

Asia Times, Hong Kong (June 14, 2016); and Joseph Menn and Jim Finkle, "Chinese Economic Cyber−Espionage Plummets in U,S.," *Reuters* (June 20, 2016). On the Russian front, a recent report based on osint imagery indicates that its Foreign Intelligence Service (SVR) has expanded dramatically in the past ten years, as displayed in a doubling of its floor space and a quad−rupling of its parking capacity; based on data complied by Allen Thomson and published in *Secrecy News* (July 13, 2016), p.2. In 2016, U.S. counterintelligence accused Russian spies of hacking into the computers of Democratic National Committee during the presidential election. Some knowledgeable observers believed that Russia's President, Vladimir V. Putin, had ordered the cyberattacks as a means for finding information that would embarrass the Democratic Party and advance the fortunes of his preferred candidate, the GOP nominee Donald Trump. If true, the attack represented a serious and reckless attempt to manipulate an American presidential election; see David E. Sanger and Eric Schmitt, "Spy Agency Consensus Grows That Russians Hacked D.N.C.," *New York Times* (July 27, 2016), p. A1.

54) On the spy ring, see Clifford J. Levy, "Turncoat Aided in Thwarted Russian Spies, Article Says," *New York Times* (November 12, 2010), p. A6. On the relationship between cops and spies in the United States, see James E. Baker, *In the Common Defense: National Security Law for*

대간첩활동

레드몬드가 대간첩활동(counterespionage)의 중요한 원칙은 "스파이의 탐지와 무력화"라고 정의를 내린 것처럼, 대간첩활동의 출발점은 특정한 적의 정체를 확인하고 계획 중이거나 이미 실행중인 공작에 대해 상세한 사실을 파악해 나가는 것이다.[55] 대간첩활동을 하는 정보요원의 경우 자국에 협조하는 적국 내 스파이와 함께 적국 정보기관이나 테러집단에 잠입하여 적의 스파이 공작을 막는 활동을 전개하는데 이것을 "침투(penetration)"라고 부르며, 적을 교란시키기 위한 다양한 형태의 계책을 이용한다.

침투(PENETRATION)   침투는 다른 어떤 방첩기술보다 뛰어난 장점이 있다.[56] 방첩의 최우선 목표가 적의 정보기관이나 방해공작원들을 저지하는 것이기 때문에 적의 의도와 역량을 미리 파악하는 것이 바람직하다. 이런 목적을 달성하는데 최선의 방법은 적국의 정보기관이나 정부기관, 또는 테러조직에 고위급 스파이를 침투시키는 것이다. 케네디 대통령시절 중앙정보장(DCI: Directors of Central Intelligence)을 역임했던 존 맥콘(John A. McCone)의 말을 빌리면 "경험상 소련과 동구권 정보기관에 대한 가장 효과적인 대응방법은 침투작전"이라는 것이었다.[57] 최근 국가정보장(DNI)을 역임한 데니스 블레어(Dennis C. Blair)도 2009년에 "만약 어떤 테러조직이 미국에 직접적인 위협이 되는지 여부를 알아내려면, 직접 침투해서 이들이 미국을 공격하기 위해 계획하고 있는지 여부를 확인하는 것이 가장 좋다"고 한 바 있다.[58] 자국에 침투한 외부 스파이가 누군지 파악하는 데는 적국에

Perilous Times (New York: Cambridge University Press, 2007).

55) Redmond, "The Challenges of Counterintelligence," p. 540.

56) See the essays on counterintelligence in the following "handbook": Johnson, ed., *Oxford Handbook of National Security Intelligence.*; Loch K. Johnson, ed., *Strategic Intelligence*, Vol. 4: *Counterintelligence and Counterterrorism, Defending the National against Hostile Forces* (Westport, CT: Praeger, 2007); and Loch K. Johnson, ed., *Handbook of Intelligence Studies* (New York: Routledge, 2007). See also Raymond J. Batvinis, *the Origins of FBI Counterintelligence* (Lawrence: University Press of Kansas, 2007); and Theoharis, *Chasing Spies.*

57) Declassified CIA memorandum, Church Committee, p. 167.

58) Karen DeYoung and Walter Pincus, "Success Against al−Qaeda Cited," *Washington Post* (September 30, 2009), p.1A.

서 신뢰하는 스파이만한 사람이 없을 것이다. 에임즈와 한센의 경우 만약 CIA가 그 둘은 잘 모르지만 그 둘의 정체를 밝히는데 결정적인 공헌을 한 미국 측 스파이를 소련 내부에 심어 두지 않았더라면, 에임즈와 한센 모두 오랜 기간 수사망에 걸리지 않고 살아남았을 것이다.

현지스파이(AGENT-IN-PLACE) 적의 정보기관에 잠입하는 데에는 몇 가지 방법이 사용된다. 그 가운데 가장 효과적이고 바람직한 방법은 전향스파이(a defector-in-place)라고도 하는 고정간첩을 포섭하는 것이다. 이러한 현지스파이는 테러조직이나 적국의 정보기관에 이미 고용된 사람이기 때문에 미국이 취득하고자 하는 기밀문서에 더 가까이 접근할 수 있다.

이중스파이(DOUBLE AGENT) 이중스파이는 또 다른 형태의 침투방식이다. 자국 정보기관의 스파이인 척하면서 실제로는 적국을 위해 일하는 스파이인 것이다. 이중스파이의 포섭에는 비용도 많이 들고 시간도 오래 걸린다. 왜냐하면 이중스파이의 경우, 적국의 스파이로서 진정성을 인정받기위해 적국에게 기밀서류를 증거로 가지고 가야할 뿐만 아니라 스파이로서 충성심도 애매모호하고 이중 스파이들이 도처에 있어서 위험하기 때문이다. 이중스파이는 정말 미국을 위해 일하고 있을까? 아니면 적국을 위해 충성하고 있을까? 그도 저도 아니면 양자를 이용하여 양쪽에서 이득을 취하는 것은 아닐까? 이중스파이 문제가 더욱 복잡해지는 이유는 바로 이들이 삼중스파이(triple agent)가 될 수도 있기 때문이다. 그야말로 앵글톤이 말하는 "혼돈의 거울방"으로 들어가는 것이 될 수도 있다.

전향자(DEFECTOR) 현지스파이만큼 효과적이지만 이중스파이만큼 까다롭지 않은 방법이 있는데 이것은 바로 전향자를 찾아 이용하는 것이다. 전향자는 적국의 정보기관에 대해 해박한 지식을 갖고 있거나 테러조직의 내부 동향에 대해 잘 아는 사람이다. 그럼에도 현지스파이가 전향자보다 나은 이유는 현지스파이는 적진 내부에 머물며 이들의 최근 계획이나 역량을 파악할 수 있는 유용한 정보에 계속 접근할 수 있는 장점이 있기 때문이다. 그러나 현지스파이의 경우 발각될 위험 때문에 너무 오랫동안 스파이 활동을 하려고 하지 않는다. 그 이유는 갑자기 체포되거나 차가운 권총이 목덜미를 겨누는 섬뜩한 악몽을 꾸거나 이라크-레반크 이슬람국가(ISIS)와 같은 테러단체의 경우 염산 탱크에 담가지는 꿈을 꾸기 때문이라고 한다. 특히 이란이나 북한, ISIS 같은 테러집단의 경우가 그런데, 이런 나라들은 보안이 굉장히 철저하고 정교하며 반역자를 신속하고 잔인하게 처형해버린다.

미국에서는 전향자들이 스스로 공언하는 만큼 신임할 수 있는지가 종종 시비거리가 된다. 아마 이러한 논란은 영원히 수그러들지 않을 것이지만 이것이 가끔 CIA와 FBI의 관계를 악화시킬 때가 있다. 한 가지 예로, 1960년대에는 소련의 전향자를 놓고 진짜냐 아니냐에 대한 공방이 있었는데 두 정보기관의 방첩관들 간에 독설이 오가면서 관계가 악화되었다. 이 일로 서로에게 반감을 가지게 된 리차드 헬름스(Richard Helms) CIA 국장과 후버(Edgar Hoover) FBI 국장이 서로 몇 달간 말도 하지 않고 지낸 적이 있다. 40년 뒤, 조지 테넷(George Tenet) CIA 국장은 CIA와 FBI의 악화된 관계를 두고 "9.11 테러 공격의 빌미를 제공하게 된 미국 방첩과 보안의 가장 심각한 취약점"이라고 했을 정도이다.[59]

올레그 펜코프스키(Oleg Penkovsky) KGB 장교처럼 미국으로 건너온 고위급 스파이의 대부분은 현지스파이로 활동한 사람들이다. 기타의 사람들은 처음부터 미국대사관과 스스로 접촉하여 "자발적 스파이"가 된 전향자들이었다. 즉 기밀문서를 대사관 담 너머로 던져 접촉을 시도하거나 말 그대로 직접 대사관으로 걸어들어온 사람들이다. 펜코프스키의 경우, 전향자는 아니었지만 후자와 같은 방식을 통해 미국 대사관에 접촉했다. CIA가 이들을 미국을 위해 일하는 첩보원 후보로 받아들이게 되면, 그 즉시 후보자들은 미국으로 가서 정보청취라는 디브리핑 (debriefing)과정을 거치게 되며 탈주자일 경우 새로운 신분증을 받게 된다. 아니면 현지에 잠복스파이로 남아 원래 소속된 조직에 숨어 있기도 한다. 펜코프스키의 경우 나중에 KGB에게 발각되어 처형당하게 되었을 때, 탈주하지 못하고 잠복요원으로 남아있던 것을 후회했다고 한다.

케네디 대통령의 암살 직후, CIA는 유리 노센코(Yuri Nosenko)라는 이름을 가진 소련 탈주자의 망명을 허가해 주었다. 그는 미국에 머무는 동안 디브리핑(정보청취) 과정에서 중요한 메시지, 즉 소련이 케네디 암살에 아무런 관련이 없다는 사실

---

59) George Tenet, public testimony, National Commission on Terrorist Attacks upon the United States (the 9/11 Commission), April 14, 2004, p.5, cited by Zegart, *Spying Blind*, p. 113.

을 보고했다. 물론 케네디 암살범으로 체포된 하비 오스왈드(Lee Harvey Oswald)가 케네디 암살계획을 실행에 옮기기 전에 소련으로 탈주했던 적이 있지만 소련이 케네디 암살과 직접 관련이 없다는 것이 유리 노센코의 디브리핑 핵심이었다. 유리 노센코에 대한 몇 차례 추가심문을 실시한 뒤, FBI는 그의 말이 사실이며 그의 진실성이 확실하다고 조사를 종결지었다. 그러나 당시 CIA 방첩관이었던 제임스 앵글톤은 FBI의 수사 종결에 반대하였다. CIA 안보실은 유리 노센코를 버지니아에 있는 CIA 훈련시설로 데려가 추가 심문하고 앵글톤에게 보고했다. CIA 안보실은 유리 노센코를 혹독한 CIA 훈련시설에 1,277일 동안 붙잡아 두었다. 나중에는, 앵글톤 부서의 수사관을 포함한 첩보기관 직원 다수가 유리 노센코는 소련과 마찰을 빚고 도망친 믿을만한 탈주자라는 생각할 정도였다. 이후, 유리 노센코는 워싱턴에 정착하여 CIA의 보호를 받게 되었으나 앵글톤은 끝까지 유리 노센코와 그의 디브리핑을 믿지 않았다고 한다.

기만과 허위정보(DECEPTION AND DISINFORMATION)　　대간첩활동(Counter-espionage)의 또 다른 방법은 적에게 잘못된 정보를 주어 적국이 최선의 방법이 아닌 부적절한 조치를 취하게 하는 기만전술이다. 저비스는 "방첩과 기만은 서로 긴밀하게 연결되어 있다. 분명한 것은, 어떤 국가이든 적국이 스파이를 이용하여 거짓정보를 제공하는 것을 불안하게 느낀다는 것이다. 그러나 이것은 동전의 양면과도 같다. 해당 국가가 적국의 정보기관을 역이용하여 자신의 기만작전을 펼칠 수도 있기 때문이다"고 하였다.[60] 더욱 복잡하고 다양한 방첩세계로 들어가 보면, 제2차 세계대전 당시, 미국과 영국의 연합군은 기만작전을 통해 독일군에게 상륙작전 장소가 노르망디(Normandy)가 아닌 파드 칼레(Pas de Calais)라고 거짓정보를 믿게 만들어 노르망디 상륙작전을 성공적으로 이끌었다. 이 작전으로 인해 제2차 대전은 중요한 전환점을 맞게 되었다. 저비스는 이 기만작전의 중요성에 대해 다음과 같이 역설하였다. "히틀러가 만약 상륙장소가 노르망디라는 사실을 알고 연합군이 노르망디 해변에 상륙하기 전에 대규모 병력을 투입했다면, 연합군은 모두 바다에 수장되었을 것이다."[61]

---

60) Jervis, "Intelligence, Counterintelligence, Perception, and Deception," p. 71.
61) Jervis, "Intelligence, Counterintelligence, Perception, and Deception," p. 77; see also Thaddeus

비밀감시와 도발(SURREPTITIOUS SURVEILLANCE AND PROVOCATIONS)   대간
첩활동을 하는 실무요원들은 음향, 편지, 신체, 광학적(사진, 영상정보, 지리공간정보)
감시기술을 이용해 의심스러운 스파이를 추적하는 전문가이다. 1975년, "9월 17
일(September 17th)"이라고 알려진 테러리스트 단체가 CIA 그리스 지부장을 아테
네에서 총으로 저격하여 사망하게 하였다. 사망한 지부장의 시신을 아테네로부터
공수하여 알링턴 국립묘지에 안장하고 있을 때, 외교관을 가장한 동유럽 국가의
방첩요원들이 기자들 사이로 숨어 들어와 장례식에 참석한 CIA 요원들의 사진을
찍고 그들의 차량번호판을 조사해 갔다.

공세적 방첩활동은 적의 정보기관을 무력화하는 것이기 때문에 도발 작전 역
시 대간첩활동에 있어 핵심적인 요소라고 할 수 있다. 적국의 라디오나 TV방송
송출 방해, 또는 소셜미디어 통신방해 등을 이용하여 적을 괴롭히는 것이 도발 작
전의 주요 목적이다. 적국 스파이 요원의 이름을 폭로하거나 거짓 전향자를 적진
으로 보내 내부 분란을 야기하는 방법도 있다. 거짓 전향자(false defector)는 도발
작전 공작원(agent provocateur)으로서 단시간 내에 적국의 혼란과 불화를 조장한
뒤 탈출하게 되어있다. 일부 방첩 전문가들은 1995년에 러시아에서 미국으로 망
명했던 비탈리 세르기비치 유르첸코(Vitaliy Sergeyevich Yurchenko) SVR 대령이 거
짓 전향자로서 미국에서 공작활동을 벌였다고 생각한다. 유르첸코 대령은 미국으
로 도망 온지 3달 만에 조지타운의 한 레스토랑에서 CIA 담당관들과 있다가 갑자
기 테이블을 박차고 나가 러시아 대사관으로 가서 재망명을 하였는데 실제로 미
국으로 온 전향자 가운데 절반이 재망명을 한다.

유르첸코 대령이 정말 거짓 전향자였기 때문에 러시아로 다시 되돌아 간 것인
지 아니면 러시아 정보기관이 가족들을 해치는 것이 두려워 돌아가 당국에 협력
한 것인지에 대해서는 아직도 의견이 분분하다. 그러나 유르첸코가 러시아에서 처
형당하거나 수감되지 않았다는 점을 고려해 볼 때 그가 거짓 전향자일 것이라는
주장이 더 신빙성이 있다. 물론 유르첸코가 미국 내에서 벌이고 있던 러시아의 스
파이 작전을 CIA에게 어느 정도는 털어놓긴 했지만 CIA의 방첩활동에 대한 정보
를 얻고자 투입된 거짓 전향자일 가능성이 더 높은 것이다.

Holt, *The Deceivers: Allied Military Deception in the Second World War* (New York: Scribner,
2004).

또 다른 사례 하나는 이란에서 발생하였다. 2016년 8월 뉴욕타임즈가 보도한 사례는 전향자가 변심하여 고국으로 돌아갈 수도 있다는 것을 보여준 사례이다. CIA는 샤람 아미리(Shahram Amiri)라는 젊은 이란 핵 과학자를 2009년에 포섭했다. 이란의 핵무기 같은 대량살상무기 정보와 특히 핵개발 시도에 대한 정보를 얻고자 CIA는 그를 전향자 스파이로 활용하려고 했다. 이란 첩보기관에서 아미리에게 접근하자 CIA는 5백만 달러와 함께 아미리를 미국 아리조나의 투싼으로 데려갔다. 그러나 아미리는 이란에 남아있는 아들과 그의 아내를 보고 싶어하며 CIA의 경고에도 불구하고 몰래 테헤란으로 되돌아가려는 시도까지 했다. 2010년 테헤란으로 돌아간 그는 이란의 방첩관들에게 미국 정보기관과 어떤 의미있는 협력도 하지 않았으며 아들과 함께 그냥 살고 싶다고 하였다. 아미리와 유르첸코는 둘다 본국으로 돌아갔으나 그 결과는 달랐다. 2015년, 이란 법무부 대변인은 아미리를 스파이 혐의로 5년간 수감했으며 국가 기밀을 적국에 넘겼다는 이유로 교수형에 처했다고 발표하였다.

용의자 해외송출 및 심문(RENDITIONS AND INTERROGATIONS)　휴스턴 플랜 이후로 가장 논란이 됐던 방첩기술은 아마 CIA가 사용한 용의자 해외송출과 혹독한 심문과정일 것이다. 조지 부시 행정부 동안, CIA는 테러리스트로 의심되는 사람들을 유럽에서 납치해 전용비행기에 태워 중앙유럽 같은 곳에 있는 "블랙 사이트(black site: 군이나 정보기관에서 쓰는 비밀감옥)"로 데려갔다. CIA는 용의자들을 주로 이집트의 카이로에 있는 블랙사이트로 데려갔다. CIA는 그 곳에서 알카에다에 대한 정보를 얻기 위해 이들을 심문하고 때로는 고문까지 했다. 용의자 해외송출(체포한 외국인 용의자로부터 정보를 얻는 심문과정에서 미국보다 법적으로 처벌이 더 가벼운 국가로 송환하는 것)은 부시 행정부의 행정명령과 법무부의 인도기준 완화로 인해 지나친 남용이 문제가 되었다.[62] 미국에 억류된 사람들을 미국 헌법 보호조항의 준수를 걱정할 필요가 없는 다른 나라로 데려가게 함으로써 이들은 미국 헌법의 보호를 받지 못하게 된다. 즉 이들이 법적 규제가 엄격하지 않은 다른 나라에서 심문을 받게 되면 심문과정에서 발생할 수 있는 비윤리적 상황에 대해 미국이 책임을 피할 수 있을 것으로 착각했다. 어쨌든 피해자들의 신체에 전기고문을 한

---

62) See Mayer, *The Dark Side*.

것은 CIA가 아니라는 것이다. 그러다가 어떤 때는 용의자의 신원을 잘못 파악하여 엉뚱한 사람을 잡아서 납치신문을 한 경우도 있었으며 또 어떤 때는 납치된 사람들이 고문의 고통을 순간적으로 피하려고 심문관이 원하는 말을 하고 나서 나중에 했던 말을 철회해 버리는 경우도 있었다.

예를 들면, 2003년 CIA는 칼리드 셰이크 모하메드(Khalid Sheikh Mohammed)라는 사람(CIA 담당관이 그의 이름을 약자로 KSM이라고 부름)을 파키스탄에서 체포하였다. 칼리드는 펜타곤과 세계무역센터를 공격했던 9.11 테러사건 용의자의 주범으로서 9.11테러를 주도한 것으로 확인됐다. KSM이 붙잡혔을 당시 언론들은 그가 CIA 심문관에게 학대당했으며, 심지어 고문까지 받았을 것이라고 추정하는 기사를 썼다. 이에 대해 CIA는 그에게 어떤 잔인한 폭력적 방법이 사용되지 않았다고 하였다. 왜냐하면 심리적 강박감을 주는 방식이 신체적 폭력보다 더 효과적이기 때문이라는 것이었다. 즉, KSM은 잠을 못자게 하는 심문을 받다가 만약 협조하면 맛있는 음식과 담배, 책, 휴식, TV 같은 것을 제공받았을 가능성이 있다는 것이었다. CIA 측은 심문과정에서 KSM을 몇 시간 동안 뻣뻣한 자세로 서게 하거나 앉혀 놓게는 했을지 모르나 선반에 허리를 꺾는 것과 같은 극도의 고통을 주는 고문은 하지 않았다고 하였다. 그러나 추후에 밝혀진 사실에 따르면, KSM은 130회 넘게 익사수준의 혹독한 물고문을 받았다고 한다.

파키스탄에서 붙잡힌 또 다른 알카에다의 고위 활동가의 이야기를 해보자. 아부 주베이다(Abu Zubaydah)는 CIA가 쏜 권총에 허벅지 부상을 입었지만 진통제 이외의 다른 치료는 받지 못했다. 그가 협조하겠다고 하기 전까지 CIA가 그를 제대로 치료하지 않았기 때문이다. 상원특별정보위원회(SSCI: Senate Select Committee on Intelligence) 민주당 의원들이 2015년에 작성한 고문 관련 보고서에 따르면 CIA가 알카에다 대원들을 조사실 천장에다가 쇠사슬로 매달아 놓고 발가벗기고 복면을 씌운 채 잠을 자지 못하게 발로 차서 깨웠으며 사슬을 너무 세게 묶은 탓에 팔다리에 피가 잘 통하지 않을 정도였다는 것이다. 그러나 가장 충격적이었던 것은 알카에다 대원으로 확인된 두 사람이 아프가니스탄에 있는 미군 기지에서 심문과정 중에 뭉툭한 몽둥이로 맞아 죽었다는 사실이다.[63] 사실 이런 고문방식이 정보를 얻는데 정말 실효성이 있는지에 대해서는 여전히 논란이 많다. 대부분

---

63) Duncan Campbell, "Afghan Prisoners Beaten to Death," *Guardian* (March 7, 2003), p. 1.

의 전문가들은 실효성이 별로 없다고 말하고 있다. 그러나 무엇보다 분명한 것은 세계 여론의 시각에서 보면, 고문은 미국에 대한 좋은 평판, 즉 다른 나라와 그 나라 국민들의 신뢰도를 평가하는데 중요한 요소인 공정성과 도덕성에 대한 미국의 평판을 크게 손상시킨다는 것이다.[64]

부시 행정부 2기 때는. 어디까지를 방첩심문으로 인정할지 그 기준이 잘 규정되어 있지 않았다. 게다가, 끔찍했던 9.11 테러사건 이후, 조사관들은 9.11 테러에 대한 분노와 미국에 혹시라도 있을 기습을 우려해 이 기준이 흐려진 채로 심문을 진행했다. "시한폭탄 가설(ticking time−bomb scenario: 테러리스트를 고문하면 수십 명의 생명을 살릴 수 있는 상황에서 수십 명의 목숨을 구할 것인지 테러리스트의 인권을 존중해 고문을 중단할 것인지를 가정한 시나리오)"에 따라 기밀정보가 심문대상으로부터 빠르게 입수되어야 했다는 것이다. 9.11 테러 직후, 코퍼 블랙(Cofer Black) CIA 대테러센터장은 "9.11 테러 전과 9.11 테러 후에는 분명한 차이가 있다. 9.11 테러 뒤에는 장갑을 벗고 막가파식으로 테러와 맞서게 되었다"고 선언했다.[65] 그러나 장갑을 벗고 막가파식으로 테러와의 전쟁에 맞서게 되면서 미국이 고수해온 헌법적 가치도 함께 밖으로 집어 던진 셈이다.

기밀과 국가

방첩관이 짊어져야 하는 책임 가운데 하나가 바로 고의적이든 아니든 국가기밀의 유출을 막는 것이다. 미국의 건국 초기, 독립전쟁 동안 조지 워싱턴은 국가기밀의 중요성에 대해 다음과 같이 강조하였다.

유용한 정보를 입수하는 일이 분명 필요한 일이지만 너무 지나치게 매달릴 일은 아

---

64) For arguments that harsh interrogation is inappropriate and yields poor results, see Loch K. Johnson, "Educing Information: Interrogation. Science and Art," *Studies in Intelligence* 51 (December 2007), pp. 43−6; William R. Johnson, "Tricks of the Trade: Counterintelligence Interrogation." *International Journal of Intelligence and Counterintelligence* 1 (1986), pp. 103−33, Mayer, *The Dark Side*; and Ali H. Soufan (an FBI interrogator), "What Torture Never Told Us," *New York Times* (September 6, 2009), p. WK9, who refers to this approach as "ineffective, unreliable, unnecessary and destructive."

65) Quoted by Toby Harden, "CIA 'Pressure' on Al Qaeda Chief," *Washington Post* (March 6, 2003), p. A1.

니다. 그 무엇보다 우리가 해야 할 일은 가능한 전체적인 일을 최대한 비밀에 부치는 것이다. 왜냐하면 대부분의 경우 성공의 여부는 기밀의 유지에 달려 있으며 만약 기밀 유지에 실패하면, 작전을 아무리 잘 짜고 상황이 유리하게 돌아가도 반드시 패배하기 때문이다.[66]

최근, 영국의 존 사워스(John Sawers) MI6 국장은 민주국가 내에서 기밀유지가 얼마나 중요한지 강조하기 위해 이례적으로 다음과 같은 말을 했다. "기밀은 나쁜 말이 아닙니다. 기밀은 은폐를 나타내는 단어가 아닙니다. 기밀이 없다면 정보활동은 존재할 수 없으며 특공대 같은 주요 국가자산도 존재할 수 없습니다. 기밀이 없다면 영국의 더 많은 것들이 위험에 노출될 것입니다"라고 했다.[67] 개방 사회의 당면한 지속적인 과제는 바로 부적절한 정부활동과 같이 나쁜 비밀은 감추지 않고 공개하고, 좋은 비밀은 민주주의의 적대세력으로부터 보호하는 일이다.

좋은 기밀과 나쁜 기밀

민주주의 국가들은 자칫 적에게 알려 질까봐 자국민도 알지 못하게 해야 하는 합법적인 기밀사항이 있다. 이런 기밀사항은 전시 중에 병력을 수송하는 수송선의 출항일과 최종목적지, 또는 레이더에 잡히지 않는 스텔스 폭격기 같은 신형무기시스템의 첨단기술, 신호정보 감청방법이나 지리공간정보의 해상도 등과 관련된 민감한 기술, 해외 인간정보 요원의 명단, 무역협상이나 군축협상에 있어서 협상가들의 교섭입장 등이다. 그러나 기밀보호에 대한 주장이 확고한 근거를 갖고 있는 것은 아니다. 행정부 관료들은 때때로 그들의 정책에 대한 해명 의무를 피하기 위해 의원, 판사, 언론, 심지어 국민들에게까지 자신들의 활동을 철저히 비밀로 부치고 싶어 한다. 존 포인덱스터(John M. Poindexter) 전 국가안보보좌관은 이란-콘트라 사건 청문회 당시 이란과 니카라과 공작활동에 대해 "외부의 어떤 개입도 원하지 않기" 때문에 의회에 보고하지 않았다고 말했다. 이에 대해, 당시 사건을 조

---

66) Letter Written by George Washington in 1777, private collection, Walter Pforzheimer, Washington, DC, reprinted in the *Yale Alumni Magazine and Journal* (December 1983), p. 7.
67) Quoted in Paisley Dodds, "Chief of Britain's MI6 Takes Unusual Public Stand to Defend Spies' Work," *Washington Post* (October 29, 2010), p. A11.

사하던 리 해밀턴(Lee H. Hamilton) 조사위원회 위원장은 "포인 덱스터 보좌관은 다른 백악관 보좌진인 조지 슐츠 국무장관과 와인버거 국방부장관뿐만 아니라 결과적으로 대통령까지 이 사업을 알지 못하게 배제시킨 것"이라고 말했다.[68]

국회의원과 국민들은 정부 관계자들의 악용 사례가 많아지자 점차 기밀주장에 대해 신중한 입장을 보이기 시작했다. 존슨 대통령은 베트남전쟁 전개 상황을 종종 거짓으로 보고했으며 닉슨대통령도 워터케이트 사건에 대해 거짓말을 했다. 1975년부터 1976년까지, 록펠러 위원회, 파이크 위원회, 처치 위원회는 미국의 해외공작과 국내 공작사건들을 연달아 폭로했다. 1986년에서 1987년에 발생한 이란－콘트라 사건에 대한 거짓말도 줄을 이었다. 그리고 보다 최근에는 CIA의 해외 감옥과 고문 및 해외용의자 송출, 최근 스노든에 의해 폭로되기도 했지만 부시행정부 후반기 국가안보 목적의 도청 관련 영장발부 절차의 회피 등 많은 탈법적 정보활동이 있었다.(스노든에 대한 것은 다음 장에서 다루도록 하겠다) 민주주의의 꽃이라 불리는 공개토론도 지난 몇 년 동안 철저히 무시되었다. 신중한 TV 해설자인 동시에 작가로 유명한 빌 모이어즈(Bill Moyers)는 냉전 중에 다음과 같이 말한 적이 있다.

> 적(공산주의)을 무찌르기 위해서(두려움 때문에 적들의 행태와 똑같이) 미국의 전통적 가치를 포기하는 것은 결국 우리가 그들과 다른 점을 포기하는 것이다. 그렇게 되면 우리는 고유의 가치를 잃게 되고 싸우는 방법도 세계자유를 위협하는 적들과 다를 바가 없게 된다. 지금 우리가 하는 결정들이 근본적으로 문제가 되는 것이다. 개방사회는 결코 비밀정부를 유지할 수 없다.[69]

최근 있었던 불법적인 정보활동에 대한 스캔들이나 정보공개에 대한 강력한 민주여론과는 별개로, 행정부 관료들에게 기밀은 여전히 거부할 수 없는 유혹이다. 예를 들어 백악관 관료들이 자주 언급하는 "기밀유지에 관한 대통령특권 원칙 (executive privilege doctrine)"이 바로 그것이다.

---

68) Testimony, *Hearings*, Joint Committee to Investigate Covert Arms Transactions with Iran (the Inouye－Hamilton Committee), U.S. Congress (July 1987), p. 159.

69) Bill Moyers, "Moyers: The Secret Government, the Constitution in Crisis," *Public Affairs Television* (November 4, 1987).

대통령 행정특권(Executive Privilege)

행정 관료의 관점에서 미국 정보기관의 가장 큰 장점은 바로 공개토론 없이 외교 정책의 방향을 주도할 수 있다는 것이다. 예를 들어, 미국이 이란에 무기를 밀매하던 1985년에서 1986년, 레이건 행정부는 이 사실을 의회에 보고 하지 않았을 뿐만 아니라 극소수의 국가안전보장회의(NSC: National Security Council) 사람들과 현지의 공작원, 그리고 극히 일부의 CIA 요원만 알도록 극비에 부쳤는데 이런 것은 대통령과 다른 NSC 보좌진들의 권한을 벗어나는 일이었다.

종종 이러한 기밀유지가 행정특권의 공표를 통해 이루어지는데, "행정특권(executive privilege)"이란 입법부와 사법부의 정보요청에 대해 대통령이 행정상 필요하다고 판단되면 거부할 수 있는 대통령의 헌법적 권한이다. 워터게이트 스캔들(Watergate scandal) 당시 해당 사건을 조사했던 어빈위원회(Ervin committee)의 청문회 중 닉슨대통령 측 변호사였던 리차드 클라인딘스트(Richard Kleindienst)는 샘 어빈 주니어(Sam Ervin Jr.) 위원장 앞에서 "대통령이나 행정부가 보유한 정보에 대한 입법부와 사법부의 정보요청에 대해 대통령은 그것을 거부할 헌법적 재량권이 있다. 대통령이 만약 그런 요청으로 인해 정보유출이 헌법에 명시된 대통령의 권한을 해칠 것이라 판단되면, 대통령은 "행정특권"을 통해 대통령과 행정부에 대한 정보제공을 거부할 수 있다"고 주장했다. 이 말은, 의회가 수백만 명의 행정 공무원 중 그 누구에게도 청문회 소환을 요구할 수 없다는 것을 의미한다.

닉슨 대통령은 한 발 더 나아가 현재의 백악관 관료들 뿐만 아니라 전임관료들까지도 어빈 위원회와 같은 의회청문회 출석을 거부할 수 있다고 주장했다. 이런 전례가 없는 수준의 "행정특권 확대해석"에 대해 일부 상원의원은 이를 두고 "영구적 행정특권(doctrine of eternal privilege)의 적용"이라고 비꼬았다. 닉슨 대통령은 심지어 "대통령 문서(presidential paper)"의 범위를 "대통령과 백악관 직원이 대통령 업무와 관련하여 제출하였거나 수령한 모든 서류"라고 정의하며 이 서류들은 의회의 조사대상이 될 수 없다고 주장했다. 이런 식의 행정특권 규정은 백악관 입장에 유리하도록 한 것으로 여기에는 어빈위원회 조사관들이 워터게이트 사건에 대한 대통령의 대화내용이 담겨있는지 조사하려고 한 백악관 녹음테이프가 들어있었기 때문이다.(사실상 이 녹음테이프들은 나중에 닉슨대통령의 탄핵을 야기한 결정적 증거가 되었다) 어빈 상원의원은 닉슨대통령과 그의 부하직원들에 대해 이런 의문점을 던졌다. "과연 무엇이 그들로 하여금 그렇게 과대망상에 사로잡히게 만들었을까?" 그는 계속 이어 말했다. "나는 닉슨 대통령과 백악관 관료들이 우리 국민들보다 더 위에 군림하게 할 생각이 없다. 니코데모(Nicodemus: 고대 유대인 의회의 의원으로 그리스도의 숨은 제자였음)와 같이 밤늦게 찾아와 누구도 들을 수 없는 것을 귀뜸해주고 가는 고귀한 귀족이나 왕족이 우리 미국에는 없다. 이런 것은 행정특권이 아니다. 그것은 단지 행정특권이라고 우기는 "대통령의 헛소리"(poppycock)일 뿐이다."

1974년, 미국 연방 대법원은 닉슨 대통령의 "행정특권"에 대한 광의적 해석에 대해 동의할 수 없으며 "미국 대 리처드 닉슨(United States vs. Nixon)" 사건 관련 판결에서 녹음테이프를 어빈 상원의원에게 제출하라고 판결했다. 결국 테이프에 녹음된 대화내용이 결정적 증거가 되어 닉슨 대통령은 탄핵위기에 놓이게 되고 마침내 사임을 하게 되었다.

닉슨 대통령의 사임으로 포드(Gerald R.Ford)부통령이 대통령직을 승계하게 되었는데 포드 행정부역시 "행정특권"을 과도하게 적용했다. 문제는 바로 샴록 공작(Operation SHAMROCK) 사건인데 이 작전은 미국인들이 해외에서 보내거나 수신하는 케이블과 전보내용을 중간에 도청할 수 있게 제작된 비밀 프로그램이다. 초기에는 트루먼 행정부의 요청으로 RCA, GLOBAL, ITT WORLD COMMUNICATIONS 세 기업에서 전자기 테이프를 이용해 전 세계에서 송수신 되는 유료 문자 메시지를 수집했으며 이후 이 자료가 국가안보국(NSA)으로 이관되었다. 이 샴록 공작이 개인 통신보호의 측면에서 연방통신법에 저촉될 수 있다고 판단해 하원 소위원회는 1976년 해당 문제를 조사하기로 결정했고 샴록공작에 협조했던 세 기업의 CEO를 증인으로 소환했다. 그러자 이들은 백악관의 지침을 요구하였고 이에 대해 포드 대통령은 시카고 대학 법대학장 출신인 에드워드 레비(Edward Levi) 법무부장관을 통해 샴록 작전이 백악관에서 지시한 민감한 일급기밀 프로젝트이기 때문에 해당 기업들은 의회 출석을 거부할 수 있다고 주장했다. 대통령 행정특권이 이제 민간영역에 까지 확대된 셈이다.

하원 소위원회 위원들은 포드대통령의 이런 주장에 대해 경악을 금치 못하였다. 다선의원이자 존경받는 존 모스(John Moss) 유타주 민주당 하원의원은 "법무부 장관이 무슨 권한으로 그런 이야길 하는지 모르겠다. 법무부 장관의 주장은 내가 여지껏 들어본 말 중에 가장 뻔뻔하고 오만한 주장이다. 그 따위 별 볼일 없는 대통령 측근들이 마치 이 나라의 입법기구나 된 양 떠들고 있다"고 잘라 말했다.[70] 하원 소위원회는 청문회에 출석하지 않은 증인들에 대해 의회 모독죄로 소환장을 발부하기로 했다. 며칠 뒤 청문회가 시작되자 세 CEO 모두 출석하여 지정된 자리에 앉아 위원들 앞에서 질문에 답할 준비를 하였다. 레비 법무부장관이 이들에게 그냥 자택에 머무는 것이 좋을 것이라고 권고를 하였지만 이들은 모두 마음을 바꿔 출석하기로 한 것이다. 청문회는 국가안보국(NSA)의 민감한 도청방식에 대한 토론은 하지 않고 미국의 개인보호법을 어긴 백악관과 세 기업들의 부적절한 위반사항에 대해서만 토론을 하는 적절한 방식으로 진행되었다.

지연과 속임수(Delay and Deceit)

비밀조항을 두고 정부 부처 간의 대립이나 갈등이 발생하는 경우는 드물다. 오히려 정부부처와 의회 간에 "비협조적 행태(Stonewalling)"나 "행정지연(slow-rolling)"과 같은 지연방식으로 정부가 의원들에게 정보제공을 꺼리는 일이 많다. "행정특권" 전문가 라울 버거(Raoul Berger) 하버드 법대 교수는 "정보제공 요청을 받으면 관료들은 최대한 시간을 끌며 버티려고 한다"고 말했다.[71] 이에 대한 많은 사례가 있지만 그 중 대표적인 것은 바로 핵 폐기물의 위험성을 둘러싼 비밀에 대해 정부에서 덮으려 했던 것이다. 1945년 핵시대(Nuclear Age)가 도래하자 정부 관료들은 공중보건에 대한 관심보다 핵무기 생산에 대해 더 큰 관심을 기울이게 되었고, 결국 그 결과로서 핵 폐기물의 유해성 문제를 비밀에 붙이게 되었다.[72] 버거 교수는 말하기를 "사실, 이 문제는 기본적으로 국가의 운명에 영향을 미치는 중대한 결정이기 때문에 의회와 국민이 이에 대해 개입할 권리가 있다. 그런데 정보기관의 참여가 명백한 이런 정보에 대해 이런 저런 이유로 대통령이 의회와 국

---

70) Quoted in the *New York Times* (February 26, 1976), p. A1.
71) Raoul Berger, *Executive Privilege: A Constitutional Myth* (Cambridge, MA: Harvard University Press, 1974), p. 7.
72) See, for instance, the commentary by Senator (and former astronaut) John H. Glenn (D, Ohio), "The Mini-Hiroshima Near Cincinnati," *New York Times* (January 24, 1989), p. A27.

민의 참여를 막을 수 있는 권한을 갖고 있다고 주장하는 것은 바로 이런 국민 참정권을 훼손하는 것이며 민주주의의 근간을 무너뜨리는 것이다"[73]라고 하였다.

사전규제(Prior Restraint)

민주국가에서 시민은 정부가 하는 거의 모든 활동을 알 권리가 있다. 그럼에도 행정부는 정보가 공개되지 않도록 하기 위해 국민들이 알아야 하는 민감한 정보들의 발표를 제한하려고 한다. 이처럼 정부가 정보공개의 권리를 거부하는 것을 가리켜 "사전규제"라고 한다. 민주주의가 성공하려면 진실과 투명성이 전제로 되어야 하기 때문에 미국 연방법원은 사전규제의 시행을 대부분 허용하지 않았다. 미국 연방대법원은 "펜타곤 페이퍼 사건(Pentagon Papers case)"으로 잘 알려진 "뉴욕타임즈 대 미국(New York Times vs. United States)"이라는 유명한 판결을 통해 "미국 연방대법원은 표현의 자유에 대한 어떤 형태의 사전규제도 헌법적 타당성에 어긋나는 심각한 추정이라고 판단한다"고 판결하였다.

이 판결 당시, 닉슨정부는 국방부의 베트남 전쟁 비밀기록 공개를 막기 위해 사전규제가 필요하다는 논거를 다수의 대법관에게 설명하였으나 결국 설득에 실패하였다. 닉슨 측 변호인단은 정보공개가 미국 외교정책에 큰 손실을 끼칠 것이라고 주장하였다. "펜타곤 페이퍼"를 유출했던 사람은 국방부 분석관이었던 대니얼 엘스버그(Daniel Ellsberg)였는데 그는 그 당시 사람들이 알고 있던 베트남 전쟁이 진실과 다르다고 생각했다. 그는 모든 국민들이 미국의 베트남전 개입에 대한 실상을 더 잘 알아야 한다고 생각했다. 진실이 알려지면 베트남 전쟁을 계속할지에 대한 국민토론이 보다 더 의미 있고 정확하게 진행될 수 있을 것이라고 생각하였던 것이다. 엘스버그는 진짜 중요한 비밀들은 서류더미에 있는 것이 아니라고 생각하였다. 오히려 관료들이 여러 가지 실수를 감추기 위해 대중들에게 그 사실을 숨기려고 그러한 자료를 기밀로 유지하는 것이 미국을 전쟁의 구렁텅이로 몰아넣게 하였다고 믿었다. 이와는 달리 엘스버그의 행동을 부정적으로 바라보는 비판가들은 그가 적절한 권한이 없음에도 불구하고 함부로 기밀문서를 유출했기 때문에 그의 행동이 거의 반역죄에 가깝다고 생각하였다. 엘스버그의 이런 행동은

---

73) Berger, *Executive Privilege*, p. 14.

사실 방첩활동에 있어서 가장 금기시되는 사항인 것이다. 엘스버그가 뉴욕타임즈와 워싱턴 포스트에 "펜타곤 페이퍼"를 넘기자 백악관은 "펜타곤 페이퍼" 문서의 발췌문을 처음 인쇄한 뉴욕타임즈가 해당 문서를 추가로 공개하지 못 하도록 법원에 가처분 신청을 냈다. "펜타곤 페이퍼"는 굉장히 중요했을 뿐만 아니라 핵심 인사들이 관련되어 있었기 때문에 순식간에 대법원 판결까지 가게 됐다. 대법원에서 6대3의 판결로 "사전 규제"는 무산 됐고 포터 스튜어드(Potter Steward) 대법관이 대표로 다음과 같은 다수의견을 냈다.

> 우리는 행정부로부터 두 신문사의 '펜타곤 페이퍼 내용' 공개가 국익에 반하므로 정보공개를 막아 달라는 청원을 받았다. 펜타곤 일부 문건에 대해서 나 역시 행정부와 의견이 같지만 그들 자료의 어떤 것이 되었던 모두가 다 국가와 국민에게 직접적(immediate)이고, 즉각적(direct)이며, 돌이킬 수 없는(irreparable) 피해를 끼치게 될 것이라고 판단되지는 않는다. 그렇기에 이 사건은 수정헌법 제1조에 근거하여 사법적 판단을 해야 하며, 그런 대법원의 판단에 나도 동의한다.[74]

2010년, 전 세계 민주국가의 이목을 사로잡았던 엄청난 기밀문서 유출 사건이 발생했다. 런던에서 위키 리크스(WikiLeaks)라고 하는 내부고발 단체가 미국의 이라크전쟁과 아프간 전쟁수행에 대한 40만 건이 넘는 비밀문건을 입수하여 유출한 것이다. 위키 리크스 폭로사건은 2013년 스노든의 폭로사건 전까지 미국 역사상 가장 많은 양의 정부 미인가(Unauthorized) 기밀문서 유출사건이다. 위키 리크스는 실제 발표보다 이라크와 아프간 지역에서 훨씬 많은 민간인 사상자가 발생하고 있다는 사실을 포함하여 전쟁과 관련된 진실을 시민들이 모두 다 알아야 할 권리가 있다고 주장하면서 자신들의 폭로행위를 변호하려고 했다. 오바마 행정부가 위키 리크스의 죄를 수사하기 시작하였으며 위키 리크스가 유출한 문서에서 탈레반과 알카에다의 암살표적이 될 위험이 있는 미국 정보요원들의 이름이 노출되면서 위키 리크스도 대중들의 상당한 신뢰를 잃게 되었다.[75]

그러다가 2013년, 에드워드 스노든이 미국 국가안보국이 영장 없이 감청하고

---

74) 403 U.S. 713, 91 S.Ct. 2140, 29L. Ed. 2nd 822 (1971); emphasis added.
75) See the series of *New York Times* articles published on October 24, 2010, especially pp. A1, A11.

있으며 일반 시민들의 통화패턴을 분석한 대량 데이터를 수집하고 있다는 사실을 언론에 폭로하면서 "펜타곤 문서"만큼이나 큰 논란을 야기했다. 다음 장에서 상세하게 살펴보겠지만, 스노든은 백만 건이 넘는 기밀문서를 전부 NSA 컴퓨터에서 훔쳐서 언론에게 보내주었다.

비밀과 민주주의

행정부 내에서 특정정보 보호를 위해 나름대로 방첩에 관심을 갖는 것은 당연하다. 어떤 미국 시민도 해외에서 포섭한 요원이건, 자국 내 FBI 요원이건 미국 정보기관 요원들의 생명이 위험에 처하는 것을 원하지 않는다. 또 성숙한 시민이라면, 자국에 이익이 되는 기밀을 누설하고 싶지 않을 것이다. 지금까지 기록을 보면 이런 기밀들은 꽤 잘 유지되어 왔다. 딘 러스크(Dean Rusk) 전 국무장관은 미국의 중요한 이해관계에 피해를 줄 정도로 심각했던 기밀유출 사건은 없었다고 몇 번이나 반복해 말한 적 있다.[76] 1976년에 한 유명한 상원의원도 비슷한 말을 했다.

> 반드시 비밀에 붙여져야 할 그런 기밀은 잘 유지되고 있다. 예를 들어, CIA를 배신하고 자기 책에다가 일부 해외 CIA요원들의 이름을 언급했던 필립 에이지(Philip Agee)의 사례를 제외하면 CIA출처나 방법에 대한 것이나, 부분적 핵실험 금지 조약인 전략무기 제한협정(SALT: Strategic Arms Limitation Treaty), 납북된 푸에블로호 선원의 석방(푸에블로호 사건: 냉전 중 미국 군사첩보함이 북한에 나포 된 사건)과 같은 민감한 협상들의 기밀은 거의 유출되지 않았다.[77]

역대 최악의 기밀유출 사건은 언론이나 국회의원과 같은 "외부인들" 때문에 발생한 것이 아니라 행정부 내부에서 발생한 것들이다. 예를 들어, 미국 국무부는

---

76) For example, in a remark to the author, Athens, GA (July 4, 1983).

77) Author's interview with Senator Frank Church (D, Idaho), Washington, DC (October 16, 1976); see also his "Which Secrets Should Be Kept Secret?" *Washington Post* (March 14, 1977), p. A27. The Agee book, *Inside the Company: CIA Diary*, was published by Penguin (Harmondsworth, UK) in 1975 and made the author a pariah in the United States and many European democracies.

당시 국무장관 이었던 헨리키신저(Henry Kissinger)에게 우호적인 프로필 기사를 작성하던 작가에게 극비문서를 넘겼으며 넘긴 당사자에게는 어떤 법적 조치도 취하지 않았다. 그 뿐만 아니라, 이번 장에서 계속 예를 들어 설명했던 것처럼, 미국의 적대국에게 기밀을 팔아먹은 사람들은 CIA와 미국 정보기관 소속이다. 에드워드 하워드나 워커 일가, 에임즈와 한센 같은 행정부처 소속의 내부 스파이들이 미국의 적들에게 기밀을 팔아먹었다. 행정부 내의 방첩활동을 강화하는 것이 수정헌법 1조에 명시 된 언론과 출판의 자유를 억제하는 조치보다 자국의 비밀보호에 더 효과적일 것이다.

그러나 위키 리크스가 정보요원의 신원을 공개한 것은 지나친 것이다. 스노든이 유출한 대량의 기밀문서도 그렇다. 스노든이 유출한 문서에는 정보기구 예산의 세부 자료까지 포함돼 있었는데 그런 데이터가 스노든이 주장하는 윤리적 문제와 무슨 상관이 있으며, 그가 반감을 품고 유출했던 NSA의 메타데이터 프로그램이 갖는 법적 문제와 무슨 상관이 있는가? 스노든 사건을 부정적으로 보는 사람들은 스노든이 상원정보위원회나 하원정보위원회에 불만을 제기하여 청문회의 기회를 가졌더라면 그들 중의 일부는 메타데이터 프로그램에 대한 그의 비난에 동조했을 거라고 생각한다. 그러나 스노든은 기밀정보를 빼돌려 언론에 넘기는 방법을 선택하였고 이후 중국을 거쳐 러시아로 도망쳤다. 물론 상하원 정보위원들 다수가 NSA 메타데이터에 대한 스노든의 비난을 제대로 수용하지 않을 가능성도 있지만 그렇다고 하더라도 이 또한 민주주의 절차의 일부이다. 스노든은 정보공동체 내에서 그리고 정보감독위원회에게 조용히 자신의 입장을 알리면서 문제를 제기할 수 있었을 것이며, 아마도 이 방식이 더 나은 방법이 되었을 지도 모른다. 왜냐하면 의원들이 NSA가 시민들을 대상으로 신호정보(SIGINT) 프로그램을 실시하는 것이 어떤 것인지 더 심층적인 조사를 한다면 그의 의도가 결국 성공했을 가능성이 더 크기 때문이다.

그럼에도 불구하고 분명히 문제가 되는 부분은 무수한 정보들을 부적절하게 비밀에 붙이면서 외교정책 결정의 장점을 판단할 수 있는 시민들의 판단력을 흐리게 만든다는 것이다. 펜타곤 문서는 유출됐지만, 미국에게 진짜 피해를 입힐 만한 정황은 없었으며 오히려 베트남 전쟁과 관련된 정보를 미국 시민들에게 알리는 역할을 했다. 다른 정부기밀 유출 사건도 마찬가지로 모호한 것들이다. 예를 들면 FBI의 불법 활동이었던 코인텔프로(COINTELPRO)에 대한 파일이나 CIA가 최근에 했던 카오스(CHAOS: CIA가 실시했던 고문프로그램) 공작, 샴록이나 미나렛(MINARET)같이 국가안보국이 실시한 메타데이터 프로그램이나 영장 없는 국내 감청프로그램 등이 그런 것들이다. 과거에 정부가 관여했던 부적절한 비밀활동이 몇 가지 더 있는데 워터게이트 테이프 녹음기록, 그리고 미군이 베트남에서 저지른 끔찍한 짓을 담은 펜타곤 내부 보고서(예를 들면 마이라이 마을 대학살, 이라크 아부 그라이브 감옥에서 미군 정보기관이 자행한 고문사건, CIA의 해외 비밀감옥)와 1960년대 실시한 캄보디아 비밀폭격임무 같은 것들이 여기에 포함된다.

국가안보라는 이름으로 자행된 이런 형태의 기밀유지는 "간섭하기 좋아하는(meddlesome)" 시민들과 국회의원들이 정책과정에 참여하지 못하게 하려는 것이며 종종 대통령의 의지와 상관없이 정보기관들이 정부의 행정지배권을 공고히 하려는 의도에서 비롯된다. 역사학자 아서 슐레진저 주니어(Arthur M. Schlesinger, Jr.)는 "1960년대, 70년대 까지만 하더라도 기밀유지에 대한 신념은 대통령이 자신의 목적을 드러내지 않고, 실수를 감추며 시민들을 조작하는 동시에 권력을 극대화하는데 쓰는 만능 수단이었다"고 하였다.[78] 지난 몇 해 동안, 행정부는 여러 교묘한 방법을 개발하여 대외적인 문제에 대한 의회의 조사와 공개조사를 회피해 왔다. 다니엘 패트릭 모이니한(Daniel Patrick Moynihan) 뉴욕 상원의원은 1992년에 단정적으로 다음과 말하였다.

이란-콘트라 사건은 기밀유지 시스템이 없었더라면 일어나지 않았을 수도 있다. 매 해 수백만의 비밀문건에 대해 수백만의 기밀이 만들어 지는데 대략 7백만 건 중에

---

78) Quoted in Alistair Buchan, "Questions about Vietnam," in Richard Falk, ed., *The Vietnam War and International War*, Vol. 2 (Princeton, NJ: Princeton University Press, 1969), p. 345. With re-spect to not even the White House knowing about some intelligence activities, Clark Clifford (the author of the National Security Act of 1947 and an advisor to several presidents) has noted: "I believe on a number of occasions, a plan for covert action has been presented to the NSC and authority is requested for the CIA to proceed from point A to point B. The authority will be given and the action will be launched. When point B is reached, the persons in charge feel it is necessary to go to point C, and they assume that the original authorization gives them such a right. From point C, they go to D and possibly E, and even further"; testimony to the Church Committee, *Hearings on Covert Action*, U.S. Senate, Washington, DC (December 4, 1975), quot-ed in Loch K. Johnson, *A season of Inquiry Revisited: The Church Committee Confronts America's Spy Agencies* (Lawrence: University Press of Kansas, 2015), p. 148.

절반 정도가 될 것이다. 다만 정확히 말하면 그 숫자 자체가 기밀이다. 이것 때문에 미국시민들은 국민으로서 마땅히 알아야 할 정보를 알지 못하게 된다. 게다가 행정부 내에서도 서로 서로가 정보를 감추는 지경이다 보니..[중략] 그런 시대는 끝났다고 얘기할 수 있겠지만 그렇지 않다. 물론 사람도 바뀌고 시대도 바뀌었으며 이슈도 달라졌다. 그러나 기밀유지 시스템은 여전히 막강하게 존재하며 냉전시대의 가장 오래된 그리고 가장 지속적인 유물로 남아 있는 것이다.[79]

1995년, 모이니한 의원은 정부의 지나친 기밀적용에 대해 특별조사위원회를 구성하여 조사를 실시했다. 그 결과 정부가 전체 문서 가운데 85%나 불필요하게 기밀문서로 만들고 있다는 사실을 밝혀냈다.[80] 위키 리크스 폭로사건은 기밀유지 및 기만 시스템이 미국 사회에 굳게 뿌리내리고 있었음을 시사한다. 1998년, 미국 의회는 "정보기관 내 내부고발자보호법(the Intelligence Community Whistleblower Protection Act)"를 제정하여 내부 직원들이 의심스러운 정보활동을 발견할 경우 이에 대해 더 쉽게 의문을 제기할 수 있도록 하였다. 그러나 다른 사건을 포함하여 스노든 사건에서도 알 수 있듯이, 아무리 그 법 제정 의도가 좋다고 할지라도 내부고발자들은 그런 법의 절차에 대해 조심스러울 수밖에 없다. "정보기관 내부 고발자법"은 직원들이 소속기관을 통해 고발절차를 밟도록 하고 있기 때문에 자칫 그들의 승진이나 경력에 위협이 될 수 있다. 따라서 정보개혁은 내부고발이 직원들의 커리어에 영향을 주지 못하게 하면서 동시에 기밀문서에 대한 적절한 통제가 이루어지는 방향을 모색해야 할 것이다. 이제 내부 고발자들이 합당한 반대의견을 제기할 수 있게 하기 위해서는 대통령정보감독위원회(Intelligence Oversight Board)를 비롯한 상하원 특별정보위원회의 책임이 막중하다.

---

79) Daniel P. Moynihan, "System of Secrecy Has Served Liars Well," *Albany (NY) Times Union* (May 3, 1992), p. A17, reprinted in Center for National Security Studies, *First Principles* 17(July 1992), pp. 11–12.

80) For his reflections on this experience, see Daniel P. Moynihan, Secrecy (New Haven, CT: Yale University Press, 1998). See also: Michael J. Glennon, *National Security and Double Government* (New York: Oxford University Press, 2015); and F.A.O. Schwarz. Jr., *Democracy in the Dark: The Seduction of Government Secrecy* (New York: Free Press, 2015).

방첩활동과 책임성(Counterintelligence and Accountability)

지금까지의 경험으로 볼 때 허스튼 플랜이나 1970년대 국내 스파이 스캔들이 었던 CHAOS 작전처럼, 방첩활동에 너무 몰두한 나머지 정보기관들은 무고한 자국시민들까지 감시하려고 한다는 것을 알 수 있다. 또한 코인텔프로(COINTELPRO), CIA의 용의자 해외송출 및 고문, NSA의 미국과 유럽 내 도청제한구역 접근 등도 무리한 방첩활동의 예이다.

미국과 북한

냉전이 한창일 때, CIA는 베트남전에 대해 합법적인 반대 시위를 벌이던 미국시민 150만 명에 대한 데이터를 수집했다. 시위대 대부분이 우편검열을 당했고 전화통화 내용이 감청되었으며 심지어 일상적인 생활까지 감시당하였다. 게다가, FBI는 이른바 "체제 전복자"라고 불리던 반전 시위대와 시민사회 운동가 50만 명에 대해 광범위하게 수사를 하였으나 단 한건도 유죄로 기소된 적이 없다.[81] 이 기간 동안, FBI요원들은 흑인들의 폭력을 선동할 목적으로 익명으로 편지를 썼다. 후버국장의 방첩프로그램이었던 코인텔프로 공작은 스파이행위에 대한 감시뿐만 아니라 시민사회 운동가들과 반전 시위대를 괴롭힘으로써 이들의 가족 및 친구관계를 파괴하여 시위를 그만두도록 하는 것이었는데, 이 모든 것이 방첩이라는 이름으로 자행되었다. 방첩활동의 목적을 제멋대로 추구하는 것은 미국 민주주의의 근간을 훼손하는 것이며 미국의 기본법과 헌법에 명시된 표현의 자유를 포기하는 것이다. 1974년, CIA의 불법적인 활동이 언론에 새어나가면서 처음으로 미국 정보공작에 대한 중요한 의회 청문회가 개최되었으며 그때에 가서야 이런 불법활동이 일시적으로 중단되었다.

---

81) Johnson, *A Season of Inquiry Revisited.*

국가안보소환장과 무(無)영장 감청(warrantless wiretaps)

국가안보와 시민의 자유(civil liberties) 사이의 적절한 균형은 9.11 테러 이후 부시행정부가 FBI를 통해 국가안보소환장(NSLs: 국가안보를 목적으로 정부가 정보를 수집할 수 있게 하는 소환장)을 사용하여 NSA로 하여금 미국 시민에 대한 영장 없는 도청을 지시하면서 또 한차례 시험대에 오르게 된다. NSL의 도입은 수령인이 FBI에서 요구한 서류나 데이터를 넘겨주도록 되어 있다. 수령인은 이 서신을 받은 것에 대해 누구에게도 이야기해선 안 된다. 이것은 NSL을 받은 불운한 시민으로부터 법적 보호를 받을 수 있는 기본권조차 빼앗아 가는 함구령인 것이다. 1978년 연간 몇 건에 불과했던 NSL의 수가 2005년에는 19,000건까지 치솟았다. 9.11 테러사건의 여파로 다시 부활하게 된 무영장 도청은 명백한 위법행위이며 심각한 문제이다. 2015년 12월, 뉴욕타임즈는 조지 부시 대통령이 비밀 행정명령을 통해 NSA가 영장청구 없이도 미국 시민들을 도청할 수 있는 권한을 부여했다고 보도했다. 전문가들은 조지 부시 대통령의 비밀 행정명령이 해외정보감시법(FISA: Foreign Intelligence Surveillance Act)의 취지와 어긋난다고 주장했다. FISA는 1978년 FBI와 CIA 및 다른 정보기관이 주장한 도청영장 권한의 심사를 위해 특별 해외정보감시법원(FISA courts)을 두도록 하는 법으로서 의회에서 제정됐다. FISA 규정은 NSA가 광범위하게 미국 시민을 감시해왔다는 사실을 처치위원회에서 밝혀내자 그 처치위원회의 보고서 결과를 바탕으로 제정됐다. NSA는 샴록공작을 통해 1947년부터 1975년 까지 미국 시민들이 이용하는 모든 해외 송수신 케이블을 감시했다. 또한 미나랫(MINARET)공작을 통해 추가적으로 1,680명의 전화 내용을 도청했다. 처치위원회 위원으로 유명했던 월터 먼데일(Walter Mondale) 미네소타 주 민주당 상원 의원은 시민을 감시하는 행위는 "결국 이 나라에서 다른 목소리를 내는 것을 막는 결과를 초래한다"고 말한 바 있다. NSA가 했던 케이블 감시 및 도청 행위 중에 단 한건도 사법심리를 받지 않았다. 먼데일 상원의원은 공개청문회에서 NSA 부국장에게 두 번의 공작이 과연 합법성이 있는지 생각해본 적이 있느냐고 질문한 적이 있는데 그러자 그는 약간 당황한 기색을 보이며, 그 부분에 대해서는 특별히 토론한 적이 없다고 대답하였다.[82]

의회의 요청으로 오바마 행정부가 2013년에 채택한 개혁안인 '미국자유법'(USA Freedom Act)의 제정으로 인하여 FISA 법원은 더 효과적으로 변했다. 예를 들어 정보기관이 제시한 주장에 대해 의구심이 들어 이의를 제기할 목적으로 공익(公益) 변호사를 FISA 법원에 출두하도록 하는 것이나 미국 시민의 통신내용에 대해 NSA가 전화나 소셜 미디어 로그인 기록을 저장할 수 없도록 하는 것들이다. 부시 행정부는 9.11 테러 여파로 일어난 대테러 필요조치를 만족시키기 위해 도청 시 영장청구를 반드시 해야 하는 FISA법에 대한 개정이 필요하다고 생각하였다. 이에 대한 적절한 대책이 있다면 대통령이 의회로 하여금 관련법을 개정하게 하는 것이었다. 그런데 부시정부는 은밀히 법적용을 비껴가면서 상하원 정보위원회로 하여금 의심스러운 NSA 도청능력의 확대사용에 대해 충분히 검토할 기회를 허용하지 않으려고 하였다.

국가 정보기관의 방첩활동이 도를 넘은 사례를 몇 가지 살펴보았다. 이 사례들을 보면 의회 도서관 벽 대리석에 새겨진 제임스 매디슨 대통령의 경고가 떠오른다. "권력이란 인간의 손에 맡겨지면 남용될 수밖에 없다." 자유사회는 굳건한 방첩활동이 없다면 오래가지 못한다. 그러나 방첩활동에 책임이 뒤따르지 않으면 자유사회도 계속 자유로울 수 없게 된다. 어떤 아이가 시위 피켓을 들고 있거나 반대파 후보자를 지지하는 범퍼 스티커를 붙였다고 해서 테러 용의자를 쫓는 방첩요원이 이들을 폭파범 용의자로 몰아가 버리면 그 나라는 더 이상 민주국가라고 할 수 없을 것이다.

---

82) NSA Deputy Director Benson Buffham, testimony, *Hearings: The National Security Agency and Fourth Amendment Rights*, Vol. 5, Church Committee, p. 45.

5장

비밀 정보활동의 남용 방지

1977년 12월 6일, 카터 대통령 재임 시 중앙정보장(DCI: Director of Central Intelligence)이었던 스탠스필드 터너(Stansfield Turner) 제독으로부터 대통령의 비밀 공작 재가에 대한 보고를 듣기 위해 하원상임정보특별위원회(HPSCI: House Permanent Select Committee on Intelligence)가 개최되었다. 당시 이 위원회는 1975년에서 1976년까지 2년에 걸쳐 정보공동체에 의해 광범위하게 자행되었던 국내법 위반 사실들을 밝혀 낸 의회조사 결과에 대응하여 신설된 지 얼마 되지 않은 때였다. 의사당 내 건너편에 위치한 상원은 하원보다 신속하게 1976년에 상원정보특별위원회(SSCI: Senate Select Committee on Intelligence)라는 그들만의 새로운 정보감독위원회를 신설한 상태였다. 각 위원회는 위원회의 이름을 위원장의 이름을 붙여 간략하게 부르는 의회 전통에 따라 비공식적으로는 하원의 경우 매사추세츠주 민주당 의원인 에드워드 볼랜드(Edward P. Boland) 위원장의 이름을 따서 볼랜드 위원회, 그리고 상원의 경우 하와이주 민주당 의원인 다니엘 이노우에(Daniel K. Inouye) 위원장의 이름을 따서 이노우에 위원회로 알려졌었다.

의회가 아닌 아이리쉬 펍 같은 데에서 들었다면 그의 엄격한 기질을 가려주기에 충분할 만큼 전설적인 바리톤 목소리를 가진 65세 독신남인 볼랜드 위원장은 하원 내 막강한 실력자였다. 그는 하원의장 토마스 오닐(Thomas O'Neill)의 전 룸메이트이자 절친한 친구였으며 막강한 권한을 행사하는 세출위원회의 중진 위원이었다. 그는 워싱턴의 높은 지위에 있는 많은 사람들과 달리 오만하지는 않았으나 그의 뜻대로 일을 처리하는 버릇이 있었다. 12월 6일 아침, 경찰들이 잘 경비하고 있는 국회의사당 로툰다(Rotunda) 가까이에 있는 상임정보특별위원회 사무실에 있던 볼랜드는 터너 제독이 보좌관들과 함께 낮은 천장에 벙커 모양을 닮은 청문회장에 들어서자 그를 맞이하기 위해 일어섰다. 그것은 하원상임정보특별위원회에 중앙정보장이 처음 방문한 것이었다. 특히 민감한 사안을 다룰 이날 청문회에는 위원회 13명 위원 중 7명의 위원과 함께 3명의 위원회 소속 사무 요원들의 참석이 허용되었다. 참석자 모두는 대통령에게 봉사하는 스파이의 두목을 만나는데 호기심을 느끼고 있었다. 다른 6명의 위원들은 이 위원회의 첫 극비 공작활동 브리핑에 참석하는 것보다 확실히 더 긴급한 직무가 있어 불참한 것으로 생각되었다. 필자는 하원상임정보특별위원회의 감독분과위원회 사무책임자로서 이 회의에 참석한 3명 중 1명이었다.

터너는 매우 자신감에 찬 모습이었다. 사실 그의 자신감 있는 태도로 인해 카터 행정부 초기에는 그가 국가안전보장회의(NSC)에 장난삼아 슈퍼맨 복장으로 나타났었는데 위원회의 아무도 웃지 않았다는 소문도 있었다. 다부진 체격으로 강인해보이면서도 잘 생긴 은발의 터너 제독은 해군사관학교 시절 풋볼 팀의 호전적인 중앙 수비수였으며, 4학년 때는 로즈장학금(Rhodes Scholarship)을 받았고 그 후에는 해군성에서 거침없이 승진해 온 인물이었다. 해군사관학교의 존경하는 동기생이었던 지미 카터 대통령으로부터 중앙정보장으로 임명된 그는 현 직책을 수행한 이후에는 해군참모총장 직을 중요한 목표로 삼고 있다고 알려져 있었다.

중앙정보장은 자신과 수행원들을 위한 테이블 앞에 위치한 짙은 적갈색 의원석에 앉아 있는 위원장과 위원들에게 머리를 까딱하며 정중히 인사하였다. 의례적인 인사말과 워싱턴DC의 교통체증에 대한 이야기가 간단히 오간 후, 터너는 서류가방에서 미리 준비해 온 문서를 꺼내어 카터 대통령이 최근 승인한 비밀공작 재가문서(finding)에 대한 기본적인 내용을 5분도 채 안 되는 시간에 위원회에 보고하였다. 이 브리핑은 1974년 12월 가결된 휴즈-라이언 법(Hughes-Ryan Act)에 따른 것이었다.

터너의 브리핑이 끝났을 때, 침묵이 방안을 가득 메운 채 천정의 격자무늬 나무판 뒤에 있는 네온 등의 윙윙거리는 소리만 희미하게 들릴 뿐이었다. 의원들은 처음에 터너가 물 한 모금 마시기 위해 잠간 멈춘 것으로 생각했으나 그는 그들을 바라보고 싱긋 웃으면서 "이게 다입니다"라고 말했다.

작지만 기운이 넘치는 켄터키주 출신의 민주당 하원의원 로만 마졸리(Roman Mazzoli)는 헛기침을 한 후 비밀공작에 대해 하나에서 열까지 조목조목 비판해나가기 시작하였다. 비판의 표적이 된 것은 비밀공작 대상이 된 나라의 중요성에 대한 의문, 과다 투입된 작전 비용, 브리핑의 모호한 부분 등이었다. 마졸리가 끝나자 중앙정보장은 그 공작에 대한 적극적인 변호를 펼쳤다. 그러나 마졸리 의원은 그의 답변에 회의적인 태도로 다시 반박하기 시작하였다.

이에 볼랜드 위원장이 조정에 나섰다. 그는 "본인도 진지하게 토론하는 것을 좋아합니다만 이 자리는 그러한 자리가 아닙니다"라고 말했다. 그런데 왜 이 자리가 그런 자리가 아니라고 하는지는 충분히 의아해 할 수 있는 말이었다. 어쨌든 이 자리는 의회 경찰이 경호하고, 도청장치가 없는지 주기적으로 검사하는 하원정보위원회(HPSCI) 사무실 내 특별실(inner sanctum)에서 행해지는 비공개 회의가 아니었던가? 국가 비밀 정보기관의 활동, 짐작컨대 특히 비밀공작 활동을 재검토하는 것이 새로 설립된 위원회의 의무가 아니었던가?

볼랜드는 양미간을 찌푸리며 은연중에 터너 제독은 자신의 의무를 다했고 따라서 이제는 떠나도 좋다는 제안을 담은 듯한 태도로 "나는 우리 위원회와 정보기관 사이에 어떠한 적대적인 언쟁이 일어나는 것을 원치 않습니다"라는 말을 덧붙였다. 이에 신참의원이었던 마졸리는 충격과 분노로 얼굴이 납빛이 된 채 의자 깊숙이 눌러 앉았다. 몇몇 위원회 위원들은 황당하다는 듯이 볼랜드를 쳐다보았지만 아무도 마졸리를 구해주려 하지 않았다. 이러한 상황의 전개는 결국 볼랜드가 바로 하원 세출위원회로부터 자신의 지역구를 위한 예산을 확보하고자 하는 모든 사람, 다시 말하면 국회의 모든 의원들의 미래를 밝게 또는 어둡게 만들 수 있는 사람이었기 때문이었다. 위원회의 위원장과 논쟁을 벌이는 것은 위험한 일일 뿐 아니라 더욱이 그가 하원의장의 가장 친한 단짝이자 하원의 돈을 주무르는 위원회의 중진의원인 경우에는 그 위험은 배가된다 할 것이었다. 볼랜드는 회의를 산회하였고 터너 제독은 만면에 미소를 지으면서 그 방을 떠났다.

하원정보위원회 위원장은 얼마 전 뉴욕주 출신 민주당 의원 오티스 파이크(Otis Pike)가 이끌었던 파이크 위원회(Pike Committee)로 인해 하원이 겪었던 경험을 떠올리면서 마졸리가 준엄하게 추궁하려고 하는 것을 막았던 것이다. 1975년 하원은 상원의 처치 위원회(Church Committee)의 카운터 파트로서 파이크 위원회를 구성하였다. 두 위원회는 모두 CIA의 국내 사찰 혐의를 조사하기 위해 설치된 것이었다. 그러나 해병대 조종사 출신으로 공정하다는 평판을 받고 있는 호감형 인상의 파이크는 그 조사위원회를 제대로 이끌지 못하였다. 이 위원회는 다양한 정치적 성향의 위원들과 한 명의 지나치게 열성적이었던 사무직원에 의해 방향을 잃고 이리저리 헤매다가 결국 자폭하고 말았다. 파이크 위원회는 다른 하원의원들로부터 소외되기에 이르렀고, 결국 하원의원들은 그 위원회의 최종보고서를 지지하지 않았을 뿐 아니라 비문을 삭제한 형태로 공개하는 것도 허용하지 않았다. 그런데 누군가 대담하게 보안규정을 위반하고 극비 보고서인 위원회 최종보고서를 언론인 다니엘 쇼어(Daniel Schorr)에게 유출하였고, 쇼어는 다시 그것을 뉴욕시 좌파 신문인 "빌리지 보이스"(Village Voice)에 넘겼다. 그로 인해 그나마 그때까지 조금이나마 남아있던 파이크 위원회의 체통은 완전히 망가지고 말았다.

이와 같은 악명 높은 누출 사건이 있은 지 2년 후 하원정보위원장 에드워드 볼랜드는 하원이 기밀문서를 취급하는 데 신뢰할 수 있는 기관인 동시에 중앙정보장이나 정보공동체의 여타 기관과도 조화롭게 일할 수 있는 기관임을 과시하기로 작정하였다. 그렇게 하면 의회와 국가의 정보기관들은 다시 새로운 협력관계를 구축할 수 있을 것이라고 생각하였다. 중앙정보장과 논쟁이 필요하다면 그것은 하원상임정보특별위원회 전체회의가 아닌 볼랜드 위원장의 사무실 안에서 이루어질 수 있을 것이다. 볼랜드와 하원의장이 동의한 것처럼, 이제는 더 이상 열띤 논쟁이나 대립의 시간이 아니라 기관들 간에 평화를 다져야 하는 시간이었던 것이다. 우의를 다지고 갈등을 피해야 할 것이었다. 볼랜드 위원회는 파이크 위원회와 같은 길을 밟아서는 안 될 것이었다. 하원 정보위원회 의장이 자신이 이끄는 새 위원회가 파이크 위원회와 같이 불신 받아서는 안 되겠다는 생각을 가진 것은 이해할 수 있는 일이다. 하지만 정보활동을 감독함에 있어 하원의 역할에 대한 볼랜드의 그러한 소극적 태도는 중앙정보장을 포함한 모든 정보기관 요원들에게 새로운 감시견은 이빨이 약하고 심지어 짖지도 않을 것이라는 신호로 받아들여질 것이라는 것은 뻔한 이치였다. 이것은 제3장 도입부에서 말했던 1950년대 졸고 있다가 뜬금없이 "의정활동"을 반대했다는 상원의원을 상기시키는 일이라고 하겠다.

하지만 볼랜드의 이러한 생각은 곧 위원회의 몇몇 의원들에 의해 보다 엄격하게 검증받게 되었다. 터너 제독은 몇 주 후 또 다른 비밀공작을 승인한 카터 대통령의 재가문서를 가지고 하원 정보위원회 청문회장을 찾게 되었는데, 이 때 그는 청문회장 내에 의회에서 "기록인"(recorder)으로 알려진 의회 서기(transcriber)를 발견하였다. 청문회장 내 세 명의 위원회 사무요원들과 마찬가지로 FBI에 의해 세밀한 신원조사 후 특급 비밀취급 인가를 받은 이 사람은 그 자리에 참석한 의원들의 말뿐 아니라, 브리핑에서 정보기관장과 그의 수행원들이 한 말들의 속기록(verbatim record)을 작성하기 위해 참석한 것이었다. 터너는 브리핑을 시작하였는데, 그의 눈은 계속하여 그 기록인에게 머물러 있었다. 그는 비밀공작에 대해 보고하기 시작한지 2분이 채 지나기도 전에 갑자기 보고를 멈추고 볼랜드 위원장과 나머지 11명에 달하는 위원들에게 자신이 잠시 숙고해 본 결과 브리핑의 속기록 작성을 허용하는 것은 보안 위반일 것이라고 결론 내렸다고 말하였다. 그러면서 그는 그 기록인이 떠나야 보고를 계속할 것이라고 하였다. 거의 1분 동안 네온 등만이 윙윙거리는 소리를 내는 가운데 마치 무덤 속 같은 정적이 흘렀다.

마침내 볼랜드가 침묵을 깼다. "좋아요, 기록인 없이 진행합시다."

이에 기록인이 나가기 위해 자신의 장비를 챙기고 있을 때 정보위원회 사무 요원 하나가 위원회 내 소장파에 속하는 위스콘신주 민주당 레스 애스핀(Les Aspin) 의원에게 메모를 슬쩍 들이밀었다. 그 메모에는 "우리는 이 브리핑을 반드시 기록해야만 합니다"라고 '반드시'가 강조되어 있었다. "중앙정보장이 말하는 것을 달리 어떤 방법으로 기억할 수 있단 말입니까? 또 1년 뒤 CIA가 지금 국장이 장담한대로 하고 있는지 아닌지 어떻게 판단합니까? 정보기관의 기억은 우리의 기억과 다를 것입니다." 사무요원의 이러한 메모는 애스핀 의원에게 멀리서 노려보는 볼랜드 위원장에 대항하도록 부추기고 있는 것이었다. 애스핀 의원은 공무원들에게 책임을 물을 때 서면기록의 중요성을 이해하고 있었다. 또 한편으로 그는 성격상 허세를 부리는 구석도 있었다. 그는 곧바로 기록인을 내보내는 것에 강력히 반대하였다. 볼랜드는 매우 못마땅한 얼굴로 그가 있는 쪽 책상을 내려다보았다. 마졸리 의원이 애스핀의 요청에 제청하였을 때 볼랜드의 안색은 더욱 더 어두워졌다.

볼랜드는 마치 교실에서 복종하지 않는 두 명의 학생들을 끌어내라고 지시하는 교장선생님의 표정과 같은 험악한 얼굴로 기록인은 필요 없다고 재차 강조하였고, 터너 제독은 위원장의 지원을 등에 업고 대통령의 짧은 재가문서 사본만을 남긴 채 떠나겠다고 말하였다. 하지만 애스핀 의원은 비밀공작의 표적과 범위에 대한 매우 축약된 개요라 할 수 있는 재가문서만으로는 불충분하다고 주장하였다. (공개된 재가문서의 희귀한 예로는 그림 5.1 참조) 그 작전의 목표, 수행 방법, 비용, 위험성 등에 관한 정보기관장의 추가적 설명이 훨씬 더 중요하였다. 그러나 젊은 반항아들인 애스핀과 마졸리에 전혀 흔들리지 않고 볼랜드 위원장은 말의 공방 속에서 어찌할 바를 몰라 하는 불쌍한 기록인에게 다시 한 번 청문회장을 떠나라고 명령하였다.

이 때 애스핀은 녹색 천이 덮여 있는 의원석 앞으로 고개와 어깨를 쑥 내밀고 굴곡진 의원석을 따라 볼랜드를 응시하며 차갑게 말하였다. "위원장님, 저는 이 문제를 표결에 부칠 것을 제안합니다." 마졸리가 호응하여 또렷하게 "제청이요"라고 외쳤다. 이에 볼랜드는 매우 화가 나서 메스껍다는 듯이 얼굴색이 어두운 빛에

[그림 5.1] 대통령의 비밀공작 승인 문서의 예: 1981년 이란−콘트라 재가문서의 일부

본인은 아래의 외국에서의 작전들(그리고 그러한 작전에 필요한 모든 지원)은 미국의 국가안보에 중요하다고 판단하고 이를 재가하였으며, 이러한 재가에 대해 중앙정보장 또는 그가 지명한 자에게 법에 따라 의회의 해당 위원회에 보고하고 필요한 브리핑을 하도록 명령하는 바입니다.

지역	목적
중앙아메리카	해외지원 체제 전복과 테러리즘을 막기 위해 중앙아메리카 역내 협력국 정부에게 모든 형태의 훈련, 장비, 기타 관련 지원을 제공 [기밀 해제되지 않은 부분은 생략] 상기 목표를 위한 지원에 동참하도록 외국정부들에게 권장 및 영향력 행사

출처: "Presidential Finding on Central America, N16574," *Public Papers of the President: Ronald Reagan* (Washington, D.C.: U.S. Government Printing Office, 1986). 대통령은 1981년 3월 9일 이 재가문서를 승인하였다. 원래 1급비밀이었던 이 문서는 1987년 이란−콘트라 스캔들에 대한 청문회 기간 동안 부분적으로 기밀 해제되었다. "목적" 부분은 간결하게 작성하여, 이행하면서 상세한 내용을 적어 넣을 수 있도록 CIA에게 상당한 여지를 남겨두었다. 의회가 니카라과에서 더 이상의 비밀공작을 금하는 "볼랜드 수정법"을 통과시키자, 레이건 행정부는 지하로 숨어들어 의회 몰래 작전을 계속 수행하기 위해 소위 "사업"(The Enterprise)을 시작하였다.

서 진한 선홍빛으로 변하면서 자신의 자리에서 의자를 세게 뒤로 밀쳤다. 그리고 위원회 서기에게 투표를 위해 인원 점검을 하라고 지시하였다. 의회 정치라는 권투경기장에서 레스 애스핀과 그의 동료인 로만 마졸리가 하원 헤비급 챔피언의 코피를 터뜨렸던 것이다.

서기는 위원회 참석 위원들의 이름을 천천히 읽어 내려갔다. 결국 투표는 6대 5 한 표 차로 애스핀이 승리하였고 이에 따라 하원정보위원회는 비밀공작 제안서에 관한 중앙정보장의 브리핑 전체를 속기록으로 남길 권한을 갖게 되었다. 이러한 원칙의 확립은 또한 암묵적으로 위원회가 정확하게 서면기록을 남길 만큼 중요하다고 생각하는 모든 다른 브리핑에도 적용할 수 있다는 것을 의미하는 것이었다. 볼랜드 위원장은 자신의 의도와는 달리 중앙정보장이 정보위원회 청문회에서 약속한대로 정보기관의 공작활동이 진행되고 있는지를 하원정보위원회 의원들과 사무요원들이 보다 진지하게 감독할 수 있도록 허용하고 말았다. 이와 같은 위원회 내 대립에 대한 뉴스는 곧 의사당 반대편에도 영향을 미쳐 상원정보위원회 의원들도 브리핑에서 국가 정보기관 최고책임자가 한 약속에 관한 정확한 기록을 남기기 위해 자체적인 기록인을 두자고 요구하기에 이르렀다.

로날드 레이건 대통령이 이끄는 신정부가 등장함에 따라 정보공동체의 수장도 스탠스필드 터너에서 기업인이자 레이건 대통령 선거 사무장이었던 윌리엄 케이시(William J. Casey)로 바뀌었다. 의회의 정보 책임성에 대한 개념이 없었던 괴팍한 노인이었던 케이시(그는 곧 이란-콘트라 스캔들의 주동자가 됨)는 하원의 볼랜드 위원장, 그리고 상원의 케이시 국장의 카운터 파트인 CIA의 대표적 옹호자이자 상원 정보위원회 위원장이었던 애리조나주 공화당 소속 배리 골드워터(Barry Goldwater) 의원과 얼마 되지 않아 대립하기 시작하였다. 케이시의 흡사 투견 같은 공격적 성향의 성격 때문에 볼랜드는 곧 애스핀과 마졸리가 주장한 것처럼 국가정보를 감독함에 있어 경각심을 잃지 않는 것의 진가를 인정하게 되었다. 놀랍게도, ―아마도 그 자신조차도 놀랐을 것으로 생각되는데― 한때 볼랜드보다 정보기관의 공작에 대한 엄격한 심사보다는 우호적 관계에 기꺼이 더 방점을 찍었던 골드워터 상원의원도 정보 감독에 있어 경각심의 필요성을 인정하기에 이르렀다.

미국에 있어서의 정보남용 예방책의 진화

신뢰의 시대(1787 – 1974)

볼랜드가 하원상임정보특별위원회 위원장으로서 재임 초반부에 취했던 국가 정보기관의 책임성에 관한 접근법, 즉 선의적 방관(benign neglect)이라는 입장은 1787년 미국의 건국 이후 국내에서 스파이 스캔들이 일어났던 1974년까지 오랜 기간 내내 만연했던 입장이었다. 필라델피아 인콰이어러(Philadelphia Inquirer)의 풍자만화가 오스(Auth)는 냉전 시작 이후 초기 몇 십 년간 CIA와 의원들 사이의 관계는 마치 책상 밑에서 서로 다리를 건드리며 시시덕거리는 사이와 같은 것으로 묘사하였다.(그림 5.2 참조) '신뢰의 시대' 내내 국가정보 활동은 정부의 다른 부처 활동으로부터 분리되었다. 국회의원들 사이에 널리 퍼져있는 태도는 정보기관 내 훌륭한 남녀 요원들은 국내외의 위험하고 부도덕한 세력들로부터 미국을 보호하기 위해 신뢰받아야만 한다는 것이었다. 1973년 중앙정보장 제임스 슐레진저(James R. Schlesinger)가 CIA의 해외 활동에 대해 자세히 설명하려고 하자 유력한 상원의원으로서 상원정보위원회에 참여했던 미시시피주 존 스테니스(John Stennis) 민주당 의원은 국장에게 "아니요. 국장, 나에게 말하지 마세요. 그냥 하던 대로 계속 하세요. 난 알고 싶지 않아요."라고 말했다.[1]

국가 정보기관 요원들 대부분은 실로 존경받을만한 사람들이라 하더라도 헌법 입안자들은 권력 −아마도 특히 비밀권력− 은 결국 남용될 것이라는 것을 예측할 수 있었을 것이다. 대법원 판사 루이스 브랜다이스(Louis Brandeis)는 정부의 책임성에 관한 이러한 근본적인 원칙에 동조하여 1926년 판결문 내 하나의 의견으로서 미국인들에게 헌법의 목적은 "임의적인 권력의 행사를 효율적으로 촉진하려는 것이 아니라 오히려 막으려는 것이다. 그 목적은 마찰을 피하려는 것이 아니라 국민이 독재정치의 늪에 빠지지 않도록 삼권분립을 통해 마찰을 필수불가결한 것으로 하려는 것이다."라고 상기시켰다.[2]

그러나 이와 같은 건전한 원칙은 국가의 적 −그것이 옛날의 바르바리 해적

---

1) 중앙정보장 제임스 슐레진저와 필자의 인터뷰, Washington, DC (1994.6.16).
2) *Myers v. United States*, 272 U.S. 52 293 (1926).

[그림 5.2] 1974년 이전 의회와 CIA의 관계에 관한 오스의 풍자 만화

출처: Auth, *Philadelphia Inquirer* (1976). (사용 허가를 받아 게재)

이건, 냉전 시기의 공산주의자들이건, 오늘날 테러리스트들이건— 과 싸워야 되는 긴박한 상황에 부닥쳐서는 가끔 무너지곤 하였다. 세계 최초로 민주주의 국가를 수립한 미국으로서는 역사로부터, 그리고 당시 세계로부터 여러 다른 제도의 관행을 참고하고 따라야 했을 것이다. 이러한 차원에서 미국은 비밀 정보기관을 개방적이고 자유로운 사회의 특징으로 거론되는 견제와 균형의 틀 밖에 두게 되었을 것이다. 적대적인 세계에서는 더 많은 것이 요구되는 바, 효율성이 시민의 자유보다 중요한 자리를 차지하게 되었던 것이다.

이는 미국의 국가정보기관들이 완전히 책임성이 결여되어 있다고 말하는 것이 아니다. 냉전 기간 동안, 그리고 그 이후에도 정보기관은 활동의 대부분에 대해 백악관과 국가안보회의(NSC: National Security Council)로부터 승인을 받아왔다. 더 나아가 비록 가끔은 스테니스와 같이 들으려고도 하지 않거나 이 책의 제3장 첫 부분에서 언급하였듯이 졸고 있던 상원의원처럼 관심도 없는 의원들이 있기도 하였지만, CIA는 이따금 의원들에게 자신들의 활동을 보고하였다. (최소한 보고하려고

노력하였다) 피그만 침공의 참담한 실패, 1960년 소련 영공 침범 U-2 정찰기 격추 사건, 그리고 CIA의 전국학생연합(National Student Association) 보조금 지급을 둘러싼 논쟁 등이 벌어졌을 때에는 소수의 의원들이 조사와 정보기관 개혁을 요구하기도 하였지만, 의미 있는 변화를 일으킬만한 개혁주도 세력이 의회 내에 존재하지 않았다. 데이비드 바렛(David M. Barrett)이 주장한 국회의 국가정보 감독을 위한 활동이 학술 서적이나 대중적 문헌에서 과소평가되고 있다고 한 것은 정확한 것이었으나 그렇다고 하더라도 '신뢰의 시기'에 국가정보활동에 대한 의회의 승인은 매우 임의적이었던 것으로 보인다. 대부분의 대통령과 의회는 중앙정보장과 기타 정보기관의 수장들에게 그들이 적절하다고 생각하는 대로 국내외에서의 비밀정보활동을 수행하도록 폭넓은 자유 재량권을 부여하였다.[3]

1974년 가을, 국가정보활동 감독과 관련하여 적당히 방관하던 위와 같은 태도는 한 스파이 스캔들을 기점으로 변화하기 시작하였고 곧 미국 정보기관 설립 이래 가장 철저한 조사가 추진되기에 이르렀다. 곧이어 1975년은 "정보의 해"(Year of Intelligence)로 알려지게 되었다.

불편한 동반자 관계의 시대(1974-86)

미국에서 국가정보활동의 예외성을 인정해줘야 한다는 신념은 1974년 뉴욕타임스(New York Times)가 미국 정보기관이 국내에서 국민을 감시하고 있다고 보도함에 따라 급격하게 변화하게 되었다.[4] 피그만 침공, U-2기 격추사건, 그리고

---

3) David M. Barrett, *The CIA and Congress: The Untold Story from Truman to Kennedy* (Lawrence: University Press of Kansas, 2005); 초창기 시절에 의미 있는 책무성은 거의 없었다는 저서로는 다음을 참조. Harry Howe Ransom, *The Intelligence Establishment* (Cambridge, MA: Harvard University Press, 1970); and Jerrold L. Walden, "The CIA: A Study in the Arrogation of Administrative Power," *George Washington Law Review* 39 (January 1975), pp. 66-101. 의회의 정보 감시부서에서 부족한 점을 계속 탐구하는 보다 최근의 연구들로는 다음을 참조. Kathleen Clark, "'A New Era of Openness?' Disclosing Intelligence to Congress under Obama," *Constitutional Commentary* 26 (2010), pp. 1-20; Jennifer Kibbe, "Congressional Oversight of Intelligence: Is the Solution Part of the Problem?" *Intelligence and National Security* 25 (February 2010), pp. 24-49; Anne Joseph O'Connell, "The Architecture of Smart Intelligence: Structuring and Overseeing Agencies in the Post-9 /11 World," *California Law Review* 94 (December 2006), pp. 1655-1744; Amy B. Zegart, "The Domestic Politics of Irrational Intelligence Oversight," *Political Science Quarterly* 126 (Spring 2011), pp. 1-27; and Amy B. Zegart with Julie Quinn, "Congressional Intelligence Oversight: The Electoral Disconnection," *Intelligence and National Security* 25 (December 2010), pp. 744-66.

CIA의 학생에 대한 보조금 지급 의혹 등의 사건과 자국의 유권자인 미국 시민을 몰래 감시하는 것은 완전히 차원이 다른 문제였다. 국민을 아연실색케 하는 이 같은 폭로의 와중에서 타임스는 또 다시 칠레의 민주적으로 선출된 아옌데 정부 (Allende regime)에 대한 CIA의 비밀공작을 보도함으로써 정보기관의 활동에 대한 의혹에 더 무게를 실어 주었고, 이에 CIA의 비밀활동에 대한 비난은 더욱 거세어 졌다. 의회는 이례적으로 신속하게 반응하여 1975년 1월에 조사위원회를 구성하 였다. 먼저 상원에서는 프랭크 처치(Frank Church)가 이끄는 처치위원회(Church Committee)가 만들어졌고 이어 하원에서는 오티스 파이크(Otis Pike)를 위원장으로 하는 파이크 위원회(Pike Committee)가 만들어졌다. 곧 이어 포드 행정부도 공화당 출신 뉴욕주 의원 넬슨 록펠러 부통령을 위원장으로 그의 이름을 딴 대통령 직속 조사위원회를 설치하였다.

당시 필자가 의장 보좌역으로 근무했던 처치위원회는 16개월이나 조사하고 6 피트가 넘을 정도 높이에 달하는 일련의 공개 보고서를 발행하는 등 다른 위원회 들에 비해 진실을 밝히게 위해 더 깊이 파헤쳤다(이에 더해 기밀로 분류된 미공개 보 고서 역시 6피트 높이에 달한다).[5] 처치위원회는 CIA가 칠레의 민주정부를 상대로 공작활동을 벌였다는 것 외에도 미국 내에서도 감시활동을 해왔다는 타임스의 보 도가 사실과 다르지 않다는 것을 확인하였다. 그리고 더 나아가, 이 신문의 기사 들은 미국 정보기관이 저지른 숱한 불법행위의 표면만을 살짝 긁어 파헤친 것에 불과하다는 것을 발견하였다. 예를 들면 위원회의 조사결과는 다음과 같은 것들 을 밝히고 있다. CIA는 카오스 작전(Operation CHAOS)이라는 이름하에 자신들이

---

4) 특히 12월 22일을 포함하여, 1974년 가을과 겨울에 걸친 수개월 동안, *Times*에서 Seymour Hersh 의 보도 참조.

5) Church Committee, Select Committee on Intelligence Activities, U.S. Senate, 94th Cong., 1st Sess. (September 25, 1975), 뿐만 아니라 두 개의 특별 보고서: *Alleged Assassination Plots Involving Foreign Leaders*, Interim Rept., S. Rept. No. 94–465 (Washington, DC: Government Printing Office, November 20, 1975)와 *Covert Action in Chile, 1963–1973, Staff Report* (Washington, DC: Government Printing Office, December 18, 1975). 이 위원회에 관한 주요 저서들로는 Loch K. Johnson, *A Season of Inquiry* (Lexington: University Press of Kentucky, 1985), *A Season of Inquiry Revisited: The Church Committee Confronts America's Spy Agencies* (Lawrence: University Press of Kansas, 2015)로 재출간; Frederick A. O. Schwarz, Jr. and Aziz Z. Huq, *Unchecked and Unbalanced: Presidential Power in a Time of Terror* (New York: New Press, 2007); and Frank J. Smist, Jr., *Congress Oversees the United States Intelligence Community, 1947–1989* (Knoxville, University of Tennessee Press, 1990)를 들 수 있다.

감시하기 위해 선별한 미국 시민들이 주고받은 우편물을 몰래 열어 보았으며, 이러한 과정에서 CIA 컴퓨터에 150만 명의 이름을 저장해 놓기까지 하였다. 또한 육군 정보부대는 베트남 전쟁 기간 동안 무려 미국 시민 10만 명에 대한 인물 자료를 정리하여 보유하고 있었다. 그런가하면 국가안보국(NSA: National Security Agency)은 샴록 작전(Operation SHAMROCK)이라는 이름하에 방대한 컴퓨터 시설을 이용하여 1947년부터 1975년에 이르기까지 해외와 주고받은 모든 전보를 모니터하였으며, 더 나아가 미너렛 작전(Operation MINARET)이라는 이름하에 미국 내에서도 미심쩍은 도청을 자행하였다.

처치위원회 조사결과 중 가장 끔찍한 것은 FBI 기록물보관소인 볼트(vaults)에서 찾은 것들로서 FBI가 소위 코인텔프로 작전(Operation COINTELPRO)이라는 이름하에 자행한 것이었다. FBI는 100만 명 이상의 미국인에 대한 신상자료들을 작성, 보관하고 있었고, 1960년부터 1974년까지 50만 건 이상의 소위 "반체제인사"(subversives)에 대한 수사를 진행하였는데, 단 한 건도 법원의 유죄판결을 받지 않았다. 처치위원회 위원이었던 미네소타주 민주당 소속 월터 먼데일(Walter Mondale) 상원의원이 회고한 것처럼 "아무리 사소한 회합이나 하찮은 단체도 FBI의 감시를 벗어날 수 없었다."[6] 1956년부터 1971년까지 FBI는 단순히 미국의 베트남 전쟁 개입에 반대 의사를 표명했거나 인권보호가 느리게 진전되고 있다고 비판했다는 이유로 수천에 달하는 단체와 개인에 대해 은밀하게 비방 모략을 수행하였다. 에드거 후버(Edgar Hoover) 국장의 눈에는 노만 록웰(Norman Rockwell)이 그리는 것과 같은 충성스러운 미국인의 이미지에 딱 맞는 단체란 것은 없었기 때문에 클루 클럭스 클랜(Klu Klux Klan)도 FBI의 공격 대상에 들어있었다. 그렇다 하더라도 후버 국장의 입장에서 제1의 표적은 인권운동 지도자 마틴 루터 킹 주니어(Martin Luther King Jr.)였다. 킹 박사는 1964년 노벨평화상 수락연설을 하기 전날 밤 그에게 보내진 자살을 종용하는 협박 편지를 포함하여 FBI에 의해 자행된 숱한 거짓말과 비방 공작의 희생자였다.

역사가 헨리 스틸 커매저(Henry Steel Commager)가 정확히 말했다시피 "아마도 처치위원회 조사결과에서 밝혀진 모든 사실들 중에 가장 위협적인 것"은 바로 "정

---

6) 필자의 인터뷰, Minneapolis, Minnesota (February 17, 2000). 또한 Walter F. Mondale, *The Good Fight: A Life in Liberal Politics* (New York: Simon & Schuster, 2010), Ch. 7 참조.

보기관의 헌법적 규제에 개의치 않는 태도"이다.[7] 그러나 타임스의 보도 및 의회와 대통령 직속 조사위원회의 조사가 진행된 결과, 의원들은 법률 및 규제와 같은 제도를 통해, 그리고 무엇보다도 정보기관 활동에 대한 입법부의 의미 있는 새로운 철학의 정립을 통해 그러한 태도를 변화시키겠다고 다짐하였다. 바야흐로 정보활동에 대한 "선의적 방관"이라는 초기 시대가 막을 내릴 때가 온 것이었다.

처치위원회가 도달한 핵심적 결론은 바로 "법이 제 역할을 해야 한다"는 것이었다. 냉전 기간 동안 대통령과 그들 보좌관들이 추구했던 안보목표는 정보기관에 의해 자행된 코인텔프로, 카오스, 샴록, 미너렛 작전들을 포함한 많은 미심쩍은 활동과 같은 어두운 영역으로의 타락 없이도 달성될 수 있었을 것이다. 미국은 스스로 전체주의 국가처럼 되지 않고도 전체주의 국가들과 싸울 수 있었을 것이다. 자유와 안보는 미국이 자신의 민주적 가치와 전통에 충실함을 잃지 않으면서 지켜져야만 한다.

타임스의 보도와 1975년 조사는 미국에서 그리고 곧 이어 세계의 여러 민주주의 국가에서 비밀 정보기관에 대한 보다 엄격한 감독의 필요성을 인정하는 커다란 변화로 이어졌다. 처치위원회와 파이크위원회 설치 이전인 1974년 12월 말 의회는 이미 휴즈-라이언법(Hughes-Ryan Act)을 통과시켰다. 이 법은 그 발상이 혁명적인 것이었다고 할 수 있다. 이 법에 따르면 대통령은 모든 중요한 비밀공작을 명확하게 승인("find"라는 단어를 사용하며 따라서 승인은 "finding"이라 함)해야 한다. 이 법에 따라 군 통수권자가 승인한 비밀공작의 목표를 진술하도록 요구하는 법 집행의 첫 단계는 소위 '그럴듯한 부인' 정책을 사용할 수 없도록 하는 효과를 가져왔다. 비밀공작 목표 진술 이후 대통령의 승인(finding)은 적절한 시기에 의회에 보고되어야 한다. 1976년과 1977년 이후, 그러한 보고는 상원 및 하원 정보위원회의 비공개 회의(executive session)에서 구두로 이루어져 왔다.

휴즈-라이언법이 공작에 대한 의회의 승인까지 요구한 것은 아니라 하더라도 적어도 의원들이 그러한 작전들에 영향력을 행사할 수 있는 기회를 제공하였다. 특정 공작에 대한 브리핑이 있은 이후에는 그 공작과 관련하여 상원 및 하원 정보위원회 위원들이 (브리핑을 위해 별도로 마련된 비공개회의에서) 반대하는 것을 막

---

7) Henry Steele Commager, "Intelligence: The Constitution Betrayed," *New York Review of Books* (September 30, 1976), p. 32.

을 어떠한 방법도 없었으며, 심지어 그 공작과 관련한 시시비비를 가리기 위한 투표를 하는 것도 가능하였다. 위원들의 의견이나 투표 결과가 법적 구속력을 갖는 것은 아니었지만, 보고된 작전에 문제의 소지가 있다고 반대하는 위원들의 의견을 중앙정보장(현재는 CIA 국장과 국가정보장)이나 대통령이 무시하고 그 작전을 추진한다면 그들은 정치적 위험을 감수해야 하는 경우가 있을 수 있다. 이는 작전에 대한 반대가 어떻게 이루어지느냐가 중요할 수 있다는 것을 의미한다. 반대하는 위원이 한두 명의 소장파 의원이라면 대통령은 비판을 무시하기로 마음을 먹을 수도 있다. 그런데 반대하는 상·하원 정보위원회 위원들 속에 위원장 같은 힘 있는 중진의원들이 포함된다면 이것은 완전히 다른 이야기로, 대통령은 아마도 비밀작전 추진 여부를 다시 고려하게 될 것이다. 만약 비밀공작이 상·하원 위원회 모두에서 다수의 반대를 받게 된다면 대통령은 비밀공작 추진을 보류하는 것이 현명한 행동일 수 있다. 따라서 휴즈−라이언법이 진행 중인 공작을 멈추게 할 공식적인 법적 권한을 의회에게 주고 있지는 않지만, 이 법은 입법부의 감독기관에게 비밀작전에 대한 보고를 명시하고 있고, 이는 의회의 정보기관 감독기관(상·하원 정보위원회)이 제안된 비밀공작 추진에 대해 정치적으로 반대할 수 있는 기회를 제공하는 것이었다.

더 나아가 상원 및 하원 정보위원회가 어떤 비밀공작을 반대하였으나 대통령이 이 "제안"을 무시한 경우, 양 위원회의 구성원들은 의회의 비공개 회의를 개최하고 그 활동을 위한 예산집행 정지에 대한 찬반투표를 할 수도 있다. 이는 극단적인 경우라고 할 수 있지만 실제로 그러한 경우로서 1980년대에 의회가 니카라과에서의 공작을 저지하기 위해 통과시켰던 볼랜드 수정안(Boland Amendment)을 들 수 있다. 법률적으로 특히 의심스러운 공작에 대한 대통령의 처리가 통제 불가능이라고 여겨지는 경우 분노한 의원들이 대통령 탄핵절차 추진도 가능하지만, 아직 그러한 경우는 없었다.

보다 극단적인 대응으로서 의원들은 CIA의 비상준비금(Reserve for Contingency Fund) 사용을 저지하기 위한 투표를 할 수도 있는데, 비상준비금이란 비상 상황에서 필요한 경우 백악관이 재빨리 "제3의 대안"(the third option)을 집행할 수 있도록 의회가 매년 승인해 주고 있는 일종의 예비비 성격의 착수 자금(seed money)을 말한다. 호랑이 꼬리를 잡아당기기 전에 그러한 행동에 대해 신중하게 다시 한 번 생각해봐야 하는 것처럼 대통령이나 국가정보장은 의회 위원회와 다투게 되는 상황에 처하지 않도록 신중하게 생각하는 것이 좋을 것이다. 이러한 의미에서 행정부의 신중함이 요구된다는 것은 휴즈－라이언법이 비록 의원들에게 공작 수행에 대해 명시적으로 찬성 또는 반대의 권한을 부여하지는 않았다 하더라도 이 법에는 일종의 어떤 묵시적 차원의 힘이 추가되어 있다고 할 수 있다.

대통령의 승인과정에서 계속되는 문제 중의 하나는 대통령이 때때로 소위 "포괄적으로"(generic) 또는 "세계적으로"(worldwide) 승인하는 것처럼 모호하고 포괄적인 표현으로 비밀공작을 재가하는 것이다. 예를 들면 재가문서에서 상세한 설명 없이 "대통령은 테러리스트에 대한 치명적 무력 사용을 세계적으로 승인한다."라고 말하는 경우를 들 수 있다. 이러한 문장은 예멘에서 서방에 대한 성전(jihad)을 설파했다고 보이는 예멘계 미국인(2011년 미국의 드론 미사일로 사살된 안와르 알아울라키(Anwar al－Awlaki)의 예처럼)이나 다른 국적의 사람들을 포함하여 해외의 수많은 표적에 대해 어떠한 제한 없이 암살과 드론 공격을 승인하는 듯한 모호한 승인일 수 있다. 특히 암살이 포함된 공작의 경우, 비판가들은 그 의사결정 과정에서 의원과 기타 관련자들이 그러한 공작사례의 시비를 검토할 수 있도록 각각의 표적에 대한 보다 명확한 인가가 이루어질 것을 요구한다.

휴즈－라이언법에 뒤이어 곧 정보기관들이 감독을 받아야 할 범위를 확장하려는 의도를 가진, 예를 들면 국가안보를 이유로 불법적인 도청이 행해지지 못하도록 한 1978년의 해외정보감시법(FISA: Foreign Intelligence Surveillance Act)과 같은 중요한 다른 법령들의 통과가 이루어졌다. 그로부터 2년 후, 의회는 미국의 정보기관에 대한 감독을 감화하는 데 지대한 영향을 미칠 법을 제정하였으니, 이는 곧 1980년에 제정된 정보감시법(Intelligence Oversight Act)이다. 이 법은 비록 2페이지에 불과한 짧은 내용이지만 CIA와 모든 정보기관들이 공작을 포함한 수집 및 방첩 등 모든 중요한 정보활동에 대해 상원 및 하원의 정보위원회에 사전에 통보할 것을 요구하는 날카로운 이빨을 가지고 있었다.

휴즈－라이언법으로부터 시작하여 1987년 이란－콘트라 스캔들 전까지 새롭게 시도된 소위 불편한 동반자 관계의 기간 동안 의원과 대통령 그리고 중앙정보장은 한편으로는 민주적 공개와 다른 한편으로는 효율적인 스파이 활동 사이에서, 즉 자유와 안보 사이에서 적절한 균형적 관계를 만들어내고자 시도하였다고 할 수 있다. 그 결과로서 정보활동에 대한 의회의 관심이 극적으로 증가하였다. 의원들과 그 보좌진들이 정보활동 감독을 함에 있어 1974년 이전과 이후는 낮과 밤처럼 명확한 차이가 있었다. 그러나 이란-콘트라 스캔들은 1974년 이후의 새로운 감독체제(New Oversight)가 완벽하지 않다는 것을 보여주었다.

불신의 막간(1986-91)

레이건 대통령 시대에 의회를 거치지 않고 니카라과 산디니스타(Sandinista) 정권에 대한 공작을 수행한 NSC 및 CIA의 일부 직원들의 활동을 살펴보면 1974년부터 1980년에 걸쳐 구축된 새로운 감독체제는 아직도 불완전하고 결과적으로 실패했다는 것을 보여준다.[8] 심지어 상원 및 하원 정보위원회 중진 의원들이 NSC가 공작 수행을 위해 비밀기관인 "엔터프라이즈"(Enterprise)를 창설했다는 풍문에 관해 국가안보보좌관 로버트 맥팔레인(Robert C. McFarlane)과 해군 중장 출신 존 포인덱스터(John M. Poindexter) 등 NSC 간부들에게 직접 물었을 때에도 그들은 의원들을 기만하였다. NSC 최고위층은 그러한 불법적 활동에 관해 의원들에게 간단하게 거짓말을 했던 것이다.

이란-콘트라 스캔들에 대한 의회 차원의 조사 이후, 의회는 행정부와 입법부의 정보기관에 대한 감독을 더욱 강화하기 위한 새로운 법령을 제정하였는데, 그것은 바로 1989년 제정된 감찰관법(Inspector General Act)이다. 이 법에 따라 상원은 감찰관을 선정하고, 그 감찰관은 랭글리 소재 CIA 내에 사무실을 갖고 일하면서 의회 의원들에게 정기적으로 CIA에서 발생하는 모든 부적절한 활동들에 대해 보고하는 임무를 수행하도록 하였다. 이에 더해 1991년 제정된 정보감시법은 공작의 의미와 한계를 명확히 하고, 승인할 때 빠져나갈 구멍이 있는 애매한 구두상의 승인이 아니라 대통령의 공식적인 서면 허가를 요구하고 있었다. 이러한 조치들과 함께 정부는 정보활동의 책임성 증진을 위한 또 다른 방법을 시도하였다.

---

8) 7개의 Boland 수정안들 각각은 모두 이란-콘트라 반군에 대한 미국 정부의 지원을 보다 제한하는 것이었다. 이에 대해서는 "Boland Amendments: A Review," *Congressional Quarterly Weekly Online* (May 23, 1987), p. 1043; Henry K. Kissinger, "A Matter of Balance," *Los Angeles Times* (July 26, 1987), p. VI 참조.

당파적 옹호의 시대(1991 – 2001)

조지아주 출신 공화당 소속으로 새로 취임한 뉴트 깅리치(Newt Gingrich) 하원 의장에 의해 촉발되었다고 할 수 있는 타협점을 찾기 어려운 극단적인 정치적 발언이 난무하는 가운데, 이란 – 콘트라 스캔들 이후 워싱턴 분위기는 상원 및 하원의 정보위원회가 정보활동에 대한 초당파적이고 건설적인 협력관계를 유지하기 어려운 상황이었다. 이러한 분위기에 따라 감독위원회에서 나타난 의원들의 갑작스런 당파적 대립으로 인해, 정보활동 감독은 과거와는 놀랄 만큼 큰 차이를 보이게 되었다.[9] 레이건 행정부 시절 니카라과에서의 CIA 공작 허용 여부에 대한 의견 불일치로 발생한 몇몇 신랄한 독설과 투표 분열현상을 제외하고는 정보위원회는 국가정보 정책을 결정함에 있어 거의 만장일치의 투표결과를 기록하였었다. 위원회에 참여한 양당 위원들은 모두 정보문제는 특히 민감한 문제로서 워싱턴에서 일상적으로 일어나는 당파적 논쟁의 대상이 되어서는 안 된다는 의식을 가지고 그러한 투표를 해왔던 것이다.

그러나 애버바흐(Aberbach)는 1990년대 공화당이 의회를 장악한 이후 한 동안, "정치적으로 임용된 자의 의도와 행위에 대해서 뿐만 아니라 많은 연방 프로그램이나 기관에 대해서도 적대적인 태도를 보이는" 새로운 분위기가 나타났다고 지적하고 있다.[10] 상원 및 하원 정보위원회 모두 이처럼 격심해진 당파적 소용돌이에 취약한 것으로 드러났다. 너트(Knott)는 정당 간 대립의 심화 원인으로 "수년 간 민주당이 공화당 출신 대통령을 괴롭혀왔다는 인식에 따른 단순한 당파적 보복"뿐만 아니라 부분적으로는 빌 클린턴 대통령의 외교정책에 대한 공화당의 경계심을 지적하고 있다.[11] 폭언이 오가는 당파 정치는 1991년 로버트 게이츠(Robert M. Gates)를 중앙정보장으로 지명하는 것을 두고 더욱 소용돌이쳤다. 당시 그는 두 번째로 시도된 중앙정보장 임명 절차를 통과하였는데, 그의 임명동의안은 그 이전 및 이후의 모든 중앙정보장 임명 동의 표결과 비교할 때 가장 근소한 차

---

9) Barrett, *The CIA and Congress*, p. 459 참조.
10) Joel D. Aberbach, "What's Happened to the Watchful Eye?" *Congress & the Presidency* 29 (2002), pp. 3 – 23. p. 20에서 인용.
11) Stephen F. Knott, "The Great Republican Transformation on Oversight," *International Journal of Intelligence and Counterintelligence* 13 (2002), pp. 49 – 63. p. 57에서 인용.

로 통과된 것이었다. 1997년 들어 정보활동을 둘러싼 정치는 다른 정책 영역만큼
이나 독설이 난무하는 정쟁의 장이 되었다. 1996년 당시 민주당 정권의 국가안보
보좌관이었던 앤서니 레이크(Anthony Lake)의 중앙정보장 지명은 의회 내 민주당
과 공화당 간의 몹시 격렬한 투쟁을 불러일으켰고 결국 레이크 스스로 사퇴하였
다. 한 관찰자가 "독설이 난무하는" 것으로 묘사했던 그에 대한 청문회는 상원 정
보위원회 역사상 정당 간 가장 격렬한 공개적인 상호 비난으로 여러 번 중단되었
다.12)

정치적 내분이 계속되는 가운데 공화당 소속 캔사스주 출신의 상원의원 팻 로
버츠(Pat Roberts) 위원장 주도하의 상원 정보위원회는 9.11 테러공격의 여파 속에
서 제2기 부시 행정부가 해외정보감시법의 절차를 거치지 않고 미국 시민들의 해
외 통신에 대해 법적 권한이 부여되지 않은 감시를 하기로 한 결정을 조사하자는
안건에 대한 투표가 이루어질 예정이었다. 웨스트버지니아주 출신 민주당 소속 상
원 정보위원회 부위원장 존 록펠러 4세(John D. Rockefeller IV)는 이 위원회가 "기
본적으로 백악관의 통제 하에 있으며 이는 로버츠 위원장을 통해 이루어진다."고
단언하였다. 로버츠 위원장은 이에 굴하지 않고 위원회의 민주당 의원들은 오로지
부시 대통령을 폄훼하는 데에만 열을 올리고 있다고 비난하였다.13) "알아서 기
는"(got'ya) 감독 행태가 상원 및 하원 정보위원회 모두에서 각 당의 일반적 관행
이 되어버린 것이다.

대중감시(mass surveillance)의 시대(2001-12)

상원 및 하원 정보위원회 내부에서 정보활동을 둘러싸고 격렬하게 벌어지는
당파적 정쟁은 2001년 알카에다가 미국을 공격한 이후에도 계속되었다. 실제로
예리한 의회 관찰자에 따르면 상습적으로 폭언을 일삼는 언쟁이 더욱 심해지기까
지 하였다. 상원정보위원회 자문위원이었고 CIA 감찰관으로 일했던 브릿 스나이
더(L. Britt Snyder)는 "당파성으로 인해 두 위원회가 망가진 정도를 보면 그저 놀라
울 따름이다"라고 서술하고 있다. 그는 더 나아가 "이제 두 위원회도 다른 위원회

---

12) Marvin C. Ott, "Partisanship and the Decline of Intelligence Oversight," *International Journal of
    Intelligence and Counterintelligence* 16 (2003), pp. 69–94. p. 87에서 인용.
13) 이 부분은 Charles Babington, "Senate Intelligence Panel Frayed by Partisan Infighting,"
    Washington Post (March 12, 2006), p. A9로부터 인용되었다.

와 전혀 다를 게 없는 것으로 보인다"라고 하였다.14) 이러한 두 정보위원회에는 당파적인 내부의 갈등만 있었던 것은 아니었다. 의원들은 비극적인 9.11 테러에 대한 정보 및 정책 실패를 조사하기 위해 일시적으로 합동위원회를 설치하였을 때 국가 정보기관에 대해 일상적인 양당 간의 정치적 갈등과는 다른 양면적 태도를 보였다. 합동위원회의 몇몇 의원들은 정보기관의 실수로 인해 미국에 대한 테러가 일어났다고 정보기관을 비난하였는데, 한때 CIA의 주요 옹호자였던 상원 정보위원회 위원장 로버츠 상원의원조차도 2004년 9.11 테러와 관련된 실수나 이라크의 대량살상무기에 대한 잘못된 분석에 대해 정보공동체 내 단 한 명의 관리도 "해고는 고사하고 징계조차 받지 않았다"고 한탄하였다. 실망한 그는 "정보공동체는 자신들의 정보활동 전반에 걸친 결함들을 부인하고 있다"고 결론을 내렸다.15)

로버츠는 국가 정보기관에 대해 새로운 애증관계를 갖게 되었지만, 그렇다고 해도 상대 정당 소속 의원들에 대한 당파적 대립 태도도 여전하였다. 그는 상원 정보위원회에서 한 명을 제외한 모든 공화당 의원들이 서명한 정보개혁안들을 잇달아 상정하면서 이에 관한 자신의 어떤 계획도 정보위원회 소속 민주당 의원들과는 공유하지 않았다. 그가 발의한 CIA에 소속되어 있던 기능조직들을 정보공동체의 다른 기관으로 분산하는 개혁안들은 의회 전문가들을 당황시키기에 충분하였다. 한때 정보활동체제의 유지를 진지하게 지지하는 것으로 보였던 로버츠는 이제 더 이상 지나치게 획일화된 제도를 적합하다고 생각하지 않았다. 그러나 그가 정보기관에 대한 그의 근본적인 애착으로부터 크게 벗어난 것은 아니었다. 비록 상원정보위원회 로버츠 위원장이 정보공동체의 전체적 조직도를 다시 그리기를 원했다고 하더라도, 그가 중앙정보장이나 다른 기관의 관리자들이 요구한 자금을 승인해 주지 않을 것이라고 걱정할 정도는 아니었다.

정보기관에 대한 옹호자였던 로버츠와 소수의 다른 위원들은 때때로 양면적 태도와 강력한 반대 의사를 표시하기도 하였지만, 대부분의 상원과 하원 정보위원

---

14) L. Britt Snider, "Congressional Oversight of intelligence after September 11," in Jennifer E. Sims and Burton Gerber, eds., *Transforming U.S. Intelligence* (Washington, DC: Georgetown University Press, 2005), p. 245. 또한 Snider의 *The Agency and the Hill: CIA's Relationship with Congress, 1946－2004* (Washington, DC: Center for the Study of Intelligence, Central Intelligence Agency, 2008) 참조.

15) Bob Drogin, "Senator Says Spy Agencies are 'in Denial,'" *Los Angeles Times* (May 4, 2004), p. A1.

회 위원들은 감독 무능력 상태에 빠져있었다. 그들은 매디슨(Madison)의 경고와 헌법이 준 지혜를 잊고 있었다. 감독이란 말은 이라크와 아프가니스탄에서 벌어지고 있는 전투 및 세계적 테러리즘과의 전쟁을 수행하고 있는 대통령과 정보기관을 결속시키고 지지하는 것을 뜻하게 되었다. 이는 9.11 테러 전에도 볼 수 있었던 경향이 더욱 강화된 것이라고 할 수 있다. 9월 11일 미국 본토에 대한 테러리스트의 공격이 있기 이전에 상원정보위원회는 알카에다에 관한 청문회를 단 두 차례 개최했을 뿐이었다. 하원의 경우에도 감독 기록은 형편없었다. 하원정보위원회는 1998년부터 2001년까지 단 두 번의 테러리즘에 관한 청문회를 열었을 뿐인데, 이는 9.11 테러가 일어날 때까지 의회 내 안보나 외교문제에 관한 위원회 중에서 하나의 위원회가 테러에 관한 청문회를 개최한 횟수로는 가장 적은 것이었다.16) 이처럼 두 정보위원회가 나태했다는 것을 보여주는 또 다른 예로서는 1976년부터 1990년까지 두 위원회가 1년에 평균 2회 미만의 공청회를 개최하였다는 것을 들 수 있다. 제가트(Zegart)에 따르면 1990년 이후에도 의회에서의 정보활동 관련 청문회 개최 수는 매우 적었다.17) 설사 청문회가 열린다 해도 참석률이 낮은 경우도 생각해 볼 수 있다. 상원 및 하원 정보위원회 위원들은 국가 기밀을 위태롭게 하지 않으면서도 보다 쉽게 더 많은 청문회를 개최할 수 있었을 것이다. 더 나아가 선거구민들이 그들의 대표가 미국 정보기관의 감독 및 개선을 위해 맡겨진 임무를 성실하게 수행하고 있는지 여부를 알 수 있도록 비공개 청문회 참석 기록을 공개할 수도 있었을 것이다.

"우리는 참으로 (정보기관에 대해) 의회 차원의 의미 있는 감시를 못하고 있으며 아직도 그러하다"고 2004년 공화당 지도자 중 한 사람이었던 애리조나주 출신 상원의원 존 매케인(John McCain)은 한탄하였다.18) 같은 해 9.11 위원회는 "현재 정보기관 -그리고 반테러- 에 대한 의회의 감독이 제대로 이루어지고 있지 않다"고 결론 내렸다.19) 더 나아가 처치위원회에서 일했던 한 직원은 2009

---

16) [공화당 소속 뉴저지주 전 주지사 토마스 킨(Thomas H. Kean)이 이끈] Kean Commission, *The 9/11 Commission: Final Report of the National Commission on Terrorist Attacks upon the United States* (New York: Norton, 2004).

17) 각각 Loch K. Johnson, *Secret Agencies: U.S. Intelligence in a Hostile World* (New Haven, CT: Yale University Press, 1996), p. 96; 그리고 Zegart, "The Domestic Politics of Irrational Intelligence Oversight" 참조.

18) Remarks, "Meet the Press," *NBC Television* (November 21, 2004).

년에 "불행하게도 1970년대에 공작을 포함한 정보활동에 대해 매우 신중하게 진행되었던 의회의 감독 과정은 이제 워싱턴의 조롱거리로 전락하였다"고 말하기도 하였다.[20]

　　2005년 12월 부시 2기 행정부가 비밀리에 불법 도청을 행하였다는 뉴스가 전해지자 상원 및 하원의 정보위원들은 공개적으로 해외정보감시법 위반을 비난하였지만, 그 이상의 행동을 보여주지는 않았다. 한 정보 전문기자에 따르면 정보공동체와 정보감독위원회 사이의 관계는 "서로 칭찬하기에 바쁜 소위 패거리에 지나지 않는 관계로 변질되었다."[21] 이 시기의 의원들은 비록 (로버츠같이) 몇몇 의원들은 2001년부터 2003년 사이 발생한 충격적인 정보실패로 인해 때때로 실망을 표출하는 양면적 태도를 보이기도 했지만 전반적으로는 스파이 조직에 대해 지지를 해야 할 때라고 결론내린 것으로 보였다.

재조정(rebalancing)의 시대(2013－)

　　NSA 메타데이터 프로그램　　2013년 미국 역사상 가장 심각하다고 할 수 있는 기밀정보의 누출로 인해 물의를 일으킨 "메타데이터" 감시프로그램이 폭로되었다. 이 해에 NSA는 민간영역에서 한 때 CIA에서 일하기도 했던 에드워드 스노든(Edward J. Snowden)이라는 컴퓨터 전문가를 임시 고용하였다. 스노든은 NSA가 전화나 소셜 미디어를 이용하는 미국 내 모든 사람들의 이름과 전화전호를 포함하여 (비록 통화의 실질적 내용에 관한 정보는 아니었지만) 미국 시민들의 의사소통 행태(communication patterns)에 관한 정보를 과도하게 수집하는 것을 보고 큰 충격을 받았다. 그는 "215"라는 코드네임을 가진 프리즘 작전(Operation PRISM)에 관한 정보를 언론에 흘렸다. 프리즘 작전이란 해외정보감시법의 사전 허가 없이 통신정보(sigint communication)를 수집한 활동으로서 2005년 12월 뉴욕타임스에 의해 폭로되었다. 스노든은 극비사항이라 할 수 있는 상세한 예산 자료들을 포함한 수천 건의 다른 비밀문서도 언론에 넘겼다. 그는 해외로 도피하였고, 결국 러시아에 머무르게 되었는데, 이는 민주주의 원칙의 준수를 주장한 사람으로서는 기묘한 결말이

---

19) Kean Commission, *The 9/11 Commission*, p. 420.
20) Gregory F. Treveton, *Intelligence in an Age of Terror* (New York: Cambridge University Press, 2009), p. 232.
21) Bill Gertz, *Breakdown* (Washington, DC: Regnery, 2002), p. 113.

라 하겠다.[22]

타임스가 보도한 해외정보감시법 위반에 관한 폭로 기사와 더불어 NSA의 메타데이터에 관한 스노든의 문서들은 2011년 9.11 테러가 유발한 두려움과 분노로 인해 미국이 얼마나 빨리 자유보다는 안보를 강조하는 방향으로 바뀌었는지를 생생하게 보여주고 있다. 하지만 NSA의 투망식 정보수집 활동에 대한 스노든의 폭로를 계기로 시민들이 분노한 결과, ─심지어 국내에서도─ 무절제하게 정보를 수집하던 기류는 2013년 초 커다란 변화를 가져오게 되었다. 부시 2기 행정부와 NSA가 세계 테러리즘과는 전혀 상관이 없는 엄청난 수의 미국 시민들의 통화 로 그 기록까지 지나치게 수집한 것이 아닌가 하는 의문이 제기되었던 것이다.

그러나 NSA의 수집활동에 대한 국민들의 강력한 비난이 있었음에도 불구하고 상원정보위원회 워싱턴주 출신 론 와이든(Ron Wyden) 민주당 의원과 콜로라도주 출신 마크 유돌(Mark Udall) 민주당 의원 단 두 명만이 그 프로그램의 지속에 반대 투표함으로써 그러한 정보활동의 저지에 실패하였다. 와이든 의원은 다음과 같은 말을 하였다. "(상원 정보위원회에) 들어오게 되면 그 위원은 곧 바로 정보공동체 관련 직원으로부터 '이것들은 어려운 문제라 할 수 있죠'와 비슷한 종류의 말을 듣는 것으로부터 시작하게 된다. 그리고 실제로는 그들이 전달하는 단 하나의 관점만을 듣게 된다. 우리의 업무는 단호하게 감독하는 것이지, 사실상 (정보공동체) 홍보대사와 같은 역할을 하도록 하는 위원회의 문화에 마냥 빠져있어서는 안 된다."[23] 공화당의 중진 존 매케인 상원의원은 메타데이터 사건을 둘러싸고 벌어진 일을 다음과 같이 정리하였다. "확실히 상원정보위원회 위원들은 상호 호선에 의해 선임되어(co-opted) 왔기 때문에 그들의 업무 수행을 신뢰할 수 없다. 이것에 대해서는 의심의 여지가 없다."[24] 워싱턴DC의 싱크탱크인 브루킹스 연구소(Brookings Institute)의 한 연구에 의하면 "스노든의 폭로는 의회가 전화 및 이메일 기록에 대한 정부의 대규모 수집을 파악하고 심의하는 데 크게 실패했다는 것을 보여주었다. 의회는 법에 따라 일을 처리하는 척 했지만 실제로는 비밀유지의 필요성을 이

---

22) 스노든(Snowden) 문제에 대해서는 Glenn Greenwald, *No Place to Hide: Edward Snowden, the NSA, and the U.S. Surveillance State* (New York: Metropolitan Books, 2014) 참조.

23) Ken Dilanian, "NSA Weighed Ending Phone Program Before Leak," *Associated Press* (March 30, 2015)에서 인용.

24) Quoted in Darren Samuelsohn, "Hill Draws Criticism over NSA Oversight," *Politico* (March 2, 2014), p. 2에서 인용.

유로 그와 관련한 모든 결정들을 대통령과 정보공동체에게 전적으로 맡겨버린 것이다."[25]

그렇지만 특히 시카고 로스쿨 제프리 스톤(Geoffrey Stone) 교수를 팀장으로 하는 오바마 대통령이 임명한 연구위원회(대통령 자문그룹: the President's Review Group)가 강력한 비판적 분석을 제시함으로써[26] 보다 많은 상세한 내용이 밝혀지자, 메타 프로그램을 지지하는 상원 및 하원 정보위원회 의원 수가 줄어들기 시작하였다. 하버드 대학의 유명한 법학교수 잭 골드스미스(Jack Goldsmith)가 "메타 프로그램은 행정부가 부적절한 법적 추론과 하자 있는 법적 견해에 기초하여 비밀리에 단독으로 추진한 예"[27]라고 비판하자, 오바마 대통령은 전임 부시 행정부의 전자 감시 프로그램의 무조건적 수용에 대해 재검토하기 시작하였다.

의회를 포함한 많은 사람들은 테러리즘에 관한 이용 가능한 정보가 필요하다는 부시 및 오바마 행정부의 요청에 따라 사생활 보호와 자유라는 미국인의 기본적 가치들을 접어버렸다. 충격, 두려움, 불확실성, 복수심 등이 혼합되어 감시에 관한 (특히 1978년 해외정보감시법에 따라 구체화되었던) 기존의 법적 기준들을 지워버렸다. 9.11 이후 부시 행정부는 (자유주의자들이 주장하는 것처럼) 합리적 추론에 따라 보다 정확하게 테러 활동과의 관계가 의심되는 개인만을 표적으로 하여 감시하기보다는 진공청소기식 무차별적 전자 감시라는 접근법을 택하였다.

NSA의 데이터 대량 수집 프로그램에 대한 공개적 토론이 계속됨에 따라 의회는 미국자유법(USA Freedom Act)을 통과시켰다. 2001년 제정되고 2015년 6월 1일 0시에 폐지 예정인 애국법(Patriot Act)을 대체하는 이 법안은 동년 6월 2일 338대 88로 통과되었다. 이 새로운 법은 애국법과 NSA의 메타데이터 활동 범위를 축소하고자 하였다. 미국 연방의 제2항소심을 담당하는 고등법원은 메타데이터 수집을 불법이라고 판시하였는데, 이는 안보와 자유 사이의 균형을 재조정하여 사생활

25) Paul J. Quirk and William Bendix, "Secrecy and Negligence: How Congress Lost Control of Domestic Surveillance," *Issues in Governance Studies*, Brookings Institution, Washington, DC (March 2, 2015), pp. 9, 13.

26) 이 위원회의 공식 명칭은 대통령 소속 정보통신기술검토단(President's Review Group on Intelligence and Communications Technologies)으로서, "자유의 핵심 부분"으로서 프라이버시는 보호되어야 한다고 역설하였다; *Liberty and Security in a Changing World*, U.S. Government Printing Office, Washington, DC (December 12, 2013), p. 47.

27) Jack Goldsmith, "United States of Secrets (Part One): The Program," Transcript, *Nightline*, PBS Television (May 2015), p. 16.

보호를 강화하려는 의회 의원들의 노력을 지지하는 사법적 판결이었다.

버락 오바마 대통령은 NSA 메타데이터 프로그램의 일부 측면에 대해서는 계속 지지하였지만 다른 한편으로는 개선된 안전장치도 강구하였다. 그는 그의 제안으로 사생활 보호가 추가되어 채택된 미국자유법에 서명하였다. 이 법의 주요 조항과 오바마 대통령의 새로운 접근법은 메타데이터 수집을 유타주에 있는 NSA의 거대한 컴퓨터 자료저장소(computer storage bank)보다 오히려 통신회사의 파일 속에 더 많이 저장되어 있을 수 있는 자료들을 포함하여 초기 테러 용의자와 직접 관련된 통신에만 제한하도록 강조하고 있다. 더 나아가 통신사 자료는 5년 이상 보관할 수 없고 NSA는 해외정보감시법에 대한 적법한 영장에 근거하여 테러 용의자와 관련된 것으로 보이는 정보를 검색하기 위해 이 파일들에 접근할 수 있다. 이에 더해 해외정보감시법원에 대해서는 버라이즌(Verizon) 같은 민간 통신회사의 메타데이터에 접근하기 위해 정보기관이 감청영장을 청구할 때에는 공익변호사를 참석시키도록 권유하고 있다.

뉴욕 연방법원의 판결과 미국자유법의 입법은 (모두 민주주의의 존립을 위해 필수 불가결한 것이라고 할 수 있는) 국가안보와 개인의 자유 사이의 적절한 균형에 대한 태도 변화를 강하게 보여주는 것이다. 델라웨어주 출신의 민주당 소속 크리스 쿤스(Chris Coons) 상원의원은 "나는 연방법원이 최근 불법이라고 판결한 법(애국법)의 확장에 찬성투표를 하지 않을 것이다"라고 천명하였고, 켄터키주 출신의 공화당 소속 랜드 폴(Rand Paul) 상원의원은 상원에서 그의 동료들에게 "여러분은 진정으로 안보를 위해 당신의 자유를 기꺼이 포기할 생각입니까?"라고 물었다.[28] 이제 균형추는 국가 안보를 강조하는 매파로부터 시민의 자유를 강조하는 비둘기파로 움직이고 있었다. 뉴욕타임스의 분석가가 말했듯이, 의회는 "시민의 자유를 희생시키면서 오로지 국가안보에만 초점을 맞추던 때에서 스노든 이후 시대에 새로운 균형점을 찾아" 움직이고 있었다.[29] 안보와 자유 사이에서 정보활동의 균형

---

28) 각각에 대해 Jennifer Steinhauer, "Senate Is Sharply Split Over Extension of NSA Phone Data Collection," *New York Times* (May 22, 2015), p. A15; 그리고 무기명 사설(unsigned editorial), "Rand Paul's Timely Takedown on the Patriot Act," *New York Times* (May 22, 2015), p. A24 참조.

29) Jonathan Weisman and Jennifer Steinhauer, "Patriot Act Faces Curbs Supported by Both Parties," *New York Times* (May 1, 2015), p. A1.

을 재조정하기 위해 민주당원과 진보적 공화당원(libertarian Republicans) 사이에 제휴가 이루어졌다. 타임스 보도에 따르면 이들은 "9.11 테러 이후의 미국사회에서 많은 사람들의 사생활 보호에 대한 우려는 국가안보에 대한 우려 못지않게 중요하다는 새로운 변화의 물결"을 가져왔다.[30]

안보를 강조하는 측과 시민의 자유를 강조하는 측 사이에 계속되는 논쟁을 더욱 복잡하게 만든 것은 2015년 여름, 최소한 NSA의 감시 관행에 대한 경계가 어디가 될 것인지 의회가 명확하게 제시해줄 때까지는 ─ 뉴욕 2차 항소법원의 의견과 관계없이 ─ NSA는 메타데이터 프로그램을 계속 진행한 권리를 분명히 가지고 있다는 해외정보감시법원의 판결이었다. 해외정보감시법원의 마이클 모스먼(Michael W. Mosman) 판사는 본안에 대해 "2차 항소심의 판결은 구속력이 없다"고 선언하였다.[31] 모스먼 판사는 만약 9.11 테러 당시 메타데이터 프로그램 같은 것이 존재했었다면 9.11 테러 공격을 막을 수도 있었을 것이라는 논리에 설득되었던 것이다. 하지만 많은 보도들이 CIA가 9.11 테러 2년 전 샌디에이고에 은신하고 있었던 9.11 테러리스트 2명에 관한 많은 정보를 가지고 있었음에도 불구하고 국내 방첩을 책임지고 있는 FBI와 그 정보를 공유하지 않았다는 사실을 지적하고 있음을 간과해서는 안 된다. 한 논평가는 "메타데이터 수집 프로그램이 필요한 것이 아니었다. 필요했던 것은 다른 연방기관과 (CIA의) 협조였다"라고 조심스럽게 결론지었다.[32]

2016년 대통령 선거 때까지도 NSA의 정보수집 활동의 대상에 미국 시민도 포함되는 수집 활동이 계속되긴 했지만, 의회가 장기적 관점에서 그러한 수집활동의 지속 여부에 대해 더욱 심사숙고해야만 했다는 것은 의심의 여지가 없었다. NSA의 수집활동이 테러리스트의 공격을 억제하는 데 확실히 성공적이었다면, 그러한 활동을 지속해야 한다는 주장이 설득력을 얻었을 것이다. 그렇지만 실제에 있어 NSA와 백악관은 CIA의 테러 혐의자들에 대한 고문 사례에서와 마찬가지로 시민의 자유를 보다 강조하는 측을 설득하기에 충분할 정도의 예를 제시하지 못했다.

30) Jennifer Steinhauer, "Senate to Try Again Next Week after Bill on Phone Records Is Blocked," *New York Times* (May 24, 2015), p. A14.
31) Charlie Savage, "Surveillance Court Rules That NSA Can Resume Bulk Data Collection," *New York Times* (July 1, 2015), p. A14.
32) Lawrence Wright, "The Al Qaeda Switchboard," Comment, *The New Yorker* (January 13, 2014), p. 3.

상원 고문 보고서　9.11 테러 이후 즉시 부시 대통령은 CIA에게 세계에 산재해 있는 알카에다(Al Qaeda) 요원들을 체포, 구금, 그리고 필요하다면 사살하도록 권한을 부여하였다. 그리고 이듬해 "학대와 고문"을 금지한 제네바 협약 공통 3조 비준을 철회하였다. (미국 레이건 대통령은 1988년 고문방지협약을 비준하였다) 더나아가 2002년에는 법무부의 법률자문단(OLC: Office of Legal Counsel) 단장은 CIA의 과격한 심문기법 사용을 사후에 추가적으로 허용하였다.[33] 제인 메이어(Jane Mayer)의 말을 빌리자면 "상상도 할 수 없는 잔인함"이 미국의 공식적인 정책이 되었던 것이다.[34]

9.11에 대한 CIA의 반응　2002년 9월 CIA는 마침내 자신들의 심문 활동에 대해 하원 및 상원 정보위원회의 소수 위원들에게 브리핑하였다. 상원 정보위원회 의장인 플로리다주 출신 민주당 소속 밥 그레이엄(Bob Graham) 의원은 추가적 정보를 요구하였지만 그가 몇 달 후 상원에서 은퇴할 예정인 것을 알고 있었던 CIA는 빙글빙글 말을 돌리며 그의 요구를 의도적으로 회피하였다. 당파성이 없는 한 외부 관찰자에 따르면 이 시기 상원 및 하원 정보위원회에 대한 CIA의 접근방식은 일종의 "무시하거나 회피하는 것"이었다.[35]

2005년 CIA의 심문 프로그램이 밝혀지지 시작하였다. 같은 해 11월, 워싱턴 포스트의 다나 프리스트(Dana Priest) 기자는 CIA의 해외 비밀 수용소의 존재를 폭로하였다. 그 후 곧이어 CIA 작전 담당 부국장(DDO: Deputy Director of Operations, CIA 비밀공작 최고위 간부)은 상원 및 하원 정보위원회에서 고문 관련 비디오테이프를 보관하고 있으라는 그 이전의 경고를 무시하고 이를 파기하였다.[36] 그 후 2년이 지나서야 뉴욕 타임스가 그 테이프들의 파기에 대해 알고 이를 보도하였다. 상원정보위원회 위원장인 캘리포니아 출신 민주당 소속 다이앤 파인스타인(Dianne

---

33) 고문 프로그램 일지에 대해서는 Wilson Andrews and Alicia Parlapiano, "A History of the CIA's Secret Interrogation Program," *New York Times* (December 9, 2014) 참조.

34) Jane Mayer, "Torture and the Truth," *The New Yorker* (December 22, 2014).

35) Steven Aftergood, "CIA Torture Report: Oversight, but No Remedies Yet," *Secrecy News,* 2014/83 (December 10, 2014), p. 2.

36) 하원정보위원회의 한 고위급 위원은 2003년 CIA의 법률고문(Scott Muller)에게 보낸 한 편지에서 심문 비디오테이프를 파기하지 말라고 강하게 요구했다고 기억한다. [Jane Harman (D, California), "America's Spy Agencies Need an Upgrade," *Foreign Affairs* (March/ April 2015), p. 103 참조].

Feinstein) 의원은 "(비디오테이프가) 파기된 이유는 단 한 가지밖에 없다. 그것은 그 정보가 이용될 수 없기를 원했기 때문이다"라고 결론지었다. 그녀는 대테러 수단 으로서 논란 많은 NSA의 신호정보 수집 활동에 대한 지지를 표명했지만, 고문에 대해서는 명확히 승인을 반대하였다. 그녀는 고문 테이프들의 파기는 은폐를 위한 전형적인 특징을 모두 갖추고 있다고 믿었다.[37]

2006년 가을, 상원정보위원회 전체회의는 처음으로 심문 프로그램에 대해 브 리핑을 받았는데, 이는 고문이 시작된 지 5년이 지난 후였다. 메타데이터 프로그램 을 시작했던 전 NSA 국장이기도 했던 CIA 국장 마이클 헤이든(Michael V. Hayden) 장군이 전형적인 자신감 있고 호전적인 태도로 브리핑을 하였다. 그는 고문을 사 용하는 심문방법이 효과적이라고 장담하였다. 그리고 그는 고문 방법들은 매우 부 드러운 것들이었다고 주장하였다. 파인스타인 상원의원은 그가 고문이라고 주장 하는 심문 방법들은 단지 "배를 찰싹 치는 정도"(tummy slapping)에 불과했다고 말 한 것으로 회상하였다.[38] 이 이야기는 의사당에 떠도는 이야기 중에서 매우 악명 높은 것 중의 하나이다. 이후 그녀는 헤이든이 "전반적인 고문 기술은 인체에 가 장 덜 유해하게, 그리고 냉정하고 전문적인 방법으로 진행되었다"고 진술하였으나 "그랬다고 보기 어려웠다"라고 회고하였다.[39] 이들 연관된 사건들은 점진적으로 진행되어 2009년 3월 상원정보위원회는 ─결국에는 비평가들도 조사해야 한다고 문제를 제기했을 것이지만─ CIA의 심문과정에 참여한 직원을 조사하기로 결정 하였다. 심문 비디오 테이프의 승인되지 않은 파기 사건뿐만 아니라 수감자들에 대한 "고문" 및 기타 가혹한 형벌에 대한 소문을 조사하는 "진상조사위원회"(truth commission)를 구성해야 한다는 요구에 따라 상원정보위원회는 14 대 1의 투표 결 과로 공식조사를 결정하였다. 단 한 명의 반대 투표자는 위원회 부위원장인 조지 아주 출신 공화당 소속 색스비 챔블리스(Saxby Chambliss) 상원의원이었다.[40]

---

37) 상원의원 Dianne Feinstein, "Dianne Feinstein: The CIA 'Cannot Shove the Laws Aside,'" *Nightline*, p. 2.

38) Feinstein, "Dianne Feinstein," p. 1

39) Dianne Feinstein, *Committee Study of the Central Intelligence Agency's Detention and Interrogation Program*에 대한 의견, Senate Select Committee on Intelligence, U.S. Senate, 113th Cong., 2d Sess. (December 3, 2014; 이후 the *Senate Torture Report*), U.S. Senate floor (December 9, 2014).

40) 상원의원 챔블리스(Chambliss)는 보고서가 공개된 후 곧 의회에서 은퇴하였다. 현재 그는 CIA 자 문위원회 위원이다.

하지만 상원정보위원회 공화당 의원들은 곧 그 조사가 정치화되었다는 이유로 조사에 참여하지 않았다. 민주당 위원들은 조사를 계속 진행하였고, 그들은 조사, 서면 작성, CIA 및 상원 정보위원회 공화당 위원들과의 논쟁 등으로 5년의 세월이 더 지난 후에야 비밀문서 해제 검토(classification review)를 위해 CIA와 백악관에 초안 보고서를 보냈다. 또 몇 달이 지나간 후에 최종적으로 피로감에 물든 상원조사위원회는 13 대 3(1표 기권)의 표차로 상세한 전체 보고서 공개를 포기하였고, —가능하다면— 요약 보고서(executive summary)만 발표하는 데 만족하기로 했다. 반대한 세 명의 상원의원은 모두 공화당원으로서 그들은 기밀 해제된 요약 보고서의 공개적 발표조차도 원하지 않았다. 기밀해제 결정을 둘러싸고 줄다리기의 시간이 8개월 더 흐른 후, 상원정보위원회는 2014년 말이 다 되어서야 오바마 행정부로부터 드디어 요약 보고서를 공개하도록 승인을 받았다. (이러한 과정이 진행되는 동안 오바마 대통령은 위원회의 조사결과에 대해 파인스타인 위원장에게 한 마디도 하지 않았다) 요약보고서는 몹시 생략된 형태였음에도 불구하고 449페이지에 2,725개의 주석이 달린 매우 길고 심각한 내용을 담은 문서였다.

고문 보고서에 대한 반응　　상원정보위원회의 공화당 위원들이 고문에 대한 조사에서 손을 떼자, 민주당 위원들은 CIA의 고문 실시권한 부여를 밝혀내기 위해 6명의 전문 조사관을 임명하였다. 이들은 세 명의 수감자에 대한 물고문과 직장 급식(rectal feeding)에서부터 모의 처형(mock executions)이나 며칠 동안 계속되는 수면 박탈(sleep deprivation)에 이르기까지 24시간 밤낮없이 자행된 심문 기술의 종류를 조사하였다. 상원정보위원회 보고서에 의하면 물고문을 받은 수감자 중의 한 명인 아부 주바이다(Abu Zubaydah)는 "그의 벌어진 입 가득히 올라오는 거품과 함께 완전히 반응을 보이지 않게 되었다."[41] CIA 요원들은 다섯 명의 CIA 요원들이 한 수감자에게 갑자기 달려들어 두건으로 눈을 가리고 옷을 잘라내고, 주먹으로 때리고 복도에서 질질 끌고 다니는 소위 "거친 테이크다운"(hard takedown)이라는 장난을 하기도 했다고 보고서는 적고 있다.

---

41) *Senate Torture Report,* Findings and Conclusions Section, p. 3. 이 보고서에 관한 일련의 깊이 있는 논문들에 대해서는 Mark Phythian, editor, "An INS Special Forum: The US Senate Select Committee Report on the CIA's Detention and Interrogation Program," *Intelligence and National Security* 31/1 (January 2016), pp. 8–27 참조.

CIA 부장 존 브레넌(John Brennan)은 상원의 보고서는 벌어진 일들을 불완전하고 선별적으로 다룸으로써 과장과 오류로 가득 차있다고 주장한다. 상원정보위원회의 공화당 위원들은 소수파의 반대 의견서(minority report)에서 그의 주장에 공감을 표하였다. 그러나 2016년 관타나모의 군 수석검사 마크 마틴스(Mark Martins) 장군은 비밀 보고서를 모두 읽고, 심문 프로그램에 대한 자신의 지식을 토대로 판단할 때 거기에 있는 사실들은 모두 정확하다고 생각한다고 공개적으로 논평하였다.[42]

더 나아가 조사관들은 그러한 심문 방법들이 추후 테러리스트들의 공격으로부터 미국을 보호하는 유용한 정보들을 이끌어냈는지 하는 문제에 대해서도 조사하였다. 결국 브레넌은 "심문 프로그램 중의 한 방법으로 스파이 용어로 말하자면 소위 선진 심문기법(EITs: enhanced interrogation techniques)이야말로 자신들의 권한 하에 있는 수감자로부터 유용한 정보를 끌어낼 수 있는 방법이라고 결론내린 것은 아니다"라고 인정하였다. 그렇다 하더라도 그의 의견은 결국 고문이 유용했었는지 아닌지는 "알 수 없다"는 것이었다.[43] 반면에 상원정보위원회 조사관들이 도달한 결론은 수감자로부터 정보를 끌어내기 위해 CIA가 사용한 방법은 CIA 주장보다 훨씬 더 야만적이었다는 것이었다(신원 오인의 사례로 밝혀진 반나체 상태의 한 수감자는 2002년 저체온증으로 죽기도 하였다). 한편 헤이든 장군과 CIA, 백악관, 법무부의 모든 다른 사람들은 이러한 방법의 효과를 지나치게 과장하였다.

이 논쟁을 지켜본 많은 사람들은 보다 중요한 문제는 고문으로 인해 페어플레이와 인권존중 정신으로 세계가 인정하던 미국의 평판을 훼손한 것이라고 지적하였다. 오바마 대통령이 상원정보위원회에서 말했듯이, "그러한 가혹한 방법은 우리 국민의 가치와 불일치할 뿐만 아니라, 우리의 국가안보 이익이나 보다 광범위한 반테러리즘 노력들에도 도움이 되지 않는다는 내가 오랫동안 간직해 온 견해를 더욱 강화시켜 주었는데 … 우리가 믿어 온 가치들을 지켜나가는 것은 우리를 더욱 약하게 만드는 것이 아니라 더욱 강하게 만드는 것이다."[44] 상원 고문보고서는 정보기관들이 미국의 근본적인 윤리원칙에 어긋나는 반테러리즘 조치들을 채

---

42) Adam Goldman, "Military Prosecutor: Senate Report on CIA Interrogation Program is Accurate," *Washington Post* (February 10, 2016), p. A1 참조.
43) Remark to Eric Bradner, "John Brennan Defends CIA," *CNN Politics* (December 12, 2014).
44) President Barack Obama, Statement, White House (December 9, 2014).

택함으로써 안보만을 지나치게 우선하지는 않았는지에 관한 매우 중요한 문제들을 제기하였다.

  상원정보위원회 조사관들에 대한 CIA의 공격   2014년 상원정보위원회의 고문조사 활동 과정에서 CIA는 미국의 안보와 자유 사이의 균형관계를 재조정할 때가 되었다는 인식을 점점 커지게 하는 데 한층 기여하였다. CIA 요원들은 뻔뻔하게도 그리고 의회의 감독체계를 무시하듯이 고문조사 기간 동안 상원정보위원회 조사관들이 사용하는 컴퓨터를 네 번이나 해킹하였다. CIA의 사이버 전사들은 해킹을 통해 한 번은 870개의 문서를 지워버렸고 또 다른 해킹에서는 50개를 지웠다.[45] 브레넌 국장은 상원정보위원회 조사관들이 CIA 컴퓨터를 먼저 해킹하였다고 주장하였는데, 아마 주장할 당시에는 사실로 믿었는지 모르겠지만 결국 나중에 거짓으로 판명되었다. 사실 CIA는 CIA의 고문기술 사용에 대한 내부 조사를 지시했던 당시 CIA 국장 레온 파네타(Leon Panetta)의 이름을 딴 소위 '파네타 리뷰'(Panetta Review)라는 CIA의 심문 관행에 대한 내부 검토 보고서를 정보위원회 조사관 컴퓨터에 전송하는 실수를 저질렀었다. CIA가 처음부터 상원정보위원회와 공유했어야 마땅했지만 공유하지 않음으로써 알지 못했던 이 보고서를 우연히 발견하게 된 위원회 직원들은 한편 놀랍기도 하고 다른 한편 기쁘기도 하면서, 이 내부 보고서가 자체 조사결과와 극히 유사하다는 데 크게 만족하였다.
  자신들의 부주의로 조사관들이 '파네타 보고서'를 보게 되었다는 사실에 당황한 브레넌 국장을 포함한 CIA 요원들은 도리어 상원정보위원회 조사관들이 불법적인 해킹을 통해 그 문서를 훔쳤다고 주장하면서 의회에서 불리한 형세를 뒤집으려고 하였다. 해외에서 CIA는 스파이 활동 시 때때로 기만과 속임수를 사용한다. 이러한 어둠의 기술이 이제는 CIA요원들이 "시시스탄"(Sissytan: 계집애 같은 남자, 역자 주)이란 별명으로 불렀던 상원정보위원회를 향하게 된 것이었다. 즉 상원정보위원회는 본질적으로 공작의 표적인 또 하나의 '외국'으로 전락한 것이라 해도 과언이 아니었다. 의회 내 열렬한 CIA 지지자 중의 한 사람이었던 챔블리스(Saxby Chambliss) 상원의원 조차도 CIA 부장의 이러한 혐의 제기에 창백해졌다. 그는 가능한 한 가볍게 질책하려고 애쓰면서 "존(John Brennan)은 처신을 잘하지

---

45) Feinstein, "Dianne Feinstein," p. 4.

못했다"고 말했다.[46] 또 다른 상원정보위원회 위원은 그 당시를 "CIA와 상원 사이에 제3차 대전이 일어난 것 같았다"고 회고하였다.[47]

파인스타인은 브레넌 국장에게 CIA의 상원정보위원회 컴퓨터 해킹은 (미국 내 비밀정보 활동을 금지하고 있는 1947년 CIA설립법(CIA's founding law)에 대해서는 명확하게 언급하지 않은 채) 미국 헌법의 핵심인 3권 분립을 위반한 것이라는 CIA를 질책하는 서한을 보냈다. 브레넌 국장은 수주 후에야 이 서한에 답장을 보냈다. 상원정보위원회 위원장의 동료인 한 상원의원은 그녀에 대한 CIA를 대표하는 브네넌 부장의 의도는 "정당한 감시활동을 겁박, 회피, 방해하려는 것"[48]이라고 말하였다. 이후 브레넌 부장은 위원회 전체회의 청문회에서 "신뢰 부족"으로 상원정보위원회와 CIA 사이에 "신뢰 결함"(trust deficit)이 발생했다는 것을 마지못해 시인하고, 파인스타인 위원장과 챔블리스 의원에게 해킹 사건에 대해 사과하였다.

CIA는 다른 형태로 위원회 조사관을 괴롭힌 적도 있었다. CIA 자문 대표 직무대행(Acting Chief Counsel)이 상원정보위원회 조사관을 맹렬히 쫓아다닌 일이 있었는데, 이는 아마 상원정보위원회 고문 보고서에 자신의 이름이 1,600번도 넘게 등장한 것이 괴로웠기 때문인 것으로 보인다(그는 백악관에서 기밀해제를 검토하는 기간 동안에도 그 이름을 지우기 위해 많은 노력을 기울였다). 그는 법무부에 고문 보고서를 제출한 위원회 조사관의 이름을 조회하기까지 하였다.

이러한 행태로 인해 CIA의 책임성(accountability)과 관련된 현존 법률과 규칙에 대한 이해도와 준법정신이 의회와 언론의 깊은 우려의 대상이 되었다. 네바다주 민주당 소속으로 상원 다수당 대표였던 해리 리드(Harry Reed)는 파인스타인 위원장에게 "여보시오, 당신은 더 이상 좌시해서는 안돼요! CIA는 자료를 누설하고 있어요. 그들은 당신 위원회의 조사관들을 나쁜 사람으로 몰아가고 있어요!"[49]라고 경고하였다. CIA가 상원조사위원회 조사관들을 염탐하려 한 것은 (파인스타인 상원의원이 한 기자회견에서 심하게 화를 내면서 비난하기도 했지만 그래도 무난히 수행되어 온 활동이라 할 수 있던) 감시활동 체제를 뒤흔든 전대미문의 사건이었다.

---

46) Connie Bruck, "The Inside War," *The New Yorker* (June 22, 2015), p. 45에 Connie Bruck에 의해 인용됨.
47) Quoted anonymously by Jeremy Herb, *The Hill* (March 6, 2014), p. 11에서 Jeremy Herb에 의해 익명으로 인용됨.
48) Bruck, "The Inside War," p. 46.
49) Bruck, "The Inside War," p. 48.

브레넌 국장은 이 문제를 조사하기 위해 조사위원회를 구성하였다. 그는 조사위원회 위원으로 5명을 임명하였는데, 그중 3명은 CIA 요원들이었고, CIA 외부에서 임명된 다른 2명도 CIA에 우호적인 것으로 알려진 사람들이었다. 자체 조사위원회의 형식적인 "조사" 후에 CIA는 비난 받았던 모든 것들에 대해 스스로 무혐의 처리하고, 모든 의혹들은 단지 "오해에서 빚어진 것"이었을 뿐이라고 CIA가 쌓아온 풍부한 선전선동 기법을 활용하여 대대적으로 선전하였다.[50] 이와는 극명하게 대조적인 것으로 CIA 감사관(Inspector General)은 그 이전에 CIA의 상원정보위원회 컴퓨터 해킹은 부적절한 행동이었다는 보고서를 냈다. 한편 CIA 법률고문 직무대행(Acting General Counsel)은 상원정보위원회 조사관들에게 불리한 범죄 보고서를 법무부에 제출하고자 노력하였다. CIA 감사관 데이비드 버클리(David Buckley)는 곧 자신이 CIA 내부에서 불신을 받고 배척당하고 있는 사실을 인식하게 되었고, 자신이 근무했던 조직이 단합하여 그에 맞서자 결국 사임하고 말았다.

랭글리 소재 CIA의 반대에도 불구하고 2015년 상원정보위원회는 미군 야전교범에 적시된 (덜 가혹한) 심문방법 목록에 명시되지 않은 어떤 심문 기법도 사용을 금지한다는 안을 상원에서 78대 21로 통과시켰다.

혼재된 기록　　상원정보위원회 전 위원장인 민주당 소속 버지니아주 출신 제이 록펠러(Jay Rockefeller) 상원의원은 한마디로 CIA는 심문에 관한 조사에 대응하여 "중요한 의회 감시기능을 적극적으로 파괴하려는" 반응을 보였다고 말했다.[51] 하지만 어느 정도는 상원 및 하원 정보위원회가 CIA의 고문과 NSA의 메타데이터 프로그램을 면밀히 들여다보기까지 오랜 동안 그것이 행해지도록 놓아두었다는 비판을 들을 만하다. 1980년대에 국가안보보좌관 로버트 맥팔레인(Robert McFarlane)이 이란−콘트라 공작 수행기간 동안 이를 진행한 사업단(Enterprise)이란 것은 없었다고 확언했던 경우에도 그랬던 것처럼 헤이든 국장의 "배를 찰싹 치는 정도"였다는 말을 액면 그대로 받아들이는 것은 크나큰 실수라는 것이 입증되었다. 정보기관 감독기관은 핵심 문서와 참고인 진술 확보를 위한 소환장 발부 권한 행사뿐

---

50) Mark Mazzetti and Matt Apuzzo, "CIA Officers Are Cleared in Senate Computer Search," *New York Times* (January 15, 2015), p. A8 참조.

51) Remarks to the Senate (December 9, 2014).

만 아니라 진실을 파헤치기 위해 참고인의 증언을 듣는 청문회를 활용하여 모든 사실관계를 검토했다고 합리적인 수준에서 확신이 들 때까지 보다 냉소적이고 끈기 있는 자세를 가져야만 한다.

더 나아가 한 특집 기사에서 몇몇 전직 CIA 부장들이 지적했듯이, 행정부 차원에서 심문 프로그램에 대해 상원 및 하원 정보위원회에 통보하였을 때, 그들은 "그 프로그램을 손 볼 수 있었으나 합의에 이르지 못함으로써 그럴 기회를 놓쳤다. 행정부는 홀로 일을 진행하였으며 계속해서 이에 대해 위원회에 보고하였다."[52] 언론인 데이빗 이그내티우스(David Ignatius)도 이에 동의하였다. 그는 상원정보위원회 보고서가 "대단히 가치 있는 것"이라고 인정하였지만, 감독위원회가 "의회의 심문 활동에 대한 보다 효과적인 감시에 실패한 것에 대해서는 적절하게 다루고 있지 않았다"고 덧붙였다. 그는 다음과 같은 점들에 대해 궁금하게 생각하였다. "의원들은 우리가 지금 생각해 볼 때, 그들이 했어야 한다고 할 만큼 강하게 밀어붙였었는가? 그들은 보다 많은 정보를 요구하였고 보다 엄격한 한계를 제시하였는가? 그들은 사용되고 있었던 심문 기법들에 대해 상세하게 물어보았는가?" 그의 정확한 대답은 "그들은 그러지 않았다"는 것이다.[53] 법학자 마이클 글레넌(Michael Glennon)은 "이 모든 일들이 진행되는 동안 상원정보위원회는 뭐하고 있었는가?"라고 말한다.[54] 그는 또한 "하원정보위원회는 뭐하고 있었나?"라고 덧붙였을 수도 있다. 예를 들어 보면, 두 위원회 모두 물의를 일으킨 해외에 있는 CIA 군사시설 중 어디에도 방문하지 않았다.

그러나 한편으로 상원정보위원회는 많은 역경과 행정부의 불충분한 협조에도 불구하고 심문 프로그램을 끈기 있게 조사했다는 점에서 높은 점수를 받았다 (예를 들면 백악관은 CIA의 부추김을 받아 상원정보위가 조사하는 동안 행정부의 기밀 유지에

---

52) George J. Tenet, et al., "Ex–CIA Directors: Interrogations Saved Lives," *Wall Street Journal* (December 10, 2014).

53) David Ignatius, "The Torture Report's One Glaring Weakness," *Washington Post* (December 11, 2014). CIA 고위 관료는 의원들에게 심문 프로그램에 대해 말하였을 때 그들은 우리가 호도하고 있다고 주장하였는데, 그것은 "터무니없는 이야기로 사실이 아니다....확실히 내가 브리핑 받기 원하는 상원의원들의 일정에 맞추는 데는 어려움이 있었다. 진실에 대한 그들의 열정은 어쩌면 그때보다 지금이 더 크다"라고 주장하였다. Robert Grenier 전 CIA/CTC(대테러센터) 국장과의 인터뷰, 2004–2006, *News Hour,* PBS Television (December 9, 2014).

54) Michael Glennon, Fletcher School of Law and Diplomacy, remarks, Levin Center Conference on Intelligence Accountability, U.S. Senate (October 20, 2015).

관한 특권을 활용하여 9,000 페이지에 이르는 문서들이 위원회로 가는 것을 차단하였다). 고문 보고서는 의심할 여지없이 결함이 있었다. 보고서 작성이 보다 초당파적 차원에서 조사관과 의원의 참여가 이루어졌으면 더욱 좋았을 것이다. 공화당원들은 그렇게 할 수도 있었지만 초기부터 조사 활동을 늦추고 신빙성을 떨어뜨리려는 수단으로 그러한 노력을 하지 않았다. 공화당 의원들은 민주당원들의 판단이 틀렸다고 생각되면 보고서에 그들의 반대 의견을 삽입하는 방법으로 그 보고서를 바로잡을 수 있는 충분한 기회가 있었을 것이다. 이러한 의미에서 공화당의 전략은 CIA에게 피해를 준 것이라 할 수 있다. 뉴햄프셔주 출신의 배짱 있는 공화당원 올림피아 스노(Olympia Snowe) 의원만이 상원정보위원회에서 초당파적 태도로 민주당의 동료들과 함께 진실을 밝히고자 하는 의지를 보여주었다.

　　비평가들은 보고서를 작성한 민주당원들이 심문 프로그램의 효과에 대한 냉정한 평가를 하기 보다는 고문에 대한 윤리적 반대를 하고 있다고 비난하였다. 하지만 조사관들은 자신의 목적이 사실을 밝히는 것일 뿐이었다고 주장하며 그러한 비판을 부인하였다.55) 어찌됐든 마치 물의를 일으켰던 NSA의 신호정보 프로그램의 가치가 정보요원들에 의해 과장되어 언급된 것(심지어는 파인스타인 상원의원까지도 과장하였다56))처럼, CIA의 고문이 별로 효과적이지는 않았다는 것을 알 수 있었다.

　　이러한 과정에서 책임성과 관련하여 영웅적인 행보를 보였던 파인스타인 상원의원은 고문보고서의 규범적 정서를 정확히 표현하고 있다: "우리는 나치 독일이 아니다. 미국인으로서 우리는 사람을 고문하지 않는다. 우리는 숨이 거의 멎을 때까지 사람을 138번이나 물고문하지 않는다. 우리는 관 같은 좁은 상자에 사람들을 가두지 않으며 거의 100시간씩 벽에 밀쳐놓지도 않는다."57) 헤이든 국장은 그녀의 견해가 감정에 치우친 것이라고 일축하였지만 그러한 분노를 표출

---

55) Amy Zegart, "INS Special Forum," p. 25 참조. Levin Center 회의에서 민주당의 선임 직원은 이 보고서에 규범적인 편견이 있다는 주장을 부인하였다.

56) Dianne Feinstein, "NSA's Watchfulness Protects America," *Wall Street Journal* (October 13, 2013). In a Senate hearing, 파인스타인은 9.11 공격 이전에 미국이 가진 알카에다에 관한 "정보가 거의 없었다는" 사실을 한탄하면서 NSA의 메타데이터 수집을 옹호하였다. 그녀는 "그들(NSA)은 우리를 뒤쫓을 것이지만, 나는 우리가 테러 공격을 막을 수 있는 모든 곳에서 그러한 공격을 막을 필요가 있다고 생각한다"고 말하였다; Mattathias Schwartz, "Who Can Control NSA Surveillance?" *The New Yorker* (January 23, 2015).

57) Feinstein, "Dianne Feinstein," p. 6.

한 것은 그녀뿐이 아니었다. 그러한 사람들 중 하나인 매케인(John McCain) 상원
의원(그 자신이 베트남 전쟁 시기에 무자비한 월맹 심문관들에 의한 고문의 희생자이다)은
"이 문제는 우리의 적에 관한 것이 아니라 바로 우리 자신에 관한 것이다"라고
말하였다.58)

국가정보 책임성에 관한 충격적인 이론

국가정보의 책임성에 대해 다양한 관점에서 검토한 바와 같이 냉전과 그 이후
시기 동안 상원 및 하원 정보위원회 감독 활동의 강도는 크게 등락을 거듭해왔다.
몇몇 비평가들은 이러한 부침을 지적하고 있다. 예를 들면 처치 위원회의 조사가
있기 수년 전에 랜섬(Harry H. Ransom)은 정보기관의 감시에 관한 글을 쓰면서 국
가 정보활동을 점검하는 책무 수행은 "산발적으로, 일관성 없게, 그리고 근본적으
로 무비판적으로" 이루어져 왔다고 지적하였다.59) 1975년 새로운 통제체제가 도
입된 이후에도 국가정보 학자들은 최근까지 이러한 책임 문제에 대해 거의 진지
한 관심을 보이지 않았다.60) 이처럼 주의를 기울이지 않은 주요 이유는 의회가 갖

---

58) Statement, U.S. Senate floor (December 9, 2014), 피프너(Pfiffner) 교수의 "INS Special Forum,"
p. 23에서 인용됨. 전 공화당 대통령 후보였던 매케인(McCain)은 다른 곳에서 그는 "이 보고서에
전적으로 동의한다"고 말하였다; Matt Sledge and Michael McAuliff, "CIA Torture Report
Approved by Senate Intelligence Committee," *Huffington Post* (October 13, 2012)에 의해 인용됨.
브레넌 CIA 국장도 "본인이 CIA 국장으로 있는 한, 대통령이 뭐라고 하든, 그러한 명령을 내리는
CIA 국장이 되지 않을 것이다. 그들은 이전과는 다른 CIA 국장과 일하게 될 것이다"라고 단언함으
로써, 향후 물고문을 하는 것에 반대한다는 의사를 분명하게 말하는 것으로 끝맺었다; John
Brennan, public remarks, Brookings Institution, Washington, DC (July 13, 2016). 그렇지만 2016
년 공화당 대통령 후보 Donald Trump는 군통권자로서 테러 용의자에게 물고문을 할 것이며, "물
고문보다 훨씬 나쁜 지옥을 경험하게 해 줄 것이다"라고 강조하여 말하였다; Connie Bruck, "The
Guantánamo Failure," *The New Yorker* (August 1, 2016), p. 34에 의해 인용됨.
59) Harry H. Ransom, "Secret Intelligence Agencies and Congress," *Society* 123 (1975), pp. 33 – 6.
p. 38에서 인용.
60) 예로서, Joel D. Aberbach, *Keeping a Watchful Eye: The Politics of Congressional Oversight*
(Washington, DC: The Brookings Institution, 1990); Christopher J. Deering, "Alarms and Patrols:
Legislative Oversight in Foreign and Defense Policy," in Colton C. Campbell, Nicol C. Rae, and
John F. Stack, Jr., *Congress and the Politics of Foreign Policy* (Upper Saddle River, NJ:
Prentice – Hall, 2003), pp. 112 – 38; 그리고 Loch K. Johnson, "Presidents, Lawmakers, and Spies:
Intelligence Accountability in the United States," *Presidential Studies Quarterly* 34 (December
2004), pp. 828 – 37 참조.

는 성격에서 연유하는 것이다. 의원들은 일차적 목표가 재선출되는 것이므로 그들은 일반적으로 행정부 프로그램에 대한 지루한 검토보다는 법안을 통과시키고 선거자금을 조성하는 데 시간을 쓰는 것이 더 낫다고 생각한다. 이러한 태도는 국가 정보활동을 검토하는 경우에 특히 그러하다. 비밀활동의 검토는 대중의 눈 밖에서 폐쇄적인 위원회 안에서 이루어져야 한다. 유권자가 인식하지 못하는 상태에서 수행한 일을 의회 활동의 성과로서 주장하는 것은 어려울 것이다.[61]

1975년 '정보의 해'(Year of Intelligence) 이후 국가 정보활동 감시의 책무 수행은 자극과 반응의 순환적 패턴을 보여준다. 중요한 국가정보 스캔들이나 실패가 드러나면 형식적으로 수행되던 감독이 갑자기 집중적이고 철저한 조사를 진행하는 데 관심이 증가하게 된다. 이러한 폭발적 관심 이후에는 일정 기간 동안 향후 부적절한 정보활동을 못하도록 재갈을 물리도록 고안된 보완 입법 또는 다른 유형의 개혁이 이루어지는 등 꽤 주의 깊은 감독 활동이 뒤따른다. 그런 연후에 보통 수준의 감독으로의 회귀라는 사이클의 3번째 단계가 시작된다. 정치학자 맥커빈스(McCubbins)와 슈워츠(Schwartz)는 의원들의 이러한 감독책임 수행 활동을 "경찰의 순찰"과 "소방수의 소방"에 비유하였다.[62] 순찰이란 행정부를 지속적으로 점검하는 것으로, 경찰이 어두운 창문 안에 후래쉬를 비추어 보고, 도어 손잡이를 이리저리 만져보고, 길거리를 예리하게 주시하면서 걷는 것과 같은 것이다. 반면에 소방이란 화재가 발생한 후 이러한 비상 상황에 대응하는 것이다. 소방수로서 의원들은 경보음이 울리면 소방차에 뛰어 올라타고 화재를 진압하려고 노력한다. 최근 의회의 한 유명한 의원이 위와 같은 "순찰" 비유를 사용하였는데, 하원 감독 및 정부개혁 위원회 의장인 캘리포니아주 출신 민주당 소속 헨리 왁스만(Henry A. Waxman) 의원은 "순찰 중인 경찰이 없다"고 말하기도 하였다. 그는 공화당원들이 감독 책임을 포기하였다고 비난하였다. "순찰 중인 경찰이 없다면 범죄자들은 더 많은 범죄를 저지르려고 할 것이다."[63]

---

61) David Mayhew, *The Electoral Connection* (New Haven, CT: Yale University Press, 1974).

62) Matthew D. McCubbins and Thomas Schwartz, "Congressional Oversight Overlooked: Police Patrols and Fire Alarms," *American Journal of Political Science* 28 (1984), pp. 165–79.

63) Philip Shenon, "As New 'Cop on the Beat,' Congressman Starts Patrol," *New York Times* (February 6, 2007), p. A18에 의해 인용됨.

[그림 5.3] 1975－2006 국가정보 충격 사이클과 의회 감독자의 반응

[패턴]

산발적 순찰* ＞ 정보충격(스캔들·실패)과 개혁 ＞ 집중적 화재진압 ＞ 집중적 순찰 ＞ 산발적 순찰

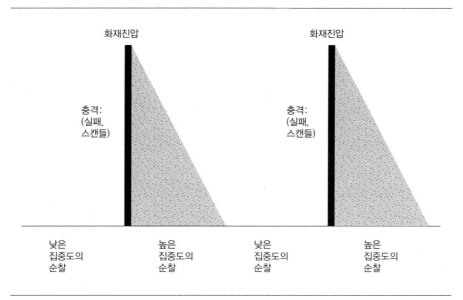

* 충분하지 못한 성과 홍보 기회와 재선출에 별 도움이 되지 않는 결과는 감독 의무의 소홀로 이어지고 이에 따라 스캔들과 실패의 조건이 무르익는다.
Source: Loch K. Johnson, "A Shock Theory of Congressional Accountability for Intelligence," in Loch K. Johnson, ed., *Handbook of Intelligence Studies* (New York: Routledge, 2007), pp. 343－360; figure at p. 344.

화재를 진압한 이후 경찰은 높은 집중도의 순찰을 몇 달간 지속하는데 만약 화재의 충격에 대해 언론이 계속 관심을 보이면 수년까지도 지속된다. 하지만 대형 화재(국가정보 실패 또는 스캔들)가 진정되고 개혁이 이루어지면 의원들은 다시 국가정보 활동에 상대적으로 무관심한 －낮은 집중도의 순찰 혹은 경우에 따라서는 아예 순찰을 하지 않는－ 상태로 되돌아간다. 그림 5.3은 이러한 패턴을 보여준다.

충격(또는 "화재 경보") 수준에 도달하기 위해서는 국가정보 실패 또는 부적절한 정보활동에 대한 언론 보도가 최소한 몇 번은 1면 기사로 나갈 정도가 되어야

한다. 예를 들면 1974년 뉴욕 타임스는 6월부터 12월까지 약 200개의 달하는 CIA에 관한 기사를 유별나게 연거푸 내보냈다. 12월에만도 CIA에 관한 9개의 기사가 신문의 전면을 장식했는데, 이는 그 당시로서는 전대미문의 일이었다. 주로 부정적인 기사들이 지속적으로 요란하게 게재되었는데, 이러한 기사 중에서 가장 폭발력 있는 사건인 CIA의 국내 스파이 스캔들인 '케이오스(CHAOS)' 공작에 관한 대중들의 강한 반응 —그에 따라 의회와 대통령의 반응— 을 불러일으키는 단계로 이어졌다. 또한 뉴욕 타임스는 국가정보 활동에 대한 중요한 스캔들인 이란-콘트라 스캔들이 불거지기 직전 1986년 10월과 11월에 니카라과에서의 비밀 전쟁과 관련하여 혹여 있었을지도 모를 정보활동의 남용에 관해 11개의 전면 기사를 내보냈다. 12월에는 이 사건을 전면 기사로 18개나 보도하였고, 이는 1987년 이 스캔들에 대한 합동조사위원회의 구성으로 이어졌다.

의회는 정보기관의 공작에 대해 예산 배정권, 소환권, 궁극적으로는 탄핵권까지 언론보다 훨씬 큰 권능을 가지고 있다. 그렇다 하더라도 언론은 정부의 스캔들과 실패를 폭로함으로써 신문을 더 팔 수 있다는 경제적 동기가 부분적으로 작용한 것이기도 하겠지만, 감시를 수행할 더 큰 의지력을 가지고 있는 것으로 보인다. 집중적인 언론보도 그 자체만으로는 의사당의 소방수들을 움직이게 하는 데 충분하지 못할 수 있다. 예를 들면 부시 행정부 2기에 불법 도청과 CIA의 고문 관행들은 언론의 상당한 관심을 받았지만 주목할 만한 의회의 조사로 이어지지 않았다. 당시 미국은 테러 공격이 또 있을지도 모른다는 위협을 느끼고 있었고 이러한 두려움이 만연한 풍토 속에서는 충격적인 폭로에 대한 조사는 결코 추진되지 않았다. 또한 의회 감독자들 —특히 상원 및 하원 정보위원회의 의장들— 의 성향 및 분할 정부(divided government) 존재 여부도 국가정보 활동의 충격이 화재진압의 주요 사례로 이어질지 아닐지에 영향을 미칠 수 있다.[64]

64) Loch K. Johnson, John C. Kuzenski and Erna Gellner, "The Study of Congressional Investigations: Research Strategies," *Congress & the Presidency* 19 (Autumn 1992), pp. 138−56 참조. 한편으로 스캔들에 대한 언론 보도 및 정보 실패와 다른 한편으로 의회에서의 "충격"에 대한 반응(화재진압) 사이의 관계에 대해서는 Loch K. Johnson, "Intelligence Shocks, Media Coverage, and Congressional Accountability, 1947−2012," *Journal of Intelligence History* 13 (January 2014), pp. 1−21 참조.

[표 5.1] 1974-2016 자극에 대해 보인 의원들의 감독반응 유형

연도	자극	감독 반응	반응의 목적
1974	화재경보 (#1)	휴즈-라이언법	비밀공작 통제
1976-7	화재경보 (#1)	상원과 하원 정보위원회 설치; 비판적 보고서	책임성 강화
1978	화재경보 (#1)	해외정보감시법	전자기기를 이용한 정보 수집에 대한 영장
1980	화재경보 (#1)	정보감시법	감독 규정들의 강화
1980	순찰	국가기밀정보절차법	정보활동 소송절차 간편화
1982	순찰	정보요원신분보호법	정보관료 및 요원 보호
1984	순찰	CIA 정보법	정보공개법에 대한 제한
1987	화재경보 (#2)	비판적 보고서	정보감독활동 개선
1989	화재경보 (#2)	CIA 감찰관법	CIA 자체 감시활동 개선
1991	화재경보 (#2)	정보감시법	감독 규정을 더욱 강화
1996	화재경보 (#3)	중앙정보장 보좌관 설치; 비판적 보고서	정보공동체 운영 개선; 방첩 강화
1997	순찰	정보수권법 조항	CIA의 언론인 활용 통제;
1998	순찰	내부고발자보호법	내부고발 절차 개선
2001	화재경보 (#4)	미국 애국법; 알카에다 및 탈레반 정권에 대한 전쟁 공인, 군사력 사용 권한부여(AUMF), 대테러활동 재정지원 증가	테러용의자 감시; 알카에다 및 탈레반에 대한 준군사적 반격
2004	화재경보 (#4)	비판적 보고서	인간정보 및 분석 개선
2004	화재경보 (#4, #5)	정보개혁 및 테러방지법 (IRTPA)	반테러리즘 및 방첩활동 조정 강화를 위한 국가정보장(DNI) 제도 도입
2008	순찰	해외정보감시법 개정	NSA의 메타데이터 프로그램 지지
2015	순찰	미국 자유법	NSA 공작활동에 대한 안전장치

화재경보 (#1=국내 스파이 활동; #2=이란-콘트라 사건; #3=에임즈 사건; #4=9.11; #5=이라크 대량살상무기)
해외정보감시법 [P.L. 95-511; 92 Stat. 1783 (Oct. 25, 1978)]
AUMF =Authorization of the Use of Military Force

국가정보의 충격

1974년이 거의 끝나갈 즈음부터 의회가 정보감시를 진지하게 수행하기 시작한 이후, 의원들은 약 6년 동안 집중적으로 조사활동(소방활동)을 펼쳤는데, 아래에 서술된 경보와 표 5.1에서 보듯이 5개의 주요 정보활동에 관한 논쟁이나 충격에 자극(경보) 받은 것이다. 그 나머지 기간들은 거의 대부분 '순찰 활동'이었다. 때때로 이러한 순찰 활동이 활발하게 진행된 적(최소한 상원정보위원회 민주당원들 입장에서 상원의 고문 보고서는 뚜렷한 예이다)도 있었지만 대부분의 순찰 활동은 형식적인 것이었다.

주요 경보 1: 국내 스파이활동 스캔들(1974)　　미국 정부는 CIA가 국제 스파이활동(케이오스 공작)을 했다고 주장하는 뉴스에 대해 처치, 파이크, 록펠러 위원회의 조사활동을 받아들였다. 이들 위원회의 조사 결과는 상원 및 하원 정보위원회의 구성, 1978년 해외정보감시법의 영장주의, 그리고 모든 중요한 정보기관의 공작에 대해 의회에 사전 통보할 것을 명시한 매우 진전된 요구사항을 담은 1980년 정보감시법의 제정으로 이어졌다.[65]

주요 경보 2: 이란-콘트라 스캔들(1986)　　이러한 사건이 벌어지고 있다는 주장을 검토했던 해밀턴-이노우에 위원회(Inouye-Hamilton Committee)는 NSC 직원들과 소수의 CIA 관료들에 의해 수행된 불법적인 비밀공작 활동을 밝혀냈다.[66] 이 위원회의 조사결과는 1989년 CIA의 부적절한 행동을 의회에 알릴 책임이 부여된 감찰관 제도를 두기로 한 CIA 감찰관법, 그리고 공작활동의 정의를 명확히 하고 그 승인절차를 강화한 1991년 정보감시법의 제정으로 이어졌다.

---

65) Johnson, *A Season of Inquiry Revisited*; and Schwarz and Huq, *Unchecked and Unbalanced* 참조.

66) U.S. Congress, *Report of the Congressional Committees Investigating the Iran-Contra Affair*, U.S. Senate Select Committee on Secret Military Assistance to Iran and the Nicaraguan Opposition and U.S. House of Representatives Select Committee to Investigate Covert Arms Transactions with Iran, S. Rept. 100-216 and House Rept. 100-133, 100th Cong., 1st Sess. (November 1987), chaired by Daniel K. Inouye (D, Hawaii) and Representative Lee H. Hamilton (D, Indiana).

주요 경보 3: 에임즈에 대한 방첩활동 실패(1994)　　올드리치 에임즈(Aldrich Ames)의 배반행위를 발견하게 됨에 따라 의회는 전 국장장관 레스 애스핀(Les Aspin)과 해롤드 브라운(Harold Brown)이 차례로 위원장을 맡음으로써 애스핀-브라운 위원회(Aspin-Brown Commission)로 알려진 대통령과 의회의 공동 조사위원회를 구성하였다. 예닐곱 명의 미군을 죽게 만든 미국의 아프리카의 뿔(소말리아 반도)에서의 정보실패는 정보활동 관행에 대한 주요 조사가 보장되어야 한다고 생각하게 하는 데 기여하였다. 위원회는 보다 강력한 중앙정보장의 필요성을 특별히 강조하는 동시에 또한 정보활동의 전면적인 개혁과 매년 국가정보 예산 총액을 공표하도록 요구하는 보고서를 출간하였다.[67]

주요 경보 4: 9.11 테러 공격(2001)　　2001년 미국 본토에 대한 비극적인 테러 공격을 국가에 사전 경고하지 못한 정보기관의 실패로 인해 의회는 양원합동조사위원회(그레이엄-고스 위원회: Graham-Goss committee)를 설치하였고, 이어서 이 참사를 보다 철저하게 조사하기 위해 훨씬 포괄적인 대통령 직속 조사위원회(킨 위원회: the Kean Commission)를 설치할 것을 강하게 요구하였다.[68] 더 나아가 하원정보위원회는 핵심 지역에 좋은 정보자산(assets)이 별로 없다고 강조함으로써, 세계 각지에서 전개되는 CIA의 휴민트(humint) 활동에 대해 공개적으로 비판하였다.[69]

주요 경보 5: 이라크의 대량살상무기 부재(2003)　　2002년 10월 국가정보판단서(National Intelligence Estimate)에서 이라크 내 대량살상무기가 있을 가능성이 크다

---

67) *Preparing for the 21st Century: An Appraisal of U.S. Intelligence,* Report of the Commission on the Roles and Capabilities of the United States Intelligence Community (the Aspin-Brown Commission) (Washington, DC: Government Printing Office, March 1, 1996). 이 위원회의 성과에 관한 설명은 Loch K. Johnson, *The Threat on the Horizon: An Inside Account of America's Search for Security after the Cold War* (New York: Oxford University Press, 2011) 참조.

68) Joint Inquiry into Intelligence Community Activities before and after the Terrorist Attacks of September 11, 2001, *Final Report,* [플로리다주 출신 민주당 소속 상원의원 밥 그레이엄(Bob Graham)과 플로리다주 출신 공화당 소속 하원의원 포터 고스(Porter J. Goss)가 각각 이끔] U.S. Senate Select Committee on Intelligence and U.S. House Permanent Select Committee on Intelligence (Washington, DC: December 2002); 그리고 the Kean Commission, *The 9/11 Commission.*

69) *Intelligence Authorization Act for Fiscal Year 2005,* Report 108-558, Permanent Select Committee on Intelligence (the Goss Committee), U.S. House of Representatives, 108th Cong., 2nd Sess. (June 21, 2004), pp. 23-7.

는 부정확한 정보판단을 한 것을 계기로 의회는 이러한 분석실패를 조사하기 위해 정보에 관한 대통령 위원회(실버만-롭 위원회: Silberman-Robb Commission)의 설치를 지지하였다.70) 이에 더해 상원정보위원회는 대량살상무기에 관한 잘못된 평가에 대해 유사한 활동이지만 독자적으로 엄밀한 조사를 수행하였다. 이 위원회는 CIA의 실수들에 대해 초점을 맞추었고 클린턴과 부시 2기의 백악관이 경고정보를 잘 사용하지 못한 문제를 검토하지는 않기로 결정하였다.71)

주요 경보 6과 7은 각각 NSA의 시킨트(sigint) 수집에 관한 논쟁(불법 도청, 메타데이터)과 CIA의 고문 프로그램이 있은 후에 일어날 수 있었다. 그러나 정보활동 조사(화재진압)의 추진력은 장차 있을지도 모르는 테러리스트의 잠재적 공격 위험 때문에 둔화되었다. 워싱턴의 (전부는 아니더라도) 많은 주요 관료들 사이에서 안보적 고려가 자유와 프라이버시보다 우선되어야 한다는 생각이 만연해 있었다.

표 5.1에서 보듯이, 의회는 1974년부터 2016년에 이르는 동안 18개의 중요한 정보개혁을 발의하였다. 이중 11개는 주요 조사활동(소방수의 역할)으로부터 도출되었고, 7개는 주요 화재경보에 반응하는 맥락 밖에서(경찰의 순찰활동) 이루어진 것이다. 7개 중 첫 번째 것은 판사가 정보공동체 연루 소송사건과 관련된 모든 기밀 서류들에 대한 카메라 판독을 하게 함으로써, 법원에서 소송절차가 진행되는 동안 정보공동체는 비밀을 보다 쉽게 보호할 수 있었다. 두 번째로 1982년 정보요원신분보호법은 의회 의원들이 미국 정보요원이나 정보제공자의 이름을 적절한 인가를 받지 않고 누설하는 사람에 대해 강력한 벌칙을 부과할 법이 필요하다는 결론에 이른 결과였다.72) 정보공개법(FOIA: Freedom of Information Act)에 제한을 두는 세 번째 것은 비밀 정보기관에게 경우에 따라서, 특히 CIA의 비밀공작과 관련된 경우에 요구하는 것이다. 네 번째 발의는 정보공동체가 정보활동에 미국 언론인을 활용하는 경우 반드시 의회에 보고하도록 하는 것이고 다섯 번째 발의는

---

70) 로렌스 실버만(Laurence H. Silberman) 판사와 버지니아주 민주당 소속 전 상원의원 찰스 롭 (Charles S. Robb).가 주도한 *Report of the Commission on the Intelligence Capabilities of the United States Regarding Weapons of Mass Destruction.*

71) *Report on the U.S. Intelligence Community's Prewar Intelligence Assessments on Iraq* (the Roberts Report), Senate Select Committee on Intelligence (the Roberts Committee), U.S. Senate, 108th Cong., 2nd Sess. (July 7, 2003).

72) Title VI, Sec. 601, 50 U.S.C. 421; Public law 97-200.

내부고발 절차를 개선하고자 하는 것이다.[73] 마지막 두 개의 순찰 활동 성격의 발의(여섯 번째와 일곱 번째)는 NSA 메타데이터 프로그램의 몇몇 주요 기능들을 지지하는 동시에 그렇게 함에 따라 NSA로부터 사생활 침해를 방지하기 위한 새로운 안전장치를 규정하는 법(2015년 미국자유법)의 통과에 기여하였다. 이러한 순찰활동의 영향력은 중요하기는 하지만 5개의 화재경보 사건이 작용했던 보다 전면적인 변화, 즉 휴즈-라이언 법, 해외정보감시법, 1980년과 1990년의 정보감시법과 같은 개혁에는 미치지 못하는 것이었다. 특별한 충격의 결과인 이러한 주요 개혁들은 정보활동의 책임성을 효과적으로 담보하는 것과 관련된 몇몇 근본적인 이슈에 초점을 맞춘 것이었다. 이러한 이슈들에 대해 검토하기로 한다.

정보의 책임성과 관련한 주요 이슈들

누가 알아야 하는가?

정보기관들에 대한 입법부의 감시가 어떻게 수행되어야 하는가 하는 문제와 관련하여 중요한 것으로 생각되는 몇 개의 이슈들이 지속적으로 논의되어 왔다. 첫 번째 이슈는 의회의 누가 지속적으로 보고를 받아야 하는가이다. 1974년 이전에는 그 대답은 군사위원회 및 세출위원회 산하의 작은 규모의 정보소위원회의 소수의 의원들이었다. 그것도 중앙정보장이 실제로 그들에게 무언가를 말해주고자 할 때나 그 의원들이 존 스테니스(John Stennis) 상원의원과는 달리 기꺼이 들을 마음을 가지고 있을 때 제대로 알 수 있었다. 오늘날에는 의회 내 "정보 취득 집단"(witting group)의 범위가 확장되어 여기에는 상원 및 하원의 정보위원들 뿐만 아니라 (몇몇 정보 관련 주제와 관련하여) 세출위원회의 일부 선정된 의원들도 포함된다. 또한 몇몇 긴급 상황의 경우에는 의회의 4명의 지도자(양당 각 2명씩)가 정보보고 대상에 포함된다. 그렇지만 정보관료들은 이러한 보고 규칙들을 지키지 않는 경우도 있었는데, 그들은 때때로 위원회의 위원장에게만 알려주려 시도하기도 하였다. 그러한 경우로는 볼랜드 위원장이 초기 터너(Turner) 국가정보장을 믿고 있던 동안에 정보기관의 활동에 대해 얼마나 많이 자세히 들여다볼 수 있었는지에

---

73) Title VII, Intelligence Authorization Act for FY 1999; Snider, *The Agency and the Hill*, pp. 71-2 참조.

의구심을 품기 시작하기 전까지 터너가 볼랜드 위원장에게 사용한 술책을 들 수 있다.

다른 경우로서, 국가정보 운영자들은 공작의 승인이나 몇몇 다른 중요한 결정들에 대한 브리핑을 "8인방"(Gang of Eight: 의회의 최고위 4인 지도자들과 상원 및 하원 정보위원회의 양당 지도자들 4인)에게 제한하려고 할 수 있다. 또는 심지어 양원 정보위원회의 양당 지도자들인 4인방(Gang of Four)으로만 정보 취득 집단을 제한하려 할 수도 있다(경우에 따라서 4인방은 양원의 양당 지도자 4인을 가리키기도 한다).[74] 4인방 개념은 엄밀히 말해 1980년 이후 양당 출신 대통령에 의해 때때로 사용되어 온 것으로 행정부가 고안해 낸 개념이다. 이 개념은 부시 2기 행정부가 NSA 메타 프로그램과 CIA의 고문에 대해 소수의 의원들에게만 보고하고자 했던 경우에도 사용되었다. 4인방 규정은 법규 어디에도 없다. 8인방 개념도 긴급 상황에서만 적용할 것으로 예정된 하나의 집단에 불과하다는 점이 강조되어야만 한다. 그러나 2002년 제2기 부시 행정부는 2005년 뉴욕 타임스에 의해 폭로된 공작인 미심쩍은 불법 도청에 대해 8인방에게만 ―브리핑 받은 의원들에 의하면 그것도 간단히― 브리핑 하였다.

또 하나 농간의 예로서, 정보 운영자들은 가끔 8인방이나 4인방에게 비밀공작에 대해 직원들이 참석하지 못하도록 하기 위해 최선을 다하는 것을 들 수 있다. 의원들은 보통 공작에 대해 깊이 탐구할만한 시간이 충분히 없는 반면, 전문 지식을 겸비한 직원들은 의원들이 고려해야 할 심각한 이의를 제기할 수 있는 점을 감안하면 이는 매우 영리한 전략이라 할 것이다. 캐슬린 클락(Kathleen Clark)이 지적한 것처럼, 행정부는 직원들이 없는 상태에서 8인방에게 보고하고, 마치 8인방이 상하원 모든 의원은 아니더라도 양원 정보위원회 모든 위원을 대표한 것처럼, 공작에 대해 의회의 지지를 받았다고 주장한다.[75] 때때로 상원 및 하원 정보위원회 직원들은 당파적이거나, 감시 절차에 대한 경험이 없거나, 정보에 대해 짧은 지식을 가지고 있을 수 있다. 좋은 직원이 절대적으로 필요한데, 그것은 의원들이 때때로 너무 바빠 CIA와 다른 정보기관들이 제안한 국가정보 발의안을 상세하게 검

---

74) Alfred Cumming, "Sensitive Covert Action Notifications: Oversight Options For Congress," *CRS Report for Congress*, Congressional Research Service (July 7, 2009), pp. 1-12 참조.

75) Kathleen Clark, "'A New Era of Openness?' Disclosing Intelligence to Congress under Obama," *Constitutional Commentary* 26 (2010), pp. 1-20, seep. 14.

토할 수 없기 때문이다. 오랜 동안 정보기관과 의회의 관계를 지켜봐 온 전직 CIA 관료는 "직원들이 주도권을 가져야 한다"고 결론을 내렸다. "의원들은 궁극적으로 적합한 인재를 뽑아야 하고 그들에게 계속 근무하도록 충분한 비용을 지불해야 한다."76)

클락은 오바마 행정부도 의회에 대한 국가정보의 노출이라는 건전한 행동을 저지하려던 부시 행정부의 관행을 답습하고 있다고 결론을 내렸다.77) 예를 들면 오바마 행정부는 가끔 비밀공작에 대해 8인방을 넘어 의회에 보고할 것을 거부하였다. 1980년과 1990년 의회가 정보감시법을 제정한 의도에 따르면, 긴급사태의 경우에만 8인방에게 보도하도록 허용하고, 보고 받은 후(수일 안에 - 48시간을 의미하는 것으로 해석됨) 그들 8인은 상원 및 하원 정보위원회 소속 모든 위원들이 적절한 방법으로 브리핑 받는 것을 보장해야 한다는 점은 되풀이해 말할 가치가 있다. 8인방에 대한 브리핑이 진정 필요한 경우에는, 소수의 고위급 직원 또는 정보에 정통한 직원들이 그 브리핑 대상에 포함되어야 하고, 상원 및 하원 전체 위원들에게 그때그때마다 8인방 규정을 환기시켜 주어야 한다.

때로는 의회 내에 브리핑할 선호 대상 의원이 없는 경우(Gang of None)도 있었는데, 케이오스, 코인텔프로(COINTELPRO), 샴록(SHAMROCK), 미너렛(MINARET) 작전과 CIA의 암살공작 등이 그러한 경우였다. 가장 오랫동안 CIA 국장으로 재임 (1953-61)하였던 앨런 덜레스(Allen Dulles)는 그는 오직 대통령 한 사람에게만, 그것도 그가 요구할 때만 진실을 말할 의무를 느낀다고 하였다.78) 그는 대통령 외에 정보를 수령할 수 있는 사람으로 한 사람을 추가하기도 하였다. "나는 감시위원회에 진실에 대해 모호한 태도를 취해야 하지만, 만약 위원장이 알길 원한다면 그에게는 진실을 말할 것이다"라고 말한 적도 있었다.79)

이와는 뚜렷하게 대조되는 것으로, 1980년과 1991년 정보감시법의 의도는 상원 및 하원 정보위원회 모든 위원들이 (소수의 직원들의 참석과 더불어) 동등하게 브

---

76) 필자와 이메일 교신 (May 28, 2010).
77) Clark, "'A New Era,'" p. 13.
78) 국가정보 학자 Harry Howe Ransom, "Congress, Legitimacy and the Intelligence Community," paper, Western Political Science Association, Annual Convention, San Francisco, California (April 20, 1976)에 의해 인용됨.
79) Torn Braden, "What's Wrong with the CIA?" *Saturday Review* (April 5, 1975), p. 14에 의해 인용됨.

리핑을 받도록 하는 것이었다. 정보위원은 위원장보다 하위 집단이 아니고 만약 하위 집단의 성격을 가졌다고 하더라도 위원들은 이러한 접근법을 주장해야만 한다. 그렇지 않으면 정보 운영자는 완전한 브리핑 규칙을 회피하려 할 것이다.[80] 실제로 수많은 비밀 누설이 있었던 행정부와는 달리, 양원의 정보위원회 구성원들로부터는 중요한 기밀누설이 일어나지 않음으로써 정보위원회가 수년에 걸쳐 신뢰할 만하다는 것을 보여주었다. 의회는 긴 역사 동안 워터게이트 사건 때 닉슨 행정부와는 달리 어떠한 "은밀한 정보 누설 색출자(plumbers)"도 둔 적이 없었다.[81]

리차드 헬름스(Richard Helms) 임기 때 중앙정보장이 의회에 보고하는 것과 관련해 벌어진 논쟁은 유명하다. 1973년 헬름스는 상원 국제관계 소위원회에 참석했을 당시 CIA가 칠레 아옌데 정권의 전복을 위해 은밀하게 활동했는지에 대해 대답하도록 요구받았다. 그는 '노우'(no)라고 대답했지만 그것은 사실이 아니었다. 의원들이 그의 잘못된 반응에 대해 항의함에 따라 법무부는 그를 위증죄로 고발하였다. 양형 거래에서 헬름스는 경범죄로 선고받고 2,000달러의 벌금을 내는 데 합의함으로써 2년의 감옥형을 피할 수 있었다. (그의 견해의 의하면) CIA가 애초에

---

80) CIA 국장으로 재직하는 동안, 레온 파네타(Leon E. Panetta)는 "나는 4인방, 즉 당 지도자들에게만 에게 브리핑하는 것을 원하지 않는다. 인준 청문회 때도 말했지만, 내 견해는 우리가 알려야만 할 때에는 무슨 일이 진행되고 있는지에 관하여 정보위원들의 위원 전원에게 알리는 것이 매우 중요하다는 것이다." [remarks during Q and A, Pacific Council on International Policy, California (May 18, 2009)].

81) 워터게이트 사건의 일부분으로서, 정치적 반대자들에게 초법적 감시 방법들을 사용하여 비밀 누설을 막으려는 "정보 누설 색출자들"(plumbers)로 알려진 닉슨대통령의 비밀팀(secret Nixon White House group)과 관련해서는 일리노이주 시카고에 개최된 미국정치학회 연례회의에서 헌법학자 Raoul Berger의 연설 (September 4, 1987; author's notes) 참조.

의회 정보위원회들로부터는 1995년 단 한 건의 중요한 비밀 누설이 있었는데, 누설자는 뉴저지주 출신 민주당 소속 하원의원 로버트 토리첼리(Robert G. Torricelli)였다. 그는 CIA의 극비 브리핑에서 CIA가 과테말라에서 한 미국 시민의 남편의 죽음과도 연루되었을 가능성도 있는 살인사건 피의자를 공작원(asset)으로 고용하고 있다는 사실을 알고 화가 났다. 토리첼리는 항의의 뜻으로 빌 클린턴 대통령에게 편지를 썼다. 그런데 또한 그는 심한 인권 침해 기록이 있는 다른 외국인 첩보원들과 함께 그 공작원[과테말라군 훌리오 로베르토 알피레스(Julio Roberto Alpirez) 대령]을 해고하라고 CIA에 압력을 가하려는 의도에서 언론에 이 정보를 누설하였고, 후에 이를 인정하였다. 그 혐오스러운 대령에 관한 토리첼리의 논리가 아무리 옳다고 하더라도, 그는 중요한 정보 비공개 규칙을 위반하였다. 더 나아가, 그의 행동으로 말미암아 일부 사람들은 의회가 기밀 정보를 다루는 것에 대한 신뢰성을 의심하게 되었다. 하원정보위원회 지도부는 그를 호되게 비난하였지만 더 이상의 행동은 취하지 않았다. 다음 해, 토리첼리는 뉴저지주에서 상원의원에 출마하였고 당선되었다. 하지만 그는 1996년 첫 상원의원 당선 이후 그를 집요하게 괴롭혀 온 캠페인 기금 모집의 부정행위에 대한 많은 의혹 속에서 2002년 상원의원 출마를 포기하였다.

아옌데의 선출을 막기 위해 노력했던 것만큼 쿠데타에 많이 관련되지 않았었기 때문에 그는 소위원회에서 적절히 행동했었다고 계속 믿었다. 게다가 그는 닉슨 대통령이 그에게 부여한 비밀 준수를 지켰을 뿐이라고 주장하였다. 그러나 최종 결과는 (비록 의원들 일부는 다른 브리핑들에서 사실을 알았다 하더라도) 의원들이 속았다는 것이다. 헬름스는 의원들에게 거짓말을 하기보다는 (실제이건 상상된 것이건 간에) 공작이 있었다는 주장들의 모든 경우가 그러하듯이, 공개적으로 그러한 문제들을 논의할 수 없었지만, CIA의 남아메리카나 다른 지역에서의 공작에 관한 오해를 바로잡기 위해 비공개회의에서 의원들을 만났더라면 더 좋았었을 것이라고 할 수 있다.

언제 의회에 보고되어야 하는가?

또 다른 핵심 이슈는 언제 정보 운영자들이 그들의 활동에 대해 의원들에게 알려야하는가 하는 문제이다. 1974년 이전의 대답은 아무 때나 운영자들이 그렇게 하는 것이 좋겠다고 느낄 때 한다는 것이었다. 휴즈-라이언 법에 따르면 비밀공작에 대한 그 대답은 브리핑이 "적절한 시기에" 이루어져야 한다는 것으로 진화하였다. 이 법에 대한 투표가 행해지기 전의 원내 자유토론에서 "적절한 시기"는 24시간 내를 의미하는 것으로 정의되었다. 1980년 -법의 규정은 간단하지만 적용 범위는 넓은- 정보감시법의 관련 규정은 (비상사태 시 우선 8인방에게 하루 또는 이틀 먼저 보고하고 그 이후에 상원 및 하원 정보위원회에 완전한 브리핑을 하도록 요구되는 경우를 제외하는) "사전 통보"를 의미하는 것으로 보다 강력하게 변화되었다. 시행 이전(Anto Facto) 보고 원칙이 시행 이후(ex post facto) 보고를 누르고 이긴 것으로, 이러한 과정을 통해 정보 감시를 훨씬 더 강력하게 할 수 있게 되었다. 이제 의원들은 어떤 작전이 이미 시행되기 전에 이의를 제기할 수 있는 위치에 있게 되었다. 예를 들면 미시간주 출신 공화당 소속 하원정보위원회 위원장 피트 훅스트라(Peter Hoekstra)는 특정 비밀공작에 대해 조지 부시 대통령에게 직접 항의한 적이 있고, 보도에 따르면 부시 대통령은 이 비판에 기초하여 그 공작을 수정하였다.[82]

1991년 정보감시법은 이 보고 규정을 계속 유지하고 있었지만 이 법안 통과를

---

82) Mike Soraghan, "Reyes Backs Pelosi on Intel Briefings," *The Hill* (May 1, 2009), p. 1.

위한 원내 자유토론에서 행정부는 비상사태의 경우 (8인방에게만 보고하는 것을 허용하면서) 48시간 내에서 보고 연기를 활용할 수 있도록 하였다. 의회의 8인방은 상원 및 하원 정보위원회 나머지 의원들에게 보고할 것이 요구된다.[83] 중앙정보장 인사청문회 때 (통과된) 중앙정보장 후보자 로버트 게이츠(Robert M. Gates)는 의회에 대한 보고 연장이 아무리 길어져도 수일(a few days)을 초과한다면 국장직 사퇴를 심각하게 고려할 것이라고 엄숙히 선언하였다.[84]

어떤 정보가 보고되어야 하는가?

어떤 종류의 정보가 보고되어야 하는가 하는 문제 또한 대단히 중요하다. 1974년 이전에는 이에 대한 결정이 중앙정보장의 재량에 맡겨져 있었다. 이후 휴즈―라이언 법에 의해 중요한 비밀공작은 보고하도록 요구되었다. 보다 광범위한 1980년의 정보감시법은 의회는 "모든" 중요한 정보활동에 대해 알기 원한다는 것을 명확히 하였다. 비록 행정부가 간헐적으로 이를 무시하기도 하였지만, 그래도 이것은 황금률로 남아있다.

어떤 정보기관이 보고해야 하는가?

16개의 정보기관(국가정보장실을 행정부처가 아닌 하나의 정보기관으로 포함시킨다면 17개) 중 어떤 기관이 의원들에게 보고하여야 하는가 하는 주제에 대한 논쟁이 있었다. 1974년 이전에 그 대답은 중앙정보장이 랭글리에 있는 CIA 본부에 자리를 잡은 이후, 자주는 아니더라도, CIA가 보고한다는 것이었다. 1974년 휴즈―라이언 법이 통과된 이후에 그 대답은 ―최소한 휴즈―라이언 법에 따라 대통령의 재가가 요구되는 공작의 경우― CIA와 함께 백악관도 포함되는 것으로 수정되었다. 이후 1980년 정보감시법은 모든 정보기관뿐만 아니라 기타 "부처들"(entities)도 정보활동에 연관될 경우 의회의 감시위원회에 보고하도록 요구된다는 점을 강조하

---

83) Addendum B, *Congressional Record,* vol. 126, part 20, 96th Cong., 2nd Sess. (September 17―24, 1980), esp. p. 17693 참조.

84) *Congressional Quarterly Almanac,* vol. XLVII, 102nd Cong., 1st Sess. (1991), p. 482.

고 있다. 적용 범위가 넓은 표현을 사용함에 따라 NSC 직원도 포함되었는데, 이 문제는 레이건 행정부 시절 NSC가 초특급 비밀활동이었던 이란-콘트라 공작활동에 착수할 때 NSC 직원이 이 규정을 무시함으로써 논쟁거리가 되었다. (NSC의 변호사를 포함하여) NSC 직원은 NSC가 정보공동체의 공식적 일원이 아니므로 1980년 정보감시의 규정으로부터 면제된다고 주장하였다. 이러한 해석은 1980년 정보감시법의 의도와 다른 것이었고 1987년 이 스캔들에 대한 이노우에-해밀턴 위원회의 조사에 참여했던 의원들의 과반수가 이러한 해석을 거부하였다.

의원들은 얼마동안 위원회에 참여할 수 있는가?

위원회의 임기 제한 문제 또한 의회가 효과적으로 감시하지 못하는 것을 이해하는 데 중요하다. 1977년 하원정보위원회가 창설될 당시, 위원회는 위원들의 임기를 4번(8년)으로 제한하고, 위원장과 소수당 간사의 경우에만 10년까지 재직할 수 있도록 허용하였다. 이처럼 제한을 둔 논리는 위원들이 빨리 교체됨으로써 정보기관들에 의해 위원들이 천거되는 것을 막기 위한 것이었다. 똑같은 논리에 따라 상원정보위원회도 2005년에 위원들이 보다 긴 기간 동안 재직하는 것이 -그렇게 함으로써 보다 많은 경험과 지식을 가질 수 있기 때문에- 초기에 강조되었던 천거를 방지하는 것보다 중요하다고 결정할 때까지 유사한 임기 제한을 두었다. 최근에 하원정보위원회도 임기 제한을 폐지하였다. 이제는 양원의 정보 감시자들이 난해한 스파이 활동에 대한 진정한 전문가가 될 수 있도록 -또는 선출되는- 기간을 더 길게 하고 있다.

누가 법률을 제정하는가?

의회 내 예산 수권 법안들(authorization bills)의 정상적 통과(이후에 수권 법안에 따라 정책에 사용될 세출 법안들이 뒤따른다)는 때때로 정보 영역과 동떨어져 이루어진다. 가끔 양원의 세출위원회는 상원 및 하원 정보위원회의 권고안이 있음에도 불구하고 정보 운영자들과 거래를 한다. 예를 들면, 정보위원회는 최근 위성 프로그램을 맹렬히 비난하였지만, 정보 운영자들이 이들 위원회를 건너뛰어 효과적으로 세출위원회들에 로비를 벌임으로써 결국 세출위원회는 그들에게 예산을 지출하였다.[85] 여전히 보다 걱정스러운 것은 당파적 논쟁에 빠져있는 상원 및 하원 정보위원회가 공화당 위원과 민주당 위원 사이에 정책에 대한 강한 의견 불일치 때문에 2000년대 초 7년 동안이나 예산 수권법안 하나를 통과시킬 수 없었다는 사실이다. 이러한 양극화 현상으로 인해 상원 및 하원 정보위원회가 책임 있는 정보 감독자로서의 역할을 수행할 수 있을 것인지에 대한 심각한 의문이 제기되었다. 정보위원회의 상황이 이러하자, 상원 지도부는 9.11 위원회가 2004년에 의회에서의 정보 감독 기능이 제대로 이루어지지 않았다고 ─ 한 경험 많은 관찰자에 따르면 "정보위원회 역사상 최저점"(the low point)[86] ─ 결론 내리자 정보공동체 개혁 문제를 (상원정보위원회 보다는) 정부활동위원회(Government Affairs Committee)에 배당하였다. 보다 최근 들어 양원의 모든 위원회 해마다 예산 수권법안을 통과시킬 수 있었으나 상원정보위원회의 고문보고서를 둘러싸고 싸우는 동안 극적으로 보여주었듯이 정보위원회에서는 상당한 당파적 투쟁이 계속되어 왔다. 이러한 딜레마를 해결할 수 있는 가장 확실한 방법은 의회 지도자가 초당파적 입장에서 서로 잘 지낼 수 있는 상원 및 하원 정보위원회 위원장과 소수당 간사를 선정하는 것이다. 이것은 워싱턴뿐만 아니라 전국에 걸쳐 벌어지고 있는 불행한 당파적 투쟁을 완화시킬 수 있는 상당히 유용한 방법이 될 것이다.

누가 책임을 지는가?

마지막으로 문제되는 것은 의회 내 정보에 대한 권한의 경계가 혼란스럽다는 것이다. 양원에 걸쳐 다음의 위원회들은 각각 정보에 대한 관할권을 주장한다. 즉 세출(돈), 대외관계 및 외교(국제관계), 법사(FBI와 해외정보감시법원), 군사(전술적 군사정보), 국토안보(국내 안보), 그리고 상원 및 하원의 정보위원회가 그것이다. 양원의 정보위원회는 현재 CIA와 국가정보장실에 대해서만 독점적 권한을 가지고 있다. 이와 같이 정보와 관련된 많은 위원회의 존재는 정보운영자가 국가정보장

---

85) Douglas Jehl, "New Spy Plan Said to Involve Satellite Systems," *New York Times* (December 12, 2004), p. A1.

86) 키베(Kibbe)의 상원정보위원회 법률고문과 CIA 감찰관을 역임한 브릿 스나이더(L. Britt Snider)의 인터뷰, Kibbe, "Congressional Oversight of Intelligence," p. 27 참조.

(DNI)이건 CIA 차원의 프로그램 운영자건 간에 그들의 시간과 에너지를 과도하게 소비하게 하는 주요한 부담이 될 뿐만 아니라 혼란을 초래할 수 있는 원인이라 하겠다. 옛 속담에 모두가 책임진다는 것은 아무도 책임지지 않는다는 것이란 말이 있다. 의원들은 다른 위원회 중 하나가 책임질 거라고 생각하여 국가정보 프로그램을 대충 훑어볼 수도 있다. 예를 들면 제가트(Zegart)는 1990년대 후반 FBI의 방첩에 관한 개혁이 한편으로는 상원 및 하원의 정보위원회와, 다른 한편으로는 법사위원회 사이에서 각각 다른 위원회가 이 새로운 개혁안을 검토할 것이라고 믿었기 때문에 불충한 내용이 되었다고 보고하였다.[87]

이상적인 해결 방법은 상원 및 하원 정보위원회가 의회 산하의 미국 회계 감사원(GAO: Government Accountability Office) 직원들과 외부의 감독위원회(6장에서 논의될 제안)의 도움을 받으면서 정보활동의 대부분에 대해 보다 확장된 관할권을 갖는 것이다. 상원 및 하원 정보위원회와 함께 법사위원회도 FBI 및 해외정보감시법 관련 문제들이 국내법적 고려와 밀접한 관련이 있는 경우에는 여전히 그 문제들을 검토할 수 있을 것이다. 전반적으로 이렇게 해도 현재 정보활동 검토와 관련된 다른 위원회는 정보감시에 관한 한, 정보기관에 대한 (어차피 그들이 가끔 무시하기도 하는) 추가적 책임부담 없이도 처리해야 할 일 이상으로 이미 하고 있는 것이다.[88] 게다가 상원 및 하원 정보위원회 소속의 몇몇 의원들은 의회 내 다른 국가안보 위원회에도 소속되어 일하고 있다. 이들은 정보활동 전개 상황에 관하여 군사위원회나 적합하다고 생각되는 다른 위원회에 보고할 수 있다.

하지만 양원 정보위원회에 보다 많은 정보활동을 배치하려면 강력한 의회 지도력이 요구되며, 어떤 이들은 비범한 조정 능력이 요구된다고 한다. 그럼에도 불구하고 1975년에서 1977년 사이 처음에는 상원 및 하원 정보위원회 설치에 대해 반대하는 강력한 세력이 있었다. 그러나 이러한 세력들은 정보활동 감독 체제에 근본적인 변화가 필요하다는 국민과 의회의 강한 정서로 수그러들었다. 절실하게

---

87) Amy B. Zegart, testimony, "Congressional Oversight of Intelligence Activities," *Hearings,* Select Committee on Intelligence, U.S. Senate (November 2007), p. 47.

88) 상원 군사위원회 위원인 존 매케인(John McCain)은 9.11 위원회에서 만약 자신이 속한 군사위원회가 정보에 관한 연간예산을 검토하는 데 10분을 사용했었다면, 9.11 테러가 일어나지 않았을 거라도 말한 것으로 알려져 있다; Jonathan Weisman, "Democrats Reject Key 9/11 Panel Suggestion," *Washington Post* (November 30, 2006), p. A17, Kibbe, "Congressional Oversight of Intelligence," p. 30에서 인용됨.

필요한 개혁은 의지가 있다면 다시 실현될 수 있다.

정보 감독관으로서 의원의 역할

1974년부터 지금까지, 한편으로는 효율적인 정보기관과 다른 한편으로는 신성한 시민의 자유 사이에서 어떻게 적절한 균형을 유지할 것인가에 관한 미국에서의 다년간의 경험을 살펴보면 (주요한 경보에 반응하여) 때에 따라서는 철저하게 감시하였지만 종종 정보기관의 권력 남용에 대한 견제장치로서의 기능에 게으른 태도를 보임으로써 마치 시소를 타듯 이랬다저랬다 하면서 요동쳐왔다. 1974년 이후 정보활동에 대한 감시 의무를 행할 때 의회는 4개의 주요 역할 중 하나를 채택해왔다. 그것은 바로 방관자(ostrich), 지지자(cheerleader), 반대자(lemon−sucker), 수호자(guardian)의 역할이었는데, 몇몇 의원들은 당시의 환경과 개인의 성격에 따라 여러 역할 사이를 왔다 갔다 했다.

정보활동 감시자가 취할 수 있는 다른 역할도 상상할 수 있다. 예를 들면 드문 케이스로서, 애스핀−브라운 위원회의 조사기간 동안 이 위원회 위원인 네브라스카주 출신 민주당 소속 제임스 엑슨(James Exon) 상원의원은 보고서 초안을 읽거나, 증인들을 인터뷰하거나, 해외에서 행해진 미국의 정보활동 프로그램을 사찰하기 위해 여행하거나, 위원회 동료들이 수행한 업무에 연계되는 것은 고사하고, 회의나 청문회에 참석하는 것조차도 귀찮아 하였다. 엑슨은 첫 번 회의에 모습을 드러냈고, 조사가 진행되던 중반에 위원회 비공개회의에 증인으로 유명인사(헨리 키신저 전 국무장관)가 참석하였을 때 한 번 나타났고, 마지막으로 위원회의 보고서가 완료되어 위원들이 대통령 집무실에서 그들의 조사결과에 대해 클린턴 대통령과 고어(Gore) 부통령에게 보고하도록 초대되었을 때 참석하였다. 역할 유형으로서 우리는 엑슨을 위해 "프레리독"(prairie dog)이라는 용어를 생각해 낼 수 있을 것이다. 왜냐하면 그는 무슨 일이 진행되고 있나 살피기 위해 땅 밑 굴속에서 때때로 머리를 내밀고 지평선 위에 어떤 일이 벌어지는 것처럼 보이면 재빨리 숨어버리는 프레리독과 그 행태가 비슷했기 때문이다.

또 하나의 역할은 CIA가 1950년대 준군사 활동에 대한 브리핑을 하였을 때 의회가 보인 반응과 같은 "잠자는 감시견"의 역할이 있을 수 있고, 하원의원 애스핀과 마졸리가 터너 중앙정보장의 발목을 꽉 물었을 때를 연상케 하는 "현장을 지키는 사나운 개"의 역할도 있을 수 있다. 한때 상원 및 하원 정보위원회의 CIA 연락관으로 일했던 경험 많은 전직 CIA 관료는 필자에게 추가적으로 몇몇 역할 유형을 제시하였다. 그는 약간은 농담조로 "정치적 이익을 위해 정보활동을 맹렬히 비난하는 정치인에 대해 '관심병 환자'(grandstander)는 어때요?"라고 제안했다. 이어 그는 완전한 브리핑을 받은 후 표면상 쇼크를 받은 듯하면서 책임을 회피하려는 의원들에 대해서는 "족제비"가 어떠냐고도 하였다.

그러나 이 글에서는 상원 및 하원 정보위원회 구성원이 감독을 위해 관여한 유형의 범위를 아래의 방관자, 지지자, 반대자, 수호자의 4가지 유형으로 나누어 제시하고자 한다.

[그림 5.4] 미국 의회 내 정보활동 감독자의 역할 유형

		정보활동 지원 책임	
		저	고
정보활동 평가 책임	저	1 방관자	2 지지자
	고	3 반대자	4 수호자

방관자

정보 감시자의 첫 번째 유형은 "방관자"이다. 이는 정보기관들에 대해 온화하면서 태만한 자세로서 임하는 의원들을 가리킨다(그림 5.4 참조). 이러한 관점은 1974년 국내 스파이 스캔들이 있기 이전 거의 모든 의원들의 특징이었다. 현실

회피자의 고전적 예는 1981년 상원정보위원회 위원장이 된 배리 골드워터(Barry Goldwater) 상원의원이다. 그는 이전에 처치위원회의 일원으로 활동하였다. 처치위원회에서 활동할 때인 1976년에 그는 아이로니컬하게도 그가 주도하게 될 바로 그 위원회인 상원정보위원회 창설에 반대표를 던졌다. 또한 그는 미국 내 도청 공작에 대한 보다 면밀한 사법적 조사와 CIA공작 활동에 관한 보다 확장된 의회 청문회 개최 등을 포함하여 처치위원회가 권고했던 98개의 개혁안 대부분을 반대하였다. 골드워터는 군사위원회와 세출위원회 산하 소수의 정보활동에 관한 소위원회가 때때로 비밀정보 활동을 검토하였던 1975년 이전의 정보활동 감독체계에 만족하였다.[89]

지지자

정보 감시자의 두 번째 유형은 "지지자"이다. 이 유형의 의원은 사실을 외면하고 정보기관 편에서 오로지 더욱 큰 소리로 응원만 한다. 지지자는 일차적으로 정보활동의 옹호, 정보 예산지지, 국내 및 해외에서의 미심쩍은 미국의 적들에 대항한 비밀 활동의 전개 등에 관심이 있다. 청문회가 열리는 기간 동안 증인들이 정보운영자들을 센터필드 담장 너머로 날려버릴 정도로 강타할 수 있을 때, 지지자들은 정보운영자들의 요구대로 부드럽고 가벼운 쉬운 질문들을 던지는 "소프트볼"의 피처 역할을 전문적으로 수행한다.[90] 기자회견장에서 지지자는 "당신이 알기만 했다면" 성공이라고 했을 것이라고 배후를 넌지시 비치거나, 정보관료 및 요원들의 영웅적 행동들을 칭송하거나, 국가를 위태롭게 하는 비밀을 보도하는 언론인을 혹평하거나, 주제넘게 참견하는 의원과 그들의 보좌진으로 인해 정보기관이 무력화된다면 또 다른 9.11 사태가 발생할 수 있다는 국내외의 위협을 경고하는

---

89) David M. Barrett, "Congressional Oversight of the CIA in the Early Cold War, 1947–1963," in Loch K. Johnson, ed., *Strategic Intelligence, Vol. 5: Safeguards against the Abuse of Secret Power* (Westport, CT: Praeger, 2007), pp. 1–18; Loch K. Johnson, *America's Secret Power: The CIA in a Democratic Society* (New York: Oxford University Press, 1989); 그리고 Ransom, The Intelligence Establishment 참조.

90) 공개 청문회에서 의원들이 정보 관료들에게 질문하는 횟수와 진지성에 대해서는 Loch K. Johnson, "Playing Ball with the CIA: Congress Supervises Strategic Intelligence," in Paul E. Peterson, ed., *The President, the Congress, and the Making of American Foreign Policy* (Norman: University of Oklahoma Press, 1994), pp. 49–73 참조.

등 미국 정보기관의 변호사로서의 역할을 수행한다. 지지자들의 이러한 주장은 가끔은 사실이다. 정보 관료들은 성공하기도 하고, 이따금 영웅이기도 하고, 때때로 테러 공격을 막는다. 그러나 개혁이 절실히 필요한 부적절한 정보활동에 대해 비판적 시각이 부족함으로써 그들의 관점은 편향적이다. 우리는 볼랜드 하원의원이 1977년 하원정보위원회 첫 번째 위원장이 되었을 때 어떻게 지지자의 역할을 맡았는지 회상해 볼 수 있다. 그는 자신이 주도하는 위원회가 의회 내 정보활동에 대한 책임 있는 감독자로서 신뢰받을 수 있다는 것을 보여주려는 의도에서 가끔은 특정한 공작에 대해 자신의 개인적 냉소주의를 접고 정보기관에 대한 지지를 표명하였다.

반대자

세 번째 역할 유형은 "레몬−서커"(Lemon Sucker), 즉 반대자이다. 레몬−서커는 클린턴 대통령이 정부정책에 대해 시큰둥한 태도를 보였던 경제학자들을 묘사할 때 사용했던 용어이다. 지지자 유형이 편향적이라면 이 유형은 정반대편으로 편향적이다. 반대자 입장에서 보면 정보기관이 수행하는 일 중 어느 하나도 가치 있을 가능성이 있는 일은 없다. 이러한 관점에서 보면 정보기관이란 원래 비도덕적인 것이다. 정보기관이 하는 일이란 다른 사람의 메일을 열어 읽어보고, 전화를 도청하거나 소셜미디어를 엿보고, 문서를 훔치고, 외국정부를 전복시키고, 경우에 따라서는 드론 미사일과 독약으로 사람도 죽이는 것 등이다. 또한 냉소적인 반대자는 아이젠하워와 케네디 행정부 시절 (많은 시도에도 불구하고) 공격 대상 명단에 있는 외국 지도자를 재빨리 해치우지 못한 CIA의 무능력, 소련의 붕괴나 9.11 테러를 예견하지 못한 것, 2002년 이라크 내 대량살상무기의 부재 등을 지적하며, 정보기관이 무능력하다고 비판한다.[91] 가장 극단적인 냉소주의자 입장에서는 단 하나의 해결책 밖에 없다. 즉 CIA와 다른 모든 정보기관을 폐쇄하는 것이다. 예를 들면 1996년 상원정보위원회의 존경받는 위원이었던 뉴욕주 출신 민주당 소속의

---

91) 이러한 실패 일지에 대해서는 Tim Weiner, *Legacy of Ashes: The History of the CIA* (New York: Doubleday, 2007); 그리고 Amy Zegart, *Spying Blind: The CIA, the FBI, and the Origins of 9/11* (Princeton, NJ: Princeton University Press, 2007) 참조.

다니엘 패트릭(Daniel Patrick) 상원의원은 CIA가 소련 붕괴를 예측하지 못한 것에 실망하여 CIA의 폐지를 요구하였다.[92]

수호자

네 번째 유형의 정보활동 감독관 유형은 "수호자"이다. 이 역할은 1975년 국가정보의 해 동안 입법부의 개혁론자들이 표방한 희망에 가장 합치하는 유형이다. 1985년부터 1987년까지 하원정보위원회 위원장을 역임한 인디아나주 출신 민주당 소속 리 해밀턴(Lee Hamilton) 하원의원은 이상적인 정보활동 감독관은 정보기관의 "파트너이자 비판자"로서 역할을 하는 의원이라고 주장하였다.[93] 또 다른 하원정보위원회 위원이었던 워싱턴주 출신 민주당 소속 놈 딕스(Norm Dicks) 의원은 "정보공동체를 감시하는 것은 좋은 부모처럼 격려하면서 훈육시키는 것"이라고 하였다.[94]

정보활동의 "파트너"로서 의원은 미국의 안보를 위해서 효과적인 정보활동 능력을 유지하는 것이 필요하다고 국민들에게 설파해야 한다. 의회의 방어세력이 없다면 정보기관은 비밀활동과 예산확보에 있어 국민의 지지를 받는 데 불리한 위치에 있게 된다. 그러한 의원이 효과적인 감시자가 되기 위해서는 또한 비판적이어야 한다. 즉 프로그램의 결점을 탐구하여 이를 파악하고 교정하려고 노력해야 한다. 이러한 도전적 역할을 수행하려면 무엇보다도 객관적인 입장에서 미심쩍은 활동에 대해서 (공작에 대한 공개적 검토가 너무 민감한 경우에는 비공개 청문회에서) 반대한다는 입장을 분명히 말할 수 있어야 한다. 리 해밀턴 의원은 상원 및 하원 정보위원회의 어느 위원보다도 이러한 이상적 태도에 가까웠다. 그는 위원회 회의를 정기적으로 소집하였고 자신의 보좌진과 정보기관이 건넨 메모와 보고서에 세심한 주의를 기울였으며, 정보기관이 범법이나 실수를 저질렀다는 언론의 주장에 대

---

92) Daniel Patrick Moynihan, "Do We Still Need the CIA? The State Dept. Can Do the Job," *New York Times* (May 19, 1991), p. E17.

93) Ann Davis, "GOP-Controlled Senate Expected to Give Less Scrutiny to War on Terror," *Miami Herald* (November 7, 2002), p. A1에 의해 인용됨.

94) Cynthia Nolan에 의한 인터뷰, Washington, DC (October 15, 2003), "More Perfect Oversight: Intelligence Oversight and Reform," in Johnson, ed., *Strategic Intelligence, Vol. 5*, pp. 126-7에서 인용.

해 사실을 파악하려 노력했고, 예산 검토 및 정보 전문가와의 대화에 많은 시간을 소비하였다. 그러나 해밀턴 의원조차도 1980년대 중반 이란-콘트라 스캔들 때 얼마나 흔들렸었는지 상기해 볼 필요가 있다. NSC의 직원들이 자신들은 불법적 작전에 연관되지 않았다고 해밀턴을 확신시켰을 때, 다른 상원 및 하원 정보위원회의 다른 지도자들처럼 그도 이러한 거짓 주장을 액면 그대로 받아들였다.[95] 이러한 일은 항상 일어날 수 있는 실수로서 이 경우 반대되는 소문이 만연하고 그로 인해 보다 공식적인 조사의 필요성이 강조되게 된다.

정보 책임성의 역동적 성격

상원 및 하원 정보위원회 위원들은 그들의 임기 동안 때때로 하나 이상의 정보활동 감독 유형을 보여주었다. 그림 5.5는 의원들이 네 가지 감독 역할 중 때에 따라 어떤 역할을 수행하였는지를 보여준다. 예를 들면 볼랜드 하원의원은 파이크 위원회의 CIA에 대한 거센 비판에 따른 나쁜 인상을 상쇄하기 위해, 1977부터 1980년까지 정보기관에 대한 강력한 지지자가 될 필요성을 느꼈다. 하지만 1980년대 들어 그는 지지자의 입장에서 수호자로서 보다 균형 있는 입장에 이르기까지 이리저리 표류하기 시작하였다. 1982년에 그는 케이시 중앙정보장과 니카라과 산디니스타 공산정권에 대항하는 콘트라 반군을 지원하기 위한 그의 비밀공작 활용에 대해 점차 우려하는 마음을 갖게 되었다. (당시 민주당이 다수파였던) 의회의 다수파였던 볼랜드는 -다른 준군사작전과 마찬가지로- 니카라과 항만에 지뢰를 부설하고 송전선을 폭파시킨 것은 다니엘 오르테가(Daniel Ortega) 대통령이 산디니스타 정권에 가한 위협에 비해 과도하게 반응한 것이라고 결론내렸다. 볼랜드는 니카라과에서의 준군사 활동 및 CIA의 다른 공작활동을 제한하는 7개의 수정안을 발의하고 통과시켰다.

1985년 하원정보위원회 위원장으로서 볼랜드의 임기가 끝날 무렵에, 그와 케이시 중앙정보장 사이의 관계는 상당히 악화되었다. 볼랜드는 지지자로부터 수호자로 변화하였고 그 다음에는 강력한 반대자가 되었다. 그림 5.5에서 보이듯이,

---

95) 하원의원 해밀톤(Hamilton)이 필자에게 언급, University of Georgia, Athens, GA (April 9, 2008). 또한 *Report of the Congressional Committees Investigating the Iran-Contra Affair* 참조.

[그림 5.5] 1977－2004 의회 정보활동 감독자의 역할 이동

방관자	지지자
Goldwater (1981－83) Shelby (1997－98	Boland (1977－78) Goldwater (1985) Graham (2001)

냉소주의자	수호자
Goldwater (1984) Boland (1982－85) Shelby (1999－04) Graham (2002－04)	Boland (1981) Aspin (1977－82) Mazzoli (1977－82) Robinson (1977－82) Hamilton (1985－87)

그는 2번 칸에서 시작하여 짧은 기간 4번 칸을 거쳐 3번 칸에 정착하였다. 볼랜드의 경우, 이러한 변화의 자극제는 두 가지였다. 하나는 레이건 행정부가 중앙아메리카에서 벌어진 사건들에 대해 과도하게 반응했다고 인식한 것이었고, 또 다른하나는 의회의 정보활동 감독에 대해 무시하는 태도를 숨기지 않았던 호전적이고오만한 케이시 신임 중앙정보장이었다. 케이시는 "의회가 할 일은 상관하지 않는것이다"라고 정보활동 감독에 대한 자신의 논리를 펼친 적이 있다.[96] 정책(니카라과에서의 준군사 공작)과 그리고 개성(케이시의 급한 성격과 의회에 대한 부정적 관점)이정보활동에 대한 책임을 수행하는 볼랜드 위원장의 태도를 지지자로부터 반대자로 변화시킨 것이다.

골드워터 상원의원은 보다 많은 우여곡절이 있었지만 상원정보위원회에서 유사한 길을 걸었다. 그가 상원정보위원회 위원장을 맡았던 처음 수년 동안(1981－83)은 사실을 외면한 채 케이시 중앙정보장과 정보기관에게 결정을 미루면서 방관자 역할을 하였다. 그는 냉전이라는 힘든 환경 속에서 일하는 정보 관료들이 좋은일을 하고 있다고 신뢰 받아야한다고 판단하였는데, 이는 정보활동 감독에 대한

---

96) 필자와 윌리엄 케이시(William J. Casey) 국장과의 대화, Director's Dining Room, CIA Headquarters Building, Langley, VA Gune 11, 1984).

(1975년 이전의) "좋았던 옛 시절"과 똑같은 생각이었다.

그 후 1984년 정보공동체의 가장 믿을만한 방관자였던 골드워터 상원의원은 가장 강경한 반대자들 중 한 명으로 입장이 바뀌었는데, 이는 거의 불가능해 보였던 일이 일어난 것으로 오로지 윌리엄 케이시 때문이었다. 골드워터 위원회에서 케이시의 오해를 불러일으키는 증언이 이러한 극적인 변화를 촉진시켰다. 상원정보위원회의 한 위원이 CIA가 니카라과 항만에 지뢰를 부설했었는지 물었을 때, 단호하게 "노우"(no)라고 대답하였다. 나중에서야 케이시가 CIA는 항만에 지뢰를 부설한 것이 아니라 항만 내 부두에 부설했다는 기술적 관점에 입각하여 대답했다는 것이 명백해졌다. 상원정보위원회를 농락하려는 이러한 시도는 위원장을 화나게 했고, 자신의 위원회에 대한 자존심이 —최소한 일시적으로라도— 정보공동체에 대한 이전의 맹종하는 태도를 누르는 결과를 가져왔다. 골드워터는 미국의 수도인 워싱턴에서 이러한 감정을 표출하기 가장 좋은 배출구라 할 수 있는 워싱턴 포스트(Washington Post)에 편지를 썼다. 이 편지에서 그는 의사당에서 못된 재간을 부리려던 케이시를 강하게 비판하였는데, 그 편지 속에서 "짧고 간단하게 표현하자면, '열 받는다'는 것이다"라고 표현하기도 하였다.[97] 하지만 골드워터는 케이시에 대한 분노가 희미해지자 그의 태도는 1985년 상원정보위원회의 남은 위원장 임기 동안 (방관자는 아니라 하더라도) 지지자의 역할을 수행하는 쪽으로 옮겨갔다.

감독 역할이 때때로 왔다 갔다 하는 추가적인 예로서는 미국에 대한 9.11 테러 공격 직전과 직후 기간에서 찾아 볼 수 있다. 앨라배마주 출신 공화당 소속 리처드 셸비(Richard C. Shelby)는 1987년 처음 의회에 입성할 때는 민주당원이었지만, 8년 후 남부 여러 주에서 보수주의적 경향이 뚜렷해지자 다른 남부 출신 의원들과 함께 공화당원으로 당적을 바꾸었다. 그는 1997년부터 2001년까지 상원정보위원회를 이끌었다. 그는 정보위원회 위원장을 맡은 첫 해에는 정보공동체의 업무가 거의 결점이 없는 것으로 보여 방관자와 지지자의 역할 사이에서 왔다 갔다 하였다. 그런데 이러한 낙천적인 견해는 1998년 인도가 핵실험을 한 이후에 곧 사라지게 되었다. CIA는 인도의 핵실험이 없을 것이라고 예측하였는데, 셸비는 조지

---

97) 그 편지는 1984년 4월 9일자였다; Letters to the Editor, *Washington Post* (April 11, 1984), p. A17.

테넷(George Tenet) 중앙정보장에게 전화를 걸어 정보실패의 이유에 대해 물었다. 테넷은 "상원의원님, 우리는 단서가 없었습니다"라고 대답하였다. 보도에 따르면 이 대답이 문제가 있다고 생각한 셸비는 중앙정보장의 능력에 대해 의심을 품기 시작하였다.[98]

1998년 4월 26일 테넷은 새로 설립한 (중앙정보장을 역임한 후 대통령이 되자 의회가 이름을 붙인) 조지 부시 정보센터(George H. W. Bush Center for Intelligence)의 명명식에 상원정보위원회 위원장을 초대하지 않았다. 셸비와 테넷의 관계는 그와 같이 눈에 띄는 무시하는 행동의 여파로 더 나빠진 상태에서 겉돌았다. 최종적으로 셸비는 9.11 테러 이후 테넷이 알카에다 테러리스트의 심각한 위협을 국가에게 충분히 경고하는 데 실패했다는 결론에 다다르게 되었다. 중앙정보장은 더 나아갈 필요가 있었다.[99] 그 이후, 상원정보위원회 위원장은 남은 임기 동안 테넷과 정보기관에 대해 더욱 비판적이 되었다(민주당이 상원의 다수를 차지함에 따라 그의 위원장직은 끝났지만 소수당 간사로서 3년 더 위원으로 남아 있었다). 리처드 셸비의 경우에는 9.11 테러에 대한 정보실패 인식과 부시센터 기념식 참석이 배제된 데서 오는 모욕감이 혼합되어 다시 지지자로부터 반대자로 돌아서게 되었다.

상원정보위원회의 다음 위원장(2001-02)이었던 밥 그레이엄(Bob Graham) 역시 상원정보위원회에서 위원장과 테넷 중앙정보장 간의 또 다른 대립의 결과로 인해 지지자(2001)로부터 반대자(2002-04)로 돌아섰다. 그레이엄의 불쾌감은 절차상의 문제로 제기된 모욕적 행동으로부터 비롯되었는데, (셸비처럼) 그레이엄은 몇몇 절차상의 행동을 개인적인 모욕으로 받아 들였다.[100]

9.11 공격 이후, 그레이엄은 9.11 정보실패를 조사하기 위한 상원 및 하원 정보위원회를 일시적으로 결합한 특별 공동위원회에서 플로리다주 출신 공화당 소속 하원정보위원회 지도자 포터 고스(Porter Goss)와 함께 공동 위원장을 맡았다.

---

98) James Risen, *State of War: The Secret History of the CIA and the Bush Administration* (New York: Free Press, 2006), p. 9.

99) Richard C. Shelby, "September 11 and the Imperative of Reform in the U.S. Intelligence Community: Additional Views," Senator Richard C. Shelby, Vice Chairman, Senate Select Committee on Intelligence, *Joint Inquiry Report* (Washington, DC: U.S. Government Printing Office, December 10, 2002), p. 135.

100) Graham의 회고록에 대해서는 Bob Graham with Jeff Nussbaum, *Intelligence Matters: The CIA, the FBI, Saudi Arabia, and the Failure of America's War on Terror* (New York: Random House, 2004) 참조.

공동위원회의 청문회가 시작되자 그레이엄과 테넷은 곧 위원회의 권한과 절차 문제로 의견이 충돌하였다. 그레이엄 위원장이 중앙정보장에게 위원회 앞에서 인사말을 간단히 해 달라고 부탁하자, 테넷은 (보도에 따르면) "다소 거만한 어투로"101) 길게 이야기하였다. 또한 이의 제기를 받았을 때 기이할 정도로 완고한 성격을 지닌 테넷은 그레이엄이 공식 기록을 위해 중요하다고 생각하는 정보문서의 기밀해제 요구를 거절하였다. 더 나아가, 중앙정보장은 위원회의 진행에 큰 혼란을 야기하였는데, 예를 들면, 9.11 테러 공격과 관련한 기본적 정보문서에 대한 접근을 거부하거나, 위원회에서 증언하기로 예정되어 있던 정보관료의 출석을 회의에 임박하여 불허하기도 하고, 심지어 비공개 청문회에 예정되어 있던 자신의 출석을 취소하기도 하였다. 테넷의 대본은 마치 리어왕이 그의 딸 코델리아가 죽었을 때 외친 말들로만 구성되어 있는 것처럼 보였다. "아니야, 아니야, 아니야, 아니야, 아니야"(never, never, never, never, never).

이것은 상원의원, 특히 정보위원회 위원장이 대접받기 원하는 방법이 아니다. 중앙정보장이 공동위원회를 의도적으로 피하면서 천천히 굴리려고 하자 그레이엄은 지지자에서 반대자로 변하기 시작하였다. 테넷이 계속해서 진행에 혼란을 가져오고 무례하게 굴자, 그레이엄은 마침내 폭발하여 정보 수장이 "의사진행을 방해"하는 "용인될 수 없는" 행동을 하고 있다고 비난하였다.102) 그는 행정부가 9.11 테러리스트들과 사우디아라비아 정부 사이의 문제 있는 관계를 상세히 기록한 공동위원회 보고서의 일부에 대한 기밀해제를 거부하자 더욱 화가 났다.103)

---

101) K. Guggenheim, "Tenet Defends CIA's Pre−9/11 Efforts," *Washington Post* (October 17, 2002), p. A1.

102) Neil A Lewis, "Senator Insists CIA Is Harboring Iraq Reports," *New York Times* (October 4, 2002), p. A12.

103) Graham, with Nussbaum, *Intelligence Matters*. CIA 존 브레넌(John O. Brennan) 국장은 "Meet the Press" (NBC *News*, May 1, 2016)에서 이러한 비난들에 대하여 다음과 같이 말했다; "9,11 위원회는 [그레이엄−고스 위원회(Graham−Goss Committee)에 의한] 28페이지 정도의 문제가 된 부분을 포함하여 공동 조사 결과를 받아들였다. 그리고 그들은 사우디 정부 차원이나 사우디 관료 개인적 차원에서 알카에다에 재정지원을 했다는 증거는 없다는 매우 명확한 견해를 발표하였다." 정부 밖의 부유한 − 사우디 왕족과 강하게 연계된 − 사우디 아라비아인이 9.11 테러리스트들에게 재정 지원을 했을 가능성에 대해서는 언급되지 않았다.
문제가 된 28페이지는 오바마 행정부가 근소한 정도의 수정을 거쳐 기밀 해제한 후에 마침내 하원정보위원회에 의해 2016년 7월 15일 공개되었다. 이 문서에 따르면 9.11 당시 비행기 납치범들과 사우디 관료들 사이에 다소 접촉이 있었다. *New York Times*는 공개된 문서에 관한 보도에서 사우디 왕족으로부터 테러리스트들과 접촉이 있었던 중개인들에게 수표가 흘러간 증거를 포함

수호자를 찾아서

효과적인 입법부의 감독자가 되기 위해서는 시간과 연구가 필요하다. 그러나 정보활동 감시에 참여하는 것은 지역구로부터 좋은 평가를 받는 데 별로 도움이 되지 않아 재선을 마음에 두고 있는 의원의 입장에서 매력적인 일이 아니다. 그들은 일반적으로 캠페인 기금을 모집하고, 언론에서 (특히 그들의 지역구에서) 더 상세히 보도되는 입법 목표를 추구하는 데 시간을 쓰는 것이 더 낫다고 결론 내린다. 그러나 9.11 테러 공격으로 겪었던 국가적 재난이나 장차 발생할 수 있는 더욱 심각한 미래의 정보실패를 생각해 보았는가? 만약 의원들이 정보활동 절차, 정보기관 간 정보공유 제도의 효과, 알카에다나 이라크에 대한 정보수집 및 분석의 질 등에 대해 보다 끈기 있게 검토하여 9.11의 실패나 잘못된 판단에 근거한 이라크 전쟁을 막을 수 있었다면 어땠을까? 의회 의원들은 자신의 기금모집에만 집중한 나머지 청문회나 예산 검토를 통해 정보기관의 준비태세를 개선시키지 못한 것을 선거구민들에게 어떻게 설명하고자 하는가?

수호자의 역할은 정보활동에 대한 무조건적인 지지를 유보하고 미래의 정보활동 실패 및 스캔들을 피하기 위해 지속적인 프로그램 검토를 통해 합리적인 균형을 유지하고자 하는 것으로 1975년 의회의 개혁론자들은 이러한 역할을 이상적인 것으로 받아들였다. 이러한 목표를 추구하기 위해 어떻게 의원들이 보다 많은 시간을 프로그램에 대한 진지한 평가에 사용할 수 있도록 고무시킬 수 있을까? 정보활동에 대한 책임이 보다 가치 있는 일이 되려면 의회 문화에 어떤 인센티브들이

하여, "연속된 만남과 수상쩍은 우연의 일치"라고 결론을 내렸다. 하지만 *Times*의 기사에 쓰여 있는 내용 중에 그 증거는 9.11 공격에 사우디 정부가 명백히 관련되었다는 "로제타스톤"(중요한 열쇠)이 아니라고 하였다; Mark Mazzetti, "In 9/11 Document, View of Saudi Effort to Thwart U.S. Action on Al Qaeda," *New York Times* (July 16, 2016), p. A13. 그렇지만 그 28페이지는 보는 사람에 따라 다르게 생각될 수 있는데, 그레이엄 상원의원은 냉소적이었다. 그는 *Bloomberg Business News* (July 15, 2016)에서 "이 문서를 보면 사우디 아라비아인이 9.11 비행기 납치범들의 지원 출처였다는 것이 매우 설득력 있다는 것을 알 수 있다"고 논평하였다. 이 문제에 관한 전문가인 Washington Institute for Near East Policy의 사이먼 핸더슨(Simon Henderson)은 그 증거는 사우디 왕족이 9.11 테러리스트들을 직접적으로 지원했다는 주장을 뒷받침하지 못할 것이지만, "공식적인 자금이 결국 테러리스트들의 주머니로 흘러들어갔다는 것은 의심할 여지가 없다"라고 말하였다. 이에 대해서는 그의 "What We Know About Saudi Arabia's Role in 9/11," *Foreign Policy* (July 18, 2016) 참조.

도입되어야 할 것인가?

여기에는 보다 나은 정보활동 감시를 위한 여러 프로그램에서 탁월한 능력을 보인 의원들에게 다양한 인센티브를 주는 방안이 포함될 수 있다. 이러한 인센티 브에는 의회 지도자가 정보활동을 집요하고 공정하게 감시하는 것을 알려진 의원 들에게 여행 및 직원 지원을 위한 경비를 더 많이 제공하는 것과 함께, 개선된 사 무실 공간이나 의회 내 주차 기회 부여 같은 추가 특전을 주는 형태로 나타날 수 있을 것이다. 정보활동의 감시에 대한 상세한 언론 보도도 도움이 될 수 있으며, 시민사회가 정보활동 감독청문회와 예산 검토에 시간과 에너지를 쏟은 의원들의 노고를 인정해 주는 의미에서 선정된 의원에게 "올해의 감시자"(Overseer of the Year) 상을 수여하는 것도 좋은 방법이 될 수 있다.104) 더 나아가 교육과정에 종 사하는 학자와 연구자들은 의회의 책임성에 대해 보다 많은 관심을 갖고, 책임의 중요성에 대한 시민의식 향상을 위해 노력할 수 있을 것이다.

감독을 위한 인센티브는 이미 충분하다고 생각할 수도 있다. 첫 번째 예로서, 정보활동 감독책임의 수준 여하에 따라서 정보 스캔들로부터 미국 시민을 보호할 수 있는 정도가 결정될 것이다. 또 다른 강력한 인센티브로는 미국의 정보기관을 개선하게 되면 장차 미국에 대한 테러리스트의 공격을 피하거나, 2003년 이라크 전쟁과 같이 미국을 전쟁으로 이끄는 잘못된 분석을 피하는 데 도움이 된다. 전 국가정보장 로버트 게이츠는 의회의 정보활동 감독의 필요성을 잘 말해주고 있다.

> 만약 (백악관 회의에) 참석한 사람들이 의회가 제기한 곤란한 질문, 논쟁, 비판을 모르거나 생각하지 않았다면, 말도 안 되는 몇몇 계획들이 그대로 승인될 수도 있었을 것이다. 드문 경우지만 의회에 알리지 않은 채 그러한 계획이 진행된 경우, 그것은 거 의 항상 대통령에게 천추의 한이 되고 말았다.105)

의원이 헌신적인 정보활동 감독자 및 수호자로서의 역할을 맡아야 한다는 당 위론적인 이유와 관계없이, 대부분의 관찰자들은 의원들이 국가 정보기관의 감독

---

104) 유력 신문 1면에 감시에 관한 기사들이 실리는 것은 드문 일이다. 그러나 그러한 일들이 일어난 다면, 그러한 기사들은 이러한 중요한 정부의 기능에 대한 대중의 인식을 크게 북돋우는 데 기여 한다; 예로서, Eric Schmitt and David Rohde, "2 Reports Assail State Dept. Role on Iraq Security: Oversight is Faulted," *New York Times* (October 23, 2007), p. A1 참조.

105) Robert M. Gates, *From the Shadows* (New York: Simon & Schuster, 1996), p. 559.

에 관한 한, 계속해서 자신의 잠재력에 훨씬 못 미치는 수준에서 업무를 수행한다는 것에 동의한다. 콜로라도주 출신 민주당 소속으로서 1975년 처치위원회 위원이었던 전 상원의원 게리 하트(Gary Hart)는 "시민의 관심과 주장이 개혁을 위해 필수적"이라고 말하였다.[106] 정보활동 감독은 그 동안 의회에서 소홀히 다루어졌던 책무이다. 이것은 미국 시민들이 그래서는 안 된다고 요구할 때까지 그러한 상태로 남아 있을 것이다.

---

106) Gary Hart, The Good Fight: The Education of an American Reformer (New York: Random House, 1993), p. 144.

6장

국가안보정보: 민주주의의 방패와 숨겨진 칼

이 책에서 우리는 조직, 임무(수집과 분석, 공작, 방첩), 그리고 책임성이라는 세 가지 핵심적 관점을 중심으로 국가안보정보를 고찰하였다. 국가안보정보와 관련된 이와 같은 세 가지 측면은 모든 민주주의 국가가 자유로운 개방사회의 원칙을 혐오하는 세력과 지속적으로 전개해 나가는 투쟁을 성공적으로 수행하는 데 극히 중요한 것이다.

국가안보정보가 이러한 투쟁에서 승리하기 위한 단 하나의 또는 가장 중요한 요소라고는 말할 수 없다. 승패에서 가장 중요한 것은 민주주의 국가가 무력, 즉 자유에 대항하는 어둠의 세력을 소탕할 수 있는 충분한 무기체계를 구축하고 있느냐 하는 것이다. 역사적으로 이러한 사실은 자유세력의 적이 미국의 초기 역사에 등장하는 바르바리 해적들(Barbary pirates)이건, 16~19세기의 독재자나 군주이건, 20세기 전반부의 독일, 이태리, 일본에 의한 전체주의적 위협이건, 냉전기의 공산주의 세력의 도전이건, 또는 오늘날의 테러리스트이건 관계없이 적용되는 것이다.[1] 또한 효과적인 공공외교를 기획하는 것도 민주주의 국가의 방어에 있어 중요하다. 여기에서 공공외교란 앞으로 민주주의 국가가 될 가능성이 있는 나라에게 민주주의 국가는 국내적으로 언론매체의 활동, 공정한 재판, 자유로운 선거 등을 보장하고 국제적으로 공명정대하게 행동한다는 것을 보여줌으로써 본받고 싶은 나라라는 인식을 심어주는 일종의 연성권력(soft power)으로 작용한다. 기본적으로 다른 나라에게 좋은 모범을 보여주어야 한다는 것과 더불어 대외원조, 합작투자, 무역협정, 과학기술 및 노하우 공유 등을 통해 세계 빈곤국의 경제발전을

---

1) 이 점은 David Kahn, "The Rise of Intelligence," *Foreign Affairs* 85 (September/October 2006), pp. 125-34; 그리고 John Keegan, *Intelligence in War: Knowledge of the Enemy from Napoleon to Al-Qaeda* (New York: Random House, 2003)에 잘 정리되어 있다.

도울 필요가 있다. 더 나아가 고문이나 용의자에 대한 예외적 인도(extraordinary rendition), 비밀감옥(secret prisons), 불법적이거나 도덕적으로 불미스러운 정보활동을 거부함으로써 민주주의 국가와 그렇지 못한 국가 사이의 차이를 보여주는 것도 중요하다.[2)]

그렇다 하더라도 국가안보정보는 민주주의 국가를 수호하는 방패로서 때로는 공작과 방첩 활동이라는 숨겨진 칼을 사용함으로써 중요한 역할을 수행한다. 국가안보정보는 2차 세계대전 당시 미드웨이 전투에서나 최근 페르시아 만 전투와 같은 반민주주의 세력들의 전장에서 승리의 기회를 증진시키는 정보를 제공할 수 있다. 이것은 미국에서 에임즈나 한센 사건처럼 (미래에는 더 빠르게 배반자들을 탐지해 낼 수 있기를 희망하지만) 개방사회에서 암약하는 두더지들(moles)을 탐지할 수 있게 한다. 국가안보정보는 유럽에서 연합국의 노르망디 상륙작전에 앞선 기만공작처럼 적을 속일 수도 있다. 또한 이것은 보다 효과적인 외교나 보다 평등한 무역 관계로 이끄는 통찰력을 제공할 수도 있다. 국가안보정보는 위성에 찍힌 집단 무덤들(mass graves)의 참상에서부터 인신매매 조직에 침투한 요원의 보고에 이르기까지 인권 침해를 발견하고 증명하는 데에도 기여할 수 있다.

국가안보정보는 종종 "방어의 제1선"이라고 하지만 실제로는 그 이상의 역할을 하고 있다. 국가안보정보는 민주주의 국가의 눈과 귀 이상의 것으로서, 국가의 심장부의 상태를 검증하는 척도, 즉 개방사회가 자유의 적에 대해 강하게 버틸 수 있는지, 또 민주주의 국가가 자신의 헌법정신이 손상되지 않도록 지킬 수 있는지 (국가안보정보의 책임성 측면)를 검증하는 척도이다. 결론의 장에서는 이러한 핵심적 측면에 대해 개관하고, 국가정보라는 방패와 칼이 세계 민주주의 정부의 보호와 발전을 위해 군사안보의 신뢰할만한 보완자로서, 공공외교 정책의 지원자로서, 그리고 경제적 전략과 정책에 대한 봉사자로서의 역할을 수행하기 위한 핵심과제는 무엇인지에 대해 초점을 맞출 것이다.

---

2) 연성권력(soft power)의 장점에 대해서는 Joseph S. Nye, Jr., *Soft Power: The Means to Success in World Politics* (New York: Public Affairs, 2004); 그리고 공공외교에 대해서는 Kristin M. Lord, *Voices of America: U.S. Public Diplomacy for the 21st Century* (Washington, DC: Brookings Institution, November 2008) 참조. 미국의 전반적인 외교정책 강화에 대해서는 Loch K. Johnson, *American Foreign Policy and the Challenges of World Leadership: Power, Principle, and the Constitution* (New York: Oxford University Press, 2015) 참조.

조직으로서 국가안보정보

국가정보 서비스가 서로 분리된 영역에서 활동함으로써 좋은 정책결정에 필수적인 "종합적이고 통합된 정보"를 제공하지 않는 것은 바람직하지 않다. 또한 민주주의 국가는 경쟁적 정보나 반대 의견을 억누르거나 감시자들의 감독 권한을 초월하는 전권을 가진 국가정보 독재자를 원하지도 않는다. 이상적인 조직은 고용과 해고 및 정보공동체 전반의 예산과 프로그램의 조정 권한을 갖는 동시에, 삼권분립 체제 하에서 모든 정보 감독자들이 신중하게 검토할 수 있는 내부적 안전장치를 두어 적절히 견제되는 정보 책임자를 가진 통합된 정보서비스를 제공하는 조직이다.

겉으로만 그럴듯한 국가정보장(DNI)

미국의 모델은 이러한 이상에 한참 못 미친다. 미국의 국가정보장(DNI)은 충분한 인원 자원이나 예산 통제권이 없는 "지도자"로서 16개 정보기관에 대한 제한된 권한만을 가지고 있어 약하다고 하겠다. 국가정보의 책임성에 대한 관행을 개선하는 이외에도, 국가정보 서비스를 보다 효과적으로 통합시키는 것이 미국 내 어떤 개혁 조치보다도 시급하다. 이를 위해서는 의회의 판단 잘못으로 실패한 2004년 국가정보 개혁으로 겉만 번지르르한 국가정보장직(cardboard cutout)을 참된 권한을 가진 국가정보장직으로 개편하는 것이 필요하다.

수평적·수직적 통합

민주주의 국가에서 추가적인 정보조직의 문제는 "수평적으로" 정보기관을 통합하여 연방정부의 국가정보 서비스 안에 정보기관들 사이의 교육훈련, 컴퓨터 네트워크, 수집분석 결과 등을 공유하는 것뿐만 아니라, "수직적으로" 통합하여 연방정부로부터 주 및 지방 정부까지 긴밀한 연계성을 확보하는 것이 중요하다. 또한 대테러작전 요원 및 법집행 관리들이 민주주의 국가의 도시 및 운송시설과 같은 테러리스트가 공격할 가능성이 있는 표적의 최전선에서 업무를 수행할 수 있도록 조직을 정비하여야 한다. 현재 미국에서는 주요 대도시 지역에서 연방 및 지방 정부의 분석관들이 함께 모여 잠재적 테러리스트 및 기타 범죄에 대한 자료와 분석을 공유하는 "정보융합 센터"(intelligence fusion center)를 설치하고 운영하는 시험적 조치가 취해지고 있기는 하지만 주 및 지방 정부의 관료들은 아직도 업무에 필요한 질 높은 정보를 적시에 제공받는 것은 어려운 실정이다.[3]

연락관계

또 다른 해결해야 할 문제는 긴밀한 연락관계를 발전시키는 것이다. 첫째는 민주주의 국가의 내부적인 연락관계이고 둘째는 민주주의 국가들 간의 연락관계이다. 내부적 연락관계는 정책부서의 정책결정자와 그들에게 적절하고 타당한 정보와 통찰력을 제공하는 국가정보 분석관 사이의 향상된 전문적(비정치적) 유대관계를 구축하는 것을 말한다. 종종 왼 손(정책결정자들)은 오른 손(정보공동체의 정보제공자)과의 연락관계가 부족하다. 정부 부처 내부에 정보연락관 배치를 늘린다면, 그들은 최근 정책결정자들 사이에 최우선순위를 두고 있는 정보수요가 무엇인가를 정확히 파악하여 이를 매일 자신이 속한 정보기관에 보다 원활하게 제공할 수 있을 것이다. 그렇지 않으면 정보기관은 정책결정과정에서 신뢰할만한 사실과 평가를 제공하는 소중한 파트너가 되기보다는 부적절한 파트너가 될 위험성이 있다.

민주국가 사이에서의 연락관계는 국가관계에 내재하는 안보 및 문화적 장벽을 처리해야하기 때문에 보다 어려운 문제를 제기한다. 그렇다 하더라도 "외국과의 연락관계" 또는 "부담의 공유"는 어쩔 수 없는 일이다. 세계는 국가들 간에 벌어지고 있는 미증유의 통합, 한 마디로 요약하면 "세계화"라는 주목할 만한 변화가 진전되고 있다. 세계화에 따라 나이지리아의 범죄, 아프가니스탄의 헤로인, 북한의 무기 확산, 파키스탄 산속 비밀 은신처에 숨어 있는 알카에다의 테러리즘, 중국 중부지역과 아프리카의 질병, 유럽·아시아·미국 지역의 산성비가 야기한 생태계의 변화처럼 일부 지역에서 발생한 위협이 그 지역을 뛰어넘어 중대한 영향을 미치는 위협으로 변화되어 신속하게 확산될 위험도 커지고 있다. 타인의 문제였던 것이 이제는 우리 모두의 문제가 되었다. 어떤 나라도 자유에 대한 이러한 도전에

---

3) Business Executives for National Security (BENS), *Domestic Security: Confronting a Changing Threat to Ensure Public Safety and Civil Liberties* (Washington, DC, February 2015, and February 2016 update) 참조.

대응할 수 있는 모든 해결책과 모든 정보, 또는 모든 자원을 가지고 있지 않다. 하지만 민주주의 국가들은 공동으로 일하고 정보를 공유하고, 더 나아가 세계 곳곳의 어둠의 세력에 대항하여 보다 공격적인 정보작전(공작과 방첩활동)에 참여함으로써, 성공의 가능성을 증대시킬 수 있다.

미국과 영국을 포함한 많은 국가가 유엔(UN)과 나토(NATO)의 틀 안에서 국가정보가 효과적으로 공유될 수 있다는 것을 보여주고 있다.[4] 더 나아가, 유럽은 유럽정보서비스(Euro intelligence service) 개발을 위한 지속적인 실험을 해 왔으며 어느 정도 성공을 거두고 있다. 이러한 것은 정보기관이 −전쟁 유발 성향이 강한 독재국가건, 마약상이건, 인신매매자건, 환경 오염자건, 테러조직이건 간에− 세계의 폭력적이고 반민주적인 세력을 진압하려는 공동의 노력 속에서 정보 공유를 통해 민주주의 국가가 서로 단합하는 것을 도울 수 있다는 희망적인 징조들이다.

임무로서의 안보정보

세 개의 국가정보 임무 영역, 즉 수집과 분석, 공작, 방첩 영역 각각에 많은 과제가 있다.

수집과 분석

기획과 지시 정보생산자들은 종종 고위직에 있는 사람들이 미결상태의 문제를 처리하기 위해 어떤 종류의 정보가 필요한지에 대해 아무 것도 모르는 상황에 처한다. 내부적 연락관계를 개선하는 조직적 해법 −정책기관과 정보기관 사이에 정보 가교(information bridges)를 구축하는 것− 은 두 집단 간에 보다 나은 이해를 위한 필수조건이지만, 이것만으로는 충분하지 않다. 정보 소비자와 생산자 간에 국가정보 우선순위를 논의하기 위한 보다 잦은 회의를 통해 훨씬 많은 대화가 오가야만 한다. 또한 정책결정자와 정보 관료 사이에 −양측은 세계의 위협과 기회와 관련된 사실과 평가를 다룸에 있어 객관성을 유지해야 하지만− 순조로운

---

4) Barton Gellman, "U.S. Spied on Iraqi Military via U.N.," *Washington Post* (March 2, 1999), p. A1; Loch K. Johnson, *Bombs, Bugs, Drugs, and Thugs: Intelligence and America's Quest for Security* (New York: New York University Press, 2000), pp. 170−1.

업무관계에 필수적인 친선, 신뢰, 화합하는 분위기 조성을 위해 보다 정기적인 비공식 모임을 갖는 것이 매우 유익하다.

수집　위성 및 드론 제조회사(현재는 아이젠하워 대통령이 1959년 "고별 연설"에서 경고했던 군산복합체의 일원)의 로비활동에 영향을 받아 예산 입안자들은 지식을 생산하는 데 필요한 장비를 구입하는 기술정보(techint) 부문에 너무 많은 재원을 할당한다. 기술정보에 초점을 맞추다 보면 가끔 인간정보(humint)와 공개출처정보(osint)에 지출할 비용이 희생되게 된다. 그러나 세계의 많은 표적들을 상대하기 위해서는 마치 상자 안의 모든 도구를 사용하는 블랙 앤 데커(Black & Decker) 접근 방식처럼 "정보수집 수단" 각각에 대한 적절한 재정지원이 필요하다. 이상적인 것은 모든 정보기관이 상호 밀접한 협력관계 하에 각자가 가진 정보수집의 전문적 수단을 사용하여, 가능한 한 매일매일 세계를 완전하게 파악한다는 목표에 도달하기 위해 모든 출처의 정보를 융합하여 시너지 효과를 내는 것이다. 보다 절실히 필요한 인간정보 자원은 해외에서 활동하는 흑색요원(NOC: non-official cover)들이다. 이들은 대사관의 공식적인 칵테일 파티를 활용하는 것보다 비전통적 적 ─특히 테러리스트─ 을 만나고 회유하기 위한 더 좋은 기회를 제공한다.

처리　민주주의 국가의 정보기관은 대부분 자신이 해석하고 흡수하여 활용할 수 있는 속도보다 훨씬 빠른 속도로 많은 데이터가 수집되고 있다는 특징을 보이고 있을 것이다. 4시간에서 6시간마다 NSA는 의회 도서관이 소장하고 있는 자료에 필적하는 양의 자료들을 수집한다.[5] 민주주의 국가는 건초더미에서 바늘을 찾는다는 속담과 같은 상황에 직면하고 있으며, 그 건초더미는 기하급수적으로 증가하고 있다. 해결책은 수집을 더 영리하게 하고 건초더미에서 바늘("노이즈"가 아닌 "신호들")을 더 빨리 찾아내는 방식으로 돌파구를 마련할 때만 가능할 것이다. 이러한 발전은 외국어 문서와 메시지를 정확히 해석할 수 있는 더 나은 방법을 강구하는 것뿐만 아니라 정보기술의 향상에도 달려있다.

---

5) NSA에 관한 전문가 매튜 에이드(Matthew Aid)의 논평, "Panel on Security Intelligence, and the Internet," CASIS (Canadian Association of Security and Intelligence Studies) International Conference, Ottawa, Canada (2009, author's notes).

분석 지적 영역인 분석을 보다 잘 수행하기 위해서는 민주주의 국가들이 모집할 수 있는 가장 지적 능력이 우수한 인재들을 정보기관에 충원하는 것이 중요하다. 다수의 대학에서 세계의 문제들을 이해하기에 적절한 교육과정(오늘날에는 거의 모든 학과의 과목들이 이에 해당된다)을 통해 잘 훈련받은 인재들을 충원해야 한다. 공작원 충원(asset recruitment)에 책임이 있는 공작관(case officers)과 마찬가지로 아라비아어나 페르시아어, 또는 파슈툰어(Pashtun)와 같은 북한에서부터 이라크에 이르기까지 세계분쟁 지역에서 사용하는 소위 전략적 언어에 능숙한 사람들을 충원하는 것이 특히 중요하다.

모든 출처의 첩보 통합을 장려하는 한 방법으로서, 지금보다 더 많이 여러 정보기관의 분석관들을 공동으로 교육하는 것이 정보공동체 산하 기관들 간에 더 나은 소통과 데이터 공유로 이어질 수 있도록 하고 기관들 간의 지속적인 유대관계를 형성하는 데 기여할 것이다. 뛰어난 정보 관료의 승진의 일환으로 보다 정기적인 정보기관들 간에 인사이동(정보 인력의 순환)을 하는 것도 또한 유대관계 형성에 기여할 것이다. 이미 이러한 조치들이 시행되고 있지만, 그 범위가 너무 제한적이다. 더 나아가 기관 내부적으로 (최근 CIA가 이해하고 보다 적극적으로 채택하기 시작한 것처럼) "동일 장소 공동배치"(co-location) 방안은 보다 많은 지지를 받을 가치가 있다. "동일 장소 공동배치"란 현장요원(operatives)의 "현지정보"(ground truth)와 분석관의 "도서관적"(library) 지식을 함께 이용하여 외국의 사건과 상황에 대해 보다 정확하게 평가하는 것을 목적으로 수집관과 분석관이 보다 긴밀하게 작업할 수 있도록 그들 사이의 벽을 허무는 것이다. 또한 팀A-팀B 활용과 객관적인 학계 및 싱크탱크 등 외부 전문가의 신랄한 사전 평가 등 정보보고서 초안에 대한 비판적 검토를 장려하는 것에 높은 우선순위가 두어져야 한다. 이에 더해 분석적 이견은 정책결정자들이 주의를 기울일 수 있도록 분명하게 표시될 필요가 있다. 조지 테넷 중앙정보장이 조지 부시 대통령에게 언제나 "성공이 확실하다"(slam dunk)고 한 데서 보이듯이, 워싱턴에서는 좋은 소식과 집단적으로 합의된 의견만이 제출되는 경향이 있어 다른 의견을 제시하는 것이 어렵다.

배포 배포는 정보 관료 모두에게 가장 어려운 임무 중의 하나이다. 정책결정자에게 접근하는 데 필수적인 친밀한 관계구축 과정 및 현장에서 정책결정자에게 정보를 전달하는 과정에 있어서 보고하는 내용이 정확하고 객관적으로 전달될 수 있도록 분석관, 연락관, 대통령 일일보고서 또는 국가정보평가서 보고자, 중앙정보장, 국가정보장 등 모두 사람은 절대적인 중립을 유지해야 한다. 친밀한 관계, 더 나아가 우정을 쌓는 것도 "좋은 것"이다. 그러나 정보 관료는 정보 생산자와 소비자 간에 존재하는 정직과 중립이라는 선명한 경계선의 중요성을 이해하고 워싱턴 정치에 연루되지 않도록 물러서 있을 줄 알아야 한다. 그 선을 넘어서는 것은 정보 관료가 ─행정부의 정치적 목표를 만족시키기 위해 "가공"(cooking)하는 ─ 정치화의 영역으로 들어서는 것이다. 비무장 지대의 올바른 (정책적으로 편향되지 않은) 영역에 머물러야 하는 것은 정보의 기본적 규칙이다. 그 선을 넘어선다면, 정보 관료는 죄를 짓는 것이고 세계 도처의 여러 국가에 있는 많은 정책지지자 중 한 사람에 지나지 않게 된다.

비밀공작   미국의 정책결정자들이 비밀공작이라는 방법의 채택 여부를 고려할 때, 전 중앙정보장 윌리엄 웹스터(William H. Webster)가 제시한 일련의 지침을 명심해야 한다. 판사 웹스터의 처방(제3장)에 따르면, 비밀작전은 미국법을 준수해야 하고, 대외정책 목표 및 전통적 가치와 일치되어야 하며 ─공개되는 경우─ 미국 국민이 이해할 수 있어야 한다. 나아가, 개방사회의 적에 대한 민주적 동맹의 정신과 일치하고, 공작이 같은 민주주의 국가의 정권을 대상으로 해서는 안 된다. 이와 같은 정신 하에서 민주주의 국가들은 공동의 위협에 대한 비밀활동에 가능한 한 동참해야 한다.

무엇보다도, 민주주의 국가는 현명한 관찰자가 절대적으로 필요한 경우에만 ─모든 다른 정책적 옵션이 부족하다고 판단될 때 마지막 조처로서─ "제3의 옵션"을 채택해야 한다고 조언한 데 대해 유념하고, 비밀공작이 고도의 침투 작전으로 단계적으로 확장되는 데 최대한 신중해야 한다. 민주주의 국가의 지도자는 가장 높은 수준의 비밀공작은 개방사회가 찬양하는 가치적 측면에서 볼 때 금기에 해당된다는 사실을 민감하게 받아들여야 한다. 가장 높은 수준의 비밀공작을 수행하는 것은 개방사회가 제시하는 높은 수준의 윤리적 기준을 두려워하는 테러리스트나 독재자의 "무엇이든 허용 된다"(anything goes)는 태도에 대해 민주주의 국가가 향유하고 있는 높은 도덕적 우위를 허물어뜨리는 것일 수 있다. 이슬람국가

(ISIS)와 알카에다 그리고 가장 비타협적인 탈레반 군대만이 높은 단계의 비밀공작 표적이 되어야 하며, 그러한 경우에도 민주주의 국가는 무고한 시민을 죽일 우려가 있거나, 동식물의 생태를 파괴하거나 테러리스트가 보여준 것과 같은 야만적 행위를 할 정도로 서방의 정보 관료들 —그들을 심문하는 정보요원이건 준군사적 군인이건 간에— 을 타락시키는 작전은 거부해야 한다.

방첩　방첩의 세계에서의 성공은 정보기관 내 동료를 얼마나 잘 경계하는가에 달려있다. 정보 관료와 운영자는 의심스러운 활동, 과도한 음주, 사치스러운 생활을 하는 동료를 가장 잘 알아챌 수 있으며, 그러한 동료는 외국 정보기관이나 테러리스트 조직으로부터 재정지원을 받는 비밀정보 누설자일 수 있다. 미국인과 유럽인들은 과거 수십 년 동안 다양한 방첩 실패사례로부터 많은 것을 배웠으며, CIA에서 벌어진 에임즈의 배신행위의 여파로 피고용인(정보요원)의 은행계좌를 보다 주의 깊게 모니터링 하는 등 방어를 강화하는 조치를 취했다. 언젠가 또 다른 에임즈나 킴 필비가 나타날 것은 의심할 여지가 없지만, 우리가 희망하는 것은 보안과 방첩활동에 보다 많은 관심을 기울여서 미래의 반역자를 빨리 탐지하게 되기를 바라는 것이다.

국가안보정보와 책임의 중요성

정보의 책임성 증진을 위한 실험은 전부는 아니더라도 대부분의 민주주의 국가에서 현재 진행형이지만 퇴보의 불안한 징후도 포착된다. 미국의 경우, 이러한 현상은 이란 콘트라 사건으로부터 9.11사건으로 이어지는 수년 간 테러리스트 공격을 발견하고 저지하기 위한 정보공동체의 대비 태세를 제대로 점검하지 못한 의회의 실패, 영장 없는 도청, 메타데이터 수집, 테러 공격 후에 이루어진 제2기 부시행정부에 의한 고문 기법 사용, 21세기 들어 첫 10년 동안 상원 및 하원 정보위원회의 감독 위원을 짓누른 무기력함 등에서 분명하게 목격할 수 있다. 자동 차단기 역할을 할 수 있는 의회의 헌신적이고 강도 높은 감독 기능에 대한 의원들의 충분한 관심이 부족한 가운데, 충격과 그에 대한 반응이 주기적으로 반복되고 순환되었다. 새로운 정보감독 체제가 시행될 때 실망스러운 점이 있기도 하였으나,

그래도 비밀활동에 대한 의회(이에 더해 행정부와 사법부)의 책임성 수준은 1975년 이전에 비해 훨씬 나아졌다.

　미국의 경우, 정보에 대한 책임성이 약화되는 것을 바로잡을 수 있는 출발점은 의회의 감독위원회 사이에 복잡하게 얽혀있는 책임 관할권을 정리하는 것이다. 법사, 외교관계, 군사, 세출 위원회 등은 이미 다루어야 할 문제가 많이 있기 때문에 상원 및 하원 정보위원회에 (FBI 및 외국정보감시법원에 대해서는 법사위원회의 도움을 받으면서) 대부분의 정보활동에 대한 독점적인 관할권이 주어져야 한다. 이렇게 한다면 정보의 책임성에 대해 보다 분명한 관할이 이루어질 것이다.

　무엇보다 가장 커다란 과제는 상원 및 하원 정보위원회에 종사하는 의원들의 수호자적 본능을 끌어내는 것이다. 이러한 성과를 달성하기 위해서는 의회가 진지하게 수호자적 역할을 수행한 의원에게 제공할 일련의 참신한 인센티브를 마련하여야 할 것이다. 예를 들면 보다 나은 사무실 제공이라는 특전을 부여하거나 감독 업무 수행에 대해 보다 크게 인정하고 칭찬하는 것이다. 그러나 의원들이 감시 업무에 더욱 관심을 가질 것인가를 결정하는 하는 것은 궁극적으로 시민이 될 것이다. 만약 시민들이 수호자적 역할에 전념한 후보자를 선출하고, 언론이 이러한 의원들의 믿음직한 감독행위를 보도하고, 대학에서 연방주의자 논집(Federalist Papers)에 게재된 내용대로 미국의 권력구조에서 차지하는 감독의 중요한 역할에 대해 가르치고, 대통령과 국가정보장이 정보활동에 대한 감독책임을 다하는 것이 국가정보를 얼마나 강화시키는지 이해하고 있다면, 의원들은 자연스럽게 정보에 대한 수호자적 역할을 강화하는 방향으로 이끌리게 될 것이다.

　진정으로 정보활동 감시에 대한 책무를 다하기 위한 이러한 조치들은 비현실적인 것으로 판명될 수도 있다. 의회는 필요한 변화를 이끌 만큼 충분한 진취적 적극성이 없을 수도 있다. 돈의 위력이 미국의 정부체계를 장악하여 의원들은 군산정 복합체(military-industrial-intelligence complex)의 로비와 더불어 재선을 위한 기금 모집 때문에 "방관자"나 무비판적 "지지자"의 입장에 묶여 있을 수도 있다. 무기력한 순찰기능과 왕성한 소방기능이 주기적으로 순환하는 것이 미국이나 다른 개방사회 국가의 운명일지도 모른다. 궁극적으로 민주주의 국가에서 시민의 공식적 대리인에게 더 많은 것을 요구하는 것은 시민의 몫이다.

시민정보자문위원회(citizens intelligence advisory board)

이 책에서 검토한 과제를 해결하기 위해서는 민주주의 국가로서 개선된 정보의 책임성을 실현하기 위한 절차를 포함하여 국가안보정보를 강화하겠다는 새롭고 결연한 태도가 필요하다(표 6.1 참조). 다른 민주주의 국가의 국회처럼 미국 의회도 정보기관의 감독을 위해 도움을 받을 필요가 있다. 이는 의원들이 정보기관의 책임을 추궁하는 데 비참하게 실패했다는 것이 아니다. 이미 검토한 바와 같이 처치위원회 이후 의원들은 몇 개의 칭찬받을 만한 감시법과 지침을 만들어 왔다. 그러나 의원들이 그들의 힘만으로 국가정보 감독 책임을 완전하게 수행할 수 없다는 것도 사실이다. 재선에 대한 압박감이 의원들의 시간 활용에 과중한 부담이 되고 있다는 이유 하나만으로도 그러하다. 이와 같은 캠페인의 압박에도 불구하고 상원 및 하원 정보위원회 위원들은 (한결 같지는 않지만) 훌륭한 달성 기록을 보여주었다. 의원들이 정보공동체의 도움 없이 정보기관을 모니터하기에는 정보활동이 너무도 방대하고 복잡하며 산재되어 있다. 상원 및 하원 정보위원회에서 일하는 의원들은 독립적이고 항구적인 정보검토위원회를 신설하여 도움을 받을 필요가 있다.

상원 정보위원회의 임무는 4개의 범주, 즉 일상적으로 발생하는 사건에 대한 대응, 인준 청문회, 법률안 작성, 중요한 사건에 대한 검토 및 조사로 나눌 수 있다. 비록 상원 및 하원 정보위원회 의원들이 의회의 다른 업무와 기금 모집으로 시간이 없다고 하더라도, 정보위원회에 소속된 의원과 직원은 첫 세 가지 의무에 대해서는 대처할 수 있다. 위원회가 감독에 파트너를 필요로 하는 것은 중요한 사건에 대한 검토 및 조사로서, 9.11사건에 대한 공동위원회 조사나 상원의 고문보고서 확대 조사와 같이 시간이 많이 소비되는 네 번째 범주이다.

미국의 경우, 시민정보자문위원회(CIAB: Citizens Intelligence Advisory Board)를 설립한다면 감독에 필요한 추가적 지원을 받을 수 있을 것이다.[6] 상상해 보자

---

6) 생각이 깊은 전 CIA 고위 관료이자 중동 전문가인 폴 필라(Paul R. Pillar) 또한 감독 임무를 수행하는 상원 및 하원 정보위원회를 지원하기 위한 외부 정보전문가 집단 구성 아이디어를 독자적으로 개진하였다. 이에 대해서는 그의 *Intelligence and U.S. Foreign Policy: Iraq, 9/11, and Misguided Reform* (New York: Columbia University Press, 2011) 참조.

[표 6.1] 국가안보정보: 미국의 개혁 아젠다

초점	주요 제안들
조직	**국가정보장에게 완전한 예산권 및 인사권 부여**, 내부의 정보공유 서비스 확대, 민주주의 국가와의 양자 및 다자간 협력 확대, 수집관과 분석관의 공동배치 확대
임무	
수집과 분석	
기획	정보 생산자와 소비자 간 공식·비공식 대화 증진
수집	인간정보 확대, 특히 흑색요원 확대
처리	"수평적" 기관 간 컴퓨터 호환성 증대 뿐만 아니라 주와 지방의 법집행 및 정보 관료와 "수직적" 결합 관계 구축, 데이터 공유 제도 개선
분석	보다 경쟁력 있는 분석 확립, 이견 강조(요약 및 핵심 판단에 포함), 연구정보 생산물 확대
배포	보다 효과적으로 정보요구에 맞추어 배포, 틈새 정보 주력, 정보의 정치화 위험성에 대한 분석관 및 운영자의 교육 강화 및 정치화로 오염된 모든 관행에 대한 주의 환기
비밀공작	절대적으로 필요한 경우에 한하여 채택함으로써 더욱 차별적으로 실시, 우방인 민주주의 국가를 대상으로 하는 공작 자제, 극단적 옵션 거부
방첩	소홀했던 방첩업무에 보다 많은 주의 요구, 임용할 때는 물론 이후에도 지속적인 교육 실시, 사이버공격에 대한 컴퓨터 방화벽의 강화, 전 직원에 대한 보안점검 실시
책임성	강도 높게 "순찰"한 "수호자"에 대한 인센티브 개선, (1980년 정보감시법에 규정된 것처럼) 상원 및 하원 정보위원회에 모든 중요한 정보활동에 대한 완전하고 시의 적절한 (정상 상태의 경우 사전에) 보고 의무

면, 이 위원회는 9명의 위원과 이들을 지원하는 12명의 전문직원으로 구성될 수 있다. 위원은 다음과 같은 방식으로 선정될 수 있다. 상원 정보위원회에서 2명(다수당에서 1인, 소수당에서 1인을 선정하되 이들은 상원 정보위원회에서 계속 일을 하면서 참여한다), 하원 정보위원회에서 2명(상원의 경우와 같은 방식), 대법원에서 선정한 시민 2명(대법원장이 선정한 1인과 대법원장을 임명한 대통령 소속 정당과 반대 정당이 임명한 선임 판사가 선정한 1인), 대통령이 선정한 2명, 그리고 미국 국제관계 및 공공정책 분야 상위 5위권 대학의 학장 1명을 사무총장(백악관 내 정보감시위원회 주관 하에 무기명 투표를 통하여)으로 선출하여 총 9명으로 구성할 수 있다. CIAB 위원들의 임기는 5년으로 하고 한 번에 한하여 연임이 가능토록 할 수 있다. 위원회는 CIAB 위원들 간 호선을 통해 선출된 의장에 의해 통솔될 수 있을 것이다.

CIAB 위원은 의회의 업무수행을 위해 비상근으로 일하는 4명의 의원을 제외하고는 모두 상근직이다. 의원으로서 의회를 대표하여 참여한 위원들은 비교적 안전한 선거구 출신으로 (애스핀, 해밀턴, 마졸리와 같이) 정보문제에 변치 않는 관심을 가지고 자신에게 부여된 의무를 수행할 수 있는 특별한 사람이어야만 할 것이다. CIAB 활동에 의회가 참여하는 것은 정보공동체를 재정 지원하는 조직, 즉 미국 의회와 위원회가 연관성 및 계속성을 유지하는 수단으로도 중요할 것이다. 의회가 가진 지갑의 힘보다 더 정보 관료들의 관심을 끌 수 있는 것은 없다.

회계감사원과 함께, CIAB와 상원 및 하원 정보위원회는 정보감독팀으로서 함께 일할 수 있을 것이다. CIAB 의장은 상원 및 하원 정보위원회 위원장과 함께 위원회 수뇌부 3인방으로서 활동할 것이다. CIAB의 목적은 정보위원회의 안건을 중복되게 다루거나 간섭하는 것이 아니라 업무를 보완하는 것이다. 그리고 상원 또는 하원 정보위원회에서 어떤 특정 시기에 방관자 또는 지지자가 지배적인 경우에 시민정보감시위원회는 중립적이고 초당파적인 단체로서 정보 수호자로서의 역할을 수행할 수 있을 것이다.

CIAB는 상원 및 하원 정보위원회, 의회 지도부, 백악관에 제출할 비밀보고서 뿐만 아니라 공개적인 연차보고서도 발행할 것이다. 이 위원회는 또한 청문회를 (최소한 공개회의로 매년 수차례) 개최할 것이다. 그리고 필요한 경우 (법정 모독죄가 뒤따르는 완전한 소환 권한을 가지고) 공식적 조사를 수행할 것이고, 상원 및 하원 조사위원회가 고려할 시간이나 의사가 없는 특별 조사 프로젝트(말하자면 정보위원회 자체로는 공정하게 평가하지 못할 수 있어, 의회가 위임한 다양한 종류의 정보보고의 적절성에 대한 분석)를 책임지고 수행하고, 미국법을 위반하거나 사회적 규범을 침해하는 모든 정보활동을 공개적으로 발표할 것이다.

CIAB는 정교한 구조를 가진 것처럼 들릴 수 있으나, 미국에서 자유와 프라이버시는 보다 주의 깊게 보호할 가치가 있다. 고문이나 굴레 풀린 듯한 메가데이터 프로그램뿐만 아니라 케이오스(CHAOS), 코인텔프로(COINTELPRO), 샴록(SHAMROCK), 미너렛(MINARET)과 같은 공작은 시작하기 전에 멈추었어야 하는가? 피그만(Bay of Pig)과 같은 의심스러운 공작은 보다 면밀한 조사가 이루어졌어야 했는가? 9.11 공격과 이라크의 대량살상무기와 연관된 분석은 어떠한가? 각 경우에 있어 민주주의 국가라면 그 대답은 확실히 예스(yes)이다. 그렇지만 상원 및 하원 정보위원회 위원과 직원들이 아무리 좋은 의도를 가지고 열심히 일을 한다 해도 정보위원회만 가지고는 그렇게 하기 어려울 것이다. 여기에서 제안된 CIAB는 정보공동체에 과도하게 부담을 주는 지나치게 복잡한 체제가 되어서는 안 되며, 오히려 상원 및 하원 정보위원회로부터 전문적인 검토와 조사가 이례적으로 요구되는 업무들 ―정신없이 바쁜 의원들이 처리할 준비가 되어 있지 않은 업무들― 을 분리해 내는 하나의 방법으로서의 역할을 해야 한다.

시민들의 책임성

학생들은 가끔 "정부가 나를 염탐해도 개의치 않아, 숨길 것이 아무것도 없거든"이라고 말한다. 그들 ―그리고 모든 미국 시민― 은 만약 통치방식(governance)에 관해 그러한 생각을 가졌다면 다시 생각해 볼 필요가 있다. 그러한 생각은 이나라 건국이념에도 배치되는 잘못된 생각이다. 우리 모두는 케이오스, 코인텔프로, 샴록, 미너렛과 같은 공작, 그리고 보다 최근의 예로 9.11 사건 이후 NSA 활동에서 드러난 과도한 감시와 CIA의 무자비한 심문방법 수용 등을 기억해야만 한다. 이처럼 도를 넘은 국가정보 계획은 민주정부도 합법적 시위를 무산시키기 위해 정보기관을 이용하고 시민들의 삶을 황폐하게 만들 수 있다는 인상을 주었을 것이다. 미국과 같은 민주주의 국가에서 그러한 일이 일어난 것은 몇몇 관료들이 (코인텔프로의 경우에는 에드거 후버 FBI 국장) 시민들의 사고방식이나 말하고 쓰는 것, 즉 그들의 정치적 신념을 좋아하지 않았기 때문이다. 그러나 톰 찰스 휴스턴 (Tom Charles Huston)이 말했듯이 정치적 신념의 내용은 "폭탄을 든 아이로부터 피켓을 든 아이로, 그리고 피켓을 든 아이에서 반대하는 후보자의 범퍼에 스티커를 붙이는 아이로" 변할 수 있는 것이다. 민주주의 속에서 삶을 영위하고자 하는 우리가 부담해야 할 책임의 한 부분으로서, 우리는 정보 책임성의 문제를 진지하게 다룰 것을 약속하는 대통령, 상원의원, 하원의원을 선출함으로써 근본적인 헌법상의 자유 보호를 요구하는 데 적극적인 역할을 해야 한다. 미국뿐만 아니라 다른 민주주의 국가의 시민도 그들의 자유를 위해 싸워야만 한다. 그렇지 않으면 자유는 사라지고 말 것이다.

추천도서

Absher, K.M., Desch, M.C., and Popadiuk, R. *Privileged and Confidential: The Secret History of the President's Intelligence Advisory Board.* Lexington: University Press of Kentucky, 2012.

Aid, M.A. *The Secret Sentry: The Untold History of the National Security Agency.* New York: Bloomsbury, 2009.

Aldrich, R.J. *The Hidden Hand: Britain, America and Cold War Secret Intelligence, 1945–1964.* London: John Murray, 2001.

Allen, M. *Blinking Red: Crisis and Compromise in American Intelligence after 9/11.* Washington, DC: Potomac Books, 2013.

Aspin–Brown Commission. *Preparing for the 21st Century: Appraisal of U.S. Intelligence, Report of the Commission on the Roles and Capabilities of the United States Intelligence Community.* Washington DC: Government Printing Office, March 1, 1996.

Bamford, J. *The Puzzle Palace.* Boston, MA: Houghton Mifflin, 1984.

Bar–Joseph, U. "The Professional Ethics of Intelligence Analysis," International Journal of Intelligence and Counterintelligence 24 (Spring 2011), pp.22–43.

Barrett, D.M. *The CIA and Congress: The Untold Story from Truman to Kennedy.* Lawrence: University Press of Kansas, 2005.

Barron, J. *Breaking the Ring.* Boston, MA: Houghton Mifflin, 1987.

Barry, J.A. "Covert Action Can Be Just," *Orbis* 37 (Summer 1993), pp. 375–90.

Betts, R. K. "Fixing Intelligence," *Foreign Affairs* 81 (January–February 2002), pp.43–59.

Betts, R. K. *Enemies of Intelligence: Knowledge and Power in American National Security.* New York: Columbia University Press, 2007.

Born, H., Johnson, L.K., and Leigh, I., eds. *Who's Watching the Spies? Establishing Intelligence Service Accountability.* Washington, DC: Potomac Books, 2005.

Burrows, W.E. *Deep Black: Space Espionage and National Security.* New York: Random House, 1986.

Business Executives for National Security (BENS). *Domestic Security: Confronting a Changing Threat to Ensure Public Safety and Civil Liberties* (Washington, DC, February 2015, and February 2016 update).

Byrne M. *Iran–Contra: Reagan's Scandal and Unchecked Abuse of Presidential Power.* Lawrence: University Press of Kansas, 2014.

Central Intelligence Agency. *Factbook on Intelligence.* Washington, DC: Office of Public Affairs, 1991.

Chapman, P. *How the United Fruit Company Shaped the World.* Edinburgh: Canongate, 2008.

Church Committee. *Alleged Assassination Plots Involving Foreign Leaders: An Interim Report.* S. Rept. No. 94–465. Washington, DC: U.S. Government Printing Office, November 20, 1975.

Church Committee. *Final Report. Select Committee to Study Governmental Operations with Respect to Intelligence Activities.* U.S. Senate, 94th Cong., 2nd. Sess. (1976).

Church, F. "Covert Action: Swampland of American Foreign Policy," *Bulletin of the Atomic Scientists* 32 (February 1976), pp. 7–11.

Clapper, J.R., Jr. "Luncheon Remarks, Association of Former Intelligence Officers," *The Intelligence*, AFIO newsletter, McLean, Virginia (October 1995), p. 3.

Clapper, J.R., Jr. "Thc Role of Defense in Shaping U.S. Intelligence Reform," in L.K. Johnson, ed., *The Oxford Handbook of National Security Intelligence.* New York: Oxford University Press, 2010, pp.629–39.

Clark, R.M. *The Technical Collection of Intelligence.* Washington, DC: CQ Press, 2011.

Clarke, R.A. *Against All Enemies: Inside America's War on Terror.* New York: Free Press, 2004.

Cohen, W.S., and Mitchell, G.J. *Men of Zeal.* New York: Penguin Press, 1988.

Colby, W.E., and Forbath, P. *Honorable Men: My Life in the CIA.* New York: Simon and Schuster, 1978.

Cole, D. and Dempsey J.X. *Terrorism and the Constitution.* New York: The New

Press, 2006.

Coll, S. *Ghost Wars*. New York: Penguin Press, 2004.

Commission on Government Secrecy. *Report*. Washington, DC: U.S. Government Printing Office, 1957.

Corson, W.R. *The Armies of Ignorance: The Rise of the American Intelligence Empire*. New York: Dial, 1977.

Cradock, P. *Know Your Enemy*. London: John Murray, 2002.

Crill, G. *Charlie Wilson's War*. New York: Grove Press, 2003.

Crumpton, H.A. *The Art of Intelligence: Lessons from a Life in the CIA's Clandestine Service* (New York: Penguin, 2012).

Daugherty, W.J. *Executive Secrets: Covert Action and the Presidency*. Lexington: University Press of Kentucky, 2004.

Farson, A.S., Stafford, D., and Wark, W., eds. *Security and Intelligence in a Changing World*. London: Frank Cass, 1991.

Fisher, L. *The Constitution and 9/11: Recurring Threats to America's Freedoms*. Lawrence: University Press of Kansas, 2008.

Fisher, L. *Defending Congress and the Constitution*. Lawrence: University Press of Kansas, 2011.

Ford, H.P. *Estimative Intelligence: The Purposes and Problems of National Intelligence Estimating*. Lanham, MD: University Press of America, 1993.

Freedman, L. "The CIA and the Soviet Threat: The Politicization of Estimates, 1966−1977," *Intelligence and National Security* 12 (January 1997), pp. 122−42.

Garthoff, D.F. *Directors of Central Intelligence as Leaders of the U.S. Intelligence Community* 1946−2005. Washington, DC: Center for the Study of Intelligence, Central Intelligence Agency, 2005.

Garthoff, R.L. *Soviet Leaders and Intelligence: Assessing the American Adversary during the Cold War*. Washington, DC: Georgetown University Press, 2015.

Gates, R.M. "The CIA and American Foreign Policy," *Foreign Affairs* 66 (Winter 1987−88), pp. 215−30.

Gates, R.M. *From the Shadows*. New York: Simon and Schuster, 1996.

Gelb, L.H. "Should We Play Dirty Tricks in the World?" *New York Times Magazine* (December 21, 1975), pp. 10−20.

Gill, P. and Phythian, M. *Intelligence in an Insecure World*, 2d edn. Cambridge: Poity, 2012.

Gill, P., Marrin, S., and Phythian, M., eds. *Intelligence Theory*. London: Routledge, 2009.

Glennon, M.J. *National Security and Double Government*. New York: Oxford University Press, 2015.

Goldsmith, J. *The Terror Presidency*. New York: Norton, 2007.

Goodman, M.S. *Spying on the Nuclear Bear: Anglo—American Intelligence and the Soviet Bomb*. Stanford, CA: Stanford University Press, 2007.

Graham, B., with Nussbaum, J. *Intelligence Matters: The CIA, the FBI, Saudi Arabia, and the Failure of America's War on Terror*. Lawrence: University Press of Kansas, 2008.

Greenberg, K.J. *Rogue Justice: The Making of the Security State*. New York: Crown, 2016.

Greenwald, G. *No Place to Hide: Edward Snowden, the NSA, and the U.S. Surveillance State*. New York: Henry Holt, 2014.

Gusterson, H. *Drone: Remote Control Warfare*. Boston, MA: MIT Press, 2016.

Hamilton—Inouye Committee. *Report of the Congressional Committees Investigating the Iran—Contra Affair*. U.S. Senate Select Committee on Secret Military Assistance to Iran and the Nicaraguan Opposition and U.S. House of Representatives, Select Committee to Investigate Covert Arms Transactions with Iran, S. Rept. 100—216 and H. Rept. 100—433, 100th Cong., 1st Sess. (November 1987).

Hayden, M.V. *Playing to the Edge: American Intelligence in the Age of Terror*. New York: Random House, 2016.

Helms, R.M., with Hood, W. *A Look Over My Shoulder: A Life in the Central Intelligence Agency*. New York: Random House, 2003.

Herman, M. *Intelligence Power in Peace and War*. Cambridge, UK: Cambridge University Press, 1996.

Herman, M. "Ethics and Intelligence After September 2001," *Intelligence and National Security* 19 (Summer 2004), pp. 342—58.

Hitz, F. *The Great Game: The Myth and Reality of Espionage*. New York: Knopf,

2004.

Hughes, T.L "The Power to Speak and the Power to Listen: Reflections in Bureaucratic Politics and a Recommendation on Information Flows," in T. Franck and W. Weisband, eds., *Secrecy and Foreign Policy*. New York: Oxford University Press, 1974, pp. 13-41.

Hughes, T.L. *The Fate of Facts in a World of Men: Foreign Policy and Intelligence-Making*, Headline Series, No. 233. Washington, DC: Foreign Policy Association, 1976.

Hulnick, A.S. "The Intelligence Producer- Policy Consumer Linkage: A Theoretical Approach," *Intelligence and Nation Security* 1 (May 1986), pp.212-33.

Hulnick, A.S. *Fixing the Spy Machine: Preparing American Intelligence for the Twenty-First Century*. Westport, CT: Praeger, 1999.

Hulnick, A.S. "What's Wrong with the Intelligence Cyclc?," in L.K Johnson, ed., *Strategic Intelligence, Vol.2: the Intelligence Cycle*. Westport, CT: Praeger, 2007, pp. 1-22.

Immerman, R.H. *The CIA in Guatemala: The Foreign Policy of Intervention*. Austin: University of Texas Press, 1982.

Inderfurth, K.F., and Johnson, L.K., eds. *Fateful Decisions: Inside the National Security Council*. New York: Oxford University Press, 2004.

Jeffreys-Jones, R. *The CIA and American Democracy*. New Haven, CT: Yale University Press, 1989.

Jeffreys-Jones, R. *In Spies We Trust: The Story of Western Intelligence*. New York: Oxford University Press, 2013.

Jervis, R. *Why Intelligence Fails: Lessons from the Iranian Revolution and the Iraq War*. Ithaca: Cornell University Press, 2010.

Johnson, L.K. *A Season of Inquiry: The Senate Intelligence Investigation*. Lexington: University Press of Kentucky,]985.

Johnson, L.K. *America's Secret Power: The CIA in a Democratic Society*. New York: Oxford University Press, 1989.

Johnson, L.K. *Secret Agencies: U.S. Intelligence in a Hostile World*. New Haven, CT: Yale University Press, 1996.

Johnson, L.K. *Bombs, Bugs, Drugs, and Thugs: Intelligence and America's Quest* for *Security*. New York: New York University Press, 2000.

Johnson, L.K. "Bricks and Mortar for a Theory of Intelligence," *Comparative Strategy* 22 (Spring 2003), pp. 1−28.

Johnson, L.K. "Congressional Supervision of America's Intelligence Agencies: The Experience and Legacy of the Church Committee," *Public Administration Review* 64 (January/February 2004), pp. 3−14.

Johnson, L.K "Educing Information: Interrogation, Science and Art," *Studies in Intelligence* 51 (December 2007), pp. 43−6.

Johnson, L.K. "A Framework for Strengthening U.S. Intelligence," *Yale Journal of International Affairs* 1 (Winter /Spring 2007), pp. 116−31.

Johnson, L.K. ed. *Handbook of Intelligence Studies*. New York: Routledge, 2007.

Johnson, L.K. *Seven Sins of American Foreign Policy*. New York: Longman, 2007.

Johnson, L.K., ed. *Strategic Intelligence*, 5 vols. Westport, CT: Praeger, 2007.

Johnson, L.K. "Glimpses into the Gems of American Intelligence: The President's Daily Brief and the National Intelligence Estimate," *Intelligence and National Security* 23 (June 2008), pp. 333−70.

Johnson, L.K. ed. *The Oxford Handbook of National Security Intelligence*. New York: Oxford University Press, 2010.

Johnson, L.K. ed. *Intelligence: Critical Concepts in Military, Strategic & Security Studies*, Vols. I−IV, New York: Routledge, 2011.

Johnson, L.K. *The Threat on the Horizon: An Inside Account of America's Search for Security after the Cold War*. New York: Oxford University Press, 2011

Johnson, L.K. "James Angleton and the Church Committee," *Journal of Cold War Studies* 15 (Fall 2013), pp. 128−47.

Johnson, L.K. ed. "An INS Special Forum: Implications of the Snowden Leaks," *Intelligence and National Security* 29/6 (December 2014), pp. 793−810.

Johnson, L.K. "The Myths of Covert Action," *Virginia Policy Review* 7 (Winter 2014), pp. 5−64.

Johnson, L.K. *American Foreign Policy and the Challenges of World Leadership: Power, Principle, and the Constitution*. New York: Oxford University Press, 2015.

Johnson, L.K. ed. *Essentials of Strategic Intelligence*. Santa Barbara, CA:

ABC−CLIO/Praeger, 2015.

Johnson, L.K. *A Season of Inquiry Revisited: The Church Committee Confronts America's Spy Agencies.* Lawrence: University Press of Kansas, 2015.

Johnson, L.K. "Congress and the American Experiment in Holding Intelligence Agencies Accountable," *Journal of Policy History* 28/8 (2016), pp.494−514.

Johnson, L.K., and Wirts, J.J., eds. *Intelligence and National Security: The Secret World of Spies*, 4th edn. New York: Oxford University Press, 2014.

Johnston, P. "No Cloak and Dagger Required: Intelligence Support to UN Peacekeeping," *Intelligence and National Security* 12 (October 1997), pp. 102−12.

Kaag, J. and Kreps, S. *Drone Warfare.* Cambridge, UK: Polity, 2014.

Keller, William W. *Democracy Betrayed: The Rise of the Surveillance Security State.* Berkeley, CA: Counterpoint, 2017.

Lowenthal, M.M. "The Policymaker−Intelligence Relationship," in L.K Johnson, ed., *The Oxford Handbook of National Security Intelligence.* New York: Oxford University Press, 2010, pp. 437−51.

Lowenthal, M.M. *U.S. Intelligence: Evolution and Anatomy*, 2nd edn. Westport, CT: Praeger, 2015.

Lowenthal, M.M. *Intelligence: From Secrets to Policy*, 7th edn. Washington, DC: CQ Press, 2017.

Lowenlhal, M.M., and Clark, R.M., eds. *The 5 Disciplines of Intelligence Collection.* Los Angeles: Sage/CQ, 2016.

MacEachin, D.J. *CIA Assessments of the Soviet Union: The Record vs. the Charges.* Langley, VA: Center for the Study of Intelligence: Central Intelligence Agency, 1996.

Macrnkis, K. *Prisoners, Lovers, & Spies: The Story of Invisible Ink from Herodotus to al−Qaeda.* New Haven, CT: Yale University Press, 2014.

Mangold, T. *Cold Warrior: James Jesus Angleton, the CIA's Master Spy Hunter.* New York: Simon & Schuster, 1991.

Marrin, S. "Evaluating the Quality of Intelligence Analysis: By What (Mis)Measure," *Intelligence and National Security* 27 (December 2012), p.896−912.

Martin, D. *Wilderness of Mirrors.* New York: Harper & Row, 1980.

Masterman, J.C. *The Double−Cross System in the War of 1939 to 1945.* New Haven, CT: Yale University Press, 1972.

Mayer, J. *The Dark Side: The Inside Story of How the War on Terror Turned into a War on American Ideals.* New York: Doubleday, 2008.

Mazzetti, M. *The Way of the Knife: The CIA, a Secret Army. and a War at the Ends of the Earth.* New York: Penguin, 2013.

Miller, R.A., ed. *US National Security Intelligence and Democracy: From the Church Committee to the War on Terror.* New York: Routledge, 2008.

Millis, J.L. "Our Spying Success is No Secret," Letter to the Editor, *New York Times* (October 12, 1994).

Mondale, W.F, Stein, R.A., and Fisher C. "No Longer a Neutral Magistrate: The Foreign, Intelligence Surveillance Court in the Wake of the War on Terror," *Minnesota Law Review* 100/6 (June 2016), pp. 2251−312.

Murray, W., and Gimsley, M. "Introduction: On Strategy," in W. Murray A. Bernstein, and M. Knox, eds., *The Making of Strategy: Rulers, States and War.* New York: Cambridge University Press, 1994, pp. 1−23.

Nolte, W. "Keeping Pace With the Revolution in Military Affairs," *Studies in Intelligence* 48 (2004), pp. 1−10.

Nye, J.S. Jr. "Peering into the Future," *Foreign Affairs* 77 (July/August 1994), pp. 82−93.

Phythian, M., ed. "An *INS* Special Forum: The US Senate Select Committee Report on the CIA's Detention and Interrogation Program," *Intelligence and National Security* 31/1 (January 2016), pp. 8−27.

Phythian, M., and Gill, P. *Intelligence and an Insecure World*, 2nd edn. London: Routledge, 2012.

Pillar, P.R. *The Terrorism and U.S. Foreign Policy.* Washington, DC: Brookings Institution, 2003.

Pillar, P.R. "The Perils of Politicization," in L K. Johnson, ed., *The Oxford Handbook of National Security Intelligence.* New York: Oxford University Press, 2010, pp. 472−84.

Pillar, P.R. *Intelligence and U.S. Foreign Policy: Iraq, 9/11, and Misguided Reform* (New York: Columbia University Press, 2011).

Posner, R.A. *Not a Suicide Pact: The Constitution in a Time of National Emergency.* New York: Oxford University Press, 2009.

Power, T. *The Man Who Kept the Secrets: Richard Helms and the CIA.* New York: Knopf, 1979.

Prados, J. *Safe for Democracy: The Secret Wars of the CIA.* Chicago: Ivan R. Dee, 2007.

Prados, J. *The Family Jewels: The CIA, Secrecy, and Presidential Power.* Austin: University of Texas Press, 2013.

Ranelagh, J. *The Agency: The Rise and Decline of the CIA*, rev. edn, New York: Simon &: Schuster, 1987.

Ransom, H.H. *The Intelligence Establishment.* Cambridge, MA: Harvard University Press, 1970.

Reisman, W.M., and Baker, J.E. *Regulating Covert Action.* New Haven: CT: Yale University Press, 1992.

Richelson, J. *America's Eyes in Space: The U.S. Keyhole Spy Satellite Program.* New York: Harper and Row, 1990.

Richelson, J. *The Wizards of Langley: Inside the CIA's Directorate of Science and Technology.* Boulder, CO: Westview Press, 2001.

Richelson, J. *The U.S. Intelligence Community*, 5th edn. Boulder, CO: Westview Press, 2008.

Risen, J. *State of War: The Secret History of the CIA and the Bush Administration.* New York: Free Press, 2006.

Roosevelt, K. *Countercoup: The Struggle for the Control of Iran.* New York: McGraw−Hill, 1981.

Rusk, D. Testimony, Hearings, Government Operations Subcommittee on National Security Staff and Operations, U.S. Senate (December 11, 1963).

Rusk, D. *As I Saw It*, as told to R. Rusk and edited by D. Papps, New York: W.W. Norton, 1990.

Russell, R.L. *Sharpening Strategic Intelligence.* New York: Cambridge University Press, 2007.

Schwarz, F.A.O., jr. "The Church Committee and a New Era of Intelligence Oversight," *Intelligence and National Security* 22 (April 2007), pp. 270−97.

Schwarz, F.A.O., Jr. "Intelligence Oversight: The Church Committee," in L.K. Johnson, ed., *Strategic Intelligence*, Vol. 5: *Intelligence and Accountability, Safeguards against the Abuse of Secret Power*. Wesport, CT: Praeger 2007, pp. 19—46.

Schwarz, F.A.O., Jr. *Democracy in the Dark: The Seduction of Government Secrecy*. New York: Free Press, 2015.

Schwarz, F.A.O., Jr., and Huq, A.Z. *Unchecked and Unbalanced: Presidential Power in a Time of Terror*. New York: The New Press, 2007.

Scott, L., and Jackson, P. "The Study of Intelligence in Theory and Practice," *Intelligence and National Security* 19 (Summer 2004), pp. 139—69.

Shane, S. *Objective Troy: A Terrorist, a President, and the Rise of the Drone*. New York: Duggan Books, 2015.

Sharp, D.H. *The CIA's Greatest Covert Operation: Inside the Daring Mission to Recover a Nuclear—Armed Soviet Sub* (Lawrence: University Press of Kansas, 2012).

Shorrock, T. *Spies for Hire: The Secret World of Intelligence Outsourcing*. New York: Simon & Schuster, 2008.

Sims, J.E. "Decision Advantage and the Nature of Intelligence Analysis," in L.K. Johnson, ed., *The Oxford Handbook of National Security Intelligence*. New York: Oxford University Press, 2010, pp. 389—403.

Snider, L.B. *The Agency and the Hill: CIA's Relationship with Congress*, 1946—2004. Washington, DC: Central Intelligence Agency, 2008.

Stuart, D.T. *Creating the National Security State: A History of the Law that Transformed America*. Princeton, NJ: Princeton University Press, 2008.

Tenet, G., with Harlow B., Jr. *At the Center of the Storm: My Years of the CIA*. New York: Harper Collins, 2007.

Theoharis, A. *Chasing Spies*. Chicago: Ivan R. Dee, 2002.

Travers, R.E., "Waking Up on Another September 12th: Implications for Intelligence Reform," *Intelligence and National Security* 31/5 (August 2016), pp. 746—61.

Treverton, G.F. Covert Action: *The Limits of Intervention in the Postwar World*. New York: Basic Books, 1987.

Treverton, G.F. "Estimating beyond the Cold War," *Defense Intelligence Journal* 3

(Fall 1994), pp. 5−20.

Treverton, G.F. *Intelligence in an Age of Terror.* New York: Cambridge University Press, 2009.

Turner, M.A *Why Secret Intelligence Fails.* Dulles, VA: Potomac Books, 2005.

Turner, S. *Secrecy and Democracy: The CIA in Transition.* Boston, MA: Houghton Mifflin, 1985.

Turner, S. *Burn before Reading: Presidents, CIA Directors, and Secret Intelligence.* New York: Hyperion, 2005.

U.S. Commission on the Roles and Responsibilities of the United States Intelligence Community (the Aspin−Brown Commission). *Preparing for the 21st Century: An Appraisal of U.S. Intelligence.* Washington, DC: U.S. Government Printing Office, 1996.

Wallace, R., and Smith, H.K., with Schlesinger, H.R. *Spycraft: The Secret History of the CIA's Spytechs from Communism to Al−Qaeda.* New York: Dutton, 2008.

Waller, D. *Disciples.* New York: Simon & Schuster, 2015.

Warner, M. *The Rise and Fall of Intelligence: An International Security History.* Washington, DC: Georgetown University Press, 2014.

Weiner, T. *Legacy of Ashes: The History of the CIA.* New York: Doubleday, 2007.

Weiner, T., Johnston, D., and Lewis, N.A. *Betrayal: The Story of Aldrich Ames, An American Spy.* New York: Random House, 1995.

Weissberg, J. An Ordinary Spy. New York: Bloonsbury, 2008.

Westerfield, H.B., ed. *Inside CIA's Private World: Declassified Articles from the Agency's Internal Journal,* 1955−1992. New Haven, CT: Yale University Press, 1995.

Wilford, H. *The Mighty Wurlitzer: How the CIA Played America.* Cambridge, MA: Harvard University Press, 2008.

Wirth, K.E. *The Coast Guard Intelligence Program Enters the Intelligence Community: A Case Study of Congressional Influence on Intelligence Community Evolution.* Washington. DC: National Defense Intelligence College, 2007.

Wirtz, J.J. *The Tet Offensive: Intelligence Failure in War.* Ithaca, NY: Cornell University Press, 1991.

Wise, D. *Nightmover.* New York: Random House, 1992.

Wise, D. *Spy: The Inside Story of the FBI's Robert Hanssen Betrayed America.* New York: Random House, 2002.

Wise, D., and Ross, T. *The Invisible Government.* New York: Random House, 1964.

Woodward, B. *Plan of Attack.* New York: Simon & Schuster, 2004.

Wyden, P. Bay of Pigs: *The Untold Story.* New York: Simon & Schuster, 1979.

Zegart, A.B. "Cloaks, Daggers, and Ivory Towers: Why Academics Don't Study U.S. Intelligence," in L.K. Johnson, ed., *Strategic Intelligence, Vol. 1: Understanding the Hidden Side of Government.* Westport, CT: Praeger, 2007, pp. 21−34.

Zegart, A.B. *Spying Blind: The CIA, the FBI, and the Origins of 9/11.* Princeton, NJ: Princeton University Press, 2007.

본 QR코드를 통해서도, '국가안보정보'의
추천도서를 열람하실 수 있습니다.

찾아보기

역자 소개

이길규

한양대학교 법학과 졸업, 한양대학교대학원 법학석사, 고려대학교대학원 문학석사, 한양대학교대학원 정치학박사. 서울과학종합대학원대학교 부교수, 성균관대학교 국가전략대학원 겸임교수, 한양대학교 특임교수 역임. 현재 한양대학교 국제학대학원 특임교수, 한반도미래연구원 연구위원, 방위사업청 기술보호심사위원, 한국국가정보학회 부회장. 주요 저서로『국가정보학』(2013),『산업보안학』(2012), 번역서로『정보분석의 역사와 도전』(2015),『구조화 분석기법』(2016),『정보분석 사례연구』(2017),『비판적 사고와 전략정보생산』(2018),『미국 국가정보 이해』(2018)가 있으며, "국가정보의 개념에 관한 소고" "미국의 국가산업보안 프로그램 연구" "개인정보보호법 시행과 산업보안" "최근 한반도정세와 대북정책 추진방향" "외국의 공개정보 수집활용 실태와 시사점" 등의 논문이 있다.

김병남

스페인 마드리드대학교 수학. 한국외국어대학교 국제관계학 박사. 페루 주재 한국대사관 서기관, 베네수엘라 주재 한국대사관 참사관, 국가안보전략연구원 연구위원, 정부업무평가 전문위원. 현재 원광대학교 융합교양대학 초빙교수. 주요 저서로『안보란 무엇인가』(2011), 번역서로『정보분석의 역사와 도전』(2015),『구조화 분석기법』(2016),『정보분석 사례연구』(2017),『비판적 사고와 전략정보생산』(2018)이 있으며, "아프가니스탄 이슬람반군 지원 미국의 공격적 비밀공작 분석"(2013) 등의 논문이 있다.

허태회

건국대 정외과 학사, 미국 워싱턴 주립대 정치학 석사, 덴버대학 국제정치학 박사학위 취득 후, 2000년까지 한국정치사회연구소와 국가정보원 전문위원 등을 역임. 이후 선문대 입학처장, 대외협력처장, 중앙도서관장, 동북아 역사재단 자문위원, 대통령 직속 사회통합위원회 이념분과 위원 등을 역임. 현재 선문대학교 국제관계학과 교수 겸 국제평화대학 학장. 주요 저서로『한반도 통일론』(2000),『사회과학 통계분석』(2010),『지속가능 통일론』(2012),『통일시대 국가이념 및 비전연구』(2012),『국가정보학』(2013),『21세기 국가방첩』(2014), 번역서로『구조화 분석기법』(2016),『비판적 사고와 전략정보생산』(2018)이 있으며, "위기관리이론과 사이버안보"(2005), "동북아안보지형의 변화와 국가정보"(2013), "선진 방첩이론의 적용과 국가정보 효율성"(2014) 등의 논문이 있다.

김유은

한양대학교 정치외교학과 졸업. 한양대학교 정치학 박사. 영국 케임브리지대학교 국제문제연구소 방문연구원. 일본 와세다대학교 아시아태평양대학원 교환교수, 일본국제교류기금 일본연구 특별연구원. 현재 한양대학교 국제학대학원 교수. 주요 논저로『국제레짐이란 무엇인가』,『동아시아 공동체: 비전과 전망』(공저),『글로벌 거버넌스와 한국』(공저),『한국의 동아시아 미래전략』(공저),『정보분석의 역사와 도전』(공역),『구조화 분석기법』(공역),『정보분석 사례연구』(공역),『비판적 사고와 전략정보생산』(공역) "해외정보활동에 있어 윤리성의 개념 및 효율성과의 관계," "동아시아 지역주의에 있어 중·일의 리더십 경쟁과 전망," "푸틴의 공세적 외교정책과 러시아의 동북아다자안보에 대한 입장," "동북아 안보공동체를 위한 시론: 구성주의적 시각을 중심으로," "동북아 안보공동체 추진전략," "신국제정치경제 질서의 특징과 한국의 대응" 등이 있다.

한반도미래연구원

IFK:Institute for the Future of the Korean Peninsula

한반도미래연구원 기획 번역도서
국가안보정보

초판발행	2018년 12월 10일
지은이	Loch K. Johnson
옮긴이	이길규 · 김병남 · 허태회 · 김유은
펴낸이	안종만
편 집	한두희
기획/마케팅	임재무
표지디자인	권효진
제 작	우인도 · 고철민
펴낸곳	(주) 박영사
	서울특별시 종로구 새문안로3길 36, 1601
	등록 1959. 3. 11. 제300-1959-1호(倫)
전 화	02)733-6771
f a x	02)736-4818
e-mail	pys@pybook.co.kr
homepage	www.pybook.co.kr
ISBN	979-11-303-0697-1 93340

* 잘못된 책은 바꿔드립니다. 본서의 무단복제행위를 금합니다.
* 옮긴이와 협의하여 인지첩부를 생략합니다.

정 가   24,000원